Magie und Mystik im 3. Jahrtausend

Emil Stejnar

DER THEBAISCHE KALENDER

ibera

MAGIE UND MYSTIK
IM 3. JAHRTAUSEND

DER THEBAISCHE KALENDER

Die 360 Genien der Erdgürtelzone, der Ort und die Zeit ihrer Macht und die Praxis der mystischen Invokation

von EMIL STEJNAR

8. BUCH

ibera verlag, wien

Der Verlag dankt EMIL STEJNAR dafür, dass er uns sein Lebenswerk zur Veröffentlichung anvertraut hat und es damit einer breiten Öffentlichkeit zugänglich wird.
Emil Stejnar gilt in Fachkreisen als profunder Kenner der Materie, der sein gesamtes Leben der Erforschung und praktischen Anwendung der hermetischen Wissenschaften gewidmet hat.

* * *

Das vorliegende Buch ist Teil eines einzigartigen Lehrkurses der praktischen Magie und Mystik; die Erkenntnisse bieten aber auch im Alltag eine wertvolle Lebenshilfe.

Das 1. BUCH: Das Buch der Meister und seine Erben
Das 2. BUCH: Exerzitien für Freimaurer
Das 3. BUCH: Die vier Elemente
Das 4. BUCH: Außerkörperliche Erfahrungen
Das 5. BUCH: Magie mit Astrologie
Das 6. Buch: Franz Bardon
Das 7. BUCH: Das Schutzengelbuch
Das 8. BUCH: Der thebaische Kalender
Das 9. BUCH: Diätmagie
Das 10. BUCH: Andy Mo

* * *

Stejnar, Emil:
Der Thebaische Kalender
Die 360 Genien der Erdgürtelzone, die Zeit ihrer Macht
und die Praxis der mystischen Invokation
/ Emil Stejnar.
– Wien: Ibera-Verl., 2012
ISBN 978-3-85052-254-0

1. Auflage
Herstellung: Graphik & Buchdesign
Druck: Druckerei Theiss GmbH, A-9431 St. Stefan

INHALT

ANHANG:

BEACHTE
DIE ORTE UND ZEITEN
DER GENIEN,
DENN SIE SIND DER SCHLÜSSEL
ZU DEINER EIGENEN MACHT.

DIE 360 GENIEN DER ERDGÜRTELZONE

Franz Bardon beschreibt in seinem Buch „Die Praxis der magischen Evokation“ 360 Intelligenzen der Erdgürtelzone. Sie regeln die unterschiedlichen Lebensbereiche und bewegen den Einzelnen in ihrem Sinn. Sie lenken und beeinflussen die Entwicklung der Menschengeister, die hier ihr Bewusstsein erlangen.

Nach Bardon verdanken die Menschen sämtliche Erfindungen und Erkenntnisse diesen Genien, die auch die besonderen Begabungen und Fähigkeiten der Menschen fördern und sie zum Handeln inspirieren. Einige von ihnen stehen den Menschen mit ihrem Spezialwissen besonders gerne bei und wurden bereits im „Schutzengelbuch“ näher beschrieben.

Die 360 Vorsteher der Erdgürtelzone bestimmen somit einen wesentlichen Teil der mentalen Evolution unseres Planeten. Das Wesen der Menschen besteht in seiner komplexen Struktur aus den gleichen Eigenschaften und Urqualitäten wie diese Vorsteher, so dass eine innige Verbindung und Symbiose zwischen ihren Sphären und der Menschenwelt vorhanden ist.

Wer sich nicht nur theoretisch, sondern auch praktisch mit den Genien beschäftigt und mit ihnen in Kontakt treten will, wird im „THEBAISCHEN KALENDER“ eine wertvolle Hilfe finden. Einmal am Tag ist nämlich jeder dieser Genien dem Ort, an dem man sich befindet, besonders nahe, und wenn man ihn in dieser Zeit bewusst erwartet und ihm im Geist entgegengeht, kann man ihn nicht verfehlen. Dazu muss man jedoch im Voraus wissen, wann dieser Zeitpunkt seiner Nähe gekommen ist.

Wie Franz Bardon in seinem Werk „Praxis der magischen Evokation“ angibt, herrscht, von Sonnenaufgang angefangen, alle vier Minuten eine andere Intelligenz. Das ergibt im Laufe eines Tages 360 Genien, für jeden Grad der Ekliptik einen. Jener Vorsteher, der gerade „aufgeht“, kommt jeweils am stärksten zur Geltung und beeinflusst die Angelegenheiten, die zu seinem Wirkungsbereich gehören. Durch die Drehung der Erde um ihre eigene Achse steigt am Äquator cirka alle vier Minuten ein neuer Grad der Ekliptik auf. Aufgrund der Bewegung der Erde um die Sonne verschiebt sich jedoch der Aufgang des Grades, und damit auch der Machtbereich der einzelnen Genien, täglich um einen weiteren Grad. Man kann also jederzeit mittels Uhrzeit und Sternzeit den gerade am Äquator aufsteigenden Grad der Ekliptik berechnen und die an dem Ort wirkende Intelligenz bestimmen. Etwas komplizierter wird es jedoch, wenn man den Kontakt zu einem ganz bestimmten Vorsteher sucht und wissen will, wann dieser am besten zu erreichen ist.

Die Mitglieder von Wilhelm Quintschers magischer Forschungsloge, der auch Franz Bardon einige Jahre lang angehörte, verwendeten dazu den „THEBAISCHEN KALENDER". Ich hatte Gelegenheit, dieses seltene Manuskript einzusehen und eine Abschrift anzufertigen. Danach habe ich diese inzwischen verschollenen Tabellen neu berechnet, mit persönlichen Erfahrungen aus meiner eigenen Praxis versehen und ernsthaften Geistesforschern wieder zugänglich gemacht.

Inzwischen sind 25 Jahre vergangen. Wichtige bedeutsame Erkenntnisse und praktische Erfahrungen wurden gemacht. Manche Gedanken von damals sind überholt oder falsch und mussten revidiert werden. Das magische Weltbild der Magie und Mystik sieht heute anders aus. Das habe ich für die Neuauflage im Ibera Verlag berücksichtigt und den Thebaischen Kalender umgeschrieben, erweitert und dem neuen Wissensstand angepasst.

Emil Stejnar
Wien, im Jänner 2012

WARNUNG VOR DIESEM BUCH

„Zu Risiken und Nebenwirkungen lesen Sie bitte den Beipackzettel oder fragen Sie Ihren Arzt oder Apotheker." Mit diesem Hinweis werden Verbraucher von Medikamenten und Heilmitteln in der Regel gewarnt. Für die Mittel, die in den Geist und in die Seele eingreifen – dazu gehören sowohl das Gedankengut und die Praktiken der Magie und Mystik als auch die Glaubensvorstellungen, Liturgien und Gebete der Religionen – gibt es diese Warnung nicht. Dabei ist der Gebrauch von Religion und Esoterik genauso gefährlich wie die Einnahme von Drogen und Medikamenten. Glaube – ganz gleich ob an die Engel, den lieben Gott oder Baphomet – ist ein riskantes Geistesgift.

Die Beschäftigung mit geistigen Welten und Wesen und die Begegnung mit den Gerufenen – oder den im Bewusstsein wachgerufenen Vorstellungen von Göttern, Genien und Geistern – können richtig heimtückisch sein. Auch wenn es sich um brave Engel, intelligente Genien oder andere sogenannte gute Geister handelt: Die Nebenwirkungen treten nämlich nicht sofort auf und werden daher lange nicht erkannt. Es ist eine Tatsache, dass sich ein Großteil der Patienten, die in psychiatrischen Kliniken behandelt werden, mit Magie und Mystik beschäftigten und viele Esoteriker, die noch frei herumlaufen, genauso reif für die Klinik sind. Glaube öffnet neue Perspektiven, verrückt die Realität und macht, wenn man seinen Standpunkt nicht bewahrt, verrückt.

Der Umgang mit dem in diesem Buch verbreiteten Wissen birgt somit erhebliche Gefahren. Bevor man sich mit der nachfolgend beschriebenen Praxis der Kontaktaufnahme mit den Genien auseinandersetzt, ist es unbedingt erforderlich, zuerst die Werke von Franz Bardon sowie meine anderen Bücher eingehend zu studieren.*

* Franz Bardon: „Der Weg zum wahren Adepten" und „Die Praxis der magischen Evokation", Rüggeberg Verlag. Sowie Emil Stejnar: „Magie und Mystik im 3. Jahrtausend", 10 Bände, Ibera Verlag, Wien, siehe dazu auch Hinweise am Ende dieses Buches

Die Kontaktaufnahme mit Wesen aus den feinstofflichen Welten ist weitaus riskanter, als man denkt. Und zwar nicht weil diese Wesen gefährlich sind, sondern weil die Beschäftigung mit Evokationen und Invokationen unliebsame Folgen haben kann. Selbst wenn es sich dabei um jene von Bardon beschriebenen Intelligenzen handelt, die den Menschen angeblich gut gesinnt und dienlich sind, stellt der zur Kontaktherstellung nötige Bewusstseinszustand eine Gefahrenquelle dar, die nicht unterschätzt werden darf.

Wer sich ohne ausreichende Ausbildung mit Magie und Mystik beschäftigt, wird früher oder später den Boden unter den Füßen verlieren. Diese Erfahrung wird jeder Praktiker machen; ich habe darüber ausführlich in meinem Buch über Franz Bardon geschrieben. Fast täglich erreichen mich Briefe von verzweifelten Esoterikern oder deren Angehörigen, die Hilfe suchen, weil sie unter Visionen, Ängsten und Psychosen leiden und die Geister, die sie riefen, nicht mehr loswerden. Sie befürchten, verrückt zu werden, und viele werden es auch. Mit Geistern und Genien in Kontakt zu treten, ist kein harmloser Zeitvertreib und kein Gesellschaftsspiel, sondern eine todernste Angelegenheit. Man kann sich durch die Nähe einer feinstofflichen Intelligenz, selbst wenn man sich die nur einbildet, in wesensfremden Sphären verlieren. Dabei geht es nicht nur um die physische Gesundheit, sondern auch um die geistige Existenz.

Ursprünglich war der Thebaische Kalender deshalb nur für Mitglieder der von mir im Rahmen der Freimaurerei gegründeten Forschungsloge „Esoterischer Kreis“ und für Freunde, von denen ich wusste, dass sie in der Lage waren, damit richtig umzugehen, vorgesehen. Später bekamen auch ausgewählte Leser der Meisterbücher ein persönliches Exemplar. Ich wollte damit einem größeren Leserkreis die Möglichkeit geben, eigene Forschungen auf diesem speziellen Gebiet der Experimentalmagie zu betreiben. Ziel war es erstens, durch entsprechende Experimente zu untersuchen, ob die überlieferten Angaben über die Zeiten und die

Qualitäten der jeweils angeführten Intelligenzen richtig sind, und zweitens, ob die von mir angeregte Praxis der mystischen Invokation auch für weniger fortgeschrittene Schüler der Hermetik erfolgreich und vor allem gefahrlos durchgeführt werden kann.

Leider habe ich zu wenige Rückmeldungen erhalten, um guten Gewissens sagen zu können, dass alle gegebenen Angaben richtig sind. Auch meine Freunde machten die Erfahrung, dass sich die von Franz Bardon angeführten Orte, Namen und Qualitäten der Genien nicht immer mit den persönlichen Eindrücken decken. Es scheint sich jedoch zu bestätigen, dass es, je nach magischer Reife und medialer Begabung, unterschiedliche Erfolge gibt.

Weiters hat sich herausgestellt, dass die von mir empfohlene Praxis der mystischen Invokation nicht weniger gefährlich ist als die Praxis der magischen Evokation, die Franz Bardon beschreibt. Und zwar nicht nur, weil auch dabei eine ungewollte Bindung an die gerufene Intelligenz zustande kommen kann, sondern weil sich auch bei der passiven Methode Foppgeister, Schemen und Elementale bilden, was je nach Charakter des Betreffenden unterschiedliche Folgen hat. Auf jeden Fall wird es dazu führen, dass die Schemen dem Mystiker ein Gefühl der Hoffnung und Geborgenheit suggerieren, so dass die „Weihestunden“ und die Hinwendung an ein „höheres Wesen“ zur liebgewordenen Gewohnheit und einem Bedürfnis werden.

Ich propagiere aber keinen Religionsersatz. Ich will keine neuen Glaubensfallen errichten, sondern meinen Lesern Selbstbewusstsein vermitteln, das sie zur Freiheit und Eigenständigkeit führt. Deshalb meine Warnung an alle Leser, die unvorbereitet mit dem Thebaischen Kalender arbeiten wollen:

Die Nähe eines „Engels“, selbst wenn man sich die nur einbildet und in Wirklichkeit gar kein Kontakt zustande kam, beruhigt, weckt Hoffnung und angenehme Gefühle – und wiegt den Betreffenden in einer trügerischen Sicherheit, die aber oft nur in der Vorstellung besteht.

Das kann in einer Lebenskrise eine großartige Hilfe zur Selbsthilfe sein und wie der Placebo-Effekt bei einem Medikament, oder die Macht eines magischen Siegels, vorübergehend das Schicksal leichter meistern lassen.

Aber sobald man sich länger darauf stützt und sich auf die mentale Hilfe eines Wesens verlässt, schafft man sich einen Schemen, der in die Rolle des Engels schlüpft. Dem geht es dann nicht mehr darum, verantwortungsvoll seiner Aufgabe nachzukommen, sondern um sein eigenes Überleben. Er wird sich mit aller Macht im Bewusstsein des Betreffenden erhalten, indem er dessen Glauben an seine Existenz als „Engel", „Vorsteher" oder „Planetenintelligenz" bestärkt und die Hoffnung auf Hilfe durch ihn weiter schürt.

Das ist wie mit den Göttern der unterschiedlichen Religionen, von denen die Gläubigen meinen, es sei der *eine,* der *wahre,* der *liebe* Gott – und in Wirklichkeit sind es zur Schattenmacht verdichtete Phantome, Abbilder, von Menschendenken geschaffen und belebt.

Ganz gleich ob man eine magische Evokation oder eine mystische Invokation durchführt, man sollte es bei einer einzigen Anrufung belassen. Danach ist es am besten, wenn man nicht mehr daran denkt. Wenn innerhalb von einem Monat keine Wirkung zu verzeichnen ist, kann man die Anrufung wiederholen, danach ist das ganze zu vergessen. Mit Ungeduld, Druck und fanatischem Eifer ruft man nur negative Wesen wach. Gelassenheit ist die wichtigste Eigenschaft in der Magie. Hilfe kommt, wenn es sein soll, sobald es astrologisch möglich ist.

Warum dann trotzdem die Herausgabe dieses Buches?

Ursprünglich waren meine Bücher nur für einen kleinen Leserkreis bestimmt. Es war nie meine Absicht, die Meisterbücher, und schon gar nicht den Thebaischen Kalender, über einen Verlag zu veröffentlichen. Die Tatsache aber, dass von dem Privatdruck, den ich seinerzeit nur ernsthaft forschenden Hermetikern zugänglich machte, Raubkopien zirkulieren, in denen meine warnenden Hinweise nicht enthalten sind, und die Ankündigung von Freunden, die Daten für die Anwendung am Computer zu digitalisieren, so dass demnächst jeder Schwachkopf auf Knopfdruck Geister rufen können wird, haben mich dazu bewogen, meine Instruktionen nun doch der Allgemeinheit zur Verfügung zu stellen. Ich kann damit den Lesern sowohl unsere neuesten Erkenntnisse als auch einige Tipps, wie man sich vor den Gefahren schützen kann, mit auf den Weg geben.

WIE SCHÜTZT MAN SICH?

Am besten, indem man sich überhaupt nicht mit Magie und Mystik beschäftigt. Zumindest nicht, bevor man darauf ausreichend vorbereitet ist. Aber mir ist bewusst, dass diese Warnung nicht ernst genommen wird. Als ich selbst vor über sechzig Jahren begann, mich mit der Welt der Genien praktisch auseinanderzusetzen, hatte ich für den erhobenen Zeigefinger des H.E. Duval, Karl Spiesberger oder Franz Bardon auch nur ein mildes Lächeln übrig. Heute ist es umgekehrt. Ich kann über meine damalige Ahnungslosigkeit, meinen Eifer und die gutgläubige Überzeugung von meiner magischen Macht nur lachen. Trotzdem muss man die fragwürdigen Praktiken und Experimente unerfahrener Zauberlehrlinge und hingebungsvoller Mystiker ernst nehmen. Die Visionen, Erscheinungen und merkwürdigen Phänomene, die sich – neben den verblüffenden Teilerfolgen, die am Anfang immer zu verzeichnen sind – manifestieren, zeigen, dass man sich auf gefährlichem Boden bewegt und mit unliebsamen Folgen rechnen muss. Ich gehe darauf in meinem Buch über Franz Bardon näher ein und empfehle dringend, diese Hinweise zu beachten.

Wer Geister beschwört, weil er vermögend, glücklich oder berühmt werden will, zieht mit Sicherheit die falschen Geister an. Dagegen wird der aufrichtige Wunsch, in sich Eigenschaften zu entwickeln und Leistungen zu vollbringen, die allen Menschen dienen, die Aufmerksamkeit jener Genien wecken, die einem dann tatsächlich behilflich sind. Da ist keine Evokation nötig, man muss kein großer Eingeweihter sein und auch kein Genie. Bescheidenheit, Gewissenhaftigkeit und Fleiß genügen. Früher oder später wird sich, je nach persönlicher Anlage, eine geeignete Intelligenz darum kümmern, dass sich diese selbstlosen Bestrebungen realisieren können.

Die beste und sicherste Methode, sich der Sphäre eines Vorstehers zu nähern, ist, zuerst danach zu trachten, zumindest

einige der Eigenschaften, die dessen besonderes Wesen ausmachen, in sich zu verwirklichen.

- Das ist wie bei der Kontaktaufnahme mit den uns näher stehenden Elementarwesen. Einen Erdgeist wird man am ehesten ansprechen und für sich gewinnen, wenn man fleißig, sparsam und bescheiden ist und immer zuverlässig seinen Verpflichtungen nachkommt.
- Genauso kann man einen Zonenvorsteher, zum Beispiel Kofan, der für Erfolg im Leben sorgt, auf sich aufmerksam machen, indem man demonstriert, dass man selbst in der Lage ist, erfolgreich zu agieren. Man kann zum Beispiel „mit Erfolg" seine Toilette reinigen, die Wohnung in Ordnung halten und allen seinen Verpflichtungen besonders gewissenhaft nachkommen. Man kann auch einige persönliche negative Eigenschaften erfolgreich überwinden. Mit dem Bewusstsein, etwas erfolgreich gemeistert zu haben, gleicht man sich Kofans Wesen an und gelangt so in seine Nähe.
- Einem Liebesengel nähert man sich, indem man anderen Menschen liebevoll, freundlich und offenherzig gegenübertritt.
- Wer sich unglücklich fühlt und zu Depressionen neigt, wird Flabison, den Vorsteher für Fröhlichsein, nicht für sich gewinnen, so lange er mit seinem Pessimismus andere in seine dunkle Senke zieht. Wenn er dagegen einem anderen Bedrückten die Stimmung erhellt, indem er ihm Aufmerksamkeit schenkt, ihm sein Mitgefühl vermittelt, ihn lobt und damit Hoffnung weckt, vertritt er die Eigenschaften von Flabison und stellt damit den Kontakt zu diesem Engel her.
- Wer hilfsbereit ist und sich um einen Patienten oder Behinderten in seiner Nähe kümmert, darf, wenn er selbst einmal erkrankt, viel eher mit der Hilfe von Karasa, dem Vorsteher für Gesundheit, rechnen, als wenn er sich erst mit dem Thema und den Qualitäten dieses Vorstehers auseinandersetzt, wenn er selber erkrankt. Es ist belegt, dass Personen, die sich um die Pflege eines Angehörigen kümmern, um viele Jahre länger leben, als statistisch zu erwarten wäre.

Das ist keine versteckte Aufforderung zur Moral und auch kein psychologischer Trick, was ich hier empfehle, sondern praktische Erfahrung im Umgang mit den Genien. Die Praxis zeigt: Wer einem Vorsteher bei seiner Arbeit hilft, wer in dessen Geist bereits selber tätig ist, wer zumindest einige der Eigenschaften aus der angepeilten Sphäre in sich verwirklicht, dem kann auch der zuständige Vorsteher rascher helfen, weil er über diese Eigenschaften bereits mit seinem mentalen Umfeld verbunden ist.

Das ist ganz logisch: Genien für erfolgreiches Schreiben werden sich kaum einem schreibfaulen Träumer zuwenden, nur weil dieser gerne Journalist oder Bestseller-Autor wäre. Butharusch, der Initiator der Kochkunst, kümmert sich nicht um Fastfood-Konsumenten, inspiriert aber neben den Spitzenköchen auch Hobbyköche, Hausfrauen und alle, die gerne kochen. Genien für Reichtum und Berufserfolg werden einen faulen Arbeitsverweigerer nicht wahrnehmen und schon gar nicht sich ihm zuwenden, sie blicken eher auf die fleißigen, tüchtigen Streber und die erfolgreichen, schlauen Unternehmer, die bereits Eigenschaften ihres Wesen in sich verwirklichen und sich daher deutlich in ihrer Sphäre spiegeln. Auch die für Lebensglück zuständigen Genien werden aufgrund der glücklichen Stimmung, die sie in ihrem Umfeld verbreiten, unglückliche Menschen erst dann bemerken, wenn diese neben ihrer eigenen Sorge den Wunsch in sich tragen, anderen Menschen ihre Sorgen abzunehmen und glücklich zu stimmen.

Auf den feinstofflichen Ebenen bestimmen die Art der Vorstellungen und die Qualität der Gefühle die Blickrichtung und die Nähe oder Distanz. Wer sich in einer gravierenden Lebenskrise befindet und nicht in der Lage ist, sich auf einen speziellen Vorsteher, der ihm helfen könnte, einzustellen, sollte sich daher besser an jene Genien wenden, welche für Probleme im Allgemeinen zuständig sind. Zum Beispiel Alpason statt Iserag bei finanzieller Not, Trapis bei Liebesproblemen, oder Asturel, wenn man einfach nicht mehr weiter weiß und für sich oder andere Hilfe braucht. Diese Genien, zu deren Aufgabe es gehört, Menschen in Not zur Seite zu stehen, werden sich von den verzweifelten Gefühlen angesprochen fühlen und einen Notruf aus der grobstofflichen Ebene wahrnehmen. Die Erfahrung zeigt, letzten Endes bestimmt die Stimmung, in der man sich befindet, von welchen Genien man wahrgenommen wird. Bei der Kontaktaufnahme mit Geistern und Intelligenzen sind nicht nur die Gedanken und Interessen, sondern auch die gerade vorherrschenden Gefühle von großer Bedeutung.

Daraus ergibt sich aber ein weiteres Problem. Jeder Versuch, in geistige Welten vorzudringen, öffnet ein Tor und sendet ein Signal. Auch wenn dieses Signal nicht von den angepeilten Genien wahrgenommen wird, zieht es unter Umständen andere, ungebetene Gäste an.

Die Stimmung bestimmt das Blickfeld

Wenn ein Astronom sein Teleskop auf einen bestimmten Punkt im Weltraum ausrichtet, so werden sich im Blickfeld nicht nur das angepeilte Objekt, sondern auch noch viele andere Sterne, Galaxien und Nebel befinden. Er muss daher, um ein genaues Bild zu bekommen, nicht nur die Richtung, sondern auch die Entfernung und die Qualität der Beschaffenheit des Raumes in den Rechner eingeben. In der Astronomie ist das ein einseitiger Vorgang. Die Sterne, die das Licht oder die Radiowellen, die der Forscher anpeilt, aussenden, wissen davon nichts.

Bei der Beobachtung von geistigen Komplexen ist das anders. Gerät ein geistiges Wesen ins Blickfeld, spürt es das. Wird ein Wesen beobachtet, nimmt es das wahr. Auf der feinstofflichen Ebene wirken Stimmungen und Interessen wie Licht und Wärme und wecken die Aufmerksamkeit des im Bewusstseinfeld stehenden Geistes.

Und das muss nicht unbedingt jenes Wesen sein, das nach den Angaben im Thebaischen Kalender zu erwarten ist. So wie für den Astronomen im kosmischen Raum hintereinander unzählige Sterne und Galaxien auszumachen sind, sind auch auf den feinstofflichen Ebenen scheinbar am selben Ort zur selben Zeit unterschiedliche Geister im mentalen Sichtfeld. Raum und Zeit unterliegen auf den astralen und mentalen Ebenen anderen Gesetzen. Daher ist es bei der Arbeit mit dem Geist und mit Geistern besonders schwierig, sowohl seine eigene Position als auch die eines anderen Wesens richtig zu erfassen.

Das erklärt die unterschiedlichen Beschreibungen der Mächte und Kräfte und der Zeiten ihrer Wirksamkeit. Für die 360 Grade der Ekliptik gibt es neben den Angaben von Franz Bardon noch einige weitere, voneinander völlig abweichende Schilderungen der wahrgenommenen Geister.*

Auch von den Wesen, die einem größeren Abschnitt der Ekliptik vorstehen, zum Beispiel den 72 Genien, die Bardon der Merkurzone zuordnet, oder den 28 Genien, die angeblich der Mondsphäre entsprechen, sind verschiedene Beschreibungen von deren Siegeln und Qualitäten bekannt, wobei nicht einmal über die richtige Berechnung ihrer Zeiten und Orte Klarheit und Übereinstimmung herrschen. Das gleiche gilt für die Beschreibungen der Genien, die Bardon der Sonnensphäre zuordnet, die aber, wie ich nachweisen konnte, in Wahrheit verschlüsselte Namen der bekannten Fixsterne sind.**

Man darf den Forschern und Autoren dieser Manuskripte nicht unterstellen, dass sie sich alles nur eingebildet oder erfunden haben. Auch ich konnte, je nach persönlicher Stimmung und astrologischen Konstellationen, für den selben Grad unterschiedliche Qualitäten orten.

So wie sich in der Physik, nach Heisenberg, das Beobachtete durch die Beobachtung jeweils anders zeigen kann, muss der Hermetiker damit rechnen, dass von den vielen zur selben Zeit und im selben mentalen Umfeld wirkenden Wesen, je nach Verfassung und persönlichen Eigenschaften des Beobachters, andere Geister in Erscheinung treten.

---

* „Die Magie des Abramelin“, verschiedene Auflagen; „Die Grade des Zodiaks“ von Charubel; „Sonne und Planeten im Tierkreis“ von Friedrich Bernhard Marby.
** Siehe Artikel aus „ Anubis“ Nr. 10, 1988, im Anhang dieses Buches. „Die Fixsterne und ihre Bedeutung in der Geburtsastrologie“, Baumgartner Verlag; Dr. Musallam: „Zauberbibel“; Quintschers „Denurische Schriften“; Agrippa von Nettesheim: „Occulta Philosophia“.

Je mächtiger ein Wesen ist, umso weiter reicht sein Einfluss und umso größer ist der Zeitraum, der ihm zur Verfügung steht. Man kann das auch räumlich in der Anzahl der Tierkreisgrade, über die ein Wesen gebietet, erkennen. In der religiösen Tradition des Westens werden die Genien in neun Engelchöre hierarchisch gegliedert und als Engel, Erzengel, Kräfte, Mächte, Herrschaften, Fürstentümer, Throne, Cherubim, Seraphim, usw. beschrieben. Die neun Sphären der Quabbalah, die sich in der zehnten, in der Erdgürtelzone verdichten und im Akasha der Erdzone entlichten, sind ebenfalls ein Versuch, die wirkenden Mächte und Kräfte darzustellen. Franz Bardon hat diese Genien den Planetensphären zugeordnet.

Aber trotz aller aufgestellten Ordnungssysteme und Thesen, die hermetische Praxis bestätigt das alte Sprichwort: Wie man in den Wald hineinruft, so tönt es zurück. Es braucht daher neben dem Wissen von der richtigen Ordnung der Hierarchie auch die Fähigkeit der Konzentration und Imagination, um eine bestimmte Eigenschaft als analoges Signal für eine angepeilte Qualität auszusenden. Und es bedarf einer enormen Willenskraft, damit einen ungeeignete Regungen nicht in unerwünschte Richtungen blicken lassen und mit Wesen konfrontieren, die man nicht kontaktieren will.

Nicht Trance, sondern Wachsein muss daher das mentale Fundament des Geistesforschers sein. Das gilt besonders für die Kontaktherstellung mit Engeln, Genien und Geistern. Bevor man mit dem Thebaischen Kalender arbeitet, sollte man daher unbedingt auch meine anderen Bücher und die Werke von Franz Bardon gelesen haben, damit man zumindest die Grundlagen der Geistesschulung beherrscht.

Mentale Trittbrettfahrer und Geistschmarotzer

Es besteht berechtigter Zweifel, ob ein Magier, der die Stufen 1 bis 5 von Bardons Instruktionen nicht beherrscht, überhaupt in der Lage ist, mittels magischer oder mystischer Praktiken eine

Intelligenz von der Erdgürtelzone oder einer anderen höheren Sphäre auf sich aufmerksam zu machen, und sie dann auch noch dazu bewegen kann, ihm zu dienen. Ich glaube, nicht einmal die sogenannten Gegengenien werden sich von einer unsachgemäßen Beschwörung angesprochen fühlen und darauf reagieren.

Die eigentliche Gefahr der Unfreiheit und Abhängigkeit droht aufgrund eines anderen, wenig beachteten Phänomens. Sie wird nicht durch die beschworene Intelligenz, von der man sich etwas erwartet, verursacht, sondern durch einen Schemen, der aus den Elementalen der Erwartung, die man mit der magisch-mystischen Anrufung verbindet, entstanden ist. Dieser Schemen weckt Hoffnung auf Hilfe, weil er sich nur so im Bewusstsein des Betreffenden und damit am Leben halten kann.

So ein geistiger Komplex von der Vorstellung, dass Hilfe möglich ist, ist zwar ein lebendiger Bote zu der Ebene, aus der man sich Hilfe erwartet, ist mentales Gebilde der Zuversicht, notwendiges Werkzeug jeder Magie, Ursache des Placebo-Effekts und jeder Selbsthilfe, aber nicht die angerufene Intelligenz. Dieser „Geist" kann als Hilfsgeist dienen oder zu einem eigenständigen Wesen entarten, das später dem Erfolg sogar im Wege steht. Denn sobald der Wunsch sich erfüllt, das Ziel erreicht ist, würde er automatisch vergehen. Also schürt er weiter die Hoffnung, regt zu weiteren Beschwörungen und Anrufungen an, weckt zwischendurch Zweifel, bis der Betreffende noch mehr verzweifelt und, von der Idee auf magische Hilfe besessen, immer neue Experimente und „dämonische" Praktiken wagt. Das wieder stärkt diesen Geistschmarotzer, ein Kreislauf beginnt, aus dem man sich schwer befreien kann.

Ritual, Liturgie und Hexenzirkel

Eine weitere Gefahr bei der Beschäftigung mit Magie und Mystik droht durch die Macht der Gewohnheit. Sie weckt Lust auf Wiederholung der Meditationen, Rituale oder Weihestunden, weil man sich dabei immer recht wohl fühlt und sich entspannen oder hingeben kann. Ganz gleich ob man allein oder gemeinsam übt, man schreibt die innere Gelöstheit dem Ritual, den Engeln oder den guten Geistern zu, die man rief und die kamen und in deren Nähe man sich geborgen fühlt. Dieses Phänomen ist überall dort zu beobachten, wo Zeremonien, Séancen oder Gottesdienste regelmäßig zelebriert und konsumiert werden, egal ob in religiösem, magischem oder mystischem Sinn.

Unsere Erfahrungen zeigen, Channeling, Geisterbeschwören, Logenrituale, Schamanenfeuer und Hexenzirkel, aber auch Rosenkranzbeten, Meditieren, Zen oder Qi Gong werden früher oder später zu einem Bedürfnis und führen in eine Abhängigkeit, die den Opfern lange verborgen bleibt. Ursache sind nicht die gerufenen Geister, sondern ein Schemen, der sich, sobald die Zeremonien oder Übungen regelmäßig wiederholt werden, bilden kann.

Dieser „Gewohnheitsschemen" kann, wie alle anderen Larven, Schemen und geistigen Komplexe, in Form von sogenannten Spukerscheinungen manifestieren oder, wenn er sich mit den Elementalen einer Intelligenz, die man kontaktieren will, verbindet, zu einem Phantom heranwachsen, das in die Rolle des zitierten Geistes schlüpft und sensiblen Teilnehmern der Zeremonie sinnlose Botschaften übermittelt oder Befehle erteilt, die sie in den Wahnsinn treiben. Das gleiche gilt für die blödsinnigen, völlig falsch praktizierten Kundalini-Übungen, für die fragwürdige Erweckung der Chakren, für stundenlanges Knien auf kalten Kirchenböden, Kasteien in Yogastellungen, Zen und jede andere Form von Askese. Und es gilt auch, wie einige Freunde inzwischen erkennen mussten, für die Arbeit mit dem Thebaischen Kalender, wenn man die Stufen eins bis fünf nach Bardons Instruktionen nicht vollends beherrscht.

Hilft wirklich der Vorsteher oder ist der Helfer ein analoges Elemental?

Meine Forschungen beruhen in erster Linie auf den Rückmeldungen meiner Freunde und Klienten, denen ich durch ein Amulett mit den Siegeln der Genien helfen konnte. Es ist aber ein Unterschied, ob man in eigener Sache, also für sich selbst, quasi in einer Notlage, oder für einen Fremden Hilfe bei einem Vorsteher sucht. Man ist dann nämlich weitgehend emotionslos, pragmatisch und unbeteiligt wie ein Vermittler und kann deshalb leichter die nötige Konzentration für die Imagination der richtigen Qualitäten aufbringen. Aufgrund meiner jahrzehntelangen Geistesschulung wusste ich außerdem, worauf es ankam, und da ich als Astrologe stets auch die astrologischen Gezeiten berücksichtigte, war es für mich relativ einfach, die Siegel wirksam aufzuladen.

Ich ging daher von einer falschen Voraussetzung aus, als ich dachte, dass es anderen genauso leicht gelingen würde, einen Kontakt zu den Genien herzustellen, wie mir. Wie sich inzwischen herausstellte, ist das nicht der Fall. Kaum jemand ist ausreichend vorbereitet. Die unliebsamen Folgen, die damit verbunden sind, wenn man sich ohne entsprechende Geistesschulung mit Magie und Mystik beschäftigt, sind gravierender als der in Aussicht gestellte Erfolg. Und selbst bei einem Erfolg stellt sich die Frage: Waren es wirklich die Genien, welche angesprochen wurden, oder verdankt man die Wirkung den bei der Arbeit mit dem Geist bewusst oder unbewusst gebildeten Elementalen? Sind es tatsächlich die angerufenen Genien, die in Erscheinung treten und über das geladene Amulett ihre Wirkung entfalten, oder handelt es sich um Schemen, gebildet aus den Elementalen und Elementaren der eigenen Erwartung? Ist es wirklich der Geist der Genien, den man in einer Meditation verinnerlicht, oder nimmt man lediglich die Elementale und Elementare wahr, die man in seiner Vorstellung von dem angerufenen Wesen gebildet hat?

Ohne diese Elementale könnte man keinen Kontakt zu einem Wesen auf einer anderen Ebene herstellen. Da aber auch die Genien, wenn sie einen inspirieren und stärken, dies nur über Elementale und Elementare erreichen können, ist eine zuverlässige Antwort auf diese Frage nicht möglich.

WIE AUCH DER LAIE DEN EINFLUSS GEISTIGER MÄCHTE NUTZEN KANN

Ich habe nicht zehn Bücher über Magie und Mystik geschrieben, um dann am Ende zu sagen: Hände weg, ist gefährlich, glaubt nicht an Engel, Genien und Geister, man wird nur krank davon. Im Gegenteil. Ich halte es sogar für sehr wichtig, dass man sich über die Wesen, von denen wir umgeben sind und die uns beeinflussen, informiert und sich eine Vorstellung von ihrem Wirken macht.

Was ich ablehne, sind Dummheit, Leichtgläubigkeit und unsinnige Experimente, für die man sich weder das erforderliche Wissen noch die nötigen Fähigkeiten und praktischen Erfahrungen angeeignet hat. Dilettantische Versuche und leichtsinnige Experimente sind genauso einfältig wie religiöser Wunderglaube und haben mit seriöser Geistesforschung nichts zu tun. Krank und verrückt machen einen nicht die Dämonen und Geister, sondern die falschen Vorstellungen, die man sich von diesen Wesen macht.

Wer sich mit Magie und Mystik beschäftigt und an Geister glaubt, ist in Gefahr. Aber wer sich nicht damit auseinandersetzt, lebt auch gefährlich. Denn es gibt diese Geister und eine bestimmte Sorte von ihnen, nämlich die Planetengeister, stehen einem viel näher, als man denkt. Mit diesen Wesen sollte man sich daher zuerst beschäftigen. Man benötigt dazu keine magischen Fähigkeiten, man muss sie nicht beschwören, der Kontakt entsteht automatisch, sobald entsprechende astrologische Konstellationen vorhanden sind. Die Gezeiten ihrer Macht lassen sich ganz einfach nach den bekannten Regeln der Astrologie berechnen und man wird erstaunt sein, wie sehr man von diesen Mächten und Kräften beeinflusst wird.

Die Planetengeister

Die Planetengeister wirken weitaus stärker als die Vorsteher der Erdgürtelzone, und wesentlich länger, sowohl auf das Innenleben als auch auf die äußeren Ereignisse ein. Da die äußeren Ereignisse, mit denen einen das Schicksal konfrontiert, zumeist ebenfalls über Menschen und deren Emotionen herbeigeführt werden, sollte man auch die astrologischen Gezeiten der Personen, mit denen man zu tun hat, in seine Studien miteinbeziehen. Jedes Horoskop ist ein Schlüssel zur geistigen Macht. Es erschließt nicht nur das eigene Wesen und Leben, sondern gewährt auch Einblicke in die Möglichkeiten, den Charakter und die gerade vorherrschende Gestimmtheit und Befindlichkeit seiner Mitmenschen.

Mit den Planetengeistern meine ich nicht jene, für spezielle Aufgabenbereiche zuständigen Intelligenzen, die Bardon auf bestimmten Abschnitten der Ekliptik orten konnte und als Genien der Planetensphären namentlich nennt und beschreibt. Ich meine die ganz normalen astrologischen Intelligenzen, die ich in meinem Buch „Magie mit Astrologie“ beschreibe, die mentalen Schleusenwärter, die automatisch das Tor in ihre Planetensphäre öffnen, sobald sie aufgrund astrologischer Gegebenheiten dazu befähigt sind. Ganz gleich ob man sie ruft oder nichts von ihnen weiß, sie werden einen mit dem Geist und den Geistern, mit den Mächten und Kräften aus ihrer Sphäre konfrontieren. Geht zum Beispiel der laufende Mars über den Tierkreisgrad, an dem sich zur Geburt der Mond befand, dann wird man an diesen Tagen mit Marsenergien versorgt, die einen aufregen, kränken oder wütend machen. Wenn dagegen die Venus diese Stelle passiert, wird man ausgeglichen, zufrieden und glücklich sein.

Die Verbindung zwischen Diesseits und Jenseits ist über das mentale Netzwerk dieser Intelligenzen vorgegeben. Jeder ist ständig mit Genien aus den Planetensphären in Kontakt. Die unterschiedlichen Kontakte ergeben sich automatisch aus der Bewegung der Planeten und ihren Übergängen über die Planetenpositionen im persönlichen Horoskop. Jeder dieser Transite ist eine Berührung mit einer kosmischen Intelligenz. Eine gezielte Evokation oder Invokation ist dazu nicht nötig.

Diesen Einflüssen ist jeder ausgesetzt, ganz gleich ob er daran glaubt oder nicht. Aber man ist ihnen nicht ausgeliefert. Die astrologischen Gezeiten lassen sich berechnen. Und wer die Gezeiten kennt, kann die dahinter wirkenden Mächte und Kräfte zur Planung und zur Gestaltung seines Lebensweges nützen. Nicht nur die negativen Wesen warten in der Regel auf bestimmte astrologische Konstellationen, in denen ihre Opfer leichter verführbar oder verletzbar sind. Auch die Vorsteher der Erdgürtelzone richten sich erfahrungsgemäß nach den astrologischen Gezeiten, wenn sie einen Menschen unterstützen und seinen Zielen näher bringen wollen.

Wer die astrologischen Regeln kennt, kann in Übereinstimmung mit den wirkenden Mächten, bewusst und ohne Beschwörungsmagie, sein Leben und seine Zukunft mitgestalten. Nach dem Erscheinen meines Buches „Magie mit Astrologie“* nutzen immer mehr Menschen diese einfache Möglichkeit der Zusammenarbeit mit den Genien der Hierarchie. Man beschwört keine Geister, sondern nützt die Mächte und Kräfte, die aufgrund der astrologischen Konstellationen bereits in der Nähe und für einen wirksam sind.

Während man für den Kontakt mit den Zonenvorstehern die speziellen Elementale ihrer Eigenschaften in sich verdichten muss, braucht man den astrologischen Genien das mentale Umfeld nicht vorzubereiten. Diese Wesen wirken auch ohne magisch-mystische Vorarbeit auf die Menschen ein. Die Voraussetzungen für eine Verbindung sind bereits gegeben, weil der Menschengeist die Qualitäten der Planetengeister schon in sich verinnerlicht hat. Und zwar nicht nur als kurzlebige Elementale, sondern in Form von komplexen mentalen Gliedern und Organen, welche in ihrem Zusammenhang die geniale göttliche Ordnung der kosmischen Hierarchien im Bewusstsein des Menschen nachvollziehen.

* Emil Stejnar „Magie mit Astrologie“, Ibera Verlag, siehe auch Hinweis am Ende dieses Buches

Der Menschengeist ist keine Blase aus Licht und Schatten, kein nebuloses Lichtgespinst, sondern besteht wie der grobstoffliche Körper aus sinnvoll miteinander verbundenen Gliedern und Organen, die in ihrer Gesamtheit als feinstofflicher Leib die Vollkommenheit der kosmischen Ordnung widerspiegeln. Die Hierarchie der zehn Planetensphären spiegelt sich im Menschengeist als Seelenorgane wider und jedes Organ hat für das Bewusstsein eine jeweils ganz bestimmte Funktion.

So wie man Augen zum Sehen, Ohren zum Hören und Hände zum Greifen hat, hat man einen inneren Merkur für das Denken, eine innere Venus für die Liebe und einen inneren Mars, der die Triebe und den Willen aktiviert. Der innere Mond ist für die Stimmungen und Gefühle zuständig, der innere Jupiter regelt den Sinn für Ordnung, Recht und Erfolg, Saturn bestimmt über jene Eigenschaften, die Grenzen setzen und Rückhalt geben, während der Neptun das grenzüberschreitende, auflösende Prinzip der Phantasien und Träume vertritt. Die Geister des Uranus zünden die originellen, erfinderischen Geistesblitze und das Organ des Pluto repräsentiert die Mächte und Kräfte für Zwang und Gewalt. Die persönliche Sonne regiert das Selbstbewusstsein und stellt das Zentrum aller Seelenorgane dar. Jedes Organ entspricht einer Planetenqualität und entfaltet im Menschen die analoge Eigenschaft, die einen mit den Genien, die diese Eigenschaft vertreten, verbindet.

Die Astrologie beschreibt die Organe von Geist und Seele und verrät, wie man über diese lebendigen Schaltstellen mit den Genien kommunizieren kann. Umgekehrt benützen auch die Genien diesen Zugang zum Bewusstsein der Menschen, um sie in ihrem Sinn zu leiten, zu lenken und zu inspirieren. Eine ausführliche Beschreibung der Seelenorgane und wie man sie gebraucht, um mit Hilfe der Schicksalsgenien sein Leben zu gestalten, findet man in meinem Buch „Magie mit Astrologie“.

Die Gezeiten der eigenen Macht

Die Astrologie liefert nicht nur den Schlüssel für die Gezeiten der Genien, sondern auch für die Zeiten der eigenen Macht. Die meisten Probleme lassen sich lösen, wenn man diese Gezeiten nützt. Hätte man sie bereits zuvor berücksichtigt, dann wären viele Probleme erst gar nicht entstanden.

Selbständigkeit ist eine der wichtigsten Voraussetzungen für den wachen Geist eines Hermetikers. Eine starke Persönlichkeit wird zuerst versuchen, bestehende Aufgaben selbst zu lösen, und sich erst dann an andere Personen oder Geister wenden, wenn sie es allein nicht schafft. Mit Hilfe der Astrologie ist man in der Lage, sein Leben selbst zu planen und zu meistern.

Wer zum Beispiel ein Liebesproblem hat und dank seiner astrologischen Kenntnisse weiß, dass gerade die Mächte von Uranus oder Saturn seine Venus negativ beeinflussen, wird sich nicht von den Regungen irritieren lassen und verzweifelt den Lotagin beschwören. Er wird gelassen bleiben. Er weiß nämlich auch, wann die kritischen Konstellationen vorüber sind, und kennt die Zeit, in der er bessere Chancen in der Liebe zu erwarten hat. In der Regel lösen sich solche Probleme dann von selbst, oder lassen sich überraschend einfach lösen. Der Liebesengel Lotagin könnte, so lange die kritische Konstellation wirksam ist, auch nicht viel für ihn tun. Helfen kann er sich selbst, weil er dank der Astrologie zur richtigen Zeit die richtigen Entscheidungen treffen kann. Warum sollte man heute einen Vorsteher für Liebe bemühen, wenn in fünf Monaten aufgrund einer glücklichen Jupiter-Konstellation sowieso die besten Chancen für Liebesglück zu erwarten sind?

Man wird nichts unternehmen, wenn dazu keine förderlichen, sondern nachteilige Konstellationen wirksam sind. Das gilt natürlich für alle Lebensbereiche. Wer auf die astrologischen Geister hört und ihren Einfluss nützt, braucht keine anderen Geister zu beschwören.

Die Schicksalsengel sprechen Astrologisch

Die Schicksalsengel sprechen nicht Hebräisch, Hindi oder Deutsch, sie reden Astrologisch. Wer ihre Sprache versteht, weiß, was die Vorsehung ihm sagen will, und kann sich darauf einstellen und vorbereiten. Sowohl auf die Begegnung mit den hilfreichen, positiven Wesen, die ihn bei seinen Plänen unterstützen, als auch auf die Prüfungen und Widerstände der herausfordernden Geister, die ihm Stärke abverlangen und ihn reifer machen sollen.

Niemand, der sich mit Magie und Mystik beschäftigt, kann es sich leisten, auf die Möglichkeiten, welche die Astrologie ihm bietet, zu verzichten. Kein bekannter Hermetiker, der nicht auch Astrologe war. Astrologie ist die faszinierendste Wissenschaft und trotzdem ganz einfach zu verstehen. Man braucht sich nicht von den vielen Thesen und komplizierten Erklärungen, die von Pseudoastrologen in unsinnigen Büchern verbreitet werden, verwirren zu lassen. Die einfachen Regeln, die ich in meinem Buch „Magie mit Astrologie" beschreibe, genügen, um mit den astrologischen Mächten und Kräften zu arbeiten. Es ist wirklich kinderleicht. Meine Enkeltochter Kathi hat das bereits im Alter von zehn Jahren erlernt. Vielleicht kann meine erste Instruktion an sie auch meine erwachsenen Leser für diese Wissenschaft begeistern:

Liebe Kathi!
Jetzt erzähl ich dir etwas über Astrologie und zwar etwas, das bisher nur ganz wenige Leute, die sogenannten Eingeweihten, wussten: Es geht um das geheimste Geheimnis der Astrologie. Nämlich um die Schicksalsengel und Planetengeister.

Also pass auf. Die Schicksalsengel reden Astrologisch und wer ihre Sprache versteht, der kann sein Leben besser gestalten. Genauso wie Deutsch und Englisch und Schwedisch eine Sprache ist, ist Astrologie eine Sprache, und zwar die Sprache der Götter, Geister und Schicksalsengel. Wenn du Schwedisch verstehst, dann verstehst du, was dir ein Schwede erzählt, und wenn du Astrologisch verstehst, dann verstehst du, was dir die Schicksalsengel sagen wollen.

Indem sie dir verschiedene Eigenschaften und Fähigkeiten verleihen und dich Sachen erleben lassen, aus denen du lernen kannst, sprechen sie zu dir. Und zwar zu ganz bestimmten Zeiten, die man astrologisch berechnen kann. In diesen Zeiten und Perioden – das kann je nach Planet ein Tag, eine Woche oder ein ganzer Monat sein – ist dann irgendeiner von den Planetengeistern in deiner Nähe und wirkt und redet auf dich ein. Man nennt das Eingebung oder Inspiration. Fast immer, wenn du eine gute Idee hast oder dich eine Stimmung oder eine innere Regung bewegt, steckt irgendeiner von den Planetengeistern dahinter, der dich in seinem Sinn dazu inspiriert. Das gilt natürlich auch für dumme Einfälle und schlechte Stimmungen. Auch die werden zumeist von Planetengeistern verursacht, und nicht von dir selbst.

- Wenn ein **Marsgeist** zu dir spricht, dann spürst du das als vermehrte Energie. Er sagt: „Los, sitz nicht faul herum, tu etwas“ oder so ähnlich, und treibt dich auch tatsächlich mit seiner Energie, die er dir schickt, an. Das kann dich mutig und unternehmungslustig machen, aber auch übermütig, gereizt und ungeduldig, je nachdem was für ein Marsgeist zu dir spricht. Man erkennt das aus der jeweiligen Konstellation, also dem Ort, wo der Mars gerade steht, und den Orten in deinem persönlichen Horoskop, also den Stellen in dir, die er von seinem Standpunkt aus überblicken, quasi berühren kann. Ich werde dir das mit den Konstellationen später noch gesondert erklären. Was für die Marsgeister gilt, gilt natürlich auch für alle anderen Planetengeister.
- Wenn ein **Venusgeist** auf dich einredet, sagt er zumeist: „Das Leben ist doch schön, du kannst zufrieden sein“, und du bist es komischerweise dann auch. Du spürst seine Nähe als beruhigend, fühlst dich wohl, bist friedlich gestimmt und wirst in seiner Nähe sicher nicht streiten, sondern automatisch nett zu

deinen Freunden sein. Manchmal, das hängt dann wieder von der Konstellation ab, lässt du dich aber auch gehen und bist faul, bequem und voll schlecht drauf, und aus der netten Runde wird ein langweiliger Kreis. Übrigens, wer so wie du die Venus in seinem Geburtshoroskop mit der Sonne, dem Mond und Merkur harmonisch verbunden hat, der hat fast ständig gute Venusgeister in seiner Nähe. Es ist also der Geist der Venus, der dich sympathisch, ausgeglichen und zu einem höchst amüsanten Mädchen macht.

- Auch mit einem **Jupitergeist** in deiner Nähe fühlst du dich großartig und bist es in dieser Zeit auch, weil du, wenn du auf ihn hörst, alles richtig machst und dir alles, was du planst, gelingt. „Das hast du toll gemacht", sagt er, „mach weiter so, du bist richtig genial, die Welt liegt dir zu Füßen." Du kommst dir mächtig gut vor, bist zufrieden, großzügig, manchmal aber auch leichtsinnig. Wenn nämlich ein Jupitergeist aus einer schlechten Konstellation zu dir spricht, dann kommst du dir zu gut vor, neigst zu Übertreibungen und lässt dich dadurch von deinen Hoffnungen, aber auch von dem, was dir andere versprechen, leicht täuschen.
- Die **Saturngeister** bewirken das Gegenteil. Sie sagen: „Das Leben ist schwer, die Arbeit ist mühsam, das ist traurig", aber auch: „Halte durch, es ist deine Pflicht." Sie machen vorsichtig, schwermütig, ernst, aber auch gewissenhaft und fleißig. Sie bringen aber nicht nur Sorgen und Leid, sondern sie verleihen dir auch die Kraft, die Probleme zu meistern und aus den gewonnenen Erfahrungen zu lernen. Wenn jemand ernst, bescheiden und zuverlässig ist, kannst du sicher sein, dass ein Saturngenius in seiner Nähe ist.
- Lernen kannst du auch mit den **Merkurgeistern**. Die sind weniger für die lehrreiche Lebensschule, sondern mehr für die blöde Normalschule, also für die Prüfungen, das Denken und die Aufmerksamkeit zuständig. Während die Marsgeister deine Energie zum Handeln anregen, so regen die Merkurgeister die Energie zum Denken, also deine Interessen und geistige Reg-

samkeit, an. Je nachdem ob es Geister aus einer guten oder schlechten Konstellation sind, wird die Schularbeit bestens gemeistert oder verhaut, du machst Besuche, schreibst oder bekommst Briefe, gehst auf Reisen, sei es in Gedanken oder in Wirklichkeit. Übrigens, in deinem Horoskop steht der Merkur in einer sehr günstigen Konstellation zu deiner Sonne, deshalb bist du so gescheit und sprachbegabt und drückst dich so gut aus. Außerdem ist dein Merkur durch ein Trigon (was das bedeutet, erkläre ich dir später) mit dem Uranus verbunden. Wer diese Konstellation hat, ist nicht nur sehr intelligent, sondern kann auch spielend leicht Astrologisch lernen, fast alle Astrologen haben diese guten Konstellationen. Ich übrigens auch.

- Auch die **Uranusgeister** haben viel mit dem Gedankenleben zu tun. Fast alle berühmten Erfinder verdanken ihre genialen Einfälle diesen ausgeflippten Uranusgeistern. Die lieben nämlich alles, was modern und originell ist. Sie kümmern sich darum, dass ständig neue Erfindungen gemacht werden, sorgen für Überraschungen und bewirken oft plötzliche, unerwartete Veränderungen. Sie verursachen damit aber auch Aufregungen, Trennungen, und – weil bei ihnen alles viel schneller geht – auch Unfälle, und können nicht nur die Nerven, sondern das ganze Leben mächtig durcheinanderbringen.
- Die **Neptungeister** wirken harmlos, aber lass dich nicht täuschen, sie können gefährlich sein. Man merkt nicht, dass sie in der Nähe sind. Sie sagen: „Glaub es, so ist es, da gibt es keinen Zweifel“, und wünschen, dass du alles für wahr hältst, was sie dir eingeben, was du denkst, oder was dir andere erzählen, auch wenn es vielleicht gar nicht stimmt. Künstler, Schauspieler, Hellseher und Priester, aber auch Schwindler haben zumeist einen Neptungeist in ihrer Nähe. Die Neptungeister machen sensibel und feinsinnig, fördern die Phantasie und die Mystik, aber auch den Aberglauben und Wahn. Sie lassen einen Dinge sehen, die andere nicht wahrnehmen können, und dabei verliert man leicht den Überblick für die Reali-

tät und das, was in der Nähe ist. Man hat Visionen oder bildet sich etwas ein. Du hast übrigens auch einen bedeutenden Neptun. Deshalb interessierst du dich für Träume, Astrologie und Geister und bist schon jetzt eine außergewöhnlich bezaubernde kleine Hexe. Dein Neptun macht dich medial und einfühlsam und fördert deine künstlerische Begabung. Wir werden später noch darüber reden, denn er sollte im Auge behalten werden.

- Die **Plutogeister** sind noch magischer und noch viel gefährlicher. Ich sage dir, die sind gewaltig, radikal und rücksichtslos. Wo die auftauchen, bleibt nichts so, wie es ist. Sie repräsentieren die Übermacht und Unterwelt, sie schüren den Hass und die Wut. Dagegen kommt man nicht auf. Gewalt, Politik, Magie. Wer sie in seiner Nähe hat, kann mit ihrer Energie sehr mächtig werden und die halbe Welt in seinem Sinn verändern und beherrschen, aber wenn er sich nicht selbst beherrscht, vernichten sie ihn.

(Ende vom 1. Lehrbrief an Kathi)

Wer sein Horoskop kennt und sich mittels der Daten aus einer Ephemeride laufend informiert, welche Wesen gerade in seiner Nähe sind, bekommt sehr bald ein Gespür für die Sprache der Genien.

Aber Achtung: Wer glaubt, eine Stimme zu hören, oder gar einen Befehl vernimmt, hat es mit Sicherheit nicht mit der Intelligenz einer Planetensphäre, sondern mit Auswüchsen seiner eigenen Phantasie zu tun.

Die astrologischen Genien drängen einem niemals Gedanken oder Gefühle auf. Sie regen einen nur an, Bestimmtes zu denken, zu fühlen oder zu wollen. Stets hat man dabei das Gefühl, dass man es selbst ist, der den Gedanken gedacht, den Einfall gehabt hat, und das, was man tut, auch selber wünscht und will. Alles, was man als Stimme, Vision oder Zwangsvorstellung wahrnimmt, kommt von eigenen entarteten Elementalen, von Larven, Schemen und Phantomen, und nicht von der Inspiration einer Planetenintelligenz.

Dank der Astrologie kann sich jeder, auch ohne Beschwörungsmagie und ohne magische Macht, von der Existenz geistiger Wesen überzeugen.

Erst wenn man ausreichend Erfahrung in der Astrologie gesammelt hat und die Planetengeister und den Einfluss, den sie auf einen ausüben, kennt und nützt, ist man in der Lage, sich auch mit den 360 Vorstehern der Erdgürtelzone und dem Thebaischen Kalender zu beschäftigen.

EIN GNOSTISCHES WERK ALS SCHLÜSSEL ZUR HERMETIK

Die 360 Genien der Erdgürtelzone waren – ich habe darauf in verschiedenen Artikeln und im „Schutzengelbuch" hingewiesen – auch anderen Eingeweihten bekannt. Sie wurden nicht nur von Abraham von Worms, der angibt, er habe das Mysterium von dem Ägypter Abramelin übertragen bekommen, namentlich genannt. Den Schriften, die Petrus von Abano, Rabbi Simon, Rabbi Ismael sowie Henoch zugeordnet werden, kann man ebenfalls entnehmen, dass es diese Intelligenzen gibt.

Dass auch Jesus mit den 360 Genien in Kontakt gewesen sein soll, ist vermutlich weniger bekannt. Sie werden aber in dem gnostischen Werk „Pistis Sophia" erwähnt. In diesem koptisch-griechischen Text, der laut Experten aus dem dritten Jahrhundert stammt, sind, neben anderen unsichtbaren Herrschern, ebenfalls die „360 Archonten" der 12 Äonen angeführt. Es wird beschrieben, wie Jesus „mit Hilfe seines Lichtkleides, auf dem die Charaktere, Namen und Sigille der Mächte aufscheinen", die Sphären der Archonten überwindet und in die höchste Ebene des Lichts gelangt. Auf seinem Weg begegnet er der Lichtjungfrau „Pistis Sophia", die auf ihrer Suche nach dem Licht in die falsche Richtung gelockt wurde. Jesus weiht sie in die Mysterien ein und zeigt ihr den Weg. Dann eröffnet er auch seinen Jüngern das Mysterium vom „Lichtschatz" und erklärt ihnen, wie damit sogar die Menschenseelen, *„die zu einem Drittel aus Schweiß und Hefe der Archonten bestehen"*, seinem Weg folgen und sich aus der Abhängigkeit von ihnen befreien können. Mit Schweiß und Hefe sind offensichtlich die mentalen und astralen Wesenszellen gemeint, aus denen sich sowohl die feinstofflichen Glieder und Organe der Menschen als auch jene der Genien zusammensetzen.

Der Text ist nicht vollständig, und es ist möglich, dass auf den fehlenden Blättern die Namen und Siegel der 360 Archonten beschrieben wurden. Mir ist nicht bekannt, aus welchen Quellen

Bardon, Quintscher, Sättler oder Abraham von Worms ihre Erkenntnisse über die 360 Genien schöpften. Ich weiß aber, dass sich Bardons Mitarbeiterin, Maria Pravica, nach Bardons Tod nahezu ausschließlich mit diesem gnostischen Werk beschäftigte und ihm mehr Bedeutung zumaß als jedem anderen Buch der Hermetik. Der kuriose, zum Teil banal wirkende Text birgt zwischen den Zeilen tatsächlich jene Hinweise auf die geistige Hierarchie, welche die gnostisch-hermetische Tradition begründen.* Im Unterschied zu anderen gnostischen Schriften besteht wenig Zweifel, dass der Ursprung der „Pistis Sophia" in Ägypten liegt.

Der uns vorliegende „Thebaische Kalender", in dem die Namen, Orte und Zeiten der 360 Genien angegeben sind, geht dagegen ziemlich sicher auf die Astrologie und magische Praxis der Chaldäer zurück, deren Gedankengut später von griechischen Astrologen übernommen wurde.

Der Thebaische Kalender ist daher nicht zu verwechseln mit den Thebanischen Stundentafeln, die Dr. Friedrich W. C. Gensler in seinem Werk „Die Thebanischen Tafeln" beschreibt. Diese Tafeln, die in dem Königsgrab IX von Bab-el-moluk bei Theben gefunden wurden, beschreiben zwar ebenfalls kosmische Mächte, die bei ihrem Aufgang je nach Jahreszeit und Uhrzeit unterschiedlich auf die Menschen einwirken, aber es handelt sich dabei nicht um die 360 Genien der Erdgürtelzone, sondern vermutlich um Planeten- oder Fixsterngenien.

Ernst Tiede schreibt dazu in seinem Buch „Urarische Gotteserkenntnis": *„Die Thebanischen Stundentafeln umfassen 24 Felder, von denen jedes einem der 24 altägyptischen Halbmonate zugeteilt ist. Jedes dieser 24 Felder enthält zwischen 14 horizontalen Linien 13 horizontale Zeilen hieroglyphischer Schrift. Den Anfang dieser Zeilen bildet die Angabe der Stunde, dann folgt der Name eines Gestirns, und zuletzt eine Bemerkung, durch welche der Aufgang des genannten Gestirns auf einen von sieben Teilen des menschlichen Körpers bezogen wird."*

* Das „Archiv hermetischer Texte" hat für interessierte Freunde dieses seltene gnostische Dokument neu aufgelegt. www.archivhermetischertexte.at.

DER KONTAKT MIT DEN GENIEN

Ich setze voraus, dass der Leser dieses Buches sowohl die Werke Bardons als auch Quintschers Schriften kennt und auch meine anderen Bücher der Magie und Mystik des 3. Jahrtausends gelesen hat. Er weiß dann, dass für eine magische Evokation mehr nötig ist, als den Namen und das Siegel einer Intelligenz zu einer bestimmten Zeit zu verwenden. Wer die Fähigkeiten, die Bardon in seinem ersten Werk beschreibt, nicht besitzt, wird, auch wenn er den richtigen Zeitpunkt kennt, keinen der Vorsteher in diese Welt zitieren können.

Man kann einen Geist nicht mit Formeln beschwören, quasi geistig anbrüllen, um ihn zu beeindrucken. Man muss seine Wünsche auf andere Weise in die geistigen Welten überführen. Die einzige Sprache, die auf den feinstofflichen Ebenen verstanden wird, ist die Kommunikation mittels der Vorstellungskraft, also mit Elementalen. Nicht umsonst beginnt daher jede magische Schulung mit Konzentrations- und Imaginationsübungen zur Beherrschung der Gedanken.

Wer seine Gedanken nicht beherrscht, wird sich mit geistigen Wesen nicht verständigen können. Das persönliche Bewusstseinsfeld ist wie ein Bildschirm, auf dem Gedankenbilder, statt Pixel, aufscheinen. Je geordneter und deutlicher die einzelnen Lichtpunke, also die Vorstellungen, aufscheinen, umso besser das Bild. Zumeist werden jedoch die Elementale chaotisch unkontrolliert über das Blickfeld rollen. Sie flimmern, ändern sich und verschwinden, bevor man sie erkennt und überprüft, oder tauchen ohne logischen Zusammenhang von allein wieder auf. Würde nicht ein geniales Programm das Unwichtige automatisch wegfiltern und würde man alles, was einem durch den Kopf geht, wahrnehmen, müsste man meinen, man sei wahnsinnig geworden. Einem fremden geistigen Betrachter fehlt jedoch dieser persönlich eingestellte Filter. Für einen gedankenlesenden Geist ist im Bewusstseinsfeld eines Menschen daher nicht viel zu erkennen.

Nur wer fähig ist, eine Vorstellung einige Minuten lang aufrecht zu halten, und, umgekehrt, eine Eingebung als „Inspiration" erfassen und erkennen kann, ist in der Lage, mit einem geistigen Wesen gezielt zu kommunizieren. Die Beherrschung seiner Gedanken und die Kontrolle seiner Gefühle, die Franz Bardon als Hauptübung in seinem Werk: „Der Weg zum wahren Adepten" beschreibt, ist daher notwendig, wenn man sich mit den Genien bewusst in Verbindung setzen will. Das gilt nicht nur für die Praxis der magischen Evokation, sondern auch für die einfachere Technik der mystischen Invokation.

Die Praxis der mystischen Invokation

Man muss kein großer Eingeweihter sein, um mit dem Machtbereich einer feinstofflichen Wesenheit in Kontakt zu kommen. Ich habe bereits darauf hingewiesen, dass man ständig, aufgrund der persönlichen Elementale, aus denen der eigene Geist besteht, mit geistigen Wesen, deren Wesensteile aus ähnlichen Elementalen gebildet sind, in Verbindung steht. Das bedeutet umgekehrt, will man gezielt die Aufmerksamkeit bestimmter Intelligenzen auf sich lenken, gelingt das, indem man an deren besondere Eigenschaften denkt. Auch wenn man diese Eigenschaften noch nicht als wirkende Kraft in sich verwirklicht hat, solange man die Vorstellung davon aufrecht hält, hat man sie zumindest als mentales Bild in sich hineinversetzt und ist dadurch mit den Sphären der gedachten Eigenschaften verlinkt. Ich beschreibe diese Technik der mystischen Invokation, bei der man bewusst versucht, durch meditative Zuwendung mit einem Engel in Kontakt zu kommen, im „Schutzengelbuch".

Aber auch dieser passive Verkehr mit den Genien erfordert einen geschulten Geist. Für „Engelmeditationen", oder die Schaffung eines Elementals nach der Methode des großen und kleinen Kyilkhors*, ist es daher von Vorteil, wenn man neben

* „Der Weg zum wahren Adepten" von Franz Bardon, Rüggeberg, und „Die vier Elemente – der geheime Schlüssel zur geistigen Macht", Emil Stejnar, Ibera

dem Namen und Siegel auch die Zeit der Intelligenz, welche der gewünschten Wirkung entspricht, kennt und berücksichtigen kann. Wenn man sich zum richtigen Zeitpunkt mit der Ebene einer Intelligenz verbindet, ist die Wahrscheinlichkeit, dass man mit seinen Gedanken tatsächlich in die Nähe dieses Wesens gelangt, größer als zu anderen Zeiten. Für diese mystische Verbindung mit einem Vorsteher, zur Hebung bestimmter Eigenschaften, Fähigkeiten, oder zur Ladung einer magischen Geste oder eines Amuletts war der Thebaische Kalender ursprünglich gedacht.

Genau genommen ist das bereits eine vereinfachte quabbalistische Technik, wenn man sich einzelne Eigenschaften eines Wesens vergegenwärtigt, statt das Wesen als Gesamtkomplex seiner geistigen Macht in einer personifizierten Form anzurufen. Und wenn man sich Eigenschaften eines Wesens verinnerlicht, wenn diese aufgrund der Zeitqualität quasi in der Luft liegen, ist das eine weitere Erleichterung. Eine ausreichend starke Wirkung wird man aber auch dann mit einer einzigen Begegnung oder Ladung nicht zuwege bringen. Man müsste den Vorgang an mehreren Tagen hintereinander, am besten einige Wochen lang, wiederholen, wovon jedoch einem magisch ungeschulten Mystiker dringend abzuraten ist.

Denn wie immer, wenn man sich gezielt mit der Qualität einer geistigen Macht beschäftigt, entsteht nicht nur eine Vernetzung mit der entsprechenden Ebene, sondern auch eine unbewusste Verbindung mit der jeweiligen Intelligenz. Besonders wenn das Interesse über einen längeren Zeitraum aufrecht erhalten wird, ist das nicht zu vermeiden. Aus dem passiven Verkehr wird dann doch ein aktiver Kontakt. Dieser entspricht zwar keinem verpflichtenden Pakt, kann aber im Laufe der Zeit unter Umständen ähnlich bindend werden.

Wie man einen ungewollten Pakt mit einem Wesen vermeidet

Franz Bardon warnt daher zu Recht sehr eindringlich davor, das Siegel eines Wesens herzustellen oder bei sich zu tragen, wenn man diese Intelligenz nicht zuvor unter seine Kontrolle gebracht hat. Aber was bedeutet das, ein Wesen unter seine Kontrolle bringen? Muss man dazu tatsächlich den gesamten Komplex dieses Wesens personifizieren und mit der Praxis der magischen Evokation in die irdische Welt zitieren? Die Antwort ist nein.

Ein Wesen beherrscht man nicht wie ein Dompteur den Löwen, sondern indem man die Wesenszellen, welche die Grundeigenschaften des Wesens bilden, beherrscht.

Nur das und nichts anderes wird ein Geist, ganz gleich welcher Ebene er angehört, respektieren. Eine direkte Konfrontation mit einer Intelligenz ist nach meiner langjährigen Erfahrung dazu nicht nötig. Begegnungen mit feinstofflichen Wesen finden stets auf der feinstofflichen Ebene statt. Selbst wenn ein Geist sichtbar erscheinen sollte, findet die Kommunikation über Gedanken, Gefühle und Vorstellungen, also über entsprechende Elementale statt. Man kann sich auch ohne Zeremonial-Magie über ein Siegel und entsprechende Vorstellungen Zugang zu Mächten und Kräften verschaffen, wenn man dem Wesen richtig gegenübertritt.

Will man zum Beispiel sein Gewicht reduzieren und dazu das Siegel des Tolet oder Camarion aufladen, so sollte man diesen Vorstehern, die für richtige Ernährung zuständig sind, zuvor signalisieren, dass man es ernst meint mit der Umstellung seiner Essgewohnheiten, und ihnen zeigen, dass man dazu auch fähig ist. Der vorübergehende Verzicht auf Fleisch oder bevorzugte Leckereien, oder einige Tage strenges Fasten, beweist ihnen, dass man zumindest einen Teil der Wesensteile ihrer Ebenen beherrscht. Diese durch die Selbstbeherrschung geschaffenen Elementale sind die mentalen Synapsen, die für weitere Verbindungen nötig sind. Das ist wie mit dem Gesetz der verbundenen Gefäße; ist der Kontakt einmal hergestellt, strömen die Mächte und Kräfte aus der entsprechenden Ebene von allein nach.

Damit verliert die Forderung an unsere Kinder nach Tugend und Moral ihre religiöse Scheinheiligkeit. Es geht nicht darum, gottgefällig zu sein, sondern die Mächte und Kräfte hinter den Eigenschaften und Fähigkeiten, die man im Leben braucht, zu erschließen. Wer die einfachen altmodischen Regeln der Selbstdisziplin, Gewissenhaftigkeit und Strebsamkeit pflegt, braucht keine magischen Fähigkeiten, um einen Vorsteher zu rufen, der ihm bei der sinnvollen Gestaltung seines Lebens hilft. Die werden ihn, wenn er in ihrem Sinn agiert, ungerufen mit den erwünschten Teilaspekten ihres Wesens unterstützen.

Trotzdem darf man die Tatsache nicht bagatellisieren, dass zwischen einem bewusst verwendeten Siegel und dem Wesen, das dem Siegel entspricht, durch die geschaffenen Elementale eine geistige Verbindung vorhanden ist. Oft merkt man das erst nach Jahren und kann sich dann nur noch schwer aus dem Einflussbereich, der das eigene Wesen im Sinne des kosmischen Wesens verändert, lösen. Das sind keine Theorien oder Behauptungen, sondern Erfahrungen aus der Praxis.

Daher möchte ich meine Warnung vor der mystischen Invokation wiederholen. Auch der passive Verkehr mit den Genien mobilisiert Mächte, und zwar nicht nur jene, die man gezielt kontaktieren will, es können auch ungebetene Gäste erscheinen. Intelligenzen, welche für Jenseitsforschung, magische Praktiken und Ritualgestaltung zuständig sind, werden sich angesprochen fühlen, und mentale Trittbrettfahrer, die sich von den Emotionen der Beteiligten ernähren, können sich verdichten. Wer regelmäßig gezielt und bewusst den Kontakt zu geistigen Wesen anstrebt, sei es allein oder in einer Gruppe, weckt damit auch die Aufmerksamkeit anderer Geister. Und nicht nur das, bereits nach kurzer Zeit kann sich ein Schemen bilden, der sich von den gehegten Erwartungen und den damit verbundenen Emotionen ernährt und zu weiteren Experimenten anregt. Ich kenne genug Leute, die, ohne es zu merken, magiesüchtig wurden.

Die Beschäftigung mit geistigen Welten und Wesen kann die gleichen Folgen haben wie das Aufsuchen der Phantasiewelten des Internets und der Computerspiele. Wenn man seine Bestrebungen nicht kontrolliert, wird einen die Welt der Geister und

Genien immer stärker in ihren Bann ziehen und die Lust zum Übersinnlichen zur Sucht.

Elementale sind geistige Bewusstseinszellen und vernetzen sich, wie die Nervenzellen im Gehirn, ganz gleich ob sie von einem Menschen oder einem kosmischen Wesen gedacht und belebt wurden. Und da jeder Gedanke, jede Vorstellung bereits als ein Elemental zu betrachten ist, ist man ständig mit irgendwelchen geistigen Mächten in Verbindung.

Jeder, der sich eingehend oder längere Zeit mit einem Thema auseinandersetzt oder ein Siegel genügend oft bewusst verwendet, gelangt früher oder später in den Einflussreich der entsprechenden Intelligenz. Ganz gleich ob das Thema Wissenschaft, Geld, Politik oder Bücherschreiben ist, die Elementale von dem, was man geistig pflegt, verdichten sich zu schemenhaften Komplexen, machen sich selbständig und vernetzen sich mit den analogen Ebenen. Das gilt natürlich erst recht für die Elementale der Wünsche und Leidenschaften wie Liebe, Sex oder Streben nach Macht.

Auch die Elementale, die sich aufgrund regelmäßiger Kommunikation mit Freunden und Gleichgesinnten über das Internet oder Mobiltelefon bilden, können sich zu Gruppengeistern verdichten, welche die Beteiligten immer mehr in den Bann ziehen und von sich abhängig machen. Man beobachtet Suchtverhalten, Abhängigkeit und Entzugserscheinungen bei Ausschluss aus der Gruppe oder Abstinenz. Ein ernst zu nehmendes Phänomen, das man früher nur bei Sekten, Logenarbeiten oder Massendemonstrationen beobachten konnte und auf das Entstehen eines sogenannten Egregor zurückzuführen ist.

Aber je höher ein Wesen steht, umso weniger Interesse hat es daran, einen Menschengeist in seine Sphäre einzubinden. Ein ranghohes geistiges Wesen befiehlt nichts und sagt einem nichts ein, sondern ist imstande, einen Menschen zu initiieren, so dass dieser selbst die richtigen Gedanken formt und erkennt, was zu tun ist. Es öffnet ihm quasi die Augen, gewährt „Einsichten“ und ermöglicht ihm Einblicke in seine Welt. Es verleiht nicht außergewöhnliche Fähigkeiten oder Kräfte, sondern zeigt Wege, führt ihn zu Personen, die ihn motivieren, oder zu Büchern, die erklären, was es zu wissen gilt, um bestimmte Eigenschaften und Fähigkeiten zu erlangen. Ein Wesen der Hierarchie überträgt keine Kräfte, sondern belebt Gedanken und stimuliert Gefühle, die den Wunsch, das Ziel zu erreichen, und den Glauben, es auch zu schaffen, am Leben halten. Man braucht also nicht auf die Unterstützung der Wesen aus den feinstofflichen Sphären zu verzichten.

Wer sich der Tatsache bewusst ist, dass ihn seine Gedanken, Gefühle und Wünsche mit den analogen geistigen Mächten verbinden, wird zu allem, was er macht und anstrebt, stets den nötigen Abstand wahren und sich nie über einen längeren Zeitraum, oder mit seinem ganzen Wesen, einer Sache, und sei es das höchste Ideal, verschreiben. Je vielseitiger die Interessen sind, umso weniger besteht die Gefahr, sich nachhaltig einseitig zu binden.

Dass es trotzdem zu einseitigen Entwicklungen kommt, liegt in erster Linie an den Elementalen, die mit dem Kontakt und mit dem Glauben an die Intelligenz entstehen. Sie übernehmen die Rolle des Vorstehers (Engels oder Gottes), was man aber nur sehr schwer durchschauen kann, und wachsen einem über den Kopf. Wer das weiß und beachtet, darf für bestimmte Vorhaben getrost eine Zeit lang die Möglichkeiten, welche der Verkehr mit den Genien bietet, nützen, er muss bloß wachsam sein und, sobald er merkt, dass er sich zu viel mit dem Thema beschäftigt, seine Interessen anderen Dingen zuwenden. Nur wer wirklich Außergewöhnliches leisten will und auf einem Spezialgebiet überdurchschnittliche Erfolge anstrebt, muss damit rechnen, dass er sich damit ganz einer Sache – und damit einem Wesen – verschreibt und ihn seine Vorstellungen automatisch in diese Sphäre einbinden.

Der Geistesforscher sucht daher nicht den Kontakt zu einem Vorsteher, um mit seiner Hilfe die Welt oder sein Schicksal zu verändern. Er möchte lediglich dessen besondere Eigenschaften, Fähigkeiten und Methoden kennen lernen und sich diese aneignen, um sich selbst, seinen Geist, seine Seele und sein ganzes Wesen zum Besseren und zum Besten der Welt zu verändern.

Das Ziel bei der Arbeit mit dem Geist und mit Geistern ist immer, eine bestimmte Fähigkeit oder Eigenschaft in sich hervorzurufen, oder ein Siegel, ein Amulett oder eine magische Geste als Bewusstseinsstütze mit den gewünschten Eigenschaften eines Wesens aufzuladen.

Um sich die Arbeit zu erleichtern, bedient man sich der lebendigen Wesenszellen der feinstofflichen Intelligenzen und nützt dazu ihre Gezeiten der Macht. Handelt es sich um die Ladung eines Amuletts für einen bestimmten Zweck, zum Beispiel für Liebe, Gesundheit oder Schutz, ist es von Vorteil, mehrere dafür zuständige Genien über deren Siegel auf dem Amulett miteinander zu verbinden. Die Arbeit wird damit zwar aufwendiger, die Wirkung ist jedoch besser. Außerdem wird durch die Aufsplitterung auf mehrere Genien die Gefahr eines ungewollten Paktes durch einseitige Zuwendung an eine Sphäre minimiert.

Die Gefahr, die durch die Anrufung geistiger Wesen droht, besteht nicht so sehr darin, dass man in den Bann eines Vorstehers gerät und, wie Bardon warnt, nach dem Tod in dessen Sphäre verhaftet ist. Dieser Gefahr ist jeder ausgesetzt, der etwas eifrig anstrebt oder in sich einseitig eine Eigenschaft oder ein Talent entfaltet und auf einem speziellen Gebiet außergewöhnliche Fähigkeiten entwickelt. Ich bin überzeugt, dass viele Geistesgrößen, ohne es zu wissen, von den für ihre besonderen Begabungen zuständigen Genien inspiriert und gestärkt werden. Dazu bedarf es keiner Beschwörungsmagie. Die Welt der Genien und Geister beginnt im eigenen Inneren. Selbst wer fanatisch einem Ideal nachstrebt, gerät, soweit er es nicht bereits ist, automatisch früher oder später in den Einflussbereich der für diese Idee zuständigen Intelligenz. Das kann ein Wissenschaftler, Künstler oder Politiker sein, dazu bedarf es keiner magischen Zeremonie, einseitige Interessen genügen.

Gefährlich ist daher nicht der bewusste Kontakt zu einem Vorsteher, denn von dem kann man sich durch Abstinenz von seinen einseitigen Bestrebungen wieder distanzieren und lösen. Gefährlich wird es, wenn einem die eigenen Elementale die Übersicht nehmen und man an den falschen Geist gerät. Und das ist in der Regel bei unsachgemäß ausgeführten Evokationen und Invokationen der Fall.

VOM RICHTIGEN UMGANG MIT DEM BÖSEN

Ohne die Mächte und Kräfte, die das Gleichgewicht stören, würde weder das Universum noch die Evolution des Geistes möglich sein. Sie sind fester Bestandteil der Schöpfung, ohne sie wären Stillstand und Tod. Das ändert aber nichts an der Tatsache, dass man gerade diese Energien in der Regel als negativ und böse erlebt und als personifizierte Wesen des Schattens in das Reich der Finsternis und der Unterwelten verbannt. Diese Geister sind aber in allen Formen und auf allen Ebenen wirksam. Sie verführen, lähmen oder verleiten zur Übertreibung und bilden damit eine Gegenkraft, an der der Menschengeist sich messen und erstarken kann.

Der erste Kontakt mit den Geistern, sowohl mit den guten als auch mit den bösen, beginnt im eigenen Inneren. Bereits flüchtige Vorstellungen ziehen je nach Qualität Engel oder Dämonen an. Das sollten nicht nur Anfänger, sondern auch fortgeschrittene Praktiker der Magie und Mystik beachten, man vergisst es sehr leicht, und wenn man es bemerkt, ist es oft zu spät.

Um diese Tatsache besser auszuleuchten, bringe ich nachstehend einen Artikel, den ich ursprünglich für die Zeitschrift **„Welt der Esoterik"** schrieb, und ein Interview mit mir, das ebenfalls in dieser Zeitschrift erschien. Ich möchte bei dieser Gelegenheit Frau Ana Blom, der Herausgeberin von „Welt der Esoterik", dafür danken, dass sie sich stets bemüht, in der Flut des Aberglaubens Inseln der Vernunft zu errichten.

Hilfe, ich werde magisch verfolgt

Wer sich mit Esoterik beschäftigt und an die Macht des Geistes und der Geister glaubt, glaubt früher oder später auch daran, dass man ihm mit magischen Praktiken schaden kann. Unzählige Menschen fühlen sich von dunklen Mächten verfolgt, verhext und haben Angst vor schwarzer Magie. Statt den guten Mächten zu vertrauen, fürchtet man sich vor den bösen.

Das muss nicht sein. Erstens gibt es einfache Schutzmechanismen, die man aktivieren kann, und zweitens ist Schadenzauber viel aufwendiger und komplizierter, als sich der Unkundige das vorstellt. Jede Intrige, jede Verleumdung, jeder gemeine Akt der Unterdrückung oder Erpressung ist wirkungsvoller und einfacher zu bewerkstelligen, und damit und mehr zu fürchten, als ein Akt der Magie. Selbst die geheimste Formel, der gewaltigste Fluch, das komplizierteste Ritual schadet eher dem Angreifer, der diese negativen Emotionen in sich aufbaut, als dem, gegen den sich der Zauber richtet. Denn wer mit magischen Praktiken Vorstellungen von Hass und Zerstörung in seinem Bewusstseinsraum belebt, hat die negativen Energien in sich und wird daher selbst ihr erstes Opfer sein.

Nur wenige Personen können ihre Vorstellungen und Gefühle zu magisch wirksamen mentalen Komplexen verdichten und dann aus sich herauslösen und auf das Bewusstsein eines anderen übertragen, so dass sie ihrer Bestimmung folgen können. Wer sich nach jahrzehntelanger harter Geistesschulung die dazu nötige Willens- und Vorstellungskraft erarbeitet hat, wird seine magische Macht mit Sicherheit nicht für einen lächerlichen Schadenzauber verwenden.

Ein magischer Akt ist eine höchst komplizierte Sache und setzt sich aus drei Operationen zusammen:

1. Zuerst muss ein Bild von dem, was man bewirken will, klar und deutlich in der Welt der Vorstellungen, der sogenannten Mentalebene, mittels Imagination gezeichnet werden. Also zum Beispiel die Vorstellung von der Genesung eines Patienten oder dem Autounfall eines Gegners. Dazu ist eine enorme Konzentrationsfähigkeit zur Beherrschung und Fixierung der Gedanken nötig.
2. Dann muss dieses Bild belebt und mit Kraft versehen werden. Das erfordert zur Verdichtung und Kanalisierung dieser Energie einen ungeheuer starken Willen, der nur beim mentalen Fitnesstraining durch Beherrschung seiner Triebregungen und Gefühlsemotionen gewonnen werden kann.

3. Und zuletzt muss diese Vorstellung abgeschickt werden und sein Ziel auch erreichen. Das ist das Schwierigste, denn es kommt der Amputation von einem Teil seines eigenen Wesens gleich. Der Magier muss das mentale Gebilde aus sich herauslösen und verliert damit etwas von seiner geistigen Substanz. Gelingt es ihm jedoch nicht, den gefühlsgeladenen Gedankenkomplex, der solchermaßen zu einem lebendigen Hilfsgeist wurde, abzusenden und – was noch wichtiger ist – zu vergessen, dann bleibt der Fluch in seinem persönlichen Bewusstseinsraum und wendet sich früher oder später gegen ihn selbst.

Kein wahrer Adept wäre bereit, eine solche Arbeit für andere durchzuführen. Und die Scharlatane, die es versprechen und dafür Geld verlangen, können es nicht. Ich kannte Zauberer, die sich in eigener Sache wochenlang vergeblich abmühten, ihren Gegnern zu schaden, und dabei selbst zu Grunde gingen. Weil sie ihre Gedanken und Gefühle nicht beherrschten, waren sie nicht imstande, die Imaginationen, die sie für ihren Schadenzauber schufen, an ihr Ziel zu lenken, und erstickten in ihrem eigenen emotionalen Müll.

Es ist lächerlich zu glauben, man könne Geister und Dämonen beschwören, so lange man die persönlichen Wesensgeister, aus denen der eigene Geist gebildet wird, nicht unter Kontrolle hat.

Es braucht sich daher niemand vor magischen Angriffen zu fürchten. Selbst wenn tatsächlich jemand Nadeln in eine mit Ihrem Schweiß getränkte Puppe sticht, auf der Ihr Name steht, oder Ihre Haustür mit teuflischen Symbolen beschmiert und Ihnen tote Hühner vor die Schwelle legt, bedeutet das noch lange nicht, dass der Zauber auch wirkt. Auch wenn die Formeln echt sind, müssen sie magisch richtig, nämlich mit dem bewussten Geist, und nicht nur mit dem irdischen Körper gezeichnet, belebt und ausgesprochen werden, sonst wirken sie nicht. Man studiere dazu Franz Bardons Werk „Der Weg zum wahren Adepten“, Seite 147, und das „Kronen Zeitung Kochbuch“, Seite 203 „Backhendl“ – und ab in die Pfanne mit dem Huhn.

Es stellt sich die Frage, ob jemand, der selbst keine magischen Fähigkeiten besitzt, mit Hilfe von Dämonen einem anderen schaden könnte. Die Antwort ist nein. Denn wenn der „Magier“ den Zauber nicht selbst erledigt, sondern ein anderes Wesen mit der Aufgabe betraut, wird der magische Akt erst recht kompliziert. Die wenigsten Geister haben einen Internetanschluss oder ein Mobiltelefon. Man muss den Geist daher mit geistigen Mitteln, also mit seinen Gedanken anrufen, quasi beschwören, zu erscheinen, und ihm auf mentalem Weg (siehe Operation Punkt 1) erklären, was man von ihm will. Selbst wenn das gelingen sollte, ist noch lange nicht gesagt, dass das Wesen den Befehl dann auch tatsächlich befolgt.

Wer den geistigen Mechanismus kennt, der notwendig ist, um eine magische Formel, die dämonische Mächte aktiviert, wirksam zu machen, der weiß, wie schwierig es ist, mit dem Geist und mit Geistern zu arbeiten. Er wird sich vor keinem Magier oder Zauberer mehr fürchten. Auch nicht vor Dämonen. Denn von allein wird selbst das hinterhältigste Wesen nicht auf die Idee kommen, einen unschuldigen Menschen zu attackieren. Kein Geist kann einen Menschen berühren, solange er nicht von sich aus aufgrund negativer Gedanken in seine mentale Nähe gerät.

Im Banne des Bösen

Das alles ändert nichts an der Tatsache, dass sich trotzdem sehr viele Personen als Opfer eines bösen Zaubers sehen. Typisch ist, dass diese Menschen sich ständig beobachtet fühlen. Sie leiden unter unerklärlichen körperlichen Empfindungen und schreiben diese den bösen Mächten, die sie verfolgen, zu. *„Ich wache* *nachts auf und fühle die Strahlen, die sie auf mich richten.“* Oder: *„Er weiß alles, was ich tue. Er verfolgt mich. Besonders nachts spüre ich seine Nähe. Sobald ich im Bett liege, ist er im Zimmer und manchmal greift er mir in den Bauch.“* Männer fühlen das Böse mehr im Kopf: *„Er steckt in meinem Hirn und befiehlt mir immer wieder, an Scheiße zu denken und ordinäre Dinge zu sagen. Und wenn ich mich weigere, droht er, mich umzubringen, und nimmt mir die Luft. Er ist stärker als ich. Ich habe ständig Angst, dass er sich wieder meldet.“*

Im Laufe meiner beratenden Tätigkeit gingen Tausende Hilferufe bei mir ein. Nicht alle fühlten sich so hautnah bedrängt. Für die meisten geriet einfach der Alltag aus den Fugen und sie glaubten, hinter den Schicksalsschlägen stecke eine dunkle Macht: *„Bitte helfen Sie mir“*, schreibt zum Beispiel Heike L. *„Man hat mich verhext, ich wurde verflucht, mein Leben hat seinen Sinn verloren. Ganz gleich was ich unternehme, es misslingt. Dieses Jahr hatte ich zwei Operationen, einen Autounfall und gestern erhielt ich meine Kündigung. Das ganze begann vor einem Jahr, als mich mein Mann wegen einer anderen verließ. Eine junge Kollegin hat sich an ihn herangemacht und ihre Mutter, sie beschäftigt sich mit Magie und legt Karten, hat unsere ganze Familie verhext. Sogar die Kinder schreiben nur noch schlechte Noten, ich weiß nicht mehr, was ich tun soll.“*

Heike war verzweifelt und am Ende ihrer Kraft. Wie sich dann herausstellte, beschäftigte auch sie sich mit Esoterik und konsultierte seit Jahren Wahrsager, Gurus und besuchte einschlägige Seminare. Sie glaubte an die Macht des Geistes, aber statt ihren eigenen Geist zu schulen, vertraute sie sich Scharlatanen an. Die nahmen ihr nicht nur das letzte Geld ab, sondern raubten ihr mit entsprechenden Prognosen auch noch den letzten Rest ihres Selbstvertrauens. Zum Trost begann sie zu trinken. Der übliche Schicksalsverlauf, wenn Esoterik in Aberglauben ausartet, statt Fundament für vernünftiges Denken zu sein.

Das bedeutet nun nicht, dass man sich nicht mit Magie und Mystik beschäftigen soll. Im Gegenteil. Da es diese Geister gibt, ist es natürlich von Vorteil, wenn man über sie Bescheid weiß und sich über die unsichtbaren Welten und Wesen informiert. Aber nicht, indem man ohne die richtige Ausbildung magische Experimente macht, oder von Guru zu Guru, von Seminar zu Seminar pilgert und sich von den Scharlatanen, die Hilfe versprechen, in die Irre führen lässt. Die Erfahrung zeigt, je tiefer man in die geheimnisvolle Welt des Geistes eindringt, umso größer wird die Gefahr, sich in ihr zu verlieren. Ganz dumm wird es, wenn man versucht, einen vermeintlichen Zauber mit einem dilettantischen Gegenzauber abzuwehren.

In den süd- und mittelamerikanischen Ländern gehören Zauber und Gegenzauber zur Kultur und zum festen Bestandteil des täglichen Lebens. So wie bei uns das Gebet und die Engel als überirdische Lebenshilfe dienen, ist dort ein magischer Akt das Mittel, auf das man sich verlässt und das daher in der Regel auch tatsächlich wirkt. Man ist davon überzeugt, dass Krankheiten und Schicksalsschläge durch einen Zauber oder böse Geister verursacht werden und daher auch durch entsprechende magische Techniken und Zeremonien wieder zu beheben sind.

Das lässt sich aber nicht auf europäische Verhältnisse übertragen Die mentalen Strukturen sind bei uns anders. Die Furcht vor bösen Geistern, vor Magie und Dämonen ist zwar auch bei uns vorhanden, aber der Glaube an die Wirksamkeit eines Gegenzaubers ist nicht so stark ausgeprägt wie die Angst. Ich rate daher dringend ab, irgendwelche Exorzisten, Magier oder Wunderheiler zu konsultieren oder gar selbst magische Experimente anzustellen, denn durch diese zusätzliche emotionale Beschäftigung mit der angeblichen oder tatsächlichen „Verhexung“ wird der Gedankenkomplex, der die Angst verursacht, nur noch verstärkt und zieht weitere negative Kräfte an.

Natürlich könnte man ein angebrütetes Ei vergraben, mit der Vorstellung, dass das keimende Leben, als Ersatz für einen selbst, die negative Energie, die man spürt, auf sich zieht. Wer boshaft ist oder gegen einen wirklichen Übeltäter vorgehen will, denkt sich dann auch noch, wie der Gegner mit dem Ei verfault und vergeht. Das Mittel wirkt, das hat auch Meyrink bestätigt, aber nur wenn man imstande ist, den Vorgang auch tatsächlich für geistige Wesen sichtbar zu machen, indem man alles klar und deutlich imaginiert. Man könnte auch zwei Scheren überkreuz unter sein Bett legen, die dann quasi als Blitzableiter jede negative Energie, die auf einen gerichtet ist, anziehen und durchtrennen. Aber auch der Scherentrick wird nur dann funktionieren, wenn man die Scheren durch seine Gedankenkraft auf der geistigen Ebene so deutlich nachgebildet hat, dass sie auch dort feinstofflich vorhanden sind. Das gleiche gilt für den Kupferdraht, den man nach Bardons Anleitung um die Bettfüße spannt und mit einem magischen Dolch nach dem Blitzableiterprinzip im Fußboden fixiert.

Die wenigsten sind zu solchen geistigen Höchstleistungen fähig. Zuerst muss man sich darauf konzentrieren, damit der Vorgang und die magischen Instrumente auch geistig sichtbar werden, und dann muss man alles vergessen, denn sonst tritt das Gegenteil ein: Man denkt an den Zauber, nicht nur an den eigenen, sondern auch an den, den man verhindern möchte, und holt sich damit erst recht einen mentalen „Trojaner" in sein Inneres, das man schützen will.

Einzelne, vorwiegend weibliche Esoteriker schaffen es, die magischen Angriffe, oder das, was sie dafür halten, zu ignorieren und ihren Gegner, den sie als Urheber vermuten, mit Liebe zu umhüllen. Quasi christlich fromm: Haust du mir auf die rechte Backe, halte ich dir die linke hin. In Wahrheit ist das jedoch ein ganz hinterhältiger Trick, den die Adonisten propagieren. Denn damit signalisiert man den Schicksalmächten: „Schaut her ich bin unschuldig, ich bin brav, keine Rache, kein Krieg, aber der Bösewicht will mir trotzdem an den Kragen." Und damit liefert man den armen Teufel tatsächlich den strafenden Saturngenien aus. Eine elegante, aber gefährliche Methode, denn wenn auch nur ein kleines Fünkchen Wut im Bauch verborgen blieb, dann fängt ein Dämon den frommen Wunsch der doch nicht so braven Hexenmeisterin ab und sie bekommt nicht nur die linke Backe, sondern auch noch den Hintern versohlt.

Man ist aber trotzdem nicht wehrlos. In meinem „Schutzengelbuch“ gebe ich einige magische Tipps, die auch der Laie gefahrlos anwenden kann. Besonders hilfreich erwiesen sich die beiden Genien Ranar und Jenuri. Ihre Siegel, in Farbe gezeichnet und an die Wand gehängt, oder auf einem Amulett graviert bei sich getragen, schützen einen nicht nur vor bösen Geistern, sondern schirmen auch vor den eigenen unerwünschten Gedankenkomplexen, den Schemen, Larven und entarteten Elementalen, ab.

Der beste Schutz ist jedoch ein gutes Gewissen. Wer Schuldgefühle in sich trägt, sollte versuchen, diese loszuwerden, indem er Ausgleich schafft. Es gibt genug Möglichkeiten, mit Anteilnahme und Hilfsbereitschaft oder durch ein Opfer Licht und Freude für andere in die Welt zu holen und damit die Schattenmacht zurückzudrängen. Wer dann noch bewusst und gezielt seinen Geist und seine Seele schult, braucht sich vor fremden Geistern nicht mehr zu fürchten. Instruktionen dazu findet man in meinem Buch „Die vier Elemente – der geheime Schlüssel zur geistigen Macht“. Übrigens, auch Heike L. hat, so wie Tausende andere, mit Selbstschulung und mit Hilfe der Engel Ranar, Jenuri und Alpason, der für Alkoholsucht zuständig ist, ihren Geist und ihr Leben wieder in den Griff bekommen.

Was ist der Geist und wer sind die Geister?

Man redet von Geist und geistigen Wesen, aber die wenigsten haben eine konkrete Vorstellung von dem, was der Geist nun eigentlich tatsächlich ist. Man denkt an Lichtgespinste und Schatten, an Mächte und Kräfte, also an Energien, die etwas bewirken können, aber alle Thesen bleiben nebelhafte Spekulationen, sobald man sie hinterfragt und sich ein konkretes Bild von diesem Mysterium, das unser Bewusstsein ermöglicht, machen will.

Das Einzige, worüber sich alle Philosophen und Traditionen einig sind, ist: Geist ist nicht Materie. Was aber ist er dann? Nichts ist nicht, also muss der Geist etwas Feinstoffliches sein. Und wie findet man ihn? In meinen Büchern der Magie und

Mystik wird dazu erstmals ein logisches und anschauliches Denkmodell entworfen und gezeigt, wie man sich den Geist vorstellen und wo man ihn finden kann.

Geht man davon aus, dass der Mensch ein geistiges Wesen ist, dann weiß man, wo man suchen muss. Nämlich in sich selbst. „*Erkenne dich selbst*" ist seit Jahrtausenden die erste Aufgabe, die den Neophyten und Schülern der Hermetik gestellt wird. Wer diese Aufgabe löst, hat seinen eigenen Geist erkannt und gefunden.

Überlegen wir also, was am Menschen ist nicht aus Materie, aber trotzdem existent? Was könnte von einem übrig bleiben, wenn der Körper vergeht? Was kann jeder beobachten, obwohl es stofflich nicht vorhanden ist?

Die Antwort ist klar: Es sind die Vorstellungen und die Gefühle und die geheimnisvolle Kraft des Willens, mit der das ICH bewusst und gezielt seine Gedanken, Gefühle und körperbedingten Regungen lenken und beherrschen kann.

Wer sich eingehend mit seinen Gedanken, Gefühlen und Emotionen auseinandersetzt, erkennt sehr bald, dass sie es sind, die ihn bewegen und tragen, und dass erst durch sie das Bewusstsein erwacht. Sie sind der Geist, der einen am Leben hält, ohne sie wüsste man nichts von seinem Sein.

Vorstellungen und Gefühle sind die feinstofflichen Wesenszellen von Geist und Seele und wer sein Innenleben genauer beobachtet, erkennt, dass diese geistigen Moleküle ein Eigenleben führen und selber kleine Geister sind.

Es wäre daher falsch, würde man alle Menschen, die an Geister glauben und sich von ihnen verfolgt fühlen, für verrückt erklären. Denn es gibt diese Geister und sie stehen einem viel näher, als man denkt. Es sind aber nicht die dunklen Mächte der Schattenwelten, die einem gefährlich werden können, sondern die persönlichen Wesensgeister, vor denen man sich, wenn man sie nicht beherrscht, in Acht nehmen muss. Diese wesenhaften geistigen Moleküle, aus denen der Menschengeist besteht, die sogenannten Schemen, Larven und Elementale, kommen nicht aus höllischen Sphären und verbergen sich nicht in dunklen Zimmerecken, sondern sie stecken bereits in jedem Menschen drin.

Man braucht sich also nicht vor Dämonen, die im Jenseits lauern, zu fürchten, gefährlich sind die eigenen Wesensgeister, aus denen man besteht und die einem tatsächlich nahe sind.

Gedankenschemen und Angstkomplexe und wie man sich vor ihnen schützt

Wer sich von bösen Zauberern verfolgt fühlt und glaubt, dunkle Mächte seien hinter ihm her, bildet sich das in der Regel nur ein. Was jedoch nicht weniger gefährlich ist. Denn auch die empfundene Angst ist eine feinstoffliche Macht, und da man sie bereits in sich hat, ist sie gefährlicher als jeder wesensfremde Dämon.

Genauso wie der Glaube an ein Wunder oft ohne Zauber Hilfe bringt, kann Angst vor dem Bösen negative Vorstellungen realisieren. Es bedarf nicht einmal der suggestiven Kraft des Glaubens. Der Placebo-Effekt beweist, dass bereits eine Vorstellung genügt, um etwas zu bewirken. Und da liegt die eigentliche Gefahr der sogenannten schwarzen Magie. Nicht ein Magier oder ein Dämon hat die Macht, ein Unglück herbeizuführen, sondern die eigene Angst ist es, die die Vorstellung belebt und das Unheil auslösen kann.

Die Angst kommt, nistet sich ein und breitet sich aus, bis sie bald jeden vernünftigen Gedanken verdrängt. Statt dass die Gedanken bestimmen, welche Gefühle das Bewusstsein beleben und einen zum sinnvollen Handeln bewegen, ist es umgekehrt: Die negativen Gefühlsenergien erzeugen Vorstellungen, die den Unsinn der Verhexung bestätigen. Hinter jedem einfach erklärbaren Ereignis wittert der Verängstigte eine dunkle Macht. Da verschwinden Sachen und tauchen wieder auf, in Wirklichkeit hat man sie selbst verlegt. Dann geht tatsächlich ein wichtiger Brief verloren, ein Fehler der Post, aber man schreibt auch diesen Verlust den dunklen Mächten zu. Waschmaschine kaputt, Fernseher geht ein, drei Strafmandate wegen Falschparken. Die Leute auf der Straße schauen einen so komisch an und auch der Neurologe, den man wegen der Schlafstörungen konsultierte, hatte etwas Dunkles in seinem Blick. Da stimmt etwas nicht, das geht nicht mit rechten Dingen zu, die Wahrsagerin hat das vorhergesehen und vor der dunklen Wolke über der Personenkarte gewarnt. Sie hatte offensichtlich recht. Furcht und Unsicherheit breiten sich aus. Angstattacken, Depressionen und andere Gefühlsverwirrungen sind die Folge, bis hin zum wirtschaftlichen Ruin, weil man seine Arbeit nicht mehr schafft.

Aber nicht ein Schwarzmagier oder ein böser Dämon ist die Ursache, sondern eine angstbelebte Vorstellung, die man sich selber eingebildet hat und die einem über den Kopf gewachsen ist. Man bezeichnet einen solchen mentalen Komplex als Schemen und in der Regel wird dieser immer stärker und mächtiger, weil er sich von der Nerven- und Lebenskraft ernährt, die der Betreffende, in dem er steckt, verliert.

Neben der Angst gibt es noch eine ganze Menge anderer Elementale, Schemen und geistige Komplexe, die man in sich trägt und die einem über den Kopf wachsen können. Der Geist des Menschen besteht aus vielen kleinen Geistern, die selbständig agieren können. Dem Geist des Zorns, der einen wütend macht, dem Geist der Sorge, der einen lähmt und bedrückt. Dem Geist der Lust, der einen zur Zigarette, zur Bierflasche oder zur Schokolade greifen lässt und, ohne dass man es eigentlich will, zum Kühlschrank drängt. Es gibt den Geist vom Bild eines geliebten Menschen, der sich von der unerfüllten Sehnsucht und dem Liebesleid nährt, den Geist des Kaufzwangs, der Spielsucht, der Sammelleidenschaft.

Hinter all diesen Gewohnheiten, Zwängen und Leidenschaften, aber auch hinter den vorgefassten Meinungen und Idealen verbergen sich lebendige kleine Geister, die zwar Wesenszellen des persönlichen Wesens sind, einen aber trotzdem in ihrem Sinn denken, fühlen und agieren lassen. Dabei sind die Glaubenselementale, die einen etwas für wahr halten lassen, die gefährlichsten Blender des Bewusstseins und müssen besonders streng durch die Vernunft kontrolliert werden.

Diese inneren Geister sind es, die man überwachen und kontrollieren muss. Das sind keine hormonellen Produkte oder leblosen elektrochemische Impulse im Gehirn, auch wenn sie mit diesen stofflichen Vorgängen verbunden sind, so wie der Menschengeist mit seinem Körper verbunden ist. Es sind kleine lebendige Geister, auf die sich das Bewusstsein stützt und die einen, wenn man sie nicht beherrscht, zum Verhängnis werden können. Sie sind es, die gefährlich sind, und nicht irgendein wesensfremder Dämon.

Der einzige „Dämon", der einem im Fall einer Verhexung, ganz gleich ob man sich die nur einbildet oder ob der Fluch tatsächlich ausgesprochen wurde, gefährlich werden kann, ist die Angst. Und weil die Angst kein fremdes Wesen ist, das einem gegenübersteht, sondern in einem drinnen steckt und Teil des eigenen Wesens ist, wird man sie nur sehr schwer wieder los.

Wer je versucht hat, unerwünschte Gedanken, belastende Gefühle oder einen Angstkomplex loszuwerden, weiß, wie schwierig das ist. Was im Bewusstsein auftaucht, wird Teil von einem selbst und ist mit einem vernetzt und fest verbunden. Ganz gleich ob es sich um einen alten Gedächtnisinhalt, einen im sogenannten Unterbewusstsein versunkenen Komplex, oder um eine neue Vorstellung oder Eingebung handelt. Im Bewusstsein etwas endgültig zu löschen, ist noch schwieriger als im Internet. Bewusstseinsinhalte sind mehr als hirngespeicherte Daten. Gedanken und Gefühle sind Geist und verhalten sich wie lebendige Geister, die ein Eigenleben führen und die ein Selbsterhaltungstrieb am Leben hält.

Aber es gibt einen Trick, der einem eine vorübergehende Distanz zu dem unerwünschten Energiedieb verschafft: Sagen Sie zu ihm: Ich sehe dich, ich beobachte dich, du stehst unter meiner Kontrolle.

Damit befindet sich dieser Schemen tatsächlich vorübergehend unter Ihrer Aufsicht. Auf der feinstofflichen Ebene haben Sie sich durch diese Vorstellung von dem unerwünschten Gedankenkomplex gelöst, ihn quasi vor sich gestellt und sich damit eine Zeit lang von seinem Einfluss befreit. Nicht nur in Ihrer Einbildung. Die Distanzierung ist tatsächlich geistige Realität. Würde ein anderes Geistwesen Sie beobachten, dann könnte es sehen, wie Sie gleich einem Zirkusdompteur diesen Schemen aus sich herauslösten und auf Abstand halten. Und natürlich bekommt auch der Schemen das mit. Er erkennt Ihre Macht und rückt von sich aus von Ihnen ab. Nicht nur Diebe und Eisbären, auch Schemen, Larven und aufdringliche Elementale lassen sich verjagen, indem man ihnen signalisiert, dass man sie bemerkt.

Es ist zwar nicht zu erwarten, dass damit auch alle bestehenden Lebensprobleme gelöst sind und sofort verschwinden. Diese wurden ja nicht von den Gedankenkomplexen, die Sie bedrängten, verursacht. Aber da diese inneren Geistschmarotzer Ihren Geist und Seelenzustand mitbestimmen, verschafft Ihnen die Beobachtung ihrer Gedanken und Gefühle Distanz zu ihnen und damit kurzfristig eine Erleichterung.

Diese Technik bewirkt aber noch etwas. Sie stärkt das ICH und das Selbstbewusstsein. Man lässt sich nicht mehr von seinen Gedanken und Gefühlen tragen, sondern betrachtet sie und liest sie wie ein Buch. Erst durch diese Distanz zu seinen persönlichen Wesenszellen erkennt das ICH, dass es ist. Auch Tiere und Kleinkinder besitzen Bewusstsein. Sie erleben die Regungen und Bedürfnisse ihres Körpers und die damit verbundenen Gefühle und nehmen ihre Umgebung wahr. Sie stellen vielleicht einfache Überlegungen an, sind jedoch der jeweiligen Empfindung und dem augenblicklichen Eindruck derart restlos und distanzlos hingegeben, dass sie sich selbst nicht als Erlebnissubjekt, als das wahrnehmende Wesen identifizieren können. Daher spricht das kleine Kind bis um das dritte Lebensjahr in der dritten Person von sich selbst. Erst der gereifte Menschengeist, der in der Lage ist, sich selbst als Beobachter nicht nur seiner Umwelt, sondern auch seiner Gedanken und Gefühle zu erkennen, entwickelt ein Selbstbewusstsein, das sich tatsächlich auf sich selber stützt.

Dämonen, Engel und Schicksalsmacht

Wer seine persönlichen Wesensgeister, also seine Gedanken und Gefühle kontrolliert, kann sich damit auch vor dem Einfluss der kosmischen Geister schützen. Denn die Götter, Schicksalsengel und Dämonen sind ja geistige Wesen und können einen niemals physisch, sondern ausschließlich über den Geist der Gedanken und Gefühle berühren und dazu bewegen, etwas zu denken, zu fühlen oder zu tun. Sie finden jedoch nur Zugang über Vorstellungen, die ihrer Qualität entsprechen.

Nur über einen inneren Zornschemen kann der Dämon des Terrors aus einem gläubigen Moslem einen irren Selbstmordattentäter machen. Wessen Bewusstsein frei ist von solchen zerstörerischen Elementalen, also Gedanken an Töten und Gefühlen von Hass, über den hat selbst der mächtigste Dämon keine Macht.

Die Gedanken und Gefühle, die man in sich trägt, verbinden einen mit den entsprechenden guten oder bösen Geistern. Gedanken können kleine Hilfsgeister sein und einen mit positiven Engelwesen verbinden, oder, wenn sie entarten, Dämonen herbeirufen.

Es liegt an jedem selbst, welche Vorstellungen er in sich duldet und pflegt und welche negativen Gedanken und schädlichen Bilder er bewusst von sich weist, um nicht in den Einflussbereich der entsprechenden Mächte zu gelangen. Rechtzeitig, denn was man zu oft denkt und zur vorgefassten Meinung oder zur Gewohnheit wird, macht aus flüchtigen Gedanken komplexe Schemen, die man dann nicht mehr so einfach aus dem Bewusstsein verbannen kann.

Neueste wissenschaftliche Studien der Universität Göteborg belegen, dass zum Beispiel Gewaltvideos die Hemmschwelle, selbst Gewalt auszuüben, senken und die Bereitschaft zu Gewalttaten heben. Die im Bewusstsein zum Leben erweckten Bilder der Brutalität, der Rohheit und der mitleidlosen Gewalt verdichten sich zu Schemen, die den Geist des Betreffenden tatsächlich in den Einflussbereich eines entsprechenden Dämons bringen können. Dieser hat dann ein leichtes Spiel, sein Opfer tiefer in seine Sphäre zu ziehen und seine Phantasien vom Töten so lange anzuregen, bis dieser selbst zu einem Mörder wird.

Woran erkennt man, dass man verhext oder verflucht wurde und einen dunkle Mächte verfolgen? Eigentlich gar nicht. Aber es gibt ein sicheres Zeichen dafür, dass man sich den Schwarzmagier oder die Dämonen nur einbildet: Nämlich dann, wenn man fest davon überzeugt ist, magisch verfolgt zu werden, und einen nichts von dieser Vorstellung abringen kann. Mit Sicherheit beruht dieser Glaube nur auf eigenen Gedankenschemen, die sich von der Angst, die sie auslösen, ernähren und diese Angst noch weiter schüren. Wer wirklich unter dem Einfluss des Bösen steht, der merkt es nicht. So wie ein Dieb das Licht nicht anmacht, arbeiten auch die Mächte des Bösen im Geheimen und versuchen sich mit allen möglichen Mitteln zu tarnen, damit das Opfer in ihrem Sinn agiert und mordet, oder leidet, oder in eine von den Schicksalsmächten vorgesehene Schicksalsfalle tappt.

Auch Lebenskrisen gehören zum Schicksalsverlauf, weil der Geist dadurch mit den negativen Mächten in Verbindung kommt und die Unterwelten dieser Schöpfung kennen lernt. Nur der Geist, der auch die dunklen Mächte kennt und überwunden hat, kann sich in die lichteren Sphären erheben. Der Weg zum Licht führt durch die Finsternis. Damit bekommen auch scheinbar sinnlose Schicksalsschläge einen Sinn. Es ist eine Chance zur Bewährung. Man erkennt seine Schwächen und lernt, wie man seine inneren Stärken aktiviert.

Ein Menschengeist, der sich entwickeln will, muss alle Ebenen kennen lernen. Auch die negativen. Er muss also das Böse erleben. Entweder indem er es will und tut, also in sich trägt, dann kann er seinen Willen ändern, sich beherrschen, seine Wesenszellen, die vom Bösen beeinflusst sind, bezwingen und es so überwinden. Oder indem er es als Opfer selbst erlebt, auch dann kann das Böse in seinen Geist dringen und dort entsprechende Elementale der Wut, des Hasses, der Traurigkeit verbreiten. Auch diese Wesenszellen sind zu überwinden, weil man sonst dem Bösen seine Gefühle überlässt. Die leichteste Art, mit der man das Böse kennen lernen und überwinden kann, ist, wenn man es durch Betrachtung in seinem Geist miterlebt. Hier kann man sich am leichtesten davon distanzieren, aber umso wichtiger ist es, dass man sich ihm entgegenstellt und es bekämpft, indem man die Ursachen ausschaltet oder die Folgen lindert, und so dem Betroffenen hilft, es zu überwinden. Jeder kann dazu jene Waffen verwenden, die er beherrscht. Der eine wird dazu tastsächlich in den Krieg ziehen oder sich politisch engagieren, der andere wählt einen Sozialberuf, spendet seine Ersparnisse, oder schreibt ein Buch, in dem er aufklärt oder für Wahrheit, Gerechtigkeit und Mitgefühl wirbt.

Das Böse ist nun einmal fester Bestandteil der Schöpfung. Es manifestiert sich nicht nur in der grobstofflichen Welt, sondern auch im Menschengeist und auf den feinstofflichen Ebenen. Man kann es nicht verhindern, aber man darf nicht derjenige sein, durch den es sich entfalten kann. Daher muss man es erfahren und erleben, weil man es sonst nicht überwinden kann. Ob unter der Brücke, im Kerker oder auf der Intensivstation. Die Konfrontation findet stets im eigenen Inneren statt. Ein Menschengeist, der durch die Hölle der Drogenwelt ging, hat das Böse nicht nur kennen gelernt, sondern hautnah erlebt. Und wenn er seine Sucht überwindet, hat er die Mächte des Schattens sogar besiegt und damit besser im Griff als ein Mönch, der der Welt und den Versuchungen den Rücken kehrt. Folter, Krankheit, Einsamkeit, Unfall, Mobbing und Verluste – auch die Unterwelt hat viele Ebenen, die man auf dem Weg zum Licht und zu einem wachbewussten ICH durchschreiten muss. Für jeden ist anderes vorgesehen, je nachdem aus welchen Wesenszellen sein Geist gestaltet ist.

Und damit sind wir bei der wahren Ursache von Sorge, Leid und Niederlagen. Ganz gleich ob ein Schicksalsengel, ein Dämon oder ein persönlicher entarteter Schemen die Weichen stellt: Die bedeutsamen Ereignisse im Leben, sowohl die glücklichen als auch die sorgenvollen, werden in der Regel dann eintreten, wenn entsprechende astrologische Konstellationen vorhanden sind. In meiner jahrzehntelangen Praxis als esoterischer Lebensberater konnte ich immer wieder feststellen:

Ganz gleich was passierte, fast immer ist gleichzeitig eine entsprechende astrologische Konstellation als Lotse wirksam, und nicht ein böser Dämon oder Schwarzmagier.

Statt sich zu ängstigen und scheinbar unerklärliche Ereignisse dunklen Mächten in die Schuhe zu schieben, sollte man daher zuerst sein Horoskop überprüfen. Zu jeder Zeit sind andere Mächte wirksam und je nach persönlichem Horoskop wirken sie unterschiedlich auf einen ein. Wer die für ihn wirksamen astrologischen Konstellationen kennt, weiß, wann ihn welche Schicksalsmächte berühren, und kann sich darauf einstellen und vorbereiten. Astrologie gibt jedem die Möglichkeit, hinter die Kulissen der materiellen Welt in die Welt der Geister zu blicken. Es ist viel einfacher, als man denkt.

In meinem Buch „Magie mit Astrologie" findet man eine leicht verständliche Wegleitung, der auch ein Laie folgen kann. Hinter jeder astrologischen Konstellation steht ein Schicksalsengel, der einem etwas sagen will. Die Schicksalsengel reden Astrologisch, und wer ihre Sprache versteht, kennt die Gezeiten der Macht. Der Astrologiekundige weiß stets, welcher Geist gerade in seiner Nähe steht und welchen geistigen Strömung er gerade ausgesetzt ist. Er kennt nicht nur die Gezeiten der Genien, sondern auch die Zeit seiner eigenen Macht und wird sich weder vor Dämonen noch vor den Schicksalsgenien fürchten.

ÜBER GUT UND BÖSE

Ein Interview mit Emil Stejnar

Ana Blom: Nach Ihrem Buch „Das Buch der Meister und seine Erben“ wirken die negativen Kräfte aus der Astralwelt auf unsere Ebene ein. Ihre Wirkung ist hier schon längst manifestiert. Es scheint, dass das Gleichgewicht zwischen Gut und Böse nicht mehr existiert, zu Gunsten des Bösen. Kann das sein? Alle spirituellen Lehren behaupten aber, es gäbe zwei Pole einer Sache, damit nicht nur eine Seite herrschen kann, sondern sie immer im Gleichgewicht stehen. Meinen Sie, dass die zwei Kräfte, Gut und Böse, auf unserem Planeten tatsächlich im Gleichgewicht stehen, oder ist da etwas aus den Fugen geraten? Wenn jetzt bei uns in diesem Sinne „Nacht“ herrscht, bedeutet das, es kommt unausweichlich der „Tag“ (wo nur das Gute auf Erden manifestiert wird)?

Emil Stejnar: Nein, ganz sicher nicht. Es wird immer die aufbauenden und die zerstörenden Mächte geben. Und sie stehen niemals im Gleichgewicht. Die Schöpfung würde ohne dieses ewige Wechselspiel nicht funktionieren. Nur der Mensch hat die Möglichkeit, bei seinem Handeln zwischen Gut und Böse zu wählen.

Wenn es trotzdem so aussieht, als habe das Böse gesiegt, ist das kein Grund zu resignieren. Ich habe meine Bücher nicht geschrieben, um Angst zu erzeugen vor den unsichtbaren Mächten, sondern um auf die persönlichen Kräfte hinzuweisen, mit denen man ihnen begegnen kann. Ich habe nicht nur die verborgenen kosmischen Machtstrukturen, die zwischen den Menschen und den Genien bestehen, beschrieben und vor den Gefahren, die uns bedrohen, gewarnt, sondern auch einen Ausweg gezeigt, wie man das Ruder wieder herumreißen kann. Ich hoffe natürlich, dass möglichst viele Leser meinen Instruktionen folgen und wir die Wende herbeiführen können.

Die Kinder sind dabei meine ganz große Hoffnung. Die werfen noch keinen mentalen Schatten und können dem Bösen unbefangen entgegentreten. Ihr Interesse an Spiritualität ist viel größer, als man denkt, und ihre Möglichkeiten sind gewaltig. Sie werden es sein, die die Welt vor dem Untergang retten. Ich habe dazu das Buch „Andy Mo“ geschrieben. Andy Mo ist ein junger Erdgeist, den es übrigens tatsächlich gibt, der sich in die Menschenwelt vorwagt und den Kindern erklärt, wie Magie und Mystik funktionieren, also wie man seine geistigen Kräfte schult und sinnvoll zu seiner Vervollkommnung und zur Gestaltung seines Lebens einsetzen kann. Wenn die gerade heranwachsende Generation Andy Mos Anleitungen folgt, wird die Menschheit, trotz der Krise, in der wir gerade stecken, ihre Entwicklung auf diesem Planeten fortsetzen können.

Ana Blom: Sie befassen sich seit vielen Jahren mit der Astrologie. Viele sprechen davon, dass es im Jahr 2012 zu einem „Bewusstseinssprung“ der Menschheit kommt. Was wird Ihrer Meinung nach passieren? Wird es dann vielleicht gerade zu einer solchen Veränderung kommen, dass quasi ein Wechsel in der Wirkung zwischen guten und bösen Kräfte stattfindet und anstatt dem Negativen mehr das Gute auf unserer materiellen Ebene spürbar (manifestiert) wird?
Dann müssten wir schon jetzt langsam merken, dass das Negative an Kraft verliert … Ich persönlich habe leider den Eindruck, dass es immer stärker wird … Hoffentlich irre ich mich …

Emil Stejnar: Sie irren sich leider nicht. Noch nie war die Welt so korrupt, so verlogen, so rücksichtslos wie heute. Ich fürchte, das wird sich auch in den nächsten Jahren nicht ändern. An den Bewusstseinssprung 2012 glaube ich allerdings nicht. Weder zum Guten noch zum Bösen. Wir sind nämlich bereits mitten drinnen im Wandel.

Mit dem Eintritt des Pluto in den Steinbock hat die Banken- und Wirtschaftskrise begonnen, Scheinwerte wurden vernichtet, das Gold erhielt neuen Glanz. Die „Unterwelt“ macht sich auch physisch bemerkbar, Vulkanasche vergiftet die Luft, entfesseltes Erdöl das Meer, die Atomkraft wurde anstelle von Solarenergie aufgewertet, da kommt sicher noch mehr auf uns zu. Gleichzeitig kämpfen die Mächte des Saturn aus der Waage mit denen des Uranus aus dem Widder. Tradition und Neugestalt ringen miteinander. Reformen werden gegen den Willen der Betroffenen durchgesetzt. Unerwartete Ereignisse fordern heraus und werden zu überraschenden Lösungen führen. Wenn dann zusätzlich der Neptun aus den Fischen wirkt, kommen auch Dämonen der Religionen und Drogenwelten ins Spiel. Wir werden mit völlig neuen mentalen Mächten konfrontiert. Sensationelle Erfindungen in der Biochemie, Genforschung und Neurologie sind zu erwarten. Ideale und Illusionen, Spiritualität und Aberglaube, Wahrheit und Lüge werden um die Vorherrschaft kämpfen. Es wird schwierig sein, die Mitte zu bewahren und nicht in ein Extrem abzugleiten. Aber Sieger wird es keinen geben. Die Menschen werden überleben und sich weiter entwickeln.

Ana Blom: Sie schreiben an einer Stelle, die negativen Kräfte (Wesenheiten) wirken sehr perfide, gerade zu unmerkbar, so dass viele Menschen denken (besonders diese, die im spirituellen Bereich tätig sind), sie dienen dem Licht, wobei sie in der Tat mit ihrem (egoistischen) Denken und Handeln die dunkle Seite ernähren und stärken. Können Sie uns ein paar Tipps geben, die uns vor dem „Abrutschen“ in das Negative bewahren könnten, bzw. einen Rat geben, wie unsere Selbstreflexion aussehen soll, um das potenzielle „Abrutschen“ rechtzeitig zu merken?

Emil Stejnar: Das ist eine sehr gute Frage. Aber bevor ich versuchen will, sie zu beantworten, muss ich etwas erklären. Nicht nur die negativen Wesen verführen und lassen die Menschen in das Negative abrutschen. Auch die hochgelobten Wesen des Lichts sind gefährlich. Jeder, der einem Ideal, einer Überzeugung oder einer Glaubensvorstellung folgt, gelangt automatisch früher oder später in den Einflussbereich jener feinstofflichen Intelligenzen, die die gleichen Vorstellungen und Ziele vertreten. Ist dieser Kontakt einmal hergestellt, wird man von diesen Wesen gefördert, unterstützt und in seiner Meinung bestärkt, aber je stärker man sich engagiert, umso mehr verliert man seine Objektivität und Übersicht. Man kann das sehr gut bei den Gläubigen der unterschiedlichen Religionen, bei den okkultistischen Sektierern und politischen Fanatikern beobachten. Die würden niemals in Betracht ziehen, dass ihre Meinung falsch sein könnte oder von einer fremden Wesenheit eingegeben wird. Sie identifizieren sich ja damit und befinden sich somit auf der gleichen „Ebene" wie ihr Genius.

Ganz gleich ob es „gute" oder „böse" Wesen sind, deren Inspirationen man folgt, sobald sie einen in ihren Bann gezogen haben, wird man verblendet und das geht auf Kosten der eigenen Individualität. Die Interessen konzentrieren sich immer mehr auf das Thema, das Blickfeld verengt sich und man gleitet unweigerlich ins Negative ab. Denn jedes Ideal und jede Tugend, jede noch so gutgemeinte Tätigkeit werden das Gegenteil bewirken, sobald man seine Ziele engstirnig verfolgt und die Qualitäten einseitig pflegt.

- Das Mysterium von Gut und Böse ist nicht, dass zwei Mächte gegeneinander kämpfen, sondern dass eine dritte Macht entscheidet, wie viel von einer Energie und Eigenschaft zur Geltung kommt und Einfluss gewinnt.
- Diese dritte Macht ist der Mensch. Indem er die Mitte einnimmt und Ausgleich schafft, wandelt er Negatives in Positives um. Lässt er sich schwächen, behindern oder zu Übertreibungen verführen, stellt er sich auf die Seite der negativen Mächte. Jede Qualität kann entarten, indem sie entweder zu stark oder zu schwach in Erscheinung tritt.
- Das Böse ist nicht das Gegenteil von Gut, sondern zu viel oder zu wenig einer notwendigen Qualität. Und das Gute ist nicht der Gegenpol des Bösen, sondern die ausgewogene Mitte, die sich zwischen zu viel und zu wenig manifestieren kann.

Das zu wissen ist für den Geistesschüler ungemein wichtig, denn es ist der Schlüssel zur Macht über sich selbst und über die Geisterwelt. In meinem Buch „Die vier Elemente – der geheime Schlüssel zur geistigen Macht“ gehe ich ausführlicher darauf ein.

Franz Bardon sagte immer: Es gibt nichts Schlechtes, das nicht auch etwas Gutes bewirkt. Angst zum Beispiel ist nur scheinbar böse. Zu viel Angst lähmt, macht untätig oder feige. Aber zu wenig macht übermütig und führt dazu, dass man drohende Gefahren nicht erkennt. Angst ist somit eine notwendige Empfindung in der Seele. Der Dämon, der dahinter steht und sie schürt, ist nicht schlecht, man muss nur lernen, diese Energie, die zur Vorsicht gemahnt, zu kontrollieren. Das gleiche gilt auch für alle anderen Eigenschaften und Strebungen. Selbst der verteufelte Egoismus erfüllt eine wichtige Funktion, die dem kosmischen Prinzip der Verdichtung und Konzentration entspringt. Ohne diese Regung würde sich jede Form von Bewusstsein in der Unendlichkeit verlieren.

Es geht immer um Übertreibung oder Behinderung – beides verdirbt die Qualität, ist schlecht und dient den „Schattenmächten“ – und um die Bewahrung des Gleichgewichts, was in der Folge als gut und aufbauend empfunden wird. Es liegt an einem selbst, ob und von welchen Genien man sich inspirieren lässt und was man daraus macht. Diese Entscheidung bleibt jedem vorbehalten.

Ana Blom: Wie kommt es dann, dass einen die Genien trotzdem ständig beeinflussen? Wie schützt man sich davor? Der Mensch ist doch ein Wesen mit einem freien Willen, er kann angeblich tun und lassen, was er will.

Emil Stejnar: Das ist richtig, aber nur wenn er seinen Willen auch benützt. Keine Macht der Welt kann einen Menschen dazu zwingen, das Gute zu lieben oder Böses zu tun. Die Götter und Genien können nur durch Eingabe von entsprechenden Gedanken einen Menschen in ihrem Sinne bewegen. Gedanken wecken Gefühle,

Gefühle lassen Wünsche entstehen, Wünsche, die dann zu entsprechenden Handlungen oder zum Nichthandeln „verführen".

Das Abgleiten in den Einflussbereich einer feinstofflichen Intelligenz geschieht langsam und unbemerkt. Der Übergang in die Sphäre eines Wesens ist gleitend. Es ist wie bei jeder anderen Gewohnheit oder Sucht. Es beginnt damit, dass man sich, ohne es zu merken, immer mehr einer Sache widmet und andere Interessen, Lebensbereiche oder eingegangene Verpflichtungen vernachlässigt. Man steckt seine eigenen Anliegen oder, je nach dem Geist, dem man folgt, die seiner Mitmenschen zurück.

Typisch ist auch das Zeitopfer, das man bringt. Besonders wenn man sich in den Dienst der sogenannten guten Genien stellt, wird bald der gesamte Alltag mit der Tätigkeit, die der „guten Sache" dient, ausgefüllt. Aber wirklich kritisch wird es, wenn man überzeugt ist, dass das, was man denkt, wünscht oder tut, das einzig Richtige ist, das man in seinem Leben verfolgen soll. Spätestens jetzt sollte man Bilanz ziehen und aussteigen.

Man muss also, und jetzt sind wir endlich bei der Beantwortung Ihrer Frage, stets genügend Abstand zu seinen Vorstellungen und Meinungen halten, damit man nicht in die Abhängigkeit eines Wesens gerät. Und zwar konsequent, radikal, selbst wenn man dazu sein Weltbild oder sein Leben umgestalten muss.

Ana Blom: Also Gedankenkontrolle. Jetzt versteht man, warum die Überwachung seiner Gedanken am Beginn jeder Geistesschulung steht. Aber wer schafft das schon. Da fällt es einem doch leichter, seine Körpertriebe zu beherrschen als seine Gedanken.

Emil Stejnar: Richtig. Deshalb gehört auch die Willensschulung zur Grundausbildung der Adepten. Durch Selbstdisziplin und die Beherrschung seiner Begierden und Leidenschaften gewinnt man die Geisteskraft, die man zur Kontrolle seiner Gedanken benötigt. Die Turbinen des Willens werden mit der Energie der überwundenen Triebe und beherrschten Gefühle angetrieben. Jeder Akt der Selbstbeherrschung vermehrt die Geisteskraft.

Aber man muss kein Adept sein, um nicht ins Negative abzugleiten. Es genügt, wenn man es sich zur Gewohnheit macht, das, woran man glaubt, und das, was man für richtig hält, ehrlich zu hinterfragen. Man muss imstande sein, alles, woran man glaubt und wovon man überzeugt ist, dass es stimmt, in Frage zu stellen. Ganz gleich ob es der Glaube an die Unfehlbarkeit des Papstes, an Angela Merkel oder an die Reinkarnation ist, niemand hat die Wahrheit gepachtet, jede Meinung ist austauschbar. Erkenntnisse sind Stufen auf dem Weg, aber keine Dauerparkplätze. Glaube erhellt das, was man glaubt, aber er verblendet und verbaut den Blick auf weitere Erkenntnisse. Nur wer seine Überzeugungen jederzeit ablegen kann, ist frei. Ich beschreibe dieses Phänomen der „Glaubensfalle“ in meinem Buch über Adepten und den Weg, der zum wahren Adepten führt.*

Ana Blom: Ich beschäftige mich schon längere Zeit mit Ethik in der Spiritualität; was ist ethisch, was ist vertretbar, was nicht, usw. … Ist es zum Beispiel eine „schmutzige“ Machenschaft, sich die Spiritualität zum Beruf zu machen und damit Geld zu verdienen? Darüber, ob man Spiritualität bzw. verschiedene esoterische Lehren gegen Geld lehren darf oder man sie einfach unentgeltlich verbreiten soll, streiten sich die Geister seit eh und je. Was meinen Sie dazu?

Emil Stejnar: Warum sollte ausgerechnet das Wertvollste, das Wichtigste, das Kostbarste dieser Welt, nämlich geistige Erkenntnisse und die Wegleitung, die zu diesen Erkenntnissen führt, gratis zur Verfügung gestellt werden? Geistige Werte haben auch in der grobstofflichen Welt ihren Preis und müssen, wenn sie erfahren werden, gebührend honoriert werden, sonst entsteht für den Empfänger eine Schuld.

Auch der Weise muss sich sein Wissen in jeder Inkarnation aufs Neue aneignen. Erkenntnisse und außergewöhnliche Fähig-

* „Franz Bardon: Wer war er, was lehrt er, wohin führt sein Weg“ von Emil Stejnar, Ibera Verlag, Wien

keiten fliegen einem nicht einfach so zu, sondern müssen mühsam in jedem Leben von neuem erarbeitet werden. Wir wissen heute mehr als Plato, Paracelsus oder der Begründer der Anthroposophie. Aber das Wissen wurde auch den Meistern nicht geschenkt. Da stecken Tausende Stunden Meditation, gezieltes Nachdenken und unermüdliche Forschung dahinter und in der Regel auch ein kleines Vermögen, das für einschlägige Bücher und Schriften ausgegeben wurde. Noch vor dreißig Jahren waren Manuskripte, die man heute im Internet gratis herunterladen kann, für die meisten Suchenden unerschwinglich teuer oder überhaupt unzugänglich.

Kein Mensch erwartet von einem Künstler, dass er seine Werke, die er zweifellos seinen außergewöhnlichen Begabungen verdankt, verschenkt. Für die „königliche Kunst", die Magie und Mystik, gilt das gleiche. Jeder spirituelle Lehrer hat das Recht auf ein angemessenes Honorar für seinen Zeitaufwand und die Leistung, die er erbringt. Nur Sektierer missionieren gratis. Scheinbar. Denn in Wahrheit kassieren sie später und zwar nicht nur das Geld ihrer Schäfchen, sondern auch deren Geist und Seele.

Und damit sind wir bei der Ethik in der Spiritualität. Kein Beruf, keine Wissenschaft, kein Forschungszweig hat mehr Scharlatane, Gauner und Verrückte, die man ernst nimmt, hervorgebracht als Religion, Esoterik und Geisteswissenschaft. Hier wird versprochen, gelogen, phantasiert und der größte Schwachsinn als Weisheit verkauft. Es geht zu wie in der Politik, auf der Bank oder im Supermarkt. Esoteriker sind leichtgläubige Konsumenten, sie fallen auf jeden Unsinn herein. Da werden Hunderte Euro für einschlägige lichtgetränkte Wochenendseminare bezahlt, aber statt der großen Erleuchtung kommt bestenfalls Ernüchterung heraus. Da wird ein Buch nach dem anderen bestellt, gekauft, gelesen, und wieder steht nichts Neues drin.

Ich finde, ein in der Geisteswissenschaft bewanderter Autor oder Verleger, ein seriöser Mensch, der seine persönlichen Gedanken und Erfahrungen über Magie und Mystik verständlich weitergibt und durch dieses Dickicht des Aberglaubens den Weg zu einem wachbewussten ICH oder gar zum wahren Adepten weist, hat einen berechtigten Anspruch darauf, für seine Instruktionen entlohnt zu werden.

Ana Blom: Ich komme zurück auf das Wirken der negativen Kräften in unserer Welt … Was meinen Sie, was sollten die spirituell tätigen Menschen eigentlich tun, um diese Wirkungen zumindest ein bisschen zu neutralisieren? Gilt da der Satz „Kehre erst mal vor der eigenen Tür“ (arbeite an dir selbst, dass erst du selbst deine eigenen negativen Charaktereigenschaften beseitigst) oder könnten und sollten wir noch etwas mehr dafür tun (irgendwelche gemeinsame Lichtmeditationen, Rituale o. Ä.)?

Emil Stejnar: Mit Lichtmeditationen lässt sich die Welt nicht verbessern. Wie Erich Kästner bereits feststellte: „Es gibt nichts Gutes, außer man tut es.“ Das Negative kann man nur ausgleichen, indem man ihm das Gute entgegenstellt, also indem man Gutes tut. Es gibt genug Licht, was fehlt, sind Menschen, die es verbreiten. Damit meine ich jetzt nicht Prediger der Tugend und Moral. Auch davon gibt es mehr als genug. Ich meine jene Persönlichkeiten, die in der Lage sind, Licht in anderen Menschen zu entzünden, indem sie deren Alltag erhellen. Das ist kein magischer Vorgang, das kann jeder.

Das Licht des Geistes ist Wahrheit, Gerechtigkeit und Mitgefühl. Wer Freude, Hoffnung und Zuversicht vermittelt, bringt Licht in die Welt, die von den Mächten des Schattens verdunkelt wird. Genaugenommen verdunkeln nicht diese Mächte die Welt, sondern die Folgen der Taten jener Menschen, die in ihrem Sinn agieren.

Und da stellt sich die Frage: Wie kann man das verhindern? Wer in der Wirtschaft und Politik bewandert ist, weiß, dass heute selbst den Mächtigsten dieser Welt, trotz der Machtmittel, über die sie verfügen, sehr enge Grenzen gesetzt sind, sobald sie sich für Wahrheit, Gerechtigkeit und Mitgefühl einsetzen. Heute wird durch Erpressung, Bestechung und Mord regiert. Mit magischen Ritualen oder Gebeten kommt man dagegen nicht an. Nur die gute Tat kann die Wirkungen der negativen Mächte neutralisieren. Man soll die Macht der Opferbereitschaft und Zivilcourage nicht unterschätzen. Sogar der gute Vorsatz ist bereits ein Hindernis für das Böse.

Natürlich wird auch die gezielte Arbeit an sich selbst etwas bewirken. Genauso wie die irdischen Machthaber durch ihre Anhänger gestärkt, unterstützt und an der Macht gehalten werden, könnten sich die Götter, Genien und die Schattenmächte hinter der Hierarchie ohne den Geist, der ihnen durch das Denken, Fühlen und Wollen der Menschen zuströmt, nicht an der Macht halten. Der Menschengeist ist kein nebuloses Lichtgespinst, sondern besteht aus energiegeladenen, lebendigen Wesenszellen, den Gedanken, Gefühlen und Emotionen, wobei diese Wesenszellen selber kleine Geister sind.

Der „Geist" der Götter, Genien und Dämonen besteht aus den gleichen Wesenszellen. Hass, Wut oder Lust an Gewalt führt den entsprechenden Schattenmächten Lebenskraft zu, was ihnen Macht verleiht über jene Menschen, die bereit sind, in ihrem Sinne zu agieren. Ehrlichkeit, Opferbereitschaft oder Mitgefühl stärkt die Wesen der positiven Schicksalsmächte, die auf die Geschicke der Bewohner dieses Planten einwirken.

Wenn man in sich schaut, bemerkt man, dass man seine eigenen Wesensgeister gar nicht beherrscht. Da tauchen Gedanken auf, die man gar nicht will, da drängen sich Gefühle auf, die man gar nicht wünscht, da bewegen einen Triebe und Regungen zu Handlungen, die einem nicht dienlich sind, aber trotzdem gegen jede Vernunft getätigt werden. Diese nicht beherrschten persönlichen Wesenszellen, die genauso unser Bewusstsein tragen wie die Wesenszellen, die wir beherrschen, dienen auch den Göttern und Genien als mentale Substanz, ernähren sie, stärken sie und geben ihnen Macht.

Die Dämonen und Geister beherrscht man nicht, indem man Rituale zelebriert und magische Formeln zitiert, sondern indem man seinen eigenen Geist kontrolliert. Deshalb kann jeder durch gezielte Arbeit an sich selbst, also durch Geistesschulung, wie sie die hermetischen Traditionen lehren, das Wirken der negativen Mächte eindämmen.

Ana Blom: Was meinen Sie, in welchen Maßen wirken die negativen Kräfte allgemein auf die heutige spirituelle Szene? Meiner Meinung nach herrscht im Moment eine große Verwirrung durch das Überangebot an Büchern, Techniken, Lehren und Lehrern … Und alle behaupten: „Meine Technik ist die beste, schnellste und leichteste … Man muss fast nichts tun und alles klappt, ohne große Mühe, ohne anstrengende Arbeit …“ Leben wir in einem neuen spirituellen Zeitalter, wo wirklich alles so einfach und leicht ist, oder werden uns („dank“ der Wirkung des Bösen) absichtlich Täuschungen als Wahrheit verkauft?

Emil Stejnar: Dass Täuschungen als Wahrheit verkauft werden, mag an der Macht und im Interesse der negativen Mächte liegen. Dass aber jeder Unsinn, der gefällt und der Hoffnung macht, geglaubt wird, liegt einzig und allein am Menschen. Die meisten sind für das Wissen, das früher den höheren Graden der fortgeschrittenen Schüler vorbehalten war, noch nicht reif. Bestimmte Erkenntnisse würden sie nicht erfassen und daher und auch nicht glauben können. Das ist der Grund, warum die vielen Pseudogurus und Scharlatane so regen Zulauf verzeichnen. Sie verkünden das, was ihre Anhänger gerne hören, und weisen einen Weg, dem zu folgen nicht allzu anstrengend ist.

Der Mist auf dem esoterischen Büchermarkt ist, wie Sie ganz richtig sagen, unerträglich. Aber das gab es auch um die Jahrhundertwende, in den Fünfzigerjahren und im Mittelalter. Der Unterschied ist, dass es heute mehr Suchende gibt als je zuvor. Und das bewirkt, dass sich auch mehr Pseudoesoteriker berufen fühlen, anderen einen Weg zu weisen.

Ich sehe das jedoch sehr gelassen. Wer seinen Guru nicht durchschaut, ist eben noch nicht so weit, die komplexeren Zusammenhänge der Schöpfung zu erfassen. Das ist wie im Supermarkt, wo sich die Käufer auf schön verpackten Plastikkäse für nur 9.99 Euro stürzen, obwohl daneben ein edler Greyerzer liegt. Dass diese Bücher gekauft, die Seminare besucht, die Gurus angehimmelt werden, zeigt doch, dass es an der Urteilsfähigkeit der Konsumenten und Suchenden und nicht am Angebot liegt. Es gibt neben dem Schund, der von unseriösen Verlagen und gewissenlosen Scharlatanen verbreitet wird, auch seriöse Anleitungen für die Geist- und Seelenschulung. Wer diesen Wegweisern folgt, braucht keinen Lehrer, der erkennt sehr bald, dass der einzige Meister, von dem er lernen kann, er selber ist.

Aber bis man das erkennt, werden weitere Bücher gekauft, Seminare besucht und Meister verehrt, die alle das gleiche versprechen, aber schlussendlich nichts halten, so dass man zum nächsten Buch, zum nächsten Vortrag, zum nächsten Guru pilgert. Manche bleiben bei einem Meister hängen, weil sie seine Gemeinplätze glauben oder sich in seine langen Haare verliebt haben, und enden als Sektierer. Manche resignieren. Doch der überwiegende Teil der Suchenden sucht weiter.

Beim Suchen nach Wahrheit geht viel Zeit verloren, aber auch diese scheinbar verlorene Zeit hat ihre Bedeutung. Denn die Lust auf Erkenntnis, ist sie einmal geweckt, bleibt erhalten und irgendwann erkennt jeder, dass diese Art von Suche nichts bringt. Zuerst glaubt der Schüler, die Geheimnisse sind enthüllt. Man kennt sich aus. Alles klar, die Ebenen, die Geister, die Engel, Liebe, Licht und Eierkuchen, den armen Materialisten entgeht etwas. Sobald man jedoch seine „Weisheiten" hinterfragt, erkennt man, dass man gar nichts weiß, und wenn man noch ein bisschen gescheiter wird, stellt man fest, dass auch die anderen nichts wissen.

Und jetzt beginnt der eigentliche Weg. Man sucht nicht mehr in Büchern und auf Seminaren, man sucht keinen Meister, man sucht in sich selbst. Man fragt sich: Wer bin ich? Was ist das in mir, das von sich sagt: ich bin? Was ist das, das erkennen kann, dass es denkt, das bemerkt, dass es fühlt, das weiß, dass es ist? Die Antwort darauf kann sich jeder nur selbst geben. Also schaut er in sich. Beobachtet sich und erkennt sich als Beobachter. Erkennt sich selbst. Sein ICH erwacht und wird sich immer öfter seiner selbst bewusst. Jetzt ist man auf dem Weg zu einem wachbewussten ICH. Jetzt beginnt die eigentliche Arbeit mit dem Geist.

Ana Blom: Warum schweigen die Weisen? Nach dem I Ging gibt es Zeiten, in denen man sich zurückziehen und warten soll, bis die „Gefahr" vorbei ist. Handeln die Wissenden nach diesem Leitsatz? Wenn sie sich aber zurückziehen, räumen sie das Feld den Unwissenden, die dann wiederum ungehindert ihren Schwachsinn verbreiten können. Die Opfer sind „Normalsterbliche", die sich am Anfang ihrer Suche befinden. Unter diesen Umständen verlieren sie oft Jahre, bis sie lernen, den Schwachsinn vom Wissen zu unterscheiden. Ist das moralisch vertretbar seitens der Weisen?

Emil Stejnar: Die Weisen lebten schon immer zurückgezogen. Sie wollen nicht missionieren, predigen oder auf Seminaren ihre Erkenntnisse feilbieten. Aber sie schweigen nicht. Im Gegenteil. Es gab noch nie eine derart klare Wegleitung für Suchende wie in diesem Jahrhundert. Auch die Wissenschaft des Geistes hat sich weiter entwickelt und ist zu neuen Erkenntnissen gelangt. Alle fünfzig Jahre wird das Wissen der echten Traditionen auf den neuesten Stand gebracht und den ernsthaft Strebenden zugänglich gemacht. Die Werke von Franz Bardon und meine Bücher der „Magie und Mystik im 3. Jahrtausend" bieten alle Erkenntnisse, die man auf dem Weg zum Licht benötigt. Für Anfänger gleichermaßen wie für Fortgeschrittene. Was früher nur wenigen Auserwählten zugänglich war, kann man heute in jeder Buchhandlung erwerben.

Aber die meisten Suchenden suchen nicht nach Erkenntnissen für ihren geistigen Weg, sondern Zauberformeln für irdisches Glück, oder übersinnliche Unterhaltung, Sensation und Zeitvertreib. Man besucht Esoterik-Seminare, so wie man früher in den Zirkus oder ins Theater ging. Selbst in den Ferien werden Reisen in andere Dimensionen, Startrampe Indien, Tibet oder Mexiko gebucht: Guru und die große Erleuchtung, Abführtee, Lagerfeuer und Schamanenzauber, all inclusive.

Die Einfalt der Schüler ist grenzenlos, und grenzenlos ist auch das Heer der Scharlatane, die diese Leichtgläubigkeit ausnützen. Da wird geweiht, gesalbt und angeschmiert. Chronisch Kranke werden in Wochenendseminaren zu Heilern ausgebildet, Langzeitarbeitslose lernen die zehn Regeln, wie man in zehn Wochen zehn Millionen Euro verdienen kann, und die Unglücklichen, die mit ihrem Innenleben, ihrer Fresslust oder ihren Kollegen am Arbeitsplatz nicht fertig werden, buchen einfach den Kurs zwei und drei für Fortgeschrittene, in dem der Meister verrät, wie man Macht über die guten und bösen Geister erlangt. Statt den eigenen Geist zu erkennen, zu schulen und zu befreien, beschwört man den Geist in der Flasche, in der Hoffnung, dass einem dieser das ersehnte Liebesglück und den fehlenden Reichtum beschafft.

Darüber kann man lachen oder weinen, die Weisen schweigen dazu. Sie wissen: Gegen Dummheit ist kein Kraut gewachsen. Dass man dabei, wie sie sagen, Jahre verliert, bis man lernt, den Unsinn von dem Wissen, das weiterbringt, zu unterscheiden, gehört aber zum Weg. Magie und Mystik sind genauso eine Wissenschaft, die langsam und systematisch erarbeitet werden muss, wie die anderen Wissenschaften. Sie fängt beim Gauben an Engel und den „lieben" Gott an, führt, durch die Praxis der Geistesschulung und entsprechenden Erfahrungen, zum Gauben an die Macht und Kraft der eigenen Gedanken und Vorstellungen, und endet bei Erkenntnissen, über die nicht mehr gesprochen oder geschrieben werden soll.

Das lässt sich nicht in einem Wochenendseminar erlernen. Selbst wenn es tatsächlich ein Eingeweihter wäre, der sich persönlich um seinen Schüler kümmert, muss den Weg jeder selber gehen, und der Weg lässt sich nicht verkürzen. Der Weg zum wahren Adepten ist mühsam und dauert in der Regel länger als ein Menschenleben. Aber bereits jeder kleinste Schritt, selbst wenn es ein Schritt auf einem der vielen Irrwege ist, bringt den Suchenden, wenn er reinen Herzens ist, ein Stück näher an sein Ziel.

*Dieses Interview wurde im Mai 2010 von Ana Blom aufgezeichnet und ist im August 2010 in **„Welt der Esoterik"** erschienen. www.blom-medien.de*

VOM RICHTIGEN ZEITPUNKT

Nach Bardon kann man sich die Erd- oder Erdgürtelzone auf das ganze Universum ausgedehnt vorstellen. Sie ist das „Reich", das alles beinhaltet und alles umfasst. Aus Sicht der Menschen ist die Erdgürtelzone das sogenannte Jenseits, jene Sphäre des Sonnensystems, in der sich alle anderen Ebenen und Planetensphären vereinen. Das muss kein Widerspruch zu einem Erdgürtel sein, der sich wie das Magnetfeld der Erde um den ganzen Planeten spannt. Ein Raum für das Band der scheinbaren Sonnenbahn zwischen dem nördlichen und südlichen Wendekreis, der den Genien, die für diesen Planeten zuständig sind, die Möglichkeit gibt, sich in der Zeit zu manifestieren.

Man braucht keine astronomischen Studien zu betreiben, aber wer sich mit den Genien der Erdgürtelzone, der Planetenzonen und der Planeten beschäftigt, sollte sich zumindest vorstellen können, wo man sich die Orte, die man zur Berechnung der Berührungszeiten heranzieht, denken kann.

Wer sein Schlafzimmerfenster nach Osten ausgerichtet hat, kann im Jahresverlauf den Erdzonengürtel, also die 360 Grade der Ekliptik mit den 12 gleich großen, je 30 Grad umfassenden Abschnitten der Tierkreiszeichen, in seiner ganzen Breite beobachten.

Für den Betrachter geht am Morgen im Osten die Sonne auf, steigt bis zum Mittag immer höher, um dann am Abend hinter ihm im Westen wieder zu versinken. Sie zieht einen Kreis um die Erde, von dem wir nur den Bogen, den sie untertags zurücklegt, sehen können. In der Nacht kann man dafür den Verlauf der Sternbilder verfolgen. Die steigen genauso wie die Sonne im Osten auf und gehen im Westen unter.

Genaugenommen bewegt sich aber nicht die Sonne, sondern es ist die Erde, die sich täglich einmal um ihre Achse dreht, so dass es aussieht, als würden die Sonne und die Sterne vorüberziehen. Durch die Neigung der Erdachse bedingt und aufgrund der

Umlaufbahn der Erde um die Sonne liegen die täglichen Kreisbahnen, welche die Sonne scheinbar um unseren Planeten zieht, ab dem Frühling nördlich und ab dem Herbst südlich vom Äquator.

Verfolgt man ein Jahr lang den Sonnenaufgang vom selben Standpunkt aus, dann wird man in unseren mitteleuropäischen Breiten feststellen, dass am 21. Juni die Sonne ganz weit rechts im Süden aufgeht, die Tage lang und die Nächte kurz sind, während sie am 21. Dezember ganz weit links im Norden erscheint und die Nächte länger als die Tage sind.

Das Band zwischen links und rechts, das sich aus der Verschiebung der täglichen Sonnenbahn ergibt, bedeckt einen großen Teil des Horizonts, den man vor sich hat. Ab dem 21. Dezember bewegt sich der Sonnenaufgangspunkt wieder zurück nach Süden. Wenn die Sonne dann am 21. Juni wieder den südlichsten Punkt auf ihrem Weg erreicht, hat sie 365 verschiedene Kreisbögen gezogen. Dieser Gürtel, den die Sonne im Laufe eines Jahres durch ihren täglichen Auf- und Untergang wie eine Spirale um die Erde legt, ist der Erdzonengürtel, astronomisch ausgedrückt die Ekliptik.

Am 21. März befindet sich der Aufgangspunkt auf seinem Weg von rechts nach links genau in der Mitte dieses Bandes und bildet damit die Mitte der Ekliptik. An diesem Tag überquert die Sonne den Äquator in nördliche Richtung. Tag und Nacht sind dann gleich lang. Der Schnittpunkt der Sonnenbahn mit dem Himmelsäquator wird als Frühlingspunkt fixiert und mit 1 Grad Widder bezeichnet. Er dient als Beginn des tropischen Tierkreises mit den 12 Tierkreiszeichen zu je 30 Grad, den die Astrologen heute verwenden, und markiert auch die 360 Orte, an denen man sich die von Bardon beschriebenen Vorsteher der Erdgürtelzone denken kann. So wie die Sonne bei ihrem Aufgang besonders eindrucksvoll in Erscheinung tritt, entfalten auch die 360 Genien bei ihrem Aufstieg ihre stärkste Macht.

Die vier Minuten, die Bardon dafür angibt, sind dabei lediglich der Zeitraum, in dem eine Intelligenz einem bestimmten Ort am nächsten steht. Die einzelnen Grade bedeuten somit nur ungefähre Werte. Jenen Geist, auf den man sich geistig richtig einstellt, erfasst man früher und deutlicher und über einen längeren Zeitraum. Nach meiner persönlichen Erfahrung ist dieser verstärkte Einfluss ca. 20 Minuten lang besonders deutlich spürbar und schwächt sich dann langsam wieder ab. In der Regel kann man nach sechs Stunden, wenn der beobachtete Grad die Himmelsmitte erreicht, vorübergehend nochmals seine Qualität verstärkt bemerken. Das gleiche gilt auch für den Grad am Aszendenten der geographischen Breite, auf der man sich gerade befindet. Die Genien, die sich gerade an diesen Orten aufhalten, wird man unter bestimmten Umständen ebenfalls deutlicher spüren.

Aber so wie die Sonne immer scheint und nicht verschwindet, auch wenn man sie gerade nicht sehen kann, sind auch die 360 Vorsteher der Erdgürtelzone immer aktiv. Genauso wie man ständig aus den geistigen Ebenen Gedanken für seine Vorhaben schöpft, kann man sich, zumindest theoretisch, jederzeit gezielt mit jedem Wesen verbinden. Die Genien schlafen nicht.

Wichtiger als die minutengenaue Bestimmung des Zeitpunktes sind daher die geistige Einstellung und die Konzentration auf die angestrebten Eigenschaften, die der Vorsteher vertritt, und das persönliche emotionale Engagement für den speziellen Themenbereich. Man sollte sich daher gut vorbereiten und sich für den eigentlichen Kontakt eine Stunde Zeit nehmen. Während dieser Meditation vertieft sich die angestrebte Verbindung und bleibt eine gewisse Zeit erhalten.

Man wird bemerken, dass, wenn man sich auf einen Vorsteher richtig einstellt, ganz von selbst etwas einrastet, sobald der Ort, an dem man sich befindet, in den Einflussbereich dieses Vorstehers gelangt. Das ist wie ein Schlüssel im Schloss, der passt und das Tor in diese Ebene öffnet. Auch wenn danach sein Grad weiterwandert, bleibt die Qualität, wenn man sich darauf konzentriert, wie eine Hintergrundmusik noch eine Zeit lang im Raum und im Bewusstseinsfeld erhalten, so dass man länger damit arbeiten kann.

Als Bewusstseinsstütze kann ein geeignetes Ritual dienen, das man sich am besten selbst zusammenstellt. Es automatisiert den Vorgang und macht die Gedanken frei für die nötige Konzentration auf das Wesentliche. Wenn man die kleine Zeremonie eine Zeit lang täglich wiederholt, ist eine wirksame Grundlage für den erwünschten Kontakt zu einer Sphäre geschaffen. Man beachte aber die warnenden Hinweise am Beginn dieses Buches. Wer die Stufen eins bis fünf von Franz Bardons Instruktionen nicht beherrscht, sollte besser die Finger von solchen Experimenten lassen. Das gleiche gilt für gemeinsame Rituale, wenn diese zur Anrufung eines Wesens abgehalten werden. Die Kette der Teilnehmer ist immer nur so stark wie ihr schwächstes Glied, und das spüren auch die Geister.

Ich bin daher kein Freund von magischen Zirkeln, Logen oder Gruppenbildungen, außerdem ist eine gemeinsame geistige Arbeit intimer als ein gemeinsames Bad. Aber für bestimmte Angelegenheiten kann es trotzdem von Vorteil sein, wenn sich Gleichgesinnte zu einem Gedankenaustausch treffen und sich einer dem Thema förderlichen Intelligenz zuwenden. Der zusammenfließende Geist der Anwesenden und die Wahl des richtigen Zeitpunkts können unter bestimmten Umständen mehr bewirken, als ein Einzelner zuwege bringt.

Viele Freunde verwenden das „Ritual der hermetischen Vier"*, um sich damit auf die geistigen Ebenen einzustimmen oder umgekehrt einer Intelligenz den Weg in die irdische Welt zu bereiten. Solange man damit allein arbeitet, ist dagegen nichts einzuwenden. Für diesen Zweck wurde das Ritual ja geschaffen und es hat sich in der Praxis auch bestens bewährt. Für die Arbeit in einer Gruppe ist jedoch, auch wenn man nur eine mystische Invokation beabsichtigt, Vorsicht geboten. Denn gerade wegen der innewohnenden Macht und Gewalt, die durch die Wortmagie freigesetzt wird und sich auf das Bewusstsein der Beteiligten überträgt, können sich neben den positiven auch negative Eigenschaften verstärken, so dass mit dem Ritual auch

* „Die vier Elemente – der geheime Schlüssel zur geistigen Macht", Emil Stejnar, Ibera

unerwünschte Nebenwirkungen verbunden sind. Es besteht die Gefahr, dass man in den Machtbereich angelockter Wesen gerät oder dass einen der entstehende Gruppengeist in seinen Bann zieht. Außerdem bilden sich aus den Emotionen und der Erwartung automatisch – und ohne dass man es merkt – Elementale, die früher oder später eigene Interessen verfolgen.

Auch wenn keine Evokation im Sinne Bardons angestrebt wird, kann es unter bestimmten Umständen zu unerwünschten Phänomenen kommen. Besonders wenn eine Gruppe arbeitet, können Geräusche oder Erscheinungen auftreten, die den Eindruck erwecken, es wolle sich ein Wesen manifestieren. Man kann sicher sein, es ist nicht die angesprochene Intelligenz, sondern ein geistloser Schemen, der sich durch die Erwartung und nervliche Anspannung aus den Elementaren und Elementalen der Anwesenden gebildet hat. Es handelt sich um nichts anderes als um feinstoffliche Blähungen. Man sollte alles, was sich hörbar und sichtbar kundtut, als mentale Rülpser und geistige Abfallprodukte betrachten und nicht weiter beachten. Selbst ein Logen-Egregor ist nichts weiter als ein gut gemästetes Phantom.

Es ist unglaublich, wie sich immer wieder Gutgläubige zusammenfinden und ehrfürchtig den unglaublichsten Schwachsinn herunterchanneln ohne dass ihnen übel wird davon. Sie glauben, sie wären mit höchsten Wesen in Kontakt, und werden in Wahrheit von ihren eigenen Elementalen gefoppt. Ich möchte nicht diesen systematisierten Wahnsinn einer entarteten Geisteswissenschaft mit meinen Schriften fördern.

Selbst wenn sich aufgrund der gezielten Konzentration ein Elemental der gewünschten Qualität so weit verdichtet, dass es wahrgenommen werden kann, ist es zu ignorieren oder in ein bereitgelegtes Siegel zu bannen, weil es sich sonst zu einem „Hilfsgeist“ entwickelt, den man bald nicht mehr beherrscht.

Man beachte dazu auch Bardons eindringliche Warnung in seinem Buch „Der Weg zum wahren Adepten“, Seiten 153 bis 160. Man muss nicht gleich als Geistesgestörter in einer Anstalt landen. Es leben Millionen irre Esoteriker im Wahn, dem fortschrittlichen Geist einer „wahren“ Glaubensvorstellung zu dienen, statt dass sie ihren eigenen Geist entwickeln und entfalten.

Auch wenn es sich bei der „mystischen Invokation“ um eine Form der Mystik handelt, es bleibt trotzdem eine magische Praxis. Ohne das zu wissen, wird diese Technik in verschiedenen Variationen, unbewusst, in Kirchen und Klöstern aller Religionen, in spiritistischen Zirkeln und an Schamanenfeuern praktiziert. Die Götter und Dämonen haben viele Namen.

Ich bezeichne diese Praxis der Anrufung und Hingebung als mystische Invokation und habe sie in dieser Form konkret beschrieben, um auf die verborgenen Zusammenhänge und die eventuellen Folgen jeder Form der Mystik hinzuweisen.

Wer sich in einer Gruppe wohl fühlt und findet, dass ihn gemeinsame Rituale, Zeremonien oder Meditationen mit einem Guru stärken, ist noch nicht so weit, dass er, auf seinen eigenen Geist gestützt, mit Wesen aus anderen Sphären in Kontakt treten kann.

Er sollte sich die erhoffte Energie und seinen inneren Frieden lieber draußen in der Natur oder bei guter Musik holen, oder – wenn er religiös veranlagt ist – von mir aus in den von geweihten Priestern zelebrierten musikgetragenen Liturgien der christlichen Messe, doch für eine aktive magische Arbeit ist sein Geist noch nicht bereit. Er sollte auch die Schamanenfeuer und Esoterikseminare meiden; die unsichtbaren Geistschmarotzer, die sich dort herumtreiben, sind weitaus widerlicher als das eklige Gewürm, das sich von Tierleichen nährt.

Die Anrufung von Genien, ganz gleich ob aktiv oder passiv, sollte ausschließlich erfahrenen Praktikern vorbehalten bleiben. Wobei keine der angeführten Methoden länger als eine Woche praktiziert werden darf. Wenn sich der gewünschte Erfolg bis dahin nicht eingestellt hat, ist das Experiment abzubrechen und die ganze Angelegenheit zu vergessen.

Das entstandene Elemental erledigt seine Aufgabe, wenn es dazu in der Lage ist und die Göttliche Vorsehung es billigt, viel besser allein oder mit Hilfe der Intelligenz, nach deren Vorbild es gebildet wurde. Zusätzliche Beachtung würde es zu einem Wesen anwachsen lassen, das sich selbst wichtiger nimmt als das, wofür es dienen soll. Die Folge wären Besessenheit von der Idee und der Wunsch nach ständiger Beschäftigung mit diesem Thema. Die Realisierung des erstrebten Ziels wird zur fixen Idee und will alsbald mit aller Macht erzwungen werden. Zuletzt wird die Meditation oder das Ritual der Invokation zu einem Selbstzweck, quasi zur verpflichtenden Gewohnheit, was dem ursprünglichen Vorhaben in keiner Weise mehr dient. Wenn man dagegen die Vorstellung loslässt, kann sich das Angestrebte zum nächsten astrologisch günstigen Zeitpunkt wesentlich leichter, und sogar ganz von selbst, realisieren.

DIE ASTROLOGISCHEN GEZEITEN UND QUALITÄTEN NUTZEN

Je mehr Erfahrungen wir sammelten, umso deutlicher wurde uns klar, dass weniger die Vorsteher der Erdgürtelzone als vielmehr die Planetenkräfte den tatsächlichen Einfluss auf das Bewusstsein ausüben. Stärker als der Einfluss von einem der 360 Genien ist immer die jeweilige astrologische Konstellation. Nicht nur die Vorsteher, auch die Planeten, die sich am Grad des Aufstiegs befinden, gewinnen an Macht. Ich konnte beim Schreiben immer wieder feststellen, dass in der Zeit, in denen sich Neptun in der Nähe des Aszendenten befindet, viel häufiger Inspirationen ins Bewusstsein dringen – und zwar von unterschiedlichen Vorstehern – als im weiteren Verlauf des Tages. Oft erwache ich auch nachts, um mir einen Gedanken zu notieren, der mir während eines Traums kam, und stelle fest, dass nicht die dafür infrage kommende Intelligenz, sondern Neptun der Übermittler war. Das gilt natürlich auch für die Auswirkungen und Einflüsse der anderen Planeten. Lochaty, der Vorsteher für Jagd und sportliche Aktivitäten, muss seine Inspirationen nicht dann übertragen, wenn sich sein Grad am Aufstieg befindet, sondern kann das auch über den Planeten Mars erreichen, wenn der am Aszendenten steht. Die Intelligenzen für Gerechtigkeit wirken oft über Jupiter, Merkur oder Saturn.

Desgleichen scheinen die Planeten, also die Übergänge der laufenden Planeten über die Grade der Tierkreiszeichen, die dahinter wirkenden Vorsteher in ihrem Sinn zu aktivieren und geben diesen umgekehrt die Möglichkeit, die Qualität des Planeten, der ihren Grad berührt, für ihre Aktivitäten zu nutzen. Wenn zum Beispiel der laufende Mars über 18° Fische transitiert, kann der Vorsteher Lotagin einem jetzt geweihten Liebesamulett mehr sexuelle Lustfähigkeit einverleiben, und wenn sich Jupiter auf 22° Fische, dem Grad des Armefia, befindet, wird ein jetzt geladenes Amulett für Erfolg vor Gericht noch besser wirken.

Dabei sollte man nicht nur die Konjunktionen der Planeten mit den Graden der Vorsteher beachten. Auch die vorherrschenden mundanen Qualitäten der Planeten, also ihre Positionen in den Tierkreiszeichen und Verbindungen untereinander, und besonders die Aspekte, die sie zum persönlichen Horoskop bilden, sind bei der Wahl des Zeitpunktes für eine Arbeit mit dem Geist und den Geistern zu berücksichtigen. Man wird nicht an einem Siegel für Liebe arbeiten, wenn gerade der laufende Mars über den persönlichen Saturn transitiert. Das ergäbe keine gute innere Grundlage für ein Liebesamulett, ganz gleich ob man es für sich selbst oder für eine andere Person aufladen will. Genauso wäre es Unsinn, zum Beispiel Erimites für inneren Frieden anzurufen, wenn gerade der Mars auf vier Grad Schütze steht.

Umgekehrt lässt sich, wenn man zu astrologisch günstigen Zeiten den Ladungsvorgang wiederholt, nicht nur die gewünschte Wirkung verstärken, sondern gleichzeitig die Bildung eines ungewollten Paktes mit dem Wesen, dessen Qualität man verwendet, vermeiden. Durch die Beachtung der astrologischen Gezeiten zieht man nämlich einen Teil der für die Ladung nötigen Eigenschaften aus den Ebenen der analogen Planeten und belastet damit nicht die entsprechende Sphäre der angesprochenen Intelligenz aus der Erdgürtelzone.

Zumindest die einfachen astrologischen Grundlagen, die ich in meinem Buch „Magie mit Astrologie", beschreibe, sollte jeder kennen, ehe er sich mit den Genien beschäftigt und mit der Praxis der mystischen Invokation beginnt. Ohne Kenntnisse in der Astrologie wird man in der Magie niemals Erfolge erzielen.

Der Erwerb von Kenntnissen in der Astrologie ist ein erster Schritt zur Selbstverwirklichung. Nur sie bietet die Möglichkeit, sich ohne magische Fähigkeiten aus dem Einflussbereich der Götter, Genien und Dämonen zu befreien; denn kennt man die Gezeiten der Macht und Ohmacht, kann man die Schicksalsmächte überwinden. Mehr noch, erst die Astrologie ermöglicht es, die Macht und Kraft des Geistes und der Geister richtig einzuschätzen und zu nutzen. Sie ist heute die einzige Wissenschaft, mit der man die unsichtbare Macht des Geistes berechnen und nachweisen kann.

Es gibt nicht nur die 360 Gradvorsteher der Ekliptik, sondern auch noch die Kräfte und Mächte aus dem Bereich der Tierkreiszeichen und Planeten. Ihre Gezeiten bestimmen auch die Gezeiten von Geist und Seele der Menschen. Sie greifen direkt in den Schicksalsverlauf ein und bestimmen Dinge, die der Einzelne, wenn er vorbereitet wäre, selbst bestimmen könnte. Auch die Vorsteher der Erdgürtelzone nutzen diese Gezeiten der Macht und richten sich bei ihrer Tätigkeit nach den jeweils vorhandenen astrologischen Strömen.

Die Welt der Genien ist auf die jeweilige Sphäre ihrer Interessen und ihres Aufgabenbereiches und auf die Mittel, die sie dazu verwenden, beschränkt. Auf diese Regungen, die eine Intelligenz zum Handeln bewegen, und auf die Urqualitäten, die den Charakter ihres Agierens bestimmen, muss man sich einstellen können, wenn man mit ihnen in Kontakt treten will.

Wer zum Beispiel eine Verbindung mit einem Erdgeist anstrebt, der wird sich nicht mit Elementalen der Luft umkleiden, obwohl man einem Gnomen seine Autorität am besten deutlich macht, indem man zeigt, dass man auch das ihm entgegengesetzte Luft-Element, das für ihn unerreichbar ist, beherrscht. Zuerst wird man sich die Urqualitäten kalt und trocken und möglichst viele Eigenschaften des Erdelements ins Bewusstsein rufen, ehe man mit ihm Kontakt aufnimmt.

Bei den Intelligenzen der Erdgürtelzone wird das komplizierter. Neben den Urqualitäten und den Eigenschaften des entsprechenden Elements sind auch die Energien des über das Zeichen herrschenden Planeten und die besonderen Urqualitäten, also die Eigenschaften des Zeichens, aus dem heraus der Vorsteher wirkt, zu imaginieren.

Wer Trapis, den Vorsteher von vier Grad Steinbock, rufen will, muss die Energien der elementaren Urqualitäten kalt und trocken, die Eigenschaften des Erdelements, das Wesen des Saturn und sämtliche geistigen Urqualitäten und Eigenschaften des Steinbockprinzips kennen und sie durch Konzentration und Imagination in seinem Bewusstseinsfeld hervorrufen. Ohne Kenntnis der Astrologie ist das nicht möglich. Auch wenn er nur mit den Wesenszellen, also den Qualitäten, und nicht mit dem Vorsteher persönlich in Kontakt treten will, muss er sich die Grundvoraussetzungen für die angestrebten Eigenschaften seiner Ebene vergegenwärtigen. Erst danach ist es sinnvoll, über die spezielle Aufgabe der jeweiligen Intelligenz, im Falle von Trapis Trost, Hoffnung, Mitgefühl, usw., zu meditieren.

Für viele Anliegen gibt es mehr als eine dafür zuständige Intelligenz. Jedes Wesen wird sich dabei, je nach seiner geistigen Struktur, auf eine andere Art um das Thema kümmern. Man wird daher, wenn es möglich ist, einen Vorsteher aus jenem Tierkreiszeichen wählen, das einem nahe steht. Wer zum Beispiel mit einem Steinbock-Aszendenten geboren wurde oder eine Steinbock-Sonne hat, wird sich nicht an eine Intelligenz aus der Widder-Sphäre wenden, wenn für den gleichen Bereich auch im Steinbock ein geeigneter Vorsteher zu finden ist. Das gleiche gilt für die Intelligenzen jener Grade, auf denen im persönlichen Horoskop Planeten stehen. Soweit diese mit der Qualität des Vorstehers, dessen Einfluss man sucht, übereinstimmen, wird man sich besser an sie als an wesensfremde Intelligenzen wenden. Man wird sich immer leichter tun, wenn man Hilfe aus einer vertrauten und bekannten Ebene sucht.

DIE DREI MYSTERIEN DER GEISTIGEN MACHT

Nur wer nach den Anleitungen von Franz Bardon und meinen anderen Büchern vorbereitet ist, kann sicher sein, dass er bei der Beschäftigung mit Magie und Mystik die Kontrolle über seinen Geist nicht verliert. Das ist kein erhobener Zeigefinger, sondern eine konkrete Erfahrung aus der Praxis.

Die Arbeit mit den Geistern kann gefährlich sein. Aber es wäre genauso gefährlich, würde man sich nicht mit ihnen auseinandersetzen und ihre Existenz ignorieren. Ich habe es bereits erwähnt: Magie beginnt nicht erst, wenn man sich gezielt mit den Mächten des Geistes und der Geister beschäftigt. Auch wenn es einem nicht bewusst ist, man ist ständig, ohne es zu merken, über seine Gedanken und inneren Regungen mit Wesen aus den feinstofflichen Welten verbunden.

Dabei werden die Genien jene Menschen, die sich dieser Tatsache nicht bewusst sind, leichter in ihrem Sinn beeinflussen, ganz gleich ob es für sie gut ist oder nicht, als jene, die sich ein Bild von ihrem Wirken machen können. Millionen Menschen werden, ohne es zu wissen, für eine „gute Sache“ von Genien eingespannt, gehen auf in „ihren“ Idealen und verpassen ihre eigene Entwicklung.

Ich glaube, es gibt in der ganzen Hierarchie kein einziges geistiges Wesen, außer vielleicht den Menschen, das einem Menschen selbstlos Gutes tut oder sich ihm freiwillig unterstellt. Selbst das edelste, gütigste Wesen handelt in seinem eigenen Interesse, wenn es einem Menschen dient. Es folgt nur seiner Aufgabe und seinem ihm innewohnenden geistigen Trieb.

Ich bin überzeugt, dass Ritualmagie und Mystik, genauso wie Religion und Philosophie – auch das ist ein Form des Glaubens –, auf lange Sicht gesehen noch keinem wirklich etwas gebracht haben außer den Geistern, die dahinter stehen. Ich kenne dagegen viele Menschen, die, obwohl sie täglich ihre

Gebete zum Himmel schickten oder Rituale klopften und alle möglichen Götter und Geister beschworen, jämmerlich zugrunde gingen. Je schlechter es ihnen ging, umso krampfhafter versuchten sie, mit Formeln, Psalmen, Zeremonien und Beschwörungen ihr Schicksal zu verändern. Bestenfalls gaben ihnen die Wahnvorstellungen ihres Glaubens Trost und die Hoffnung auf Erfolg hielt sie noch eine Zeit am Leben. Aber schlussendlich nützten der tiefste Glaube und der mächtigste Zauber nichts. Der „liebe Gott“ und die ganze Hierarchie folgen Regeln und Gesetzen, von denen wir noch lange nicht alle kennen. So einfach, wie manche glauben, ist es nicht.

Ich kenne keinen Menschen, der die Genien wirklich beherrscht. Man hat schon sehr viel gelernt, wenn man in der Lage ist, sich nicht umgekehrt von ihnen beeinflussen, verführen und beherrschen zu lassen.

Dazu muss man aber die drei großen Mysterien kennen:

- Erstens, das Mysterium der Orte der Macht: die personifizierten Genien.
- Zweitens, das Mysterium der Gezeiten der Macht: die astrologischen Ströme.
- Und drittens, das Mysterium der mentalen Kommunikation: die Elementale als lebendige Wesenszellen und Netzwerk des Geistes.

Die einzige Möglichkeit, die eine feinstoffliche Intelligenz hat, einen Menschen zu berühren und zu beeinflussen, ist über die Moleküle des Geistes, also über die Elementale der Vorstellungen. Man spricht dann von einer „Eingebung“.

Die Eingebung einer Vorstellung bewirkt Gedanken, Gefühle und Wünsche, die dann den Betreffenden in entsprechende Stimmung versetzen und agieren lassen; sei es, dass er Symphonien komponiert, romantische Gedichte verfasst oder leckere Kochrezepte kreiert, sei es, dass er den falschen Partner ins Auge fasst, eine Intrige plant, bestimmte Bücher schreibt oder sammelt, was noch schlimmer ist, oder dort baden geht, wo ein Haifisch auf ihn lauert. Ein Gedanke bringt ihn dazu. Eine andere Form der Kommunikation zwischen den Ebenen ist nicht bekannt.

Bardons übersichtliche Beschreibung der Genien und der Thebaische Kalender erschließen das Mysterium der Qualitäten der Orte der Macht und ihre Zeiten. Mit Hilfe der Astrologie kann man die Gezeiten der komplexeren Urqualitäten berechnen. Die Intelligenzen wirken ja nicht nur in den vier Minuten, die sie von ihrem Ort aus an der Reihe sind, sondern nützen genauso die astrologischen Gezeiten wie alle anderen Genien und gescheiten Leute.

Wer also seine Gedanken kontrolliert und beherrscht, den wird so leicht kein Geist gegen seinen Willen beherrschen. Das ist auch der Grund, warum ich mich trotz meiner Ablehnung von magischen Praktiken und mystischem Wahn ein Leben lang mit Magie und Mystik beschäftigt habe:

Weil nämlich die magische Schulung nichts anderes ist als ein geniales praktisches System, zu lernen, seine Gedanken, Gefühle und Wünsche unter Kontrolle zu bekommen. Und weil man nur so lernen kann, sich aus der Abhängigkeit der Götter und Dämonen zu befreien.

Gedanken können Hilfsgeister sein, genauso wie sie mitunter zu kleinen Dämonen entarten, die einen mit den größeren kosmischen Dämonen verbinden.

Magie fängt beim Aufwachen im Bett, mit dem positiven Denken, und nicht erst beim großen Zauber im Tempel an. Genau dort hört sie in der Regel bereits wieder auf. Mit den praktischen Experimenten beginnt für die meisten bereits der Wahnsinn. Im Grunde genommen ist die ganze Esoterik ein Wahnsinn. Auch wenn es ein intelligenter Wahnsinn ist, ein Wahnsinn mit System. Das gilt übrigens auch für die Philosophie und die Religion.

INITIATION

Wenn ich dieses Buch veröffentliche, dann nicht, um die Leser zu sinnlosen Experimenten zu verführen. Zweck der Magie und Mystik ist, dass man sich die Existenz der Geister und des Geistes ins Bewusstsein ruft und gezielt ihre und seine eigenen geistigen Eigenschaften und Fähigkeiten nutzt. Und zwar zu einer Zeit und für ein Ziel, das man selbst bestimmt. Auf diese Weise kann man sich seine Regungen bewusst machen. Der eigene Geist wird gefestigt und erlangt das magische Wachsein. Jenes wache SEIN, in dem man sich SELBST in der Vorstellung ICH BIN erkennt und, im Unterschied zum normalen Bewusstsein, wirklich erwacht.

Wenn einige Hirnforscher und Neurowissenschaftler meinen, dass es kein Ich gibt und das Bewusstsein samt allem Denken, Fühlen, Wünschen und Tun durch Hirnprozesse determiniert ist,* so bedeutet das nicht, dass dieses ICH nicht genauso wie andere Eigenschaften und Fähigkeiten durch gezieltes Training und Imaginieren ins Leben gerufen werden kann. Und zwar nicht nur auf der physischen Ebene durch die Programmierung eines Hirnlappens, sondern auch für den Geist durch die direkte Bewusstmachung seines Seins. Als Gedankenkomplex ist das ICH zumeist ab dem dritten Lebensjahr erfassbar. Aber man muss dieses ICH wie einen Säugling pflegen und am Leben erhalten, damit es sich zu seiner vollen Größe entwickeln kann. Das geschieht, indem man es sich in der Vorstellung „ICH bin“ immer wieder in Erinnerung ruft. Ich beschreibe dieses Mysterium in Verbindung mit dem „Christus-Prinzip“ in dem Buch „Exerzitien für Freimaurer“. Das ICH, das im Körper von Trieben und Regungen umgeben ist, wie das Jesus Kind von den Tieren im Stall, muss wachsen und stärker werden als die Instinkte, Wünsche und Emotionen, mit denen der Geist verbunden ist. Jedes Mal wenn man sich von seinen Gedanken und Gemütsbewegungen löst und sich mit diesem ICH identi-

* David Eagleman „Inkognito“, Campus

fiziert, gleicht das einem Erwachen und stärkt die geistige Persönlichkeit. Gustav Meyrink beschreibt das sehr anschaulich in seinem Buch „Das grüne Gesicht“:

„Wach sein ist alles. Sei wach bei allem, was du tust! Glaub nicht, dass du's schon bist. Nein, du schläfst und träumst. Stell dich fest hin, raff dich zusammen und zwing dich einen einzigen Augenblick nur zu dem körperdurchrieselnden Gefühl: »Jetzt bin ich wach!« Gelingt es dir, das zu empfinden, so erkennst du auch zugleich, dass der Zustand, in dem du dich soeben noch befunden hast, dagegen wie Betäubung und Schlaftrunkenheit erscheint. Das ist der erste zögernde Schritt zu einer langen, langen Wanderung von Knechttum zur Allmacht. Auf diese Art geh vorwärts von Aufwachen zu Aufwachen. Es gibt keinen quälenden Gedanken, den du damit nicht bannen könntest; er bleibt zurück und kann nicht mehr zu dir empor; du reckst dich über ihn, so wie die Krone eines Baumes über die dürren Äste hinauswächst. Die Schmerzen fallen von dir ab wie welkes Laub, wenn du einmal so weit bist, dass jenes Wachsein auch deinen Körper ergreift.“

Wer dieses Wachsein und damit sich selbst einmal erfasst und erlebt hat und wie ein Licht in sich trägt, sollte dann alle Magie, alle Esoterik, alle Geister und Intelligenzen am besten wieder vergessen. Er soll sein Wachsein hüten und pflegen und sich von nichts in der Welt so weit faszinieren und einspannen lassen, dass er sich selbst wieder vergisst.

Ich betone es immer wieder: Wir beschäftigen uns nicht mit Magie und Mystik, um die Welt zu verändern oder um Geister zu beschwören. Geistesschulung dient ausschließlich dazu, sich selbst so zu verändern, dass einen die Geister und die Welt nicht mehr nach ihrem Geist verändern und beherrschen können.

Um zu erwachen, bedarf es keiner Weihe, Initiation oder aufwendigen Zeremonie. Der einfache Gedanke „Ich bin“ kann der zündende Funke sein, der das, was die große „Erleuchtung“ bedeutet, initiiert.

Sehr oft geschieht das erste Erwachen im Traum. Man erwacht, ohne die Traumwelt zu verlassen, und weiß, dass man träumt. Das ist ein ungemein beglückender Zustand. Man fühlt sich erhaben und frei und erlebt zum ersten Mal bewusst, dass der Geist mehr ist als ein Gefangener seines Körpers. Genauso erlebt man das Erwachen mit der Bewusstwerdung und Verinnerlichung des Gedankens „Ich bin“.

So wie man in einem sogenannten luziden, klaren Traum, ohne zu erwachen, plötzlich weiß, dass man träumt, weiß man im wahren Wachsein, ohne in Trance oder Ekstase zu fallen, dass man ist.

Das Erwachen ist keine mystische Verzückung und auch nicht das fragwürdige Gefühl der „Gottverbundenheit“, das man im Zustand von Satori, Samadhi oder einer durch Drogen herbeigeführten anderen Form der Ekstase zu erleben vermeint. Es ist keine Selbstauflösung im Akasha, kein sich verlierendes Verschmelzen mit allen Wesen dieser Welt, sondern im Gegenteil die Er-Findung seines Selbst. Diese Selbstfindung ist, wenn man sie zum ersten Mal erlebt, viel spektakulärer als jedes andere mystische Erlebnis. Im wahren Erwachen erlebt man das, was man allgemein als Initiation bezeichnet, nämlich die Geburt seines Ichs, seines wahren Ichselbst.

Die Erkenntnis, die sich aus der simplen Vorstellung **„Ich bin“** ergibt, ist die wichtigste Erfahrung bei der Arbeit mit dem Geist und mit anderen Geistern. Mit dem Gedanken „Ich bin“ hat man sich ein Elemental als Bewusstseinsträger erschaffen, auf das man sich jederzeit, ohne sich zu verlieren, stützen kann. Wer sich selbst in dem Gedanken „Ich bin“ richtig erfasst und diese Tatsache verinnerlicht, indem er sich damit identifiziert, erlebt jedes Mal, sobald er sich den Gedanken ins Bewusstsein ruft, als wäre er gerade erst erwacht und neugeboren. Und mit jedem

Mal, wo sich dieses Erlebnis wiederholt, wächst das Ich-Bin, wächst die geistige Persönlichkeit.

Dieser Bewusstseinszustand kann zwar jederzeit wachgerufen werden, aber er lässt sich nur schwer fixieren. Man vergisst sich sofort wieder und lässt sich, statt von der Vorstellung „Ich bin" von anderen Elementalen, den Gedanken und Regungen, die einen aufgrund der äußeren Wahrnehmungen und eigenen Strebungen beschäftigen, einnehmen. Für die Bewältigung des Alltags, wo die Handlungen weitgehend auf Gewohnheiten, Reflexen und spontanen Entscheidungen beruhen, ist das auch besser so, denn da muss die Aufmerksamkeit konzentriert auf das irdischen Geschehen gerichtet sein und nicht auf sich selbst. Aber für die Arbeit mit dem Geist und mit Geistern ist der Gedanke „Ich bin" das einzige feste mentale Fundament, von dem aus man bewusst und sicher agieren kann.

Keine magische Arbeit würde gelingen, wenn sie nicht aus diesem wachen Zustand heraus, in dem man sich als Geist erkennt und als Geist agiert, begonnen wird. Diese Erkenntnis verdanken wir Franz Bardon und sie hat sich in der magischen Praxis immer wieder bestätigt. Nur wer sich als Geistwesen fühlt, kann als Geistwesen agieren und wirksam eine Formel aussprechen, ein Ritual zelebrieren oder seine magischen Werkzeuge für geistige Wesen sichtbar machen.

Franz Bardon empfiehlt dazu, sich als Geist zu fühlen, der, wie eine Hand in einem Handschuh, in seinem Körper steckt. Manchmal finde ich es aber einfacher, wenn man sich hinter seinem Körper stehend denkt und von hinten durch den Körper, als wäre er eine große Maske oder massive Schürze, in die grobstoffliche Welt hineinlangt. Die Vorstellung: „Ich bin ein Geist" lässt sich dabei leichter aufrecht halten. Auf diese Weise kann man sich auf beide Ebenen konzentrieren und auch im Alltag das magische Wachsein üben, ohne dabei eine der Ebenen aus dem Bewusstsein zu verlieren. Es gelingt einem zwar nie sehr lange, in diesem Bewusstseinszustand zu verweilen, was auch gar nicht nötig ist, aber man kann sich mehrmals in der Stunde sein ICH in

Erinnerung rufen. Je öfter man sich bewusst macht, dass man ein Geistwesen ist, das in der grobstofflichen Ebene agiert, umso mächtiger wird der Geist und umso mehr festigt sich die geistige Persönlichkeit. Die Vorstellung „Ich bin“ ist ein Bewusstseinsträger, ein königlicher Thron, auf dem man wie der Herrscher der vierten Tarotkarte ruhen und ohne Waffengewalt gebieten kann. Die Vorstellung „Ich bin“ ist ein Bewusstseinsträger, an den man sich wie an einen Fels in der Brandung klammern kann. Die Vorstellung „Ich bin“ ist ein Licht, mit dem man in der Finsternis verschmelzen kann, ohne seine Identität zu verlieren. *„Ich bin* ***(ist)*** *das Licht der Welt, wer mir nachfolgt, der wird nicht in der Finsternis wandeln, sondern wird das Licht des Lebens haben“* (Joh 8,12).

So wie der physische Körper dem Bewusstsein in der physischen Welt als Ort und Quell des Lebens dient, ist die Vorstellung *„Ich bin* ***(ist)*** *die Auferstehung und das Leben. Wer an mich glaubt, wird leben, auch wenn er stirbt, und jeder, der lebt und an mich glaubt, wird auf ewig nicht sterben"* (Joh 11,25).

Auch Johannes war eingeweiht in das wahre Mysterium des Jesus Christus. Als dessen Lieblingsjünger wusste er, wie man göttliches Bewusstsein in der Vorstellung „Ich bin“ zum Leben erweckt, so dass der Geist Christi im Menschen wieder aufersteht. *„Ich bin* ***(ist)*** *der Weg und die Wahrheit und das Leben; niemand kommt zum Vater denn durch mich“* (Joh 14,6).

Wer diese Übung praktiziert, kann ein weiteres Phänomen beobachten: Die Vorstellung „Ich bin“ schafft augenblicklich einen magischen Raum, ein mentales Feld, das wie ein Schutzschirm wirkt, ein Refugium sowohl des inneren Friedens als auch der Stärke und Unverletzbarkeit.

Ohne diese Übung des Wachseins hat die ganze weitere Geistesschulung keinen Sinn. Es ist auch die beste Vorbereitung für klares Träumen und außerkörperliche Erfahrungen.*

---

* „Außerkörperliche Erfahrungen, wie man lernt, ohne seinen Körper zu leben“ von Emil Stejnar, Ibera

DIE GENIEN UND DIE NAMEN DER MACHT

Bei meinen Forschungen stieß ich auf verschiedene Quellen, die manche Geniennamen anders als Bardon wiedergeben. In einem Brief an den Ordenbruder Silias* meint Quintscher: „*Die Zeichen und Sigille wandeln sich im Laufe der Jahrhunderte, auch der Geistname …*“ Was zwar nicht zu verwundern wäre, verändert sich doch auch der Geist der Menschen, aber ich denke eher, dass die Fehler beim Abschreiben der alten Handschriften entstanden sind. Die Namen stammen sowohl aus dem chaldäisch-babylonischen als auch aus dem arabischen und hebräischen Sprachraum. Wer die Schriftzeichen kennt, weiß, wie leicht da Verwechslungen passieren können. Bei Quintscher und Sättler wurden die Namen außerdem noch verschlüsselt und mit phönizischen Buchstaben geschrieben. Es ist also kein Wunder, wenn dem Schreiber beim Übersetzen und Kopieren in die lateinische Schrift Fehler unterliefen. Selbst der Name Abramelin, dem wir angeblich den Zugang zu den Genien der Erdgürtelzone verdanken, wird, je nach Autor und Manuskript, Abramelim, Abrahmelim, Abramamslim, Abra-Melim, oder nach Dr. Franz Sättler Ibrahim el-Muallim geschrieben.

Bei einigen Namen habe auch ich nicht Bardons Angaben, sondern die Schreibweise verwendet, die mir gefühlsmäßig und unter Berücksichtigung der unterschiedlichen Alphabete logisch und richtiger erschien. Das soll aber nicht bedeuten, dass meine Version auch für andere Praktiker besser geeignet ist. In der TABELLE 1 findet der Leser vier unterschiedliche Varianten, die in diversen Manuskripten zu finden sind, und es gibt noch weitere Schreibweisen der 360 Geister. Wenn man dann auch die Namen und Siegel der vielen anderen Engel, Geister und Dämonen miteinander vergleicht, die in den letzten tausend Jahren veröffentlicht worden sind und die sich genauso voneinander

* „Das magische Tagebuch des Silias“ Archiv hermetischer Texte

unterscheiden, kann man sich fragen, ob überhaupt etwas an diesem ganzen Zauber stimmt.

Aber wie die Praxis zeigt, wenn man es richtig macht, kommt unter Umständen trotzdem ein Kontakt zu der gewünschten Macht und Kraft zustande. Wichtiger als der Name scheinen die geistige Einstellung auf die gesuchte Qualität und die Qualität des eigenen Charakters und der momentanen Befindlichkeit zu sein. Bevor ich die Fehler bei Bardons Angaben über die Namen der Mondgenien erkannte, hatte ich für einige Freunde Silberamulette der siebenten Mondstation hergestellt. Ich verwendete dazu den Namen Emrudue, was natürlich falsch war, denn die richtige Übersetzung des verschlüsselten Namens wäre Aldimiach gewesen und bezeichnet wird damit nur der astronomische Ort zur Berechnung der Zeit seiner Wirksamkeit. Der Name des für diesen Ort zuständigen Engels ist nach Agrippa und anderen Überlieferungen Scheliel. Trotzdem konnten alle Besitzer dieser Amulette in kürzester Zeit ihr Leben glücklich und erfolgreich umgestalten und zwar auf eine Weise, die mehr als Zufall oder magischer Placebo-Effekt war. Da kann man sich fragen, wer so nett war, den Scheliel zu vertreten, oder ob vielleicht doch die richtige Einstellung auf die besonderen Qualitäten dieser Mondstation ausgereicht hat, das Siegel aufzuladen.

Ein tibetisches Sprichwort sagt: *„Mit Verehrung kann man selbst einen Hundezahn zum Leuchten bringen“*, also warum nicht auch ein magisch geweihtes Amulett. *„Das Psychische ist eine Großmacht, die alle Mächte der Erde übersteigt“*, meint C. G. Jung in „Wirklichkeit der Seele“ und ich bin überzeugt, dass das Geistige im Menschen auch die Mächte des Himmels übersteigt. Die Arbeit mit dem Geist und mit den Geistern erfordert eine geschulte Konzentrations- und Vorstellungskraft. Wer die besitzt, kann oft mehr bewirken, als man für möglich hält.

Wer mit Mondgenien arbeitet, weiß, dass bei Vollmond die besten Voraussetzungen für einen Kontakt mit dieser Sphäre gegeben sind. Man kann sich im milchigweiß-mystischen Schein der Vollmondnacht leichter als sonst in die nebulose, dumpf-schwülstig gestimmte Phantasiewelt der Mondsphäre hineinversetzen, eintauchen, versinken und wird, durchtränkt von diesem magischen Licht, das man innerlich fühlt und äußerlich wie Wasser berühren kann, auch von den Mondgeistern wahrgenommen. Die magische Tradition kennt mehr als 28 Genien, die man kontaktieren kann und die sich zur Amuletherstellung als wirksam erwiesen haben. Meine Erfahrungen beruhen in erster Linie auf Mondgeistern, die nicht an die Mondstationen gebunden sind.

Über die Berechnung, Qualitäten und astrologischen Auswirkungen der 28 Mondstationen und über die Wesen, die dahinter stehen, ist nämlich so viel Unsinn geschrieben worden, dass ich mich nicht lange damit beschäftige. Es gibt derart viele widersprüchliche, zum Teil völlig unsinnige Angaben, sowohl aus der abendländischen astrologischen Praxis als auch aus der arabischen, hinduistischen und chinesischen Tradition, dass man damit nichts anfangen kann. Das gilt auch für Bardons Genien aus der Mondzone. Man müsste nicht nur die Namen der zuständigen Engel, sondern auch die Siegel neu zuordnen.

So passt Siegel 12 eher zur Beschreibung der Qualität der 3. Mondstation. Die phönizischen Schriftzeichen in dem Dreieck bedeuten Gewinn. Es wird von rechts nach links gelesen, der Strich über dem g steht für den Vokal e, der Punkt unter dem w wird als i gelesen. Siegel 5 würde ich der Qualität der 27. Mondstation zuordnen. Siegel 18 zu 17, Siegel 21 zu 25, Siegel 9 zu 26, Siegel 17 zu 28, Siegel 13 zu 27. Die 14. Mondstation *„wird bei den Hebräern als ‚Pforte des Lichts', bei den Hindus ‚citra', das Licht, bezeichnet"*. Das würde bei Bardon dem Bild 9 und der Beschreibung der 26. Mondstation entsprechen. Die 7. Mondstation, die *„nach der arabischen Tradition mit dem Namen Al Dhira, das Samenkorn oder der Zweig, bezeichnet wird"**, entspricht bei Bardon dem Bild der 10. Mondstation. Einige Symbole sind nicht einzuordnen oder wurden falsch gezeichnet und sind überhaupt nicht zu gebrauchen.

---

* Mond-Astrologie, A. Volguine, Baumgartner Verlag

Mir liegen noch andere ernstzunehmende handschriftliche Protokolle von magischen Forschungszirkeln vor, die Aussehen und Charakter von Wesen, die den Mondstationen zugeordnet wurden, jeweils anders schildern. Ob es sich dabei um Untergebene der Vorsteher handelte oder um Elementarwesen, die sich durch die Beschwörung angesprochen fühlten, geht aus den Aufzeichnungen nicht hervor.

Trotzdem darf man sich bei der Erforschung der geistigen Welten nicht entmutigen lassen. Es geht im Thebaischen Kalender in erster Linie um die Genien der Erdgürtelzone und nicht um jene Intelligenzen, die Bardon der Mondzone und den Planetenzonen zuordnet. Diese Namen sind, wie ich bereits in verschiedenen Artikel schrieb, zum Teil verschlüsselt und geben nur den Hinweis auf den Ort ihres Wirkens, damit man ihre Zeit ermitteln kann.* Die Namen der Erdgürtelzone kann man trotz einiger vertauschter Buchstaben verwenden, wie sie sind.

Nach meiner Erfahrung ist die korrekte Aussprache des Namens einer Intelligenz, soweit man ihn nicht quabbalistisch verwendet, nicht von so großer Bedeutung. Das ist wie mit den Namen der Menschen. Ich werde oft gefragt, ob ich nun Stejnar oder Steinar heiße, manche sagen Steiner, Stenjar, Stenar oder Schteinar. Ich erkläre immer, dass ich auf alle Namen reagiere, man muss mich nur so ansprechen, dass ich es bemerke und mitbekomme, ich sei gemeint. Mit den Genien wird es nicht anders sein. Es kommt darauf an, dass man sich ihnen richtig zuwendet, dann werden auch sie einem „ihr Angesicht zuwenden“. Man sollte in der Macht der Genien und der Qualität ihrer Sphäre mehr eine Institution, wie zum Beispiel ein Ministerium, sehen, und nicht einen personifizierten Geist suchen, quasi den Minister, der die jeweilige Ebene regiert. Die wenigsten, die auf einer Behörde etwas zu erledigen haben, bekommen den Chef persönlich zu sehen. Der Einfluss aus einer geistigen Sphäre manifestiert sich in der Regel auch nur über entsprechende Elementale

* Siehe Artikel aus „Anubis“ im Anhang dieses Buches

als Boten und nicht direkt durch den Vorsteher oder eine Planetenintelligenz.

Es ist bis heute nicht bekannt, wer aus der Gruppe um Quintscher die zu den Namen gehörenden Siegel empfangen hat. Neben Bardon und Quintscher haben auch Josef Schuster, Ordensname Silias, und sein Freund Martin Schratt, Ordensname Sebian, Experimente durchgeführt und ihre Kontakte mit einigen Urintelligenzen aus der Erdgürtelzone dokumentiert. Für den Esoterischen Kreis haben wir diese aufschlussreiche Handschrift abgetippt und samt den Sigillen als „Magisches Tagebuch des Silias“ im „Archiv hermetischer Texte“ der Forschung zugänglich gemacht.

Sicher war auch der tschechische Okkultist Frantisek Kabelak ein Schüler Quintschers. Da er sämtliche Anrufungsformeln und Geniennamen, die er in seinen Büchern* veröffentlichte, in der von Quintscher verwendeten Geheimschrift Payoab und mit phönizischen Buchstaben wiedergibt, ist anzunehmen, dass auch er aus Quintschers und Sättlers Lehrbriefen schöpfte. Auch die Namen und Siegel der Gegengenien, die Kabelak veröffentlichte, sind exakte Kopien aus den Manuskripten, die Quintscher verbreitete, und teilweise entstellt und falsch.

Dazu noch eine Bemerkung über die immer wieder beschriebenen dilettantischen Versuche, Dämonen oder die sogenannten Gegengenien zu beschwören. Für diese Kontakte bedarf es unter bestimmten Umständen gar keiner magischen Beschwörung. Wer Lügen verbreitet, andere mitleidlos schädigt, Hass in sich duldet oder in anderen schürt, der erweckt Elementale und ruft mit diesen Elementalen genau diese Mächte, die er damit nachbildet, in die grobstoffliche Welt. Dazu braucht man keine Namen, Siegel oder Formeln. Das Böse zu dulden, zu lieben oder zu tun, reicht völlig aus, um diese Mächte anzulocken und auf sich aufmerksam zu machen.

---

* Horus Verlag, Brünn

Aber auch bei der Beschäftigung mit den positiven Genien sollte sich jeder fragen, warum er ihre Nähe sucht. Eigeninteressen, Neugier oder Lust am magischen Abenteuer kehren deren Eigenschaften bald ins Negative um und rufen andere Wesen in die Nähe. Das wird jeder Praktiker bestätigen. Es geht ausschließlich darum, Erkenntnisse zu sammeln, die der Entwicklung des eigenen Geistes dienen, und um nichts anderes. Der gnostische Hermetiker will nicht magische Fähigkeiten erlangen, sondern im Gegenteil lernen, ohne magische Hilfsmittel, wie Formeln, Zauberstab und Rituale, und ohne Hilfe irgendwelcher Geister das Leben in der irdischen Welt aus eigener Kraft mit dem eigenen Geist und mit irdischen Mitteln zu meistern. Das ist es, was die vierte Tarotkarte mit dem Symbol des waffenlosen Gebieters ausdrücken will. Ich habe das ausführlich in meinem Buch über Franz Bardon im Kapitel über die 4. Tarotkarte beschrieben.

LUZIFER, SATAN UND TEUFELSMACHT

Manche Hermetiker haben Bedenken und meinen, es handelt sich bei den Genien der Erdgürtelzone um dämonische Mächte aus der Unterwelt. Da die Namen der Genien, die Bardon der Erdgürtelzone zuschreibt, die gleichen sind wie die Geister, die Abraham von Worms den als Dämonen verteufelten Oberfürsten Luzifer, Sathan, Leviathan und Belial unterstellt, ist diese Annahme nicht unberechtigt.

Die alten Griechen bezeichneten aber ursprünglich nicht nur die negativen Mächte als Dämonen, es war eine Bezeichnung für alle Erscheinungsformen der Geister. Luzifer, der Name bedeutet bekanntlich Lichtträger, wird nur von den jüdisch-christlichen Religionen verteufelt. Man kann ohne weiteres den Geist, der die Evolution der grobstofflichen Ebene überwacht – angefangen bei der stärksten Verdichtung, die man sich denken kann, beim inneren Feuer der Kernenergie, bis zum äußeren Licht der Sonnen –, als Lichtträger oder Lichtbringer bezeichnen. Erst die Materie macht das Licht sichtbar und lässt den Menschengeist erwachen. Und erst das geistig verdichtende, auf ein „Ego" zentrierte Prinzip stellt sich den auflösenden Mächten entgegen und ermöglicht neben der Geburt auch den Fortbestand des „Ich bin".

Darauf, dass diese für die grobstoffliche Ebene zuständigen Geister den Menschen nur bis zu einem gewissen Grad bei ihrer Entwicklung dienlich sind, wird ja in der gnostischen Hermetik ausdrücklich hingewiesen. Trotzdem konnte der Geist, der heute in einem Menschenkörper sein SELBST-Bewusstsein erlangt, nur dank der Sonne und den Möglichkeiten, die das Leben auf der Erde samt ihren Versuchungen bietet, sein ICH entfalten. Der luziferische Geist, der angeblich die grobstoffliche Ebene dieser Welt überwachen sollte, gehört daher genauso zur Hierarchie der wirkenden Wesen und erfüllt eine wichtige Aufgabe im Schöpfungsplan. Ohne diese Mächte und Kräfte wäre die Evolution des Menschengeistes nicht möglich gewesen.

Laut Hemberger bringt Quintscher in seinem 11. Lehrbrief Namen und Siegel der im „Buch Abramelin" beschriebenen „Ober- und Unterfürsten" und ordnet sie den 12 Tierkreiszeichen zu.* Dass Franz Bardon diese Fürsten in seinem Werk mit keinem Wort erwähnt und statt dessen 24 andere den Vorstehern der Erdgürtelzone übergeordnete Urintelligenzen beschreibt, deutet allerdings darauf hin, dass man sich doch lieber nicht mit den Fürsten der Sphäre von Luzifer und Satan beschäftigen soll. Möglicherweise sind die Namen dieser Geister wie manche andere Passagen im „Buch Abramelin" erst später in den Text eingefügt worden und haben mit den Intelligenzen der Erdgürtelzone gar nichts zu tun. Außerdem haben diese Dämonen einen enormen Bekanntheitsgrad und wurden im Mittelalter derart oft zitiert, beschworen und angerufen, noch dazu mit unterschiedlichen Siegeln, dass man annehmen darf, sollte sich ein Wesen davon angesprochen fühlen, dann ist es sicher nicht der biblische Luzifer, sondern ein durch diese Praktiken ins Leben gerufener Foppgeist, der sich wichtig macht.

Es geht nicht darum, ob die Geister gut oder böse sind, sondern wie weit man sich von ihnen inspirieren bewegen und motivieren lässt, ohne dass sie einen ganz in ihrem Sinn verführen. Schlecht ist immer nur das Zuviel oder das Zuwenig. Es gilt, die Mitte zu bewahren und zu allem, das einen bewegt, den gleichen Abstand zu halten. Das ist nicht nur eine Warnung, sondern ein Appell zur Wachsamkeit und regelmäßigen Selbstkontrolle und ein Hinweis auf eine immer bedrohlicher werdende Gefahr.

„Spätaufklärung und Hochmut des 19. Jahrhunderts haben die Quellen der Erkenntnis aus den Kräften des Unbewussten verschüttet, eine Hypertrophie des Verstandes erzeugt, die im Glauben an die absolute Machbarkeit der Welt, der Ökonomie des Daseins, den Menschen davon abhielt, die Tiefen und Gefahren seines Seins zu erkennen, bis er vor dem Abgrund des wirtschaftlichen Chaos erschauernd, die Schrecken der Erschöpfung der Rohstoffreserven vergessend, zur Atomkraft

* „Pansophie und Rosenkreuz", Band 1, Adolf Hemberger, Gießen.

greift, um so vielleicht sein Ende dank der unbewältigt gebliebenen Aggression noch schneller und gewaltsamer, aber wahrscheinlich schmerzloser herbeizuführen.

Die Intelligenz des Menschen zeigt sich in ihrer luziferisch-satanischen Genialität als jenes vom Menschen höchstentwickelte Instrument, das dazu beitragen kann, die Überbevölkerung der Erde durch die menschliche Spezies zu beenden. Jedem Wesen scheint aus ihm selbst heraus stets die Rückführung auf die Norm im Fall der Überbevölkerung zu erwachsen: Beispiele aus der Zoologie und der Botanik sind offensichtlich", bemerkte Prof. Dr. Adolf Hemberger bereits vor 40 Jahren in einem Vortrag und hatte damit nicht nur den leichtfertigen Umgang mit der Atomenergie im Sinn.*

Dass die Genien die Menschen nicht nur genialer machen und damit zu geistiger Überheblichkeit verführen, sondern ihnen auch tatsächlich hilfreich zur Seite stehen, wurde durch meine Amulette tausendfach bewiesen. Aber je mehr man sich mit einem Wesen aus einer feinstofflichen Ebene beschäftigt, umso stärker wird man von ihm profitieren und umso mehr gleicht man sich seinem Wesen an. Damit bindet man sich automatisch in seine Ebene ein. Wer danach trachtet, eine Eigenschaft oder Fähigkeit so weit zu entwickeln und zu perfektionieren, dass er damit zu einem einzigartigen Spezialisten wird, verliert nach und nach alle anderen Interessen und geht bald voll in seinem Streben auf. Damit bekommt selbst das höchste Ideal eine negative Auswirkung. Deshalb muss man bereits bei den kleinen Bestrebungen im Alltag darauf achten, dass man sich nicht ganz von seinen Zielen vereinnahmen lässt. Früher oder später geht jede einseitige Entwicklung auf Kosten anderer Eigenschaften und schwächt damit den persönlichen Geist.

Es ist daher besser, wenn man sich erst einmal bemüht, ohne fremde Hilfe so zu sein, wie man ist, und alle Eigenschaften, die man in sich trägt und die das Besondere seines Wesens ausmachen, pflegt und veredelt, damit man das wird, was man werden

---

* Documenta et Ritualia Fraternitas Saturni

kann. Das geht am besten, indem man versucht, Übertreibungen und Einseitigkeiten durch entgegengesetzte Eigenschaften auszugleichen. Wenn man sich nicht verstellt und zu dem steht, was man denkt, und sich so gibt, wie man ist und wie man es für richtig empfindet, stärkt das die ganze Persönlichkeit und lässt automatisch die positiven Eigenschaften in den Vordergrund treten. Es ist nicht so wichtig, ob man selbstbewusst oder schüchtern, mutig oder ängstlich, intelligent oder unwissend ist, was zählt, ist, dass man, ohne sich zu verstellen, aufrichtig und ohne Maske zu seinem Wesen steht. Diese Offenheit signalisiert trotz aller Schwächen Stärke und wird nicht nur von den Mitmenschen geschätzt. Auch die Genien fühlen sich davon positiv berührt, was ja die Voraussetzung ist, dass sie einen bemerken und hilfreich zur Seite stehen.

Man soll nicht braver, cooler, genialer oder gar so sein, wie man meint, dass es den anderen gefällt. Sich selbst zu vervollkommnen, hat nur mit sich selbst etwas zu tun. Nicht „besser“, sondern ausgeglichener sollten das Wesen und das Verhältnis, in dem die einzelnen Eigenschaften zueinander stehen, werden. Was im Gleichgewicht ist, ist unter Kontrolle und damit auch gut.

Wer ein gereizter, ungehaltener Mensch ist, soll nicht Erimites rufen und danach trachten, ein Friedensengel zu werden. Wenn er sich jedoch in stillen Stunden mit den Eigenschaften dieses Vorstehers, also mit der Geduld und Nachsicht beschäftigt, kann er trotz seines andersartigen Wesens von ihm eine ganze Menge annehmen.

Elementale, Wesenszellen und innere Geister

Natürlich gibt es Mächte und Kräfte, die wir als negativ empfinden und als böse einstufen. Bereits aus Babylon sind uns Name, Kennzeichnung und Zuständigkeit von Wesen überliefert, die als *„Zerstörer, Peiniger, Verfolger und Verführer gefürchtet wurden“*.

Aber welche Geister, welche Mächte sind es, die uns wirklich berühren? Es sind ausschließlich die eigenen Elementale, mit denen wir schlussendlich konfrontiert werden. Es sind die lebendigen geistigen Komplexe unserer Gedanken, Gefühle und Emotionen, die uns tatsächlich schaden können. Diese geistigen Mächte sind Realität. Vor diesen lebendigen Molekülen des eigenen Geistes, vor diesen persönlichen Wesensteilen, die selber kleine Wesen sind, muss man sich fürchten, nicht vor Luzifer, Satan oder Belial, die, ohne dass man ihnen mit entsprechenden Elementalen entgegengeht, ihre Sphäre gar nicht verlassen können.

Die wohl bedeutendste Erkenntnis der Magie und Mystik des 3. Jahrtausends ist das Wissen um die persönlichen Wesenszellen. Ich kann es nicht oft genug wiederholen und von allen möglichen Seiten ausleuchten. So wie die stofflichen Körperzellen die Organe des Körpers bilden, bilden diese feinstofflichen Wesenszellen die Organe des Geistes. Im Unterschied zu den stofflichen Zellen können sich die Zellen des Geistes jedoch frei bewegen und wie kleine Geister ein Eigenleben führen. Die belebten Gedanken an eine Zigarette, eine Schinkensemmel, ein neues Auto oder an Sex, die Wut im Bauch, die Angst vor dem Versagen, der Glaube an den Teufel oder einen lieben Gott sind die wahren „Dämonen", vor denen man sich in Acht nehmen muss.

Wenn einen die Angst lähmt, die Liebe blind macht, die Hoffnung beschwingt stimmt, der Zorn einen durchdrehen lässt, so ist das nicht der Einfluss von kosmischen Dämonen, sondern ein Folge des Wirkens der eigenen Wesenszellen, die das Bewusstsein tragen. Diese eigenen mentalen Komplexe sind die wahren Verführer, Zerstörer und Widersacher. Wenn einen ein Körperbedürfnis oder eine lustvolle Empfindung süchtig macht, wenn einen eine Meinung uneinsichtig werden lässt, wenn einen ein Vorhaben, dem man sich widmet, nach und nach immer mehr in Beschlag nimmt, so ist das ein Zeichen, dass einem diese Wesenszellen über den Kopf wachsen. Abgesehen davon, dass einen die persönlichen Wesensgeister, die Teil von der Persönlichkeit, als die man sich empfindet, sind, mit kosmischen Geistern ihrer Qualität verbinden, können sie dermaßen anwachsen und sich ins Blickfeld der Aufmerksamkeit stellen, dass sich auch die anderen Wesenszellen nach ihnen ausrichten und man, ohne es zu merken, seinen Geist den eigenen Geistern überlässt. Und dann ist es in der Regel zu spät. Man kann das sehr gut an den Elementalen des Glaubens nachvollziehen. Kein Sektierer erkennt, dass er ein Sektierer ist. Er verliert sich ganz im Bewusstsein der Elementale seiner Glaubensvorstellung. Sie gebieten, was er denkt und fühlt und wünscht und wie er handeln soll. Er wurde, ohne es zu merken, aus der Mitte, weitab von den Vorstellungen überlegten Denkens, an den Rand seines Bewusstseins gedrängt.

Es gibt nur ein ICH und das manifestiert sich ausschließlich in der Vorstellung „ICH BIN". Nur in der Vorstellung „Ich bin" wird sich der wirklich erwachte Geist, als der man hofft, den Tod zu überleben, bewusst. Dieses ICH kann sich aber jederzeit mit anderen Vorstellungen identifizieren, zum Beispiel, ich glaube an den Jehova, oder ich bin traurig, ich habe Angst, ich will Sex, und sich dabei in dieser im wahrsten Sinn des Wortes geistig hautnahen Wahrnehmung verlieren.

Die wirklich gefährlichen Dämonen sind daher die eigenen Wesensgeister. Einerseits braucht man sie, denn ohne sie würde man in Bewusstlosigkeit versinken, werden sie aber zu mächtig, verliert man sich auch, weil sie einen dann als Gebieter aus der Mitte verdrängen, entmachten und mit der Aufmerksamkeit, die man ihnen widmet, wertvolle Lebenskraft entziehen. Diese elementalen „Geister" sind es, die man sich vornehmen und beherrschen muss. Das einzige Elemental, auf das man sich gefahrlos stützen kann, ist die Vorstellung „ICH BIN".

Diese Geister bezwingt man daher nicht im Namen Adonays oder eines anderen Gottes, auf dessen Autorität man sich beruft, sondern nur in seinem eigenen Namen. Diese Wesensgeister spüren, dass man ihr Schöpfer und ihr Erhalter ist, und gehorchen einem, wenn man ihnen richtig entgegentritt. Man erweckt sie durch sein Denken und Fühlen und man gebietet über sie durch seine Vorstellungskraft.

Statt wie einige Magier der alten Tradition seinen heiligen Schutzengel zu beschwören, ruft sich der Magier des 3. Jahrtausends seine Wesensteile einzeln ins Bewusstsein und herrscht über sie, indem er sich mit seinem wachen, gebietenden ICH identifiziert.

Der Mystiker des 3. Jahrtausends strebt nicht die Vereinigung mit einem Gott oder seinem Schutzengel an, sondern vereint seine persönlichen lebendigen Wesensteile zu einem geistigen Körper, der sein Bewusstsein trägt und den er kontrollieren kann. Mit dieser alchemistischen Operation wird der Mystiker zum Magier und der Magier zum Mystiker. Der Hermetiker des 3. Jahrtausends zitiert keine Dämonen und Geister, sondern stellt seine eigenen Wesensgeister vor sich.

Wer glaubt, er könne Genien anrufen und Dämonen beschwören, so lange er nicht einmal im Stande ist, seine eigenen Wesensgeister zu beherrschen, irrt sich gewaltig. Statt mit mittelalterlichen Anrufungen und Beschwörungsformeln beschäftigt sich der moderne Magier mit den Geistern in sich. Man kann sich das mit einer Formel verdeutlichen:

Beschwörung der eigenen Wesensgeister

„Du bist ein Geist, der Teil von meinem Wesen ist und mich (… im Kleid der Lust auf eine Zigarette, als Schinkensemmel, als Wut im Bauch, usw.) bedrängt. Ich beobachte dich. Ich bin dein Herr, denn durch die Macht über mich selbst habe ich Macht über meine Wesensteile, von denen du ein bedeutungsloses Teilchen bist. Durch die geheimnisvolle Macht und Kraft meiner Vorstellung gebiete ich über dich und deine Existenz. Ich habe entschieden, deinem Drängen nicht zu folgen, und wende meine Aufmerksamkeit jener Vorstellung zu, die meine Macht bestätigt und dich verdrängt.“ „Ich bin ist diese Macht und ich bin der ich bin!“

DER NARR

Wie mir Freunde berichten, haben einige Bardon-Schüler bestimmte hermetische Gesetze noch immer nicht richtig erfasst. Es geht um das Mysterium der Götter, Genien und Dämonen und um die Macht und Kraft der Gedanken, die ebenfalls geistige Wesen und lebendige Wesenzellen vom Geist der Menschen und anderen geistigen Wesen sind. Da nicht jeder Bardon-Leser alle meine Bücher, in denen ich diese Themen sehr eingehend behandle, gelesen hat, will ich am Ende meines zehnbändigen Werkes diese Bereiche der Hermetik noch einmal ausleuchten.

Die Dämonen

Gedanken und Vorstellungen sind geistige Wesen und formen die geistige Welt. Werden sie nicht geprüft und kontrolliert, sondern akzeptiert und geglaubt, können sie ein Eigenleben entwickeln. Daher ist jeder Glaube gefährlich, besonders wenn damit das Bild eines gedachten Gottes ausgeleuchtet wird. Die Meinung, dass sich nur wer einen dämonischen Charakter hat, einen Dämon erschafft ist falsch. Ganz gleich wie „reif„ jemand ist, die Vorstellung, die man sich von Gott macht, ist eine Vorstellung und somit ein Gedankenkomplex mit allen seinen positiven und negativen Folgen. Jede Vorstellung – selbst der erhabenste Gedanke von einem gütigen, weisen, allmächtigen Gott in einer selbstbewussten, allgegenwärtigen, ewigen Form – ist ein Abbild, ein mentales Gebilde, das früher oder später unabhängig von seinem Vorbild ein Eigenleben führt. Daran ändern weder der Charakter noch die geistige Reife des Denkers etwas. Jede Vorstellung kann zuerst als Hilfsgeist dienen und dann zu einer negativen Wesenheit entarten. Besonders wenn viele Menschen die gleiche Vorstellung, das gleiche Idol, den gleichen Gott beleben und anbeten, wird sehr rasch aus einem göttlichen Abbild ein gefährlicher Dämon. Natürlich kommt durch einen schlechten Charakter nichts Gutes in die Welt. Aber selbst der edelste Denker schafft sich durch seine Vorstellungen von einem Gott oder anderen „himmlischen“ Wesen Phantome, die früher oder später entarten, besonders wenn sie als allmächtig gedacht worden sind.

In der Antike bezeichnete man alle geistigen Wesen, die man in der Nähe der Menschen beobachten konnte, als Dämonen. Man sah in diesen Dämonen aber nicht grundsätzlich das Böse. Man erkannte lediglich, dass sie mit den Menschen eng verbunden sind und dass sie das Denken, Fühlen, und Wollen der Menschen beeinflussen. Erst mit dem Christentum wurden die Dämonen verteufelt und andere Wesen als Engel verharmlost und glorifiziert. Dabei unterscheidet man bis heute nicht zwischen den Intelligenzen und Genien der Hierarchie, die bereits vor den Menschen existierten, und den geistigen Wesen, die erst durch die Gedanken und Vorstellungen der Menschen entstanden sind. Den meisten Gläubigen ist dieser Unterschied gar nicht bekannt. Man geht Phantomen auf den Leim und verteufelt umgekehrt hilfreiche Geister.

Auch Franz Bardon kannte das Problem und warnte sehr eindringlich vor den Wesen, die mit dem Denken, Fühlen, und Wünschen entstehen und mit dem Bewusstsein eng verbunden sind. Er bezeichnet sie als Elementale und Elementare, wenn sie bewusst und gezielt als Hilfsgeister imaginiert wurden, und als Larven, Schemen und Phantome, wenn sie ohne Wissen entstanden sind. Als Phantome manifestieren sich Wesen, die durch die Gedanken an einen Verstorbenen nachgebildet wurden, aber in Wahrheit gar nicht der Geist des Verstorbenen sind.

Phantome der Götter

Auf die gleiche Weise entstehen die Phantome der „Götter“, die durch das Denken der Menschen geformt und durch den Glauben am Leben erhalten werden. Diese Dämonen sind die gefährlichsten aller Geister, weil sie aufgrund der ihnen zugebilligten

Macht die Menschen entmündigen, verdummen und ihrer Freiheit berauben. Da es in der Regel Millionen Menschen sind, die diese Hirngespinste am Leben halten, wurden diese Wesen so mächtig, dass sie immer mehr in das Denken und Fühlen und Wollen der Gläubigen eingreifen können.

Das gilt nicht nur für die Götter der großen Weltreligionen, sondern auch für die Phantome der längst verwesten Gottheiten aus alten Kulturen, die durch moderne Gurus an Schamanenfeuern oder an „Kraftverlustplätzen“ und Weihestätten aus der Versenkung hervorgezaubert werden. Auch sie wecken Hoffnung oder schüren Angst, lassen prickelnde Gefühle den Rücken herunterrieseln, zünden Kundalini zwischen den Beinen und holen sich die aufgewühlte Energie, so lange, bis die reale Welt der ausgesaugten Beteiligten ins Wanken gerät und nichts mehr zu holen ist. Aber dann ist es in Regel zu spät, denn die Phantome lassen ihre geschwächten Opfer im Stich. Die Glaubensfalle ist die heimtückischste Falle, in die man tappen kann. Was die vom Menschendenken erschaffenen Götter schlussendlich bewirken, zeigen die verwirrten Esoteriker, die religiösen Fanatiker und die heiligen Kriege jener, die noch zu kämpfen in der Lage sind.

Man kann nicht allen Muslimen einen schlechten Charakter zuweisen, nur weil sich einige von ihnen in die Luft sprengen und zum Mörder werden. Aber es ist der gleiche Gott, der gleiche Allah, den sie anbeten, die Unreifen und die Reifen, die Islamisten und die Moderaten, die Terroristen und der etablierte Klerus. Das gleiche kann man natürlich auch vom Christengott sagen, der Tausende edle Ritter auf mörderische Kreuzzüge trieb, in dessen Namen einander jahrzehntelang Katholiken und Protestanten die Schädel einschlugen und für den Millionen Ungläubige und Sünder versklavt, gefoltert und auf Scheiterhaufen verbrannt worden sind. Das gleiche gilt für den Gott der Juden, der Inder, der Indianer und alle anderen Götter, einschließlich dem Gott der Weltverschwörungstheoretiker, der seinen verwirrten Anhängern einflüstert, dass der ABAW (der allmächtige Baumeister aller Welten), der Gott, den die Freimaurer verehren, in Wahrheit der Teufel ist. Kein Narr kann verstehen, dass er verrückt ist, denn so lange man etwas glaubt, kann man nicht erkennen, dass man irrt. Jeder ist überzeugt, sein Glaube sei der richtige und sein Gott der einzig wahre. Und natürlich glauben das auch diese als Gott verehrten Phantome und führen sich dementsprechend auf.

Mir ist bewusst, dass diese Vorstellung nur von wenigen fortgeschrittenen Hermetikern nachvollzogen werden kann. In den Logen, Orden und Mysterienschulen teilte man daher bestimmte Erkenntnisse nur den Inhabern der höheren Grade mit. Man hütete das Wissen, aber nicht um es den anderen vorzuenthalten, sondern weil man wusste, dass sie vieles noch nicht verstehen und falsch auffassen würden. Erkenntnisse sind Stufen am Weg, aber kein Aussichtsturm, auf dem man sich niederlässt. Der Meister darf nicht zu früh seinen Schülern die Säulen, die den Tempel tragen, niederreißen. Nicht jeder verkraftet es, wenn sein Weltbild ins Wanken gerät und zusammenstürzt. Aber heute zerstören andere, was Eingeweihte errichtet haben, und zwar ohne aus den Trümmern einen besseren Tempel zu bauen. Dazu kommt, dass aufgrund der rasanten Zunahme der Weltbevölkerung immer mehr Menschen immer mehr Dämonen anbeten. Das kann die geistige Entwicklung der Menschheit ernsthaft gefährden, denn mit der wachsenden Macht der synthetischen Götter wird der Einfluss der echten Schöpfermächte zurückgedrängt. Damit ist die Zeit der Initiation endgültig vorbei. Nun ist jeder berufen, für Wahrheit, Gerechtigkeit und Mitgefühl zu kämpfen, aber er muss den Weg allein gehen.

Göttlicher Geist

Auf die Bewusstseinsstütze einer Gottesvorstellung braucht der Hermetiker aber trotzdem nicht zu verzichten. Wer den Vorgang der Phantombildung kennt, wird sich allerdings von seinem Gott kein Bild machen und schon gar nicht ein Bild, das andere zeichneten, vor seine Augen stellen. Er wird seinen Gott in sich suchen und finden und realisieren, dass es ihn gibt. Solange man sich von seinem Gott keine konkrete Vorstellung und kein Abbild macht, sondern versucht einzelne göttliche Eigenschaften in sich zu realisieren droht keine Gefahr.

Franz Bardon beschreibt dazu vier göttliche Eigenschaften, die man in sich verwirklichen, miteinander verbinden und zu einer göttlichen Einheit zusammenfügen muss. Aber kaum ein Mensch ist heute in der Lage, Eigenschaften wie Allmacht, Allweisheit, Allgegenwärtigkeit zu erlangen, selbst Mitgefühl in seiner alles umfassenden letzten Konsequenz als Selbsthingabe lässt sich nicht realisieren, ohne dass man sich dabei tatsächlich verliert. Nicht der Wille, nicht der Intellekt und nicht das Gefühl sichern dem Geist auf Dauer seine Existenz. Nur die Vorstellung „Ich bin" kann das Bewusstsein bewahren. Der Gedanke „Ich bin" ist eine feinstoffliche göttliche Stammzelle, die sich in ihrer vollkommenen Form auch in einem unvollkommenen Menschengeist manifestieren kann und ihm eine göttliche Eigenschaft, nämlich Selbstbewusstsein verleiht. Auch der Geist der göttlichen Vorsehung wird nur in der Vorstellung „Ich bin" sein Bewusstsein erlangen und bewahren, oder, wenn er sich opfert, im Menschen wieder finden und erwachen. Ich weise in meinen Büchern immer wieder darauf hin, wie wichtig die Übung des Wachseins ist. Der Gedanke „Ich bin" birgt auch göttlichen Geist und ist das einzige Elemental, welches das Bewusstsein auf eine Ebene versetzt, die auch als die Ebene Gottes bezeichnet werden kann.

Damit ist klar, Gedanken sind die Grundlage jeder Macht und Kraft und zwar auf allen Ebenen und Sphären. Sowohl für die wahren Schöpfermächte als auch für den Menschengeist. Wer sie formen, beleben und lenken kann, dem sichern sie Weisheit, Freiheit und Schöpferkraft. Nicht nur das erwachte Selbst-Bewusstsein im Menschen, auch das Bewusstsein Gottes wird – wie er nach Exodus 3,14 mit den Worten „Ich bin der ich bin" verkündete – von einem Gedanken, nämlich von der Vorstellung „Ich bin" getragen. Gedanken sind der Schlüssel zur geistigen

Macht. Dazu braucht man keine Magie, keine Formeln, keine Rituale, jeder Narr hat sie in sich. Gedanken steuern das Leben, ganz gleich ob man sie in Form von Elementalen bewusst als Hilfsgeister imaginiert oder sich von ihnen tragen lässt. Sie sind der lebendige Stoff, nach dem sich das Bewusstsein, das Diesseits und das Jenseits formen und ständig neu erschaffen.

Gedankenmagie

Die Tarotkarte „Der Narr" symbolisiert dieses bedeutsame Mysterium von der Macht der Gedanken und der lebendigen Kraft, die diese Macht bewegt. Hat man seine Gedanken im Griff, kann man sich auf sie stützen wie auf einen Stock. Ist das nicht der Fall, können sie einen verfolgen und anfallen wie ein herrenloser Hund. Die meisten schleppen sie ungenützt oder als sinnlose Bürde in ihrem Ranzen mit sich. Bei dem Mysterium der Gedanken handelt es sich um derart komplexe Vorgänge, dass mancher Hermetiker dieses Thema nicht an den Anfang, sondern an das Ende des Weges stellt.

Die Macht der Einbildung ist die Grundlage jeder anderen Form der Magie. Jedes Wort ist ein wirkendes Wesen, jeder Gedanke eine lebendige Macht. *„Die Worte die ich zu euch geredet habe, die sind Geist und Leben"* sagte Jesus (Joh. 7,64). Das ist der Schlüssel zur schöpferischen Wechselwirkung zwischen Geist und Materie, ganz gleich ob es sich um Magie, Quabbalah oder die Beschwörung von Genien handelt, die übrigens genauso auf gedankenbildende Vorstellungen angewiesen sind, wenn sie auf das Bewusstsein der Menschen einwirken wollen. Die Brücke zwischen den Welten schließt der lebendige Geist, der sich im Wort, also im definierten Gedankenbild einer Vorstellung, manifestiert.

Die Karte, die das symbolisiert, der Narr, hat keine Zahl und ist der Joker, der alle anderen Karten überübertrumpft. Ein Narr, wer ohne Gedanken durchs Leben geht. Ein Narr, wer ihre Kraft nicht kennt. Ein Narr ist aber auch, wer die Blätter der Weisheit studiert, aber die einfachsten Mechanismen des Geistes, die in der Macht der Gedanken liegen, nicht benützt. Gedanken sind die einzige Manifestation des Geistes, die jedem zur Verfügung steht und die jeder, auch der hermetische Laie, als geistiges Werkzeug verwenden kann. Bevor man versucht, sich mit Mantren, magischen Formeln oder mit Hilfe der Genien das vorgesehene Schicksal zu erleichtern, sollte man sich informieren, welche Kraft dahinter steht und welche Folgen es hat. Man wird sich dann sehr schnell auf die Mächte beschränken, die man kennt und versteht, weil man sie in Form seiner Gedanken bereits in sich hat.

Dass dieser Karte kein fester Platz in der Ordnung der Einweihung zugewiesen wurde, liegt nicht daran, dass die Erkenntnis, die sie vermittelt, außerhalb des Weges liegt, sondern weil sie unabhängig davon von jedem selbst – von einem früher, vom anderen später – erfasst werden muss. Ihr Geheimnis kann nicht erklärt und nicht vermittelt werden. *„Torheit ist eine Disposition, die verhindert, die Wahrheit zu erfassen“* stellte schon Nietzsche fest.

Keinem Verrückten kann man klarmachen, dass er verrückt ist. Und jedem Magier wird irgendwann, aber spätestens am Ende des Weges klar, dass er, wenn er ehrlich überlegt, ein Narr geblieben ist. Für den Lebensweg wurden die magischen Thesen in seinem Ranzen zum Ballast. Trotz aller Weisheit verfolgen ihn seine Regungen und Triebe – wie der Hund auf der Karte – und reißen ihm ein Loch in die Kleider, so dass er sich, entblößt, für seinen nackten Arsch schämen muss. Leonardo da Vinci, ein Eingeweihter, hat, um auch die Kehrseite der geistigen Macht darzustellen, Gottvater in der Sixtinischen Kapelle einmal von vorne als Schöpfer des Adam und daneben mit entblößtem Hintern dargestellt.

Es ist eine unbestreitbare Tatsache – und die Geschichte hat es immer wieder belegt –, alle echten Praktiker der Magie, auch jene, die darüber bedeutsame Werke verfassten wie zum Beispiel Agrippa von Nettersheim, Eliphas Levi, Papus, Paul Sédir,

Saint-Martin, bis hin zu Hemberger, Gregorius, Daniel, Silias – ich könnte noch weitere Namen anführen –, haben sich, nachdem sie sich von der Wirksamkeit der magischen Praktiken überzeugt hatten – soweit sie dabei nicht zugrunde gingen – von dieser Form der Arbeit mit dem Geist wieder abgewendet. Manche wendeten sich der Mystik zu, die meisten aber zogen sich zurück und beschränkten sich darauf, mit Hilfe der Gedanken ihr Leben zu gestalten.

Bardons Mission war es, die magischen Gesetze verständlich zu erklären und nicht ein Lebenshilfebuch zu verfassen. Er bemerkte aber selbst, er habe seine Bücher um Hunderte Jahre zu früh veröffentlicht. Und in der Tat, nicht jeder, der Bardon liest, strebt Adeptschaft an. Die meisten wollen magische Macht, um damit Liebe, Glück und Erfolg im Leben zu erreichen. Und für diese Zauberlehrlinge ist es fürwahr besser, wenn sie den einfachen Weg des sogenannten positiven Denkens gehen. Es dauert zwar etwas länger, aber dafür birgt diese Methode keinerlei Gefahren oder Risiken. Die auf diese Weise geschaffenen mentalen Strukturen der „Hilfsgeister“ sind harmlos und die Gefühlsenergie, die sie belebt, ist, wenn man es richtig macht, ehrlich und rein. Denn die von Zuversicht getragenen Gedanken beruhen auf der entspannten Erwartung, die einem guten Gewissen und der Überzeugung entspringt, dass man ein Anrecht auf das Erwünschte hat, und nicht auf einer Forderung, einem Befehl oder einem magischen Experiment. Anders funktioniert das positive Denken gar nicht. Nur wenn sich positive Elementale vernetzen, werden positive Mächte verdichtet oder angesprochen und positive Wirkungen können entstehen. Positives Denken bleibt wirkungslos, wenn nicht auch positive Gefühle damit verbunden sind.

Positives Denken

Prentice Mulford, der meiner Meinung nach die Praxis des positiven Denkens am besten beschrieb, meinte, Gedanken wären Energien. Franz Bardon definiert sie als brauchbare Hilfsgeister. Ich beschreibe sie als lebendige geistige Wesenszellen, aus denen der feinstoffliche Körper der Menschen und der Geister besteht. Das erklärt die Schwierigkeit, negative Gedanken wieder loszuwerden, denn was Teil vom eigenen Wesen ist, kann man nur schwer aus sich lösen, und freiwilligen verschwinden sie nicht. Gerade das aber ist notwendig, will man das positive Denken in die Praxis umsetzen.

Mulford beschreibt das sehr verständlich und betont immer wieder, wie wichtig die mit den Gedanken verbundenen Gefühle sind. Positiv können nur jene Gedanken sein, die von einer „*serenen Stimmung getragen werden*“, also in einem heiteren, entspannten, gelassenen, zuversichtlichen Gemütszustand entstanden sind und nicht krampfhaft fordernd aus der Seele gebrüllt werden. „*Es muss ein Zustand des Herzens sein, ganz positiv und sanft, zugleich sonnig und entschlossen. Nie zweifelnd verkrampft, ungeduldig oder zersehnt.*“ Aber genau das ist in der Realität zumeist der Fall. Die meisten unglücklichen oder erfolglosen Menschen haben schlechte Erfahrungen gemacht und trauen sich nichts zu. Sie wünschen sich Liebe, Erfolg, Gesundheit und Glück, sind aber nicht in der Lage, sich das auch tatsächlich als bereits realisiert vorzustellen. Sie stellen das Bild bestenfalls vor sich, statt es in sich zu erleben. Sie zweifeln, zersehnen sich und haben damit negative Gefühle im Bauch. „*Weil das Erwünschte nicht da ist, wirft man die Kraft nicht in den Wunsch, wo sie hingehört, sondern in das Nichtdasein des Gewünschten – stärkt also dieses Nichtdasein*“ (Zitate aus Prentice Mulford: „Unfug des Lebens und des Sterbens“, Fischer Taschenbuch). Mulford erklärt, wie es trotzdem funktioniert. Dank seiner geisterfrischenden und verständlichen Instruktionen ist es auch magisch ungeschulten Menschen möglich, bewusst und gezielt sich selbst und ihr Schicksal mitzugestalten.

Die Verwandlung der Wesenszellen

Man hat es immer mit Macht und Kraft, mit Qualität und Quantität, mit einem mentalen Bild und der das Bild belebenden Energie zu tun. Ein Gedanke, also ein Elemental, ist nur die eine Seite einer Vorstellung, nämlich eine bildhafte Hülle. In dieser gebildeten mentalen Form steckt immer ein Elementar, also eine Energie, die diese Hülle belebt. Jeder Gedanke wird von einem Gefühl getragen und umgekehrt kleidet sich jedes Gefühl in ein Gedankenbild. Automatisch und ohne dass man es merkt. Dabei können natürlich auch negative Gefühle die Gedanken mit ihrer negativen Qualität beleben.

Auch die negativen Regungen manifestieren sich in Form von elementaren Wesenszellen, die sich in ihrer negativen Stimmung wohlfühlen und am Leben erhalten wollen. Die Wesenszellen im sogenannten Unterbewusstsein sind sich in Wahrheit nämlich sehr bewusst und trachten danach, ihr Bewusstsein nicht zu verlieren. Dazu können sich die scheinbar verdrängten Gedanken und Gefühle wandeln und in neuen Formen und Hüllen auftreten. Wahrnehmungen von Gedanken, Gefühlen und Körperempfindungen stehen in enger Verbindung und Wechselwirkung. Aus der Angst, sich zu blamieren, wird die Angst zu versagen oder die Angst vor dem Chef. Daraus entwickelt sich Angst vor allen Menschen oder Hass, und man kapselt sich ab. Nun entstehen Depressionen, Aggressionen und negative körperbedingte Empfindungen, zuerst Stress, dann Ausgebranntsein, Müdigkeit, Schlaflosigkeit, Medikamentensucht. Man geht nicht mehr aus und wird die negativen Gefühle erst recht nicht mehr los. Die gleiche Wandlungsfähigkeit haben die Triebe. Die Lust auf eine Zigarette kann sich in Lust auf ein Glas Bier, oder Kaffee, oder Schokolade verkleiden; das Bild ist ein anderes, die Energie des Begehrens bleibt gleich.

Sogar positive Wesenzellen können sich, wenn man sie nicht kontrolliert, in negative verwandeln. Aus dem Ideal der Askese wird nicht selten Magersucht, aus Genauigkeit Kleinlichkeit, aus

Großzügigkeit Verschwendung, aus Leichtigkeit Leichtsinn. Alle Wesenszellen, die man sich selbst überlässt, drohen zu entarten.

Bardon weist ausführlich darauf hin, dass sich jede freiwerdende Kraft, zum Beispiel bei Konzentrations- oder Willensübungen, wenn man sie nicht selbst mit einer Idee verbindet, automatisch mit einer Eigenschaft verbindet und umgekehrt. Gepflegte Ideale versorgen sich mit Energie, ganz gleich welchem Seelenbereich sie diese entziehen. Sie haben nur sich selbst im Sinn und können daher zu negativen Schemen entarten. Wesenszellen können einander ergänzen, sich ineinander verwandeln, sich gegenseitig verdrängen oder hervorrufen. Das geschieht nicht nur beim Üben, sondern bei jeder Vorstellung und jeder Wahrnehmung eines Gedankens, einer Erinnerung, einer Eingebung oder einer Emotion.

Eine positive Stimmung zieht natürlich eher positive Gedanken an. Der Geist von einem guten Vorsatz sichert sich ab, indem er laufend entsprechende gute Gedanken weckt. Wer seine Gedanken und Gefühle überwacht, kann gefahrlos auf seine inneren Hilfsgeister in Form seiner Gedanken bauen. Und wer sich der Wahrheit, Gerechtigkeit und dem Mitgefühl verschreibt, sich das gelobt und quasi einen Pakt mit sich selber schließt, hat sich abgesichert und muss nur darauf achten, dass ihn der Geist von diesem Gelöbnis nicht zum Fanatiker macht.

Gedankenmacht

Es ist wichtig, dass man diese mentalen Vorgänge, die das Bewusstsein beeinflussen, kennt und beachtet. Der bekannte Placebo-Effekt ist da nur eines der Beispiele, wie im Alltag die geistigen Mechanismen funktionieren. Es gibt auch den „Nocebo", den negativen Placebo-Effekt, und viele andere auf Gedanken beruhende Phänomene, die in der Regel gar nicht beachtet werden. Alle Vorstellungen wirken sich auf das Leben aus. Sie realisieren sich auch ohne bewusste Konzentration und Lenkung. Nicht nur im Bereich der Gesundheit, auch in der Werbung, in der Wirtschaft, in der Mode und in der Politik. Das kann bequem, aber auch gefährlich sein. Vorstellungen und Meinungen bewegen die Massen, ohne dass dies den Menschen, die sich danach ausrichten und „einem Trend folgen", bewusst wird. Ganz deutlich wird es gerade jetzt in der Wirtschaftskrise. Immer wieder betonen die Finanzexperten, nichts wäre vorhersehbar, das verrückte Steigen und Fallen der Kurse bis hin zum Crash wäre zum Großteil „Psychologie", abgekoppelt von der realen Wirtschaft und jeglicher Vernunft. Das gleiche kann man in der Politik beobachten. Wer hätte zum Beispiel den Mauerfall oder die Revolutionen in den muslimischen Mittelmeerländern vorhergesagt. Der Geist des Uranus in Verbindung mit den dynamischen Qualitäten aus der Sphäre des Widders wird noch mehr unzufriedene Bürger auf die Straße treiben. Und die Neptun-Genien, die jetzt vom Fische-Geist getragen werden, wecken neben Gedanken von Idealen auch Illusionen und verleiten die Regierenden und das Volk zu Aberglauben, Lüge und Betrug. Jeder sollte daher wissen, dass er ständig mentalen Mächten ausgesetzt ist, und sich die Gedanken und Gefühle, die ihn bewegen, immer wieder bewusst machen. Nur so kann er verhindern, dass sie auch ihn in ihren Bann ziehen und ihn etwas denken, fühlen oder wünschen lassen, das er selbst gar nicht will.

Es stecken keine Hochgradfreimaurer dahinter, wenn es drunter und drüber geht in der Welt, sondern völlig unspektakuläre Elementale und Elementare, die der Qualität ihres Wesens folgend die Menschen bewegen und wie Lemminge vor sich hertreiben. Es sind schlussendlich nicht die Schicksalsgenien oder Dämonen, sondern die durch sie geweckten einfachen kleinen Gedankengeister, die sich gegenseitig befruchten, selbst reproduzieren und ständig vermehren, die sowohl den Einzelnen als auch die Massen beeinflussen, bewegen und dirigieren. Man kann das im Kleinen verfolgen, wie aus wiederholten Handlungen Gewohnheiten werden, aus Meinungen Voreingenommenheiten, aus kleinen befriedigten Regungen mächtige Triebe. Und man kann das im Großen zum Beispiel nach Berichten in den

Medien oder bei Massendemonstrationen beobachten, wie rasant sich Gedanken und Stimmungen verbreiten, indem sie vom einen auf den anderen überspringen und gewaltige dämonische Netzwerke bilden.

Die elementalen und elementaren Wesenszellen und ihre Samen manifestieren sich nicht nur in den Genen und hirngespeicherten Erinnerungen oder Emotionen, sondern auf allen Ebenen der vier Elemente. Sie verbergen sich also auch in Worten, Bildern und Musik und stecken sogar im Essen, wo sie über die Geruchs- und Geschmackswahrnehmung Vorstellungen mit positiven oder negativen Folgen auslösen, ohne dass man es durchschaut. Sie verbreiten sich, analogen und digitalen Mechanismen folgend, über alle Sinne, infizieren einen bei Versammlungen, ganz gleich ob diese politisch, religiös oder esoterisch ausgerichtet sind, genauso wie in Nachtlokalen, Spielcasinos oder Kathedralen, sie springen einen zuhause über den TV-Bildschirm an und schleichen sich als lebendige „Viren" übers Internet und Handy ins Bewusstsein ein. In der Natur, auf einem Berggipfel im Wald oder am Meer, werden andere Wesenszellen gezeugt oder geweckt als in einem Krankenhaus oder Krematorium.

Wenn die Psychologen von Massenhysterie, Psychosen, Archetypen und Komplexen reden, wird damit gar nichts erklärt. Erst das anschauliche Denkmodell von den lebendigen geistigen Wesenszellen und ihren Auswüchsen, den Dämonen, enttarnt die verborgene Macht und Kraft, die so vieles im Leben bestimmt. Das Wissen darüber bietet gleichzeitig eine Handhabe, diesen Mächten wirkungsvoll zu begegnen und sie sogar in die eigenen Dienste zu stellen; zur Gestaltung des Schicksals und als Boten zu den Genien in den unterschiedlichen Sphären der geistigen Welt. Das geht aber nur, wenn man darüber Bescheid weiß und seine Gedanken und Gefühle überwacht. Gedanken wirken sich unweigerlich auf die Gefühle und damit auf die Wünsche und das Agieren aus. Sie bestimmen die Gesinnung und damit auch den Charakter, was schlussendlich auch das Schicksal mitbestimmt.

Die Erkenntnis, dass Gedanken wirksame Mächte und Kräfte sind, erweist sich, sobald man sie näher untersucht, als ein höchst komplexes Gefüge aus unterschiedlichen feinstofflichen Molekülen, die in Wahrheit geistige Wesen sind. Wir wissen noch lange nicht alles, was es über die Welt der Gedanken zu wissen gibt. Gedanken werden zwar auf der Tastatur der Gehirnrinde für die physische Ebene transformiert und moduliert, sind aber selbst nicht grobstofflich, sondern aus dem Stoff, aus dem die Geister sind. Das kann man im außerkörperlichen Zustand beobachten, denn die Gedanken werden einem drahtlos nachgeschickt und man kann sie ohne Handy empfangen.

Wie jede andere Wissenschaft entwickelt sich auch die Hermetik ständig weiter. Im dritten Jahrtausend wird nicht geglaubt, sondern geforscht. Das sogenannte „Positive Denken" ist da nur eine der Möglichkeiten, die sich aus den bisher gemachten hermetischen Erfahrungen ergeben. So wie die Physiker am CERN in der Schweiz nach den kleinsten Bausteinen der Materie suchen, untersuchen die Hermetiker die Bausteine von Geist und Seele. Den lebendigen geistigen Stoff, aus dem die Wesen, die Götter und die Dämonen sind, findet man in sich selbst. Dazu gehören die Gedanken und die Vorstellungen, die sich als Wort oder Bild, als Idee oder Symbol auf unterschiedliche Weise ausdrücken lassen und von den Gefühlen belebt ein Eigenleben führen. Die letzten Erkenntnisse von den Wesenszellen und Seelenorganen sind nur ein vorläufiges Denkmodell und lassen noch viele Fragen offen. Nur eines ist gewiss: Der Geist, der das Bewusstsein trägt, brodelt ständig und wird aus eigener Energie bewegt. Werden daraus nicht Gedanken bewusst und gezielt mittels Imagination geformt, dann gestalten sie sich selbst oder werden von anderen Wesen modelliert. Diese Erkenntnis ist ungeheuer wichtig für die weitere Entwicklung der Menschheit. Vorerst nützt man den selbstregulierenden Mechanismus der Vorstellungen im Sport; kein Spitzensportler würde heute auf seinen Mentaltrainer verzichten. Bald wird man damit auch körperliche Behinderungen ausgleichen, Computer steuern und

Krankheiten heilen. Und irgendwann, in ferner Zukunft, greift der Mensch dann bewusst und gezielt, ohne Magie, nur mit seinen Gedanken direkt in die Welt der Götter ein.

Viele Menschen sind stolz, wenn ihre Kinder wohlgeraten sind, aber um ihre mentalen Sprösslinge scheren sie sich nicht. Schon gar nicht um jene elementalen Wesenszellen, die sie durch ihr Reden und Agieren in anderen Menschen wecken und für die sie genauso verantwortlich sind. Dabei werden einem auch diese geistigen Geschöpfe – die von Hass oder Dankbarkeit geprägten Gedanken, die einem andere senden – nach dem Tod als wesenhafte Geister in einer inneren Landschaft gegenüberstehen.

Wichtiger als die Beschäftigung mit den Genien erscheint mir daher die Erforschung der Gedankenwesen, der Elementale und Elementare, der Schemen, Larven und Phantome. Was bewirken sie? Wie beeinflussen sie einen? Wie kann man sie nutzen? Diese Wesen braucht man nicht zu zitieren, denn man hat sie bereits in sich. Sie stehen einem viel näher als alle anderen Wesen und sie wirken unmittelbar, und zwar ständig, auf das persönliche Bewusstsein ein.

FORSCHUNG

Mit der Neuauflage des Thebaischen Kalenders verfolge ich noch ein weiteres Ziel. Ich hoffe, dass interessierte Leser, unvoreingenommen und wissenschaftlich nachvollziehbar, die überlieferten Angaben über das Wirken der Mächte und Kräfte überprüfen und dokumentieren.

Es geht um die Frage, was wirkt wann, und warum, auf das Bewusstsein ein? Hat die Zeit eine Qualität, die sich auf die Gedanken, Gefühle und persönliche Befindlichkeit übertragen? Wie weit spielt dabei der kosmische Raum eine Rolle? Was verändert die Chemie des Geistes? Seit es die Kenntnis vom Placebo-Effekt gibt, ist das nicht mehr nur eine Frage der Chemie, sondern auch eine Frage nach feinstofflichen geistigen Ursachen, nach dem Geist, der, wie man heute weiß, genauso in der Lage ist, die stofflichen Vorgänge im Körper zu beeinflussen.

Es gilt zu untersuchen, ob die jeweils vorherrschenden mentalen Qualitäten, die man in sich empfindet, also die Gedanken, Ideen und Intuitionen, sowie die Bestrebungen und Impulse, die, sobald sie sich im Bewusstsein manifestieren, zu Entscheidungen oder Handlungen führen, mit dem gerade aufsteigenden Grad der Ekliptik zusammenhängen. Ich bin dabei zu unterschiedlichen, zum Teil enttäuschenden Ergebnissen gelangt. Ich konnte feststel len, dass nicht immer der auf den Äquator berechnete Grad, sondern auch der für den Aufenthaltsort berechnete tatsächliche Aszendent und der Grad am MC eine Auswirkung auf die Bewusstseinsinhalte haben können. Auch die dort wirkenden Vorsteher treten unter bestimmten Umständen, je nachdem womit man sich gerade beschäftigt und welchen astrologischen Einwirkungen man ausgesetzt ist, stärker in Erscheinung. Oft genug jedoch boten die Angaben des Thebaischen Kalenders für bestimmte Eingebungen oder Situationen gar keine Erklärung. Lediglich die Genien der Planeten, und zwar nach astrologischen Methoden berechnet, stellten sich immer erwartungsgemäß mit ihren Qualitäten ein.

Die Erforschung vom Einflussbereich der Genien ergibt daher nur einen Sinn, wenn auch die Auswirkungen der astrologischen Transite in die Untersuchungen miteinbezogen werden. Meine persönlichen Erfahrungen gehen dahin, dass man den Einfluss der Planetengeister, wenn ihre Planeten sensible Orte im persönlichen Horoskop berühren, viel stärker bemerkt als den der Vorsteher von der Erdgürtelzone und der anderen Sphären. Diese scheinen sich mehr auf die Bereiche ihrer spezifischen Aufgaben, und weniger auf die persönliche Befindlichkeit und Entwicklung des Schicksalsverlaufs eines Menschen zu konzentrieren. Wer eine Zeit lang die Einwirkungen der Planetengeister auf sein Horoskop untersucht, wird überrascht sein von der geradezu erschreckend treffsicheren Vorhersehbarkeit und Übereinstimmung zwischen den geistigen Mächten und ihrem scheinbar zwingenden Einfluss auf das persönliche innere und äußere Leben.

In der Erforschung der anderen Sphären fehlt es noch an seriösen Untersuchungen. Hier wird leider viel zu viel behauptet und geglaubt und viel zu wenig geforscht und nachgewiesen. Bei den Studien müssten einwandfreie Ergebnisse herauskommen, welche die Thesen und Erfahrungen der Hermetiker bestätigen oder widerlegen. Ich habe den Thebaischen Kalender nicht neu aufgelegt, um Dogmen zu verkünden, sondern um die Erfahrungen der Alten für eine moderne Bewusstseinsforschung zugänglich zu machen. Erweisen sich diese als falsch, so werden die Magie und Mystik des 3. Jahrtausends sie korrigieren. Der Glaube an den Einfluss von Jahresregenten und Planetenstunden wurde bereits in das Reich des Aberglaubens verwiesen und gehört nicht mehr zum Gedankengut der modernen Magie.

Man sollte sich über seine Beobachtungen sofort Notizen machen, die man dann später in Ruhe auswerten kann. Die Einbeziehung der Träume und der Gedanken, die man während des Träumens hatte, kann dabei sehr aufschlussreich sein. Für die nachträglichen Berechnungen, sowie für die astrologische Forschung und Nutzung der Transite, die keinen magischen Akt darstellen, kann man natürlich einen Computer mit diversen im Handel befindlichen Astrologieprogrammen verwenden. Ich verwende dazu die Astro-Uhr des Astrologie-Programms „Sarastro“ von Peter Fraiss*. Zur schnellen Berechnung der 360 Genien hat Dirk Lemke den Thebaischen Kalender digitalisiert.** Die Forschungsergebnisse, Studien und Protokolle der Arbeiten können bei Walter Ogris im „Archiv hermetischer Texte“ veröffentlicht werden.***

Achtung: Für die astrologische Berechnung eines Horoskops ist der Aszendent auf die Länge und Breite des Ortes zu berechen. Nur für die Vorsteher der Erdgürtelzone wird der aufsteigende Grad auf den Äquator (Breite 0°) berechet.

Zum Abschluss wiederhole ich: Der Magier und Mystiker des 3. Jahrtausends sucht nicht den Kontakt zu einem Vorsteher, um daraus persönliche Vorteile zu erzielen oder mit dessen Hilfe sein Schicksal zu verändern. Er möchte lediglich die besonderen Eigenschaften, Fähigkeiten und Methoden des Geistes kennen lernen und sich diese aneignen, um sich selbst, seinen Geist, seine Seele und sein ganzes Wesen zum Besseren zu verändern.

Damit ist nicht nur etwas moralisch Besseres gemeint, sondern der bessere Umgang mit seinen geistigen Wesenszellen, also mit den Gedanken und Gefühlen, die das Bewusstsein tragen. Nur wer seine persönlichen Wesensgeister kennt und sie aus seiner Mitte heraus, also ohne sein Gleichgewicht zu verlieren, erfasst und beherrscht, kann auch sein ICH, also sein Bewusstsein, sein waches SEIN, erfassen und bewahren.

---

* www.sarastro.at
** „Digitaler Genienspiegel“, erhältlich über das „Archiv hermetischer Texte“
*** www.archivhermetischertexte.at

Der Adonismus und die babylonisch-chaldäische Tradition

Zur weiteren Forschung und Dokumentation des inzwischen verschollenen Originals veröffentliche ich in der TABELLE 4 eine Abschrift von Daten aus dem Thebaischen Kalender, den Wilhelm Quintscher seinen Schülern als Lehrbrief zur Verfügung stellte. Ich konnte dieses Exemplar 1970 während eines Besuchs bei Prof. Hemberger durchsehen und fertigte mir davon diese Notizen an. Da ich in den Angaben Abweichungen und Fehler feststellte, berechnete ich den ganzen Kalender neu und verwendete im Weiteren meine eigenen Tabellen.

Dass Quintschers Kalender nicht 365, sondern den Tierkreisgraden entsprechend nur 360 Tage umfasste, hatte ich damals leider übersehen. Ich stieß erst jetzt, als ich für die Neuauflage des Thebaischen Kalenders nach einer bestimmten Stelle in seinen Schriften suchte, auf folgende Ankündigung: *„Im Anschluss an die 12 Lehrbriefe, deren 6. vorliegende Arbeit ist, wird der Thebaische Kalender herausgegeben. Er wird sich als Hilfsbuch sehr nützlich erweisen. In ihm sind für ein Zeitjahr 360 Tage vorgesehen. 365 Tage kommen nicht zur Verwertung. Für jede Tagesstunde enthält er den tatsächlichen Stand der Tierkreiszeichen und gibt damit die Herrschaft der Schumrim und Schumrut an.“* (Mit Schumrim und Schumrut sind die aus dem Adonismus stammenden Namen der Herrscher über die Tierkreiszeichen gemeint.)

Es ist nicht bekannt, ob Quintscher die Berechnungen selbst anstellte, oder ob er diese, wie alle anderen Tabellen in seinen Lehrbriefen, aus den adonistischen Unterlagen des Dr. Franz Sättler übernahm. Das wäre aber zu berücksichtigen. Denn Sättler verwendete in der von ihm propagierten adonistischen Astromagie die chaldäische Planetenordnung und die arabischen Namen der Fixsterne und Mondstationen, so dass man annehmen muss, dass auch die damit in Verbindung gebrachten Herrscher über die Sterne, Sternbilder und Grade der Ekliptik aus der Zeitrechnung der Babylonier stammen und für den heute verwendeten tropischen Tierkreis umgerechnet werden müssen.

In Quintschers Lehrbriefen findet man auch die Tabellen aus Sättlers „Zauberbibel", die zur Berechnung der Jahresregenten und der Gebieter über die Monate, Wochentage und Planetenstunden dienten. Obwohl bereits Abraham von Worms betont, dass diese Methode falsch ist, und die Praxis eindeutig beweist, dass nur die tatsächliche astronomisch berechnete Position eines Planeten Wirkung zeigt, meint Quintscher, dass man für die Anrufung der Genien, und für die Herstellung eines Amuletts, auch diese schematischen Einflüsse beachten muss. Er erklärt dazu: *„Ein Zeitjahr beginnt mit dem 22. März eines jeden Kalenderjahres und hat 12 Zeitmonate. Der Zeitmonat beginnt mit dem 22. eines jeden Kalendermonats und währt 30 Zeittage. Jeder Zeittag beginnt um 18 Uhr des bürgerlichen Tages und dauert 24 Stunden an."*

Auch diese Tabellen beruhen auf einem Jahr mit nur 360 Tagen. Nun ist bekannt, *„dass auch die Babylonier einen schematischen Sonnenkalender mit 12 Monaten zu 30 Tagen kannten, der sich jeweils am Durchgang der Sonne durch einen Grad orientierte und auf die Sonnenwenden und Tag- und Nachtgleichen eingestellt war"*.* Dieser 360 Tage währende Kalender könnte die Vorlage zum Thebaischen Kalender gewesen sein.

Wir wissen aber, dass der vor zwei- bis dreitausend Jahren gebräuchliche siderische Tierkreis, je nach der Epoche, aus der er stammt, mit unterschiedlichen Fixsternen begann. Der heute verwendete tropische Tierkreis, dessen Anfang unabhängig von den astronomischen Sternbildern stets auf den Frühlingspunkt der Tag- und Nachtgleiche berechnet wird, war den babylonischen Astrologen, aus deren Tradition zumindest ein Teil der von Quintscher und Bardon beschriebenen Genien stammt, noch nicht bekannt. Der siderische Tierkreis ist zwar ebenfalls in 12 gleich große Abschnitte zu je 30 Grad unterteilt, aber die astrologische Wirkung, die man heute mit den 12 Tierkreiszeichen ver-

* „Geschichte des Tierkreises", Robert Powell, www.astranova.com

bindet, schrieb man ursprünglich nicht den Abschnitten auf der Ekliptik, sondern den Mächten und Kräften der dahinter liegenden Sterne und Sternbilder zu. Man gebraucht heute zwar die gleichen Namen der Sternzeichen, aber diese decken sich nicht mehr mit den dahinter liegenden Sternen der Sternbilder, die für die Chaldäer die Orte der Genien waren.

So ergeben zum Beispiel die Namen der Intelligenzen, die von Quintscher und Bardon der Sonnenzone zugeschrieben werden, wenn man sie entschlüsselt, die arabischen Namen von Fixsternen. Ihre Orte werden über eine gerade Linie, die man vom Nordpol zum Südpol der Ekliptik zieht, auf die Ekliptik übertragen und müssten für die Praxis alle 72 Jahre mit einem Grad den neuen astronomischen Gegebenheiten angepasst werden. Das gleiche gilt für die Namen der Mondstationen.

Damit wären möglicherweise auch die Standorte der 360 Genien nicht gesichert, denn wenn man ursprünglich auch die mit den einzelnen Graden verbundenen Qualitäten auf den Fixsternhimmel bezog, ergäbe sich heute, rechnet man zum Beispiel 2400 Jahre zurück, eine Verschiebung von ca. 35 Grad. Auf welchen Erfahrungen die beschriebenen Eigenschaften der 360 Gradvorsteher beruhen, auf dem heute verwendeten tropischen oder auf dem babylonisch-siderischen Tierkreis, wissen wir nicht. Aber möglicherweise hat Bardon das Problem bereits gelöst.

Die besonderen Eigenschaften und Fähigkeiten der 360 Genien wurden nämlich meines Wissens weder von Sättler noch von Quintscher, sondern zum ersten Mal von Franz Bardon beschrieben. Und der hat, wie Zeitzeugen bestätigen, die Genien selbst kontaktiert und sich persönlich über ihre Aufgaben und Zuständigkeitsbereiche informiert. Zumindest was seine Angaben über die Intelligenzen der Merkurzone betrifft, wurde mir das von Maria Pravica bestätigt. Sie war dabei, als er sich auf die Ebene der Genien versetzte und der Reihe nach seine Eindrücke über die jeweilige Intelligenz, die er wahrnahm, zum Mitschreiben diktierte.

---

* „Franz Bardon – Tatsachen und Anekdoten über einen Eingeweihten“ von Emil Stejnar, Ibera

Wie Bardon selbst betont, *„braucht sich ein erfahrener Magier nicht an die quabbalistische Anrufungszeit zu halten, da er in der Lage ist, jederzeit ein jedes Wesen jeglicher Zone und Sphäre anzurufen"*. Es ist anzunehmen, dass er das auch mit den Genien der Erdgürtelzone so machte, ehe er ihre Eigenschaften beschrieb, und seine Angaben damit, auf den tropischen Tierkreis bezogen, richtig erfasst worden sind.

Quintscher gibt nur die Namen der 360 Genien an und macht keine Angaben zu deren besonderen Eigenschaften und Fähigkeiten. Er schreibt: *„Ein Zeitjahr besteht aus 360 Zeittagen zu je 24 Zeitstunden. Begonnen wird ein Zeitjahr mit dem Zeitmonat Debyk (März) am 20. März 18 Uhr. Alle 4 Minuten steigt ein anderer Gradherr auf. So beginnt die erste Zeitstunde mit*
Apollyon *1. Grad der Gena (Waage) positiv männlich, ihm folgt*
Thirana *2. Grad der Gena negativ weiblich*
Peekah *3. Grad der Gena positiv männlich*
Nogah *4. Grad der Gena usw.*

Quintscher beginnt nach dem adonistischen Kalender mit Waage statt mit Widder. Dass die Liste mit Apollyon statt mit Thirana beginnt, ist vermutlich auf einen Abschreibfehler Hembergers zurückzuführen, der die Kopien von Quintschers Lehrbriefen anfertigte. Die anderen Namen stimmen mit den 360 Vorstehern, die Bardon beschreibt, und mit der von mir entschlüsselten Reihenfolge nach dem „Buch Abramelin" überein.

Quintscher erklärt weiter: *„Jeder Zeittag beginnt mit dem nächsten Gradherrn. So beginnt der 2. Zeittag des Zeitmonates Debyk (März) mit dem 2. Gradherrn, der 3. mit dem 3. usw., indem sich die vorausgehenden stets der letzten Zeitstunde anschließen. Dem Zeitmonat Debyk folgt dann Epfybum (April), dann Deyu" (Mai),* usw. *„Diese Gradherrn sind die Diener aus der Erdgürtelzone. Sie sind die Unsichtbaren, welche mit den Geschicken der Erdenmenschen auf das engste verbunden sind. Der Kundige kann sich ihrer bedienen und ihrer Mithilfe versichern."* Und weiter: *„Diese Diener und Dienerinnen unterstehen bestimmten Vorstehern oder Vorsteherinnen, deren Namen* *und Zeichen sich jeweils aus der Zone des Wächters, der die Handlungsstunde regiert, ergeben.*" Dazu nennt Quintscher die verschlüsselten Geniennamen der anderen Planetenzonen.

Wir wissen nicht, ob Bardon die 360 Namen von Quintscher, Sättler oder direkt aus dem „Buch Abramelin" übernahm. Aber ganz gleich, aus welchen Quellen Bardon schöpfte, die Eigenschaften und Aufgaben der unterschiedlichen Genien, Geister und Intelligenzen wurden erstmals in seinem Buch „Die Praxis der magischen Evokation" so detailliert und eingehend beschrieben. In der gesamten hermetischen Literatur gibt es kein Werk, das einen derart umfassenden Einblick in das Wirken der feinstofflichen Wesen gewährt und die Hierarchie der Mächte und Kräfte so klar und deutlich beschreibt wie Franz Bardon.

Dass Bardon nicht einfach Quintschers Instruktionen übernahm, sondern eigene Forschungen anstellte, erkennt man auch aus seiner Aufstellung der Wesen der vier Elemente. Abraham von Worms nennt in seinem Buch mehr als die 360 Geister, die Quintscher in seinen Lehrbriefen der Erdgürtelzone zuordnet. Während aber Quintscher die überzähligen Namen als Wächter der Planeten sieht, beschreibt Bardon sie als Wesen aus den Ebenen der vier Elemente.

Obwohl bekanntlich die Nixen, Gnomen, Salamander und Sylphen in der magischen Praxis weitaus häufiger in Erscheinung treten als die Intelligenzen der Planetenzonen, kommen sie in Quintschers Lehrbrief gar nicht vor. Die Geister, die Bardon als Wesen des Luftelements beschreibt, ordnet Quintscher als *„persönliche Diener des Amachis, dem herrschenden Wächter vom Merkur"* zu. Die Geister, die Bardon als Wesen des Wasserelements beschreibt, sind nach Quintscher *„die persönlichen Diener der großen Herrin des Mondes, Iluae"*. Die Geister, die Bardon als Wesen des Feuerelements beschreibt, sind nach Quintscher *„die Untergebenen des großen Genius der Sonne, Osi"*. Und die Geister, die Bardon als Wesen aus dem Gnomenreich beschreibt, sind nach Quintscher *„als Diener der Hüterin des Sternkörpers Erde, der Zutama unterstellt"*.

Natürlich kann man, und zwar zu Recht, einwenden, dass aufgrund der vorhandenen Analogie der Elemente-Qualitäten die von Quintscher angeführten Herrscher der Planeten auch über den Wesen der irdischen Elemente, die ihnen entsprechen, stehen. Aber da die vier Elemente-Qualitäten zwar mit den vier genannten Planeten übereinstimmen, Quintscher aber im selben Lehrbrief für die anderen Planeten nur die Anrufungsformeln, aber keine Namen der Diener mehr nennt, wird deutlich, dass ihm nur die von Bardon beschriebenen Namen von vier Ebenen bekannt waren. Damit dürfte Bardon mit seiner Meinung, dass es sich bei den überzähligen Namen des Abramelin um Wesen aus dem Reich der Elemente, und nicht um Wesen aus den Planetensphären handelt, richtig liegen, was übrigens auch meiner eigenen praktischen Erfahrung mit diesen Wesen und deren Siegeln entspricht. Es ist ein Unterschied, ob ein Wesen aus den Urqualitäten eines Elements oder aus Wesensteilen der Sphäre eines Planeten gebildet ist.

Es geht mir nicht darum nachzuweisen, dass Bardon recht hat, sondern zu zeigen, dass er, falls er Namen und Siegel aus Quintschers Archiv verwendete, diese ganz anders interpretierte und viel ausführlicher beschrieb. Das gilt auch für seine Beschreibung der 12 Intelligenzen der Jupitersphäre, deren Siegel Quintscher dem Saturn zuordnet. Bardons Angaben über seine Erfahrungen mit diesen 12 Mächten entsprechen viel eher den Eigenschaften, die man sich vom Wirken der Jupiterwesen in den einzelnen Zeichen erwarten würde als von den Wesen des Saturn. Die Saturnmächte würden in Verbindung mit den Qualitäten der Tierkreiszeichen ganz andere Aufgaben und Funktionen erfüllen, als von Bardon beobachtet wurde.

Welche Mächte und Kräfte hinter den dargestellten Siegeln stehen, lässt sich allerdings schwer beurteilen. Unsere heutigen Erfahrungen reichen nicht aus, um darüber eine sichere Aussage zu machen. Hemberger war der Meinung, es handelt sich eindeutig um Symbole des Saturn. Mir dagegen geben die 12 Siegel weder Zugang zu Jupiter noch zu Saturn, sondern bestenfalls zu den bekannten Qualitäten der Tierkreiszeichen, und auch hier halte ich bei einigen Bildern Vertauschungen für möglich. Da solche Erfahrungen jedoch rein subjektive Anschauungen spiegeln und keine klaren Eindrücke wiedergeben, müssen wir diese Frage vorerst unbeantwortet lassen.

Man kann sich überhaupt fragen, wie weit sich die Planetensphären zeitlich und räumlich auf die einzelnen Abschnitte der Ekliptik projizieren lassen. Während die Berechnungen der Genien aus der Sonnenzone eindeutig auf Fixsternen beruhen, die allesamt Sonnen sind und damit als „Sonnensphäre" betrachtet werden können, trifft das bestenfalls auch auf die Genien der Marszone zu. Die 36 mal 10 Grade der Ekliptik, die Bardon den Marsgenien zuteilt, haben möglicherweise ebenfalls mit Fixsternen und Sternbildern zu tun. In der ägyptischen Astrologie gab es nämlich ursprünglich einen Tierkreis, der auf 36 Dekanen beruhte. Diese wurden nach 36 Sternbildern berechnet, die zu einem Sterngürtel gehören, der parallel zur Ekliptik verläuft, aber weiter im Süden liegt.*

Für die anderen Planetenzonen finde ich keine astronomischen Entsprechungen. Die Mondstationen sind auf einen jahrtausendalten Mondkalender zurückzuführen, bei dem nicht geklärt ist, ob dahinter ebenfalls Sterne und Sternbilder oder die Aufeinanderfolge der 28 Tage dauernden Mondzyklen standen. Und warum die Genien der Merkurzone und der Venuszone auf ganz bestimmten Abschnitten der Ekliptik zu orten sind, lässt sich logisch nicht nachvollziehen. Die quabbalistische Tradition versuchte zwar mit dem „Lebensbaum" die Hierarchie der Mächte und Kräfte analog den Planetenqualitäten verständlicher darzustellen, diese jedoch ohne astronomischen Hintergrund auf die Ekliptik zu übertragen, ergibt keinen Sinn.

Der Praktiker weiß, dass die Mächte und Kräfte aus den Planetensphären sehr deutlich über den täglichen Lauf der Planeten auf das irdische Geschehen einwirken und man umgekehrt ihre

* „Geschichte des Tierkreises", Robert Powell, www.astranova.com

jeweiligen Positionen als Tore in ihre Sphäre nutzen kann. So wie man sich in der Zeit des Vollmonds am leichtesten mit den Qualitäten der Mondzone verbinden kann, bieten die Planeten unabhängig von den nach Bardon angeführten Graden auf der Ekliptik über ihre tatsächliche Position Zugang in ihre Sphäre. Die Ekliptik, also die räumlich nachvollziehbare Sonnenbahn, beschreibt nur das sichtbare Band der Erdgürtelzone. Inwieweit, und wieso, sich darauf auch andere kosmische Mächte zeitlich und räumlich fokussieren, wird noch zu erforschen sein.

Abschließend noch eine Bemerkung zu Bardons Angaben für die Berechnung der 360 Genien. Er schreibt: „*Vom Sonnenaufgang herrscht alle vier Minuten ein anderer Vorsteher. Die ersten vier Minuten sind vom Sonnenaufgang jenem Vorsteher vorbehalten, der auf unserer Erde den größten Einfluss ausübt. Die nachfolgenden vier Minuten herrscht der zweite Vorsteher, dem dritten Vorsteher gelten weitere vier Minuten usw. In der jedem Vorsteher zustehenden Zeitspanne von vier Minuten ist er am leichtesten anrufbar, da ihn ein innigerer Kontakt mit unserer grobstofflichen Welt verbindet.*“

Der letzte Satz ist etwas irreführend. Man könnte ihn so auslegen, dass ein Vorsteher in diesen vier Minuten für jeden Ort auf der ganzen Erde gleichzeitig tätig ist und sich dann zurückzieht und dem nächsten das Feld überlässt, was aber im Widerspruch zu anderen Bemerkungen steht und andere Berechnungen erfordern würde. Logisch und astrologisch überlegt, wirken alle 360 Genien gleichzeitig. Der Aufgang wird auf den Äquator berechnet, denn dort steigt, im Unterschied zu anderen Breiten, tatsächlich alle vier Minuten ein neuer Grad der Ekliptik über den Horizont, und jener Vorsteher, der gerade im Aufstieg ist, hat den engsten Kontakt zur Erde unter sich. Nur so ist es möglich, dass die Vorsteher auch in nördlichen oder südlichen Breiten, wo ihnen am Aufstieg oft viel weniger als vier Minuten Zeit verbleiben würde, oder ihr Grad wie die Sonne einige Wochen lang überhaupt nicht über dem Horizont erscheint, trotzdem ihren Einfluss geltend machen können. Da ich viel Zeit im Norden verbringe, konnte ich mich selbst davon überzeugen, dass einem im Norden die unterschiedlichen Sphären der feinstofflichen Ebenen sogar weitaus näher sind als in den südlichen Ländern Europas und bestimmte astro-magische Wirkungen, die auf einen Längengrad zeitlich berechnet werden, nicht an bestimmte Breitengrade ortsgebunden sind.

Nach diesen Voraussetzungen habe ich dann auch den Thebaischen Kalender berechnet. Im Unterschied zum adonistischen Gestirnstundenbuch und dem originalen Thebaischen Kalender können meine Angaben ohne weitere Korrekturen für jeden der 365 Tage des Jahres verwendet werden. Es werden sich lediglich, wie ich bereits erwähnte, an manchen Tagen zu bestimmten Stunden Zeitverschiebungen ergeben, die bis zu einer Viertelstunde betragen können. Das liegt an den astronomischen Gegebenheiten, die jedes Jahr etwas anders sind. Um diese Fehler zu vermeiden, müsste man den Kalender für jedes Jahr Tag für Tag neu berechnen, was ein Aufwand wäre, der sich nicht lohnt. Für die magische Arbeit sind diese Abweichungen nicht von Bedeutung. Der mittlere Orbis, den ich jeweils wählte, passt für alle Jahre. Ich beginne, wenn nicht gerade eine „Begradigung" notwendig war, jeden neuen Tag, also 0 Uhr, mit dem vorangehenden Grad von 24 Uhr, und jede neue Stunde mit dem Grad, mit dem die vorangegangene Stunde endete, was im Original nicht der Fall ist. Den Anfang des Kalenders setzte ich auf den Frühlingspunkt der Tag- und Nachtgleiche, also den 21. 3. um 6 Uhr früh Mitteleuropäische Zeit, wenn für den Längengrad von Görlitz der 1. Grad Widder am Horizont erscheint, und nicht wie Quintscher, bei dem der Tag mit 18 Uhr und das Jahr mit 1 Grad Waage beginnen.

Würde man wie Quintscher einen schematischen Kalender mit 360 Tagen und 12 Monaten zu je 30 Tagen als Grundlage zur Berechnung der Genien verwenden, könnte man diesen nur schwer mit dem jeweiligen Jahreskalender in Einklang bringen. Quintscher geht in seinem 7. Lehrbrief bei der Berechnung der 28 Mondstationen, wo die gleichen Probleme auftauchen, selbst auf diese notwendigen Korrekturen ein. Aber da die Adonisten unabhängig vom Breitengrad und der Jahreszeit den Beginn des Tages auf 18 Uhr und den Beginn der Nacht auf 6 Uhr früh festlegten, stimmte zumindest der tägliche Sonnenaufgang ungefähr mit dem Sonnenaufgang am Äquator überein. Und da sie nicht nur den Tag mit der Nacht, sondern auch den Frühling mit dem Herbst vertauschten, deckten sich auch die Namen der Genien.

Ich bin jedoch wie Bardon der Meinung, dass man sich zu jeder Zeit mit jedem Geist verbinden kann, solange man seinen eigenen Geist unter Kontrolle hat. Wie mir ein Freund, der auch Bücher schreibt, kürzlich verriet, empfängt er seine besten Einfälle beim Joggen, Rasenmähen oder am Klo, ganz gleich welcher Vorsteher gerade in der Nähe ist. Trotz meiner jahrzehntelangen Beschäftigung mit den von Bardon und anderen religiösen und magischen Traditionen beschriebenen Engelscharen, Mächten und Kräften würde es mich nicht wundern, wenn die überlieferten Namen, Zuordnungen und Eigenschaften der Hierarchie samt den in Umlauf befindlichen Siegeln zwar ein logisches Ordnungssystem darstellen, aber nicht das einzig wahre Fundament der geistigen Ordnung repräsentieren. Hat doch jeder Kulturkreis andere Siegel, Namen und Vorstellungen von seinen Göttern und Genien.

Anders gesagt, ich könnte mir genauso denken, dass alles nicht stimmt und wir unsere magisch-mystischen Wahrnehmungen gemäß der „Formel des Nichts" – ich beschreibe sie in meinem Buch über Franz Bardon – einem gewaltigen kosmischen Placebo-Effekt zu verdanken haben. Ich hoffe, dass diese durchaus ernst gemeinte Feststellung nicht provoziert, sondern zu noch tieferem Nachdenken und Nachforschen über den eigenen Geist und seine Möglichkeiten anregt. Der Magier des 3. Jahrtausends muss sämtliche überlieferten und übernommenen Glaubensvorstellungen kritisch hinterfragen und sie lieber ablegen, als dass er Zweifelhaftes für richtig hält.

Bardons Genien und die Geister Abramelins

So besteht zwar kein Zweifel, dass die Namen, die Franz Bardon für die Vorsteher der Erdgürtelzone angibt, die gleichen sind wie die Geisternamen, die angeblich Abraham von Worms nach der Methode des Abramelin empfangen hat. Aber der diesen Wesen zugeschriebene Macht- und Einflussbereich unterscheidet sich wesentlich von Bardons Beobachtungen. Abramelins „Diener der Fürsten und Oberfürsten“ erscheinen neben Bardons Intelligenzen wie einfache Hilfsgeister.

Damit stellt sich die Frage, ob die Geister im „Buch Abramelin“ oder die Genien in Bardons „Evokation“ richtig beschrieben sind. Ich vertraue da eher den Erfahrungen des Franz Bardon als den mittelalterlichen Angaben aus Kopien von Kopien eines alten verschollenen Manuskripts. Vermutlich hat Bardon, so wie er es bei den anderen Intelligenzen praktizierte, auch die 360 Ebenen der Erdgürtelzone ohne Beschwörung der jeweiligen Vorsteher aufgesucht und danach seine Eindrücke beschrieben. Dass sich in der Praxis nicht immer alles so nachvollziehen lässt wie beschrieben, muss nicht allein am Unvermögen der heutigen Praktiker liegen. Es gibt auch sehr viele positive Erfahrungen. Während manche Freunde bei einigen Genien Enttäuschungen erleben, verzeichnen andere mit den gleichen Namen und Siegeln Ergebnisse, die sich weder mit Zufall noch mit magischem Placebo erklären lassen.

Meine Schwester zum Beispiel, die sich ihr Leben lang um Arme und Bedürftige kümmerte, hatte, obwohl sie sich überhaupt nicht mit Magie beschäftigte, mit dem Siegel des Alpason erstaunliche Erfolge. Einer ihrer Schützlinge (er war Alkoholiker), ein Afrikaner aus dem Dorf, in dem meine Nichte aus gesammelten Spenden einen Brunnen anlegte, hörte von einem Tag auf den anderen mit dem Trinken auf, obwohl er keine Ahnung hatte, was das auf Papier gezeichnete Siegel, das ihm meine Schwester schickte, bedeutete. Und das war absolut kein Einzelfall. Sie hat nach der Schutzengelbuch-Methode vielen

Bedürftigen nicht nur mit Geld, sondern auch mit dem Siegel des Alpason helfen können. Da darf man schon annehmen, dass es diesen, für gestrandete Trinker zuständigen Vorsteher tatsächlich gibt und dass dieser, ganz gleich wie er heißt, meiner Schwester bei ihrer Bestrebung, der verarmten Familie des Alkoholikers das Leben zu erleichtern, geholfen hat. Wer aufrichtig und selbstlos für andere tätig ist, wird von den entsprechenden Mächten wahrgenommen und, wenn es karmisch möglich ist, unterstützt. Viele meiner Leser haben ähnliche Erfahrungen gemacht.

Auch meine persönlichen Erfahrungen mit den Siegeln der Vorsteher und die Erlebnisse meiner Freunde mit den Amuletten, die ich für sie anfertigte, bestätigen Bardons Angaben. Trotzdem schließe ich nicht aus, dass die oft verblüffende Wirkung der Siegel genauso gut den Elementalen zu verdanken sein kann, die bei der Herstellung, Weihe oder beim bewussten Gebrauch eines Amuletts ins Leben gerufen werden.

Das würde bedeuten, dass einiges aus dem Manuskript, das man Abraham von Worms zuschreibt, nicht stimmt und gar nicht aus seiner Feder stammt. Denn während jene Abschnitte, die direkt an seinen Sohn Lamech gerichtet sind, ungemein vernünftig klingen, sind andere Teile des Buches ganz im Sinn der damals zirkulierenden Zauberbücher verfasst und erinnern mehr an das „6. und 7. Buch Moses“ und „Doctoris Faustis Höllenzwang“ als an das Werk eines erfahrenen Magiers. Abraham von Worms’ Belehrungen spiegeln ansonsten die Einsichten eines weisen Praktikers. Seine Kritik am Aberglauben der Planetenstunden oder die für die damalige Zeit recht unkonventionelle Meinung, dass das Zitieren von Geistern mit magischen Formeln und richtiges Beten nicht an vorgeschriebene Texte, sondern an die sie begleitenden Gedanken und Vorstellungen gebunden sind, könnte direkt von Franz Bardon stammen und gehört bereits zum Gedankengut des 3. Jahrtausends.

Es ist also Unsinn, wenn Franz Sättler, der sich genauso wie Quintscher mit dem „Buch Abramelin“ beschäftigte, behauptet,

Abraham von Worms habe den Text zur Anrufung Adonays absichtlich entstellt. Diese Hymne hat es in Wahrheit gar nicht gegeben. Wie H. T. Hakl in seiner Einführung zur Neuauflage von Sättlers Buch „Der Adept“* ausführte, hat Sättler diesen Text vermutlich selbst kreiert. *„Seine* (Sättlers) *längeren ‚chaldäischen‘ Texte wie der ‚Hymnos an Adonis‘ lassen noch viel deutlicher erkennen, dass Sättler einfach eine semitische Sprache aus Hebräisch, Arabisch, und ‚rekonstruiertem‘ Phönizisch zusammengebastelt hat. Besonders auffallend für den Sprachkundigen ist dabei, dass Sättler fast nur einfache Substantiva und Verba in einer einzigen absoluten Form konstruiert hat, die praktisch ohne Grammatik aneinandergefügt werden. Bei einer tatsächlichen, gewachsenen Sprache wäre so etwas völlig unmöglich. Allein diese sprachliche Analyse zeigt also, dass es sich bei den ‚heiligen‘ Büchern des Adonismus nur um sättlerische Einfälle handeln kann.“*

Wer den angeblichen Originaltext, den Sättler in seiner „Zauberbibel“ sowohl in „Chaldäisch“ als auch auf Deutsch wiedergibt, mit den schlichten Worten des Abraham von Worms vergleicht, erkennt sofort, welches die wirksamere Formel ist. Das gleiche gilt für die schwülstige Anrufung, die Aleister Crowley für die „Operation der Heiligen Magie von Abramelin“ anwendete, um in Kontakt mit seinem „heiligen Schutzengel“ zu kommen. Nachzulesen in „Liber Samekh“, Theurgia Goetia Suma (Congressus cum Daemone) sub figure DCCC.

Wir wissen weder, wer Abraham von Worms war, noch wer hinter seinem angeblichen Lehrer Abramelin steckt und ob es diese Personen überhaupt gegeben hat. Wenn ich trotzdem im ANHANG 1 und ANHANG 2 dieses Buches auf Abraham von Worms verweise, so nicht um meinen Lesern die zeitaufwendige Praktik des Abramelin zu empfehlen. Das ist auch gar nicht mehr nötig, denn die fehlenden Siegel sind ja bereits bekannt. Ich möchte vielmehr zeigen, dass das geheime Wissen, das von

* „Der Adept“, AAGW Verlag

Generation zu Generation weitergegeben wird, nicht kritiklos hingenommen werden darf. Und ich hoffe, dass sowohl Mathers' als auch meine persönlichen Erfahrungen mit der Magie des Abramelin die Existenz geistiger Mächte dokumentieren und zu erhöhter Vorsicht bei der Arbeit mit dem Geist und mit geistigen Wesen führen.

Quellen: Das Archiv des Prof. Dr. Adolf Hemberger

Das aus der Bardon-Quintscher-Sättler-Gruppe stammende Studienmaterial, das Prof. Hemberger zusammengetragen hat, umfasst einige Tausend Seiten. Wie weit auch Franz Bardons Kenntnisse und Erfahrungen in diese Lehrbriefe einflossen, ist nicht bekannt. Quintscher leitete Freunde und begabte Schüler zu Experimenten an und verwendete deren Erkenntnisse für seine eigenen Forschungen. Das geht aus vorhandenen Briefen eindeutig hervor. Daneben, so behauptet er jedenfalls, wurde ihm sein Wissen von den Urintelligenzen *„Asamark und Aschmunadai"* anvertraut. Tatsächlich jedoch stammt das meiste in Quintschers Lehrbriefen von Dr. Franz Sättler, der sich auf chaldäisch- babylonische und phönizische Schrifttafeln, Schriftrollen und Manuskripte beruft, *„die im Bit Nur dem Tempel und Klosterheiligtum von Nuristan verwahrt werden"*. Da man ganz ähnliche Praktiken, Formeln und Tabellen auch in den Zauberbüchern des Mittelalters finden kann, ist nicht auszuschließen, dass Dr. Sättler, obwohl er tatsächlich einige orientalische Sprachen beherrschte, seine Erkenntnisse aus diesen Büchern übernahm.

Die exakt gleichen Namen, die Quintscher den Genien des Saturn zuordnet, haben die jüdischen Quabbalisten als Mächte über die 12 Tierkreiszeichen gesetzt, und auch die Namen der 72 Genien, die Quintscher der Merkurzone zuordnet, kommen in Wahrheit aus der hebräischen Tradition, stammen aus der Bibel, hinter der „der andere", von den Adonisten verteufelte Gott stand, und waren den Quabbalisten lange vor Sättler und Quintscher bekannt. Das gleiche gilt für die Namen der Mondstationen und der Genien, die hinter diesen Orten stehen, auch sie wurden bereits von Agrippa und anderen Autoren genannt. Woher der Adonismus, den Sättler auf die Tradition der Phönizier zurückführt, tatsächlich stammt, ist schwer nachvollziehbar.

Die vorhandenen Manuskripte aus Hembergers Archiv sind nur zum Teil Originale, das meiste sind Abschriften mit den typischen Abschreibfehlern, wobei sich die Inhalte mancher Texte mit ihrer ursprünglichen Form nicht decken. Quintschers Lehrbriefe hatten, je nach Erscheinungsjahr, unterschiedliche Namen und Textfassungen. Den größten Teil des Archivs hat Hemberger, der sich wie kein anderer dem Ursprung der Lehren Sättlers und Quintschers widmete, mühsam zusammengetragen oder geborgt und von Studenten kopieren oder abschreiben lassen, ehe er sie retournierte, dabei sind weitere Fehler passiert. Man darf nicht vergessen, dass es damals die heute gebräuchlichen Kopiergräte noch nicht gab und die Texte und Siegel abgetippt und abgezeichnet werden mussten. Die Siegel der Ober- und Unterfürsten Luzifer, Satan, Belial usw. aus Quintschers 11. Lehrbrief, die Hemberger in „Pansophie und Rosenkreuz“ veröffentlichte, hat er, offensichtlich in größter Eile, auf unterschiedliche Papierfetzen und Kartonreste hingekrixelt (mir liegen diese „Originalabzeichnungen“ vor), so dass nicht zu verwundern ist, wenn dabei Fehler unterlaufen sind.

Es ist auch nicht immer erkennbar, was Kopien von Kopien sind und was von Originalen stammt. In „Der Königsweg des Adonis“ zum Beispiel vermischt Hemberger persönliche Tagebuchaufzeichnungen des Silias mit dessen handschriftlichen Kopien von Quintschers Lehrbriefen und einem Text, der eindeutig aus Bardons „Weg zum wahren Adepten“ stammt, ohne das zu vermerken, so dass die einzelnen Verfasser nicht ersichtlich sind. Auch von den umstrittenen Vorstehern der 12 Tierkreiszeichen, die Bardon der Jupitersphäre zuordnet, existieren nur die Handabschriften von Silias und Kabelak und nicht das Original. Ähnliche Unklarheiten findet man auch in den anderen losen Manuskripten und einschlägigen Bänden, die Hemberger in kleinster Auflage von wenigen Stück für seine Freunde und unsere Forschungsloge vervielfältigen ließ. 36 Bände liegen in der Bibliothek der Justus-Liebig-Universität in Giessen auf, einige der hektographierten Manuskripte wurden für Forschungszwecke im „Archiv hermetischer Texte“ neu aufgelegt.

So wertvoll Hembergers Sammlung für die magische Praxis auch ist, da nur wenige Originalmanuskripte vorhanden sind, lässt sich damit nicht herausfinden, wer was wann erdacht und beschrieben hat. Eine wissenschaftliche Quellenforschung ist damit schwer möglich. Aber darum ging es Hemberger nicht. Er war Praktiker, ein echter Dr. Faustus des zwanzigsten Jahrhunderts. Er wollte der modernen Wissenschaft auch jene Mächte und Energien vor Augen führen, die nicht Maschinen und Computer, sondern den Geist, der imstande ist, Maschinen und Computer zu ersinnen, bewegen. Für ihn war die Welt des Geistes und der Geister genauso real wie die Welt der Materie.

Wer wirklich ernsthaft diese geistigen Mächte erforschen will, muss sich mit dem lebendigen Geist, den er als Quelle in sich trägt, auseinandersetzen und eigene Erfahrungen sammeln.

Statt Bücher zu horten und die Meinungen anderer miteinander zu vergleichen, kann man, vom alten Gedankengut angeregt, neue, vom Geist der Zeit befruchtete Gedanken bilden und sich selbst von der Macht und Kraft des Geistes überzeugen. Wenn ich rückblickend überlege, was mir das Sammeln und Studieren der staubigen Manuskripte aus geheimen Archiven schlussendlich brachte, und wenn ich meine Freunde beobachte, die noch immer damit beschäftigt sind, Texte hermetischer Schriften zu analysieren, und die Weisheit in der Vergangenheit statt in der Zukunft zu finden hoffen, kann ich nur sagen: Zeitdiebstahl. Ich empfehle meinen Lesern das, was auch Hemberger bei seinem letzten Besuch in Wien, als er vor meiner umfangreichen Bibliothek stand, meiner Frau empfahl:

***„Kümmere dich nicht um diese Bücher und Schriften,
geh lieber in den Wald, in die Berge, in die Stille,
betrachte die Natur, die Spechte im Garten,
den Himmel und dich selbst.“***

MAGIE UND MYSTIK IM 3. JAHRTAUSEND

Esoterik darf nicht unlogisch werden. Selbst die höchsten Eingeweihten verstehen die stoffliche Welt nicht in allen ihren Dimensionen. Die hermetische Wissenschaft wäre sonst schon längst viel weiter, wenn die Adepten, die sich inkarnieren, alles über das Diesseits und Jenseits wüssten. Das Wissen über die feinstofflichen Ebenen und Sphären und den Einfluss, den die Engel und Geister auf die Menschheit ausüben, ist noch immer stark von Aberglaube und religiösen Vorstellungen geprägt. Trotz Wissenschaft, Aufklärung und Esoterik werden wir mit Glaubens- und Jenseitsvorstellungen konfrontiert, welche die Menschen eher in die Irre führen und unterdrücken, statt ihre geistige Entfaltung und Eigenständigkeit zu fördern.

Die eigentliche Befreiung kam erst mit den Erkenntnissen, die am Beginn dieses Jahrtausends erlangt wurden und die ich in meinen Büchern der „MAGIE UND MYSTIK DES 3. JAHRTAUSENDS" zusammengefasst habe.

Die Erkenntnis, dass die Elementale und Elementare, also die Gedankenbilder und Gefühlsenergien, die Wesenszellen und Wesensglieder sowohl der Menschen als auch der Götter und Genien bilden, deckt die Verbindungen auf, die zwischen den Geistern der feinstofflichen Ebenen und dem Menschengeist bestehen. Erst diese Einsicht erklärt den selbstregulierenden Mechanismus, über den man durch seine Vorstellungen und Gefühlsregungen mit den feinstofflichen Wesen verbunden ist. Erst jetzt wird klar, wie man über eine geschulte Vorstellungskraft die Mächte und Kräfte der Genien benützen und wie man sich dank der gezielten Entwicklung bestimmter Eigenschaften ihrem Einfluss entziehen kann.

Meine Bücher liefern damit erstmals ein logisches, verständliches Denkmodell, das die Menschen über den Rang und die

Position der geistigen Mächte aufklärt und nicht nur eine Zusammenarbeit, sondern auch eine Loslösung aus dieser Verbindung in Aussicht stellt. Bardon lehrt, dass die Geister der Hierarchie dem Menschengeist zwar an Wissen und Fähigkeiten überlegen sind, jedoch nur auf ihrem speziellen Gebiet. Während ein Mensch in sich sämtliche Ebenen und Sphären aller Genien vereint, bleibt die Macht und Kraft dieser Wesen auf ihre jeweilige Sphäre und Aufgabe beschränkt.

Wenn wir an einen Schöpfergott glauben und lesen, was über ihn geschrieben steht, so hat er zwar die Welt und den Menschen erschaffen, sich dann aber zurückgezogen und aufs Ohr gelegt. Das erklärt vielleicht den katastrophalen Zustand unseres Planeten, aber nicht den überragenden Geist des Menschen, der heute auf dieser Erde lebt. Schuf Gott den Neandertaler, oder Einstein, Bill Gates und Karajan? Der Geist und der Intellekt des Menschen haben sich erst in den letzten tausend Jahren so richtig entfaltet. Das bedeutet, die Schöpfermacht hat zwar neben der genialen Hardware unseres physischen Universums eine phantastische Software für die mentale Entwicklung des Menschengeistes vorgesehen und programmiert, aber verwendet wird dieses Evolutionsprogramm von den noch aktiven Genien der Hierarchie, von den Intelligenzen, die nicht ruhen. Sie sind es, die den Schöpfungsplan ausführen, überwachen und korrigieren, also den Rechner bedienen.

Aber wie lange noch werden diese „Engel“ und Geister die Menschen inspirieren und bei ihrer Vervollkommnung behilflich sein? Stimmt die Geschichte vom Turm zu Babel, so würde das eher darauf hinweisen, dass zumindest die als Elohim bezeichneten Wesen gar nicht wünschen, dass die Menschenwesen eine Eigenständigkeit entwickeln und ihnen über den Kopf wachsen. Im Gegenteil, sie versuchten das sogar zu verhindern, indem sie *„die gemeinsame Sprache verwirrten und sie in alle Welt zerstreuten“*.

Manchen meiner Leser erscheint die Feststellung, dass die Menschen von den Genien und Göttern als „Melkkühe“ benützt werden, erschreckend und sie lehnen diese These ab. Sie übersehen dabei, dass gerade diese Art der Beziehung auf einer Wechselwirkung beruht, bei der auch die Menschen von diesen feinstofflichen Mächten profitieren. Man muss die Verbindung als Symbiose sehen, die man überall, wo es Leben gibt, beobachten kann. Zwischen den geistigen Wesen und den Menschen besteht eine ähnliche Verbindung wie zwischen dem ICH BIN des Menschengeistes und den Elementalen, die sein Bewusstsein tragen. Angeblich entstanden die ersten lebenden Zellen auch erst, als sich zwei Bakterien, die einander ideal ergänzten, weil jedes Bakterium ein anderes für das Leben und Überleben nötige Element produzieren konnte, miteinander verbanden. Das funktionierte einige Milliarden Jahre lang ganz gut. Aber je komplexer und schlauer die Organismen wurden, umso egoistischer und brutaler gebärdeten sie sich. Inzwischen gilt die Regel: Der Stärkere frisst den Schwächeren. Im Reich der Menschen ist es heute nicht viel anders. Betrachtet man die moralische, ökonomische und ökologische Situation, so steht die Welt vor einem Abgrund.

Nach dem hermetischen Gesetz: „Wie oben, so unten" spiegelt sich auf der grobstofflichen Ebene das, was auch auf den feinstofflichen Ebenen vorhanden ist, und umgekehrt. Wir haben zwar ein ökologisches System, das die Natur im Gleichgewicht hält, wir pflegen soziale Werte und schufen ordnende Gesetze, aber die wenigsten halten sich daran. Das ökologische System ist dabei zu kippen, die sozialen Errungenschaften lösen sich auf, und an die moralischen Gesetze hält sich kein Schwein. Da stellt sich schon die Frage: Wer hat uns dorthin geführt?

Neben den Vorstehern, Genien und Intelligenzen werden wir auch noch mit den Göttern, Schemen und Phantomen konfrontiert, die durch das Menschendenken entstanden sind. Mit Göttern meine ich das, was die Gläubigen in ihrer Phantasie aus der Vorstellung eines „Allmächtigen Baumeisters aller Welten und Wesen" gemacht haben und für Gott halten. Wer versucht, sich von dieser unfassbaren Macht ein Bild zu machen, sie in einem Gedanken, einer Vorstellung oder einem Gefühl zu erfassen, erschafft unweigerlich ein Phantom.

Betrachtet man die unterschiedlichen Religionen, Kulturen und Konfessionen, so finden wir in der Tat eine ganze Menge höchst unterschiedlicher Wesen, die als Gott verehrt und angebetet werden, aber in Wahrheit nichts anderes als von Menschen geschaffene Hirngespinste sind. Hirngespinste, die, vom Denker losgelöst, sich mit Millionen gleicher Gedankenformen zu machtvollen geistigen Komplexen verbinden, die miteinander konkurrieren und ihre Anhänger in den Wahnsinn heiliger Kriege stürzen. Die ihren Gläubigen sinnlose Opfer abverlangen, sie in Angst und Schrecken versetzen und zu demütigen Bittstellern degradieren. Das ist wie mit den aktiven Genien der Hierarchie, den Engeln, Heiligen und Idolen, die verehrt und angerufen werden. In der Regel hat man es auch bei ihren Manifestationen, ganz gleich ob sie einem helfen oder einen täuschen, nicht mit den angerufenen Wesen, sondern nur mit den Schemen der Vorstellungen, die man sich von ihnen gemacht hat, zu tun. Die Erfahrung zeigt, dass die Menschen nicht nur den wahren Schöpfermächten, sondern auch den Nachbildungen, die sie durch ihre Gedanken erschaffen, unterlegen sind.

Es ist daher kein Fehler, wenn man den „Göttern" misstraut und ihnen mit Vorsicht gegenübertritt. Und es ist erst recht kein Fehler, wenn man sich immer wieder die Frage stellt und astrologisch untersucht, welcher Geist gerade in der Nähe ist und einen zum Denken, Fühlen und Handeln inspiriert. Das ist der erste Schritt, der einem Selbständigkeit verleiht und einen bewusst als Geistwesen agieren lässt. Hier beginnt die Arbeit mit dem Geist. Hier beginnt das magische Erwachen. Hier beginnt der Weg zum wahren Adepten, den Franz Bardon in seinen Büchern beschreibt.

Mögen meine Bücher der Magie und Mystik diesen Weg erhellen und Stärke geben auf dem Weg zu einem wachbewussten ICH. Mögen meine Gedanken dazu beitragen, dass das Motto der Wegbereiter zum Motto der Suchenden wird:

DIENE DER MENSCHHEIT,
SEI JEDOCH NICHT IHR DIENER.

Motto der Rosenkreuzer

Dem fügen wir hinzu:

ACHTE DIE GENIEN.
BEHERRSCHE DICH SELBST.

DIE ANWENDUNG DES THEBAISCHEN KALENDERS

Am 21. März um 6 Uhr früh wahre Ortszeit steigt der erste Grad der Ekliptik, den wir mit 1° Widder bezeichnen, für alle Breitengrade der jeweiligen Zeitzone gleichzeitig auf. Danach verschiebt sich jeden Tag der aufgehende Grad der Ekliptik um vier Minuten, aber nur am Äquator, in anderen Breiten sind es je nach Jahreszeit etwas mehr oder weniger. Diese Differenz summiert sich aber, so dass im weiteren Verlauf des Jahres der aufsteigende Grad des Ortes nicht mehr mit dem aufsteigenden Grad am Äquator übereinstimmt. Auch die Sonne geht dann, je nach Jahreszeit und Breitengrad, auf der südlichen und nördlichen Seite unserer Erde wesentlich früher oder später, oder gar nicht, auf.

Da die Vorsteher der Erdgürtelzone für den ganzen Erdball gleichermaßen tätig sind, muss man, um ihren Standort rechnerisch richtig zu erfassen, ihren Aufgang auf den Äquator projizieren. Diesen Voraussetzungen entsprechend wurde der Thebaische Kalender berechnet. Da es aufgrund bestimmter astronomischer Gegebenheiten in bestimmten Zeiten zu Abweichungen kommt, wählte ich als Durchschnittswert einen mittleren Orbis, der für alle Jahre passt.

Für die Praxis spielt es nach meiner Erfahrung keine Rolle, ob ein Grad zehn Minuten früher oder später aufgeht. Für eine erfolgreiche Begegnung muss man sich sowieso mindestens eine Stunde Zeit nehmen und in dieser Zeitspanne kommt es automatisch zu einer Berührung mit dem entsprechenden Grad. Der Einfluss eines Vorstehers ist ja nicht auf diesen einen Moment beschränkt, sondern überschneidet und vermischt sich mit dem Einfluss der anderen Genien und erstreckt sich über die ganze Welt.

Für die magische Arbeit hat die Exaktheit der Berechnungen also keine größere Bedeutung. Viel wichtiger als die zeitliche und räumliche Übereinstimmung ist die mentale Einstimmung auf die Eigenschaften der jeweiligen Intelligenz.

Die Zuwendung beginnt bereits mit den Berechnungen und der Beschreibung von Ziel und Zweck der geplanten Arbeit. Wer dazu einen PC verwendet, verzichtet auf eine wertvolle Möglichkeit der Annäherung. Zu glauben, man könne Magie durch einen Computer vereinfachen und automatisieren, ist schlimmer als der mittelalterliche Aberglaube mit seinen grotesken Auswüchsen. Eine bewusste Kontaktaufnahme mit Wesen aus anderen Sphären erfordert, neben den nötigen Kenntnissen und Fähigkeiten, auch die Verinnerlichung und Vergegenwärtigung der Qualitäten des Wesens, das man ansprechen will. Man muss sich jedes Mal darauf vorbereiten, darauf einstellen, darauf konzentrieren. Dass man sich die Mühe macht, einige astronomische Überlegungen anzustellen und so die irdische Konstellation der Genien konkretisiert, ist da wohl der geringste Aufwand. Man richtet damit seine Gedanken und Vorstellungen noch gezielter auf das Vorhaben aus und bereitet den Geist auf den Ort und die Zeit der Begegnung vor.

Da es zu umfangreich wäre, für jeden Tag alle 360 Genien anzugeben, wurden die aufsteigenden Grade von jeweils einer Stunde zusammengefasst. Der eigentliche Zeitpunkt kann leicht abgeschätzt werden, indem man für jeden Grad, den die gewünschte Intelligenz nach Beginn der angeführten Stunde aufscheint, vier Minuten nimmt. Wer den aufsteigenden Grad ganz exakt wissen will, muss mittels Ephemeride, Häusertabelle und Straßenkarte den auf seinen Längengrad bezogenen Aszendenten, aber für 0° Breite, also für den Äquator berechnen.

Der Thebaische Kalender ist für die Mitteleuropäische Zeitzone, MEZ, berechnet. Das ist die wahre Ortszeit für den 15. Längengrad. Liegt ein Ort westlich davon, sind für jeden Längengrad vier Minuten abzuziehen, denn nicht nur die Sonne, auch der Längengrad geht dort entsprechend später auf. Liegt er östlich davon, rechnet man für jeden Grad vier Minuten dazu, denn dort ist sowohl die Sonne als auch der im Kalender angeführte Längengrad entsprechend früher aufgestiegen.

In der TABELLE 3 (Seite 175) sind einige größere Städte und die Minuten angegeben, die man, je nachdem ob sie sich westlich oder östlich vom 15. Längengrad befinden, abziehen oder dazuzählen muss. Den Zeitunterschied der Orte, die nicht angeführt sind, kann man sich mit Hilfe einer Straßenkarte leicht selbst berechnen.

Andere Zeitzonen. Wenn sich der Ort, an dem man sich befindet, in einer anderen Zeitzone befindet, ist das natürlich zu berücksichtigen. Will man zum Beispiel in London eine Invokation durchführen, so muss man von der im Thebaischen Kalender angegebenen Zeit eine Stunde abziehen, also die Mitteleuropäische Zeit in Westeuropäsche Zeit umwandeln. Denn wenn es in London nach der WEZ sechs Uhr morgens ist, ist es nach der MEZ, auf die der Kalender berechnet ist, bereits sieben Uhr. In Moskau dagegen wird man umgekehrt eine Stunde dazuzählen, damit man von der Mitteleuropäischen Zeit auf die Osteuropäische Zeit kommt. Denn wenn es in Moskau sechs Uhr morgens ist, ist es nach der MEZ erst fünf. Erst dann ist die wahre Ortszeit zu bestimmen und der entsprechende Grad dem Kalender zu entnehmen.

Das gleiche gilt für die Sommerzeit. In den Monaten, in denen Sommerzeit verwendet wird, muss man die Stunde, um die man die Uhr bei der Einführung der Sommerzeit vorstellte, wieder abziehen, um auf die MEZ, für die ja der Thebaische Kalender berechnet ist, zu kommen. Das bedeutet, dass man für die Berechnung einer Invokation zu der im Thebaischen Kalender angeführten Uhrzeit, in der ein gewünschter Vorsteher wirksam ist, ebenfalls eine Stunde dazuzählt.

Es gibt zwei Möglichkeiten, den Thebaischen Kalender zu nutzen:

- Man kann erstens rasch ermitteln, welcher Vorsteher der Erdgürtelzone gerade in der Nähe und für einen wirksam ist.

- Und zweitens lässt sich damit leicht feststellen, wann man eine bestimmte Intelligenz, oder deren Eigenschaften, am leichtesten erreichen kann.

Man fragt sich oft: Wie komme ich bloß auf diesen Gedanken? oder: Warum kam mir das gerade jetzt in den Sinn? Ich konnte beim Schreiben immer wieder bemerken, dass bestimmte Einfälle mit den Genien übereinstimmten, die gerade über die Erdgürtelzone wirksam waren. Man kann für diese Untersuchungen einen Umkreis von fünf Grad in Betracht ziehen. So sehr ich computerberechnete Horoskope verabscheue und aus magischen Gründen mit Ephemeride und Häusertabelle alle Horoskope selbst berechne und zeichne, die Astro-Uhr auf meinem Laptop verwende ich, wenn ich schreibe, mehrmals am Tag. Ich kann so, wenn ich eine Inspiration habe, sofort den gerade aufsteigenden Grad ablesen. Dabei konnte ich feststellen, dass nicht nur die auf 0° Breite wirkende Intelligenz, sondern in manchen Fällen auch jener Vorsteher, der gerade am Aszendenten der Breite des Ortes aufstieg oder am MC stand, ebenfalls stärker wirksam war. Man sollte auch diese sensiblen Grade beachten und sich über die gemachten Erfahrungen Notizen machen.

Wenn zum Beispiel ein Kaufmann die Idee bekam, einen bestimmten Geschäftspartner anzurufen, um diesem einen Vorschlag zu unterbreiten, und er weiß, es war gerade Kofan oder Aspadit oder Iserag am Aszendenten, oder an dem Ort, wo sich in seinem Horoskop der Jupiter oder das MC befindet, so kann er annehmen, dass sich das Vorhaben erfolgreich realisieren lässt.

Hauptsächlich wird man den Thebaischen Kalender jedoch verwenden, um die besten Zeiten für die Planung oder Durchführung profaner Vorhaben oder magisch-mystischer Arbeiten zu berechnen.

Nehmen wir an, man möchte die Fähigkeit für Mental- und Astralreisen stärker entwickeln und sogenannte außerkörperliche Erfahrungen sammeln. Als Initiator kommt in erster Linie Ebaron, 27° Wassermann, in Frage. Man findet im Thebaischen

Kalender für jeden Tag die Uhrzeit, in der 27° Wassermann im Aufstieg sind, und kann danach den Termin für eine bewusste Kontaktaufnahme mit der Ebene bestimmen.

Stehen bei einem Thema mehr als eine Intelligenz zur Auswahl, wählt man sich am besten jene Intelligenz, die einem persönlich näher steht, was aus dem Horoskop ersichtlich ist. Hat man zum Beispiel seinen Aszendenten oder die Sonne oder den Mond im Zeichen einer der in Frage kommenden Genien, oder in der Nähe des gesuchten Grades, dann wird man sich an diesen Vorsteher wenden. Man ist dann mit den Urqualitäten der Ebene besser vertraut und kann sich leichter auf den Geist seiner Sphäre einstellen.

In der TABELLE 2 (Seite 170) habe ich die Eigenschaften und Aufgaben einiger Genien, deren Siegel ich im Laufe meiner langjährigen hermetischen Arbeit erprobte, herausgeschrieben. Die Angaben stammen von Franz Bardon und haben sich in der Praxis immer wieder bestätigt. Ich empfehle dem Leser, Bardons Beschreibung der 360 Genien genau zu studieren und die für ihn wichtigen Eigenschaften zu unterstreichen. Er wird dabei wertvolle Erkenntnisse schöpfen und bei Bedarf sofort einen Schlüssel zur Verfügung haben.

Die Praxis

Auch wenn es sich nicht um eine Beschwörung im Sinne einer magischen Evokation handelt, sollte man die entsprechenden Kapitel, ab Seite 67, in Bardons Werk „Praxis der magischen Evokation“ nochmals studieren und die Ratschläge beherzigen.

Eine gründliche Vorbereitung ist für alle hermetischen Arbeiten notwendig. Dazu gehört die schriftliche Fixierung der einzelnen Punkte der beabsichtigten mystischen Invokation. Man notiert sich also:

- **Themenbereich:** zum Beispiel, Gesundheit, Harmonie, Liebe, Erfolg usw.

- **Zweck der Arbeit:** Erkenntnisse über ein bestimmtes Gebiet sammeln, bestimmte Fähigkeiten erlangen, Liebeszauber, Fernheilung, Ladung eines Siegels oder eines Amuletts.
- **Hilfsmittel:** Beschreibung, eventuell Bereitstellung des Siegels, Amuletts, oder der magischen Geste, die man sich als Bewusstseinsstütze zur Hervorrufung der Eigenschaft zu einem späteren Zeitpunkt wählt.
- **Name der Intelligenz**
- **Siegel**
- **Zeitpunkt des Grades.** Dazu stellt man die Uhrzeit fest, in der der Grad des Vorstehers im vorgesehenen Monat aufgeht.
- **Astrologische Qualitäten.** Also: Element, Tierkreiszeichen und herrschender Planet.
- **Beginn und Ende der Arbeit**. Man bestimmt einen geeigneten Tag sowie Beginn und Ende der Meditation.
- **Namen der Teilnehmer und des „Wortführenden Meisters“,** falls man die Arbeit nicht allein durchführt.

Ich möchte nochmals darauf hinweisen, dass die Beachtung der astrologischen Konstellationen, besonders in Verbindung mit dem persönlichen Horoskop, für die Praxis der mystischen Invokation von großer Bedeutung sein kann. Eine Genien-Meditation zur falschen Zeit, auch wenn die gewünschte Intelligenz richtig berechnet wurde, kann mehr Nachteile als Vorteile bringen.

Man geht nicht in die Stille, wenn gerade mächtige Spannungsaspekte auf einen einwirken. Mit einem erregten oder bedrückten Bewusstseinszustand würde man die falschen Signale aussenden und der Stimmung entsprechend Wesen und Elementargeister aus diesen negativen Sphären in seine Nähe rufen. Auch wenn es einem nur wie eine harmlose Meditation erscheint, jedes Gebet, jede Entspannungsübung, jede Beschäftigung mit dem Geist, sowohl mit dem eigenen als auch mit fremden geistigen Mächten, ist ein magischer Akt, der Kräfte freisetzt und den Geist empfänglich macht.

Beispiele

Angenommen, man möchte zur Stärkung der Willenskraft eine Sucht oder schlechte Gewohnheit bekämpfen. Dafür zuständig ist IVAR, der Vorsteher von 3° Löwe.

Um welche Uhrzeit ist IVAR am 30. Januar in Wien am besten erreichbar? Wann gehen für den Längengrad von Wien 3° Löwe auf?

Am 30. Januar gehen von 17 bis 18 Uhr am 15. Längengrad die Grade: 22° Krebs bis 6° Löwe auf. (22°♋ – 6°♌ : Seite 187)
Zeitkorrektur für Wien ist minus 5 Minuten. (Seite 175) (Minus 5 Minuten, weil Wien östlich vom 15. Längengrad liegt)
Zeitkorrektur für 3° Löwe ist minus 12 Minuten. (Alle 4 Minuten geht ein neuer Grad auf. 3° Löwe geht also um 12 Minuten früher auf als die angegebenen 6° Löwe – Differenz von 3° x 4 Minuten = 12 Minuten.)
Minus 5 und minus 12 ist minus 17 Minuten. Man zieht also von 18 Uhr, wo laut Kalender 6° Löwe aufgehen, 17 Minuten ab.
Das bedeutet,
<u>IVAR geht am 30. Januar in Wien um 17 Uhr 43 auf.</u>
Geeignete Zeit für eine Meditation wäre 17 Uhr 15 bis 18 Uhr 15.

Um welche Uhrzeit ist IVAR am 30. Januar in Kassel am besten erreichbar? Wann gehen für den Längengrad von Kassel 3° Löwe auf?

Am 30. Januar gehen von 17 bis 18 Uhr die Grade:
22° Krebs bis 6° Löwe auf.
Zeitkorrektur für Kassel plus 22 Minuten. (Plus 22 Minuten, weil Kassel westlich vom 15. Längengrad liegt)
Zeitkorrektur für 3° Löwe ist minus 12 Minuten.
Das ergibt insgesamt ein Plus von 10 Minuten.
Das bedeutet,
<u>IVAR geht am 30. Januar in Kassel um 18 Uhr 10 auf.</u>
Die geeignete Zeit für eine Meditation wäre etwa um 17 Uhr 40 bis 18 Uhr 40.

Welcher der 360 Gradvorsteher war in Wien am 30. 1. um 21 Uhr 02 wirksam?

Uhrzeit	21.02
Korrektur für Wien	plus 00.05
ergibt Zeit für Thebaischen Kalender	21.07

Am 30. 1. um 21 bis 22 Uhr findet man die Grade:
24° Jungfrau bis 10° Waage.
Es sind 07 Minuten nach 21 Uhr. Für je 4 Minuten ein Grad mehr, also gerundet plus 2 Grad, ergibt 26° Jungfrau: HYRMIUS.

Welcher der 360 Gradvorsteher war in Kassel am 30. 1. um 21 Uhr 02 wirksam?

Uhrzeit	21.02
Korrektur für Kassel	minus 00.22
ergibt Zeit für Thebaischen Kalender	20.40

Am 30. 1. um 20 bis 21 Uhr findet man die Grade:
7° Jungfrau bis 24° Jungfrau.
Es sind 40 Minuten nach 20 Uhr. Für je 4 Minuten ein Grad mehr, also plus 10 Grad, ergibt 17° Jungfrau: ROTOR.

Wie aus den Beispielen ersichtlich ist, geht in Kassel die Sonne um 22 Minuten später – in Wien um 5 Minuten früher – als in Görlitz auf. Daher wirken, trotz der gleichen Uhrzeit, in Wien und Kassel jeweils andere Intelligenzen. Der Unterschied beruht jedoch nur aufgrund der Zeitverschiebung wegen des Längengrades, nicht aber aufgrund der unterschiedlichen Breite, wie das bei der Berechnung des Aszendenten eines normalen Horoskops der Fall wäre.

Zur nachträglichen Feststellung, welcher Vorsteher zu einem bestimmten Zeitpunkt gerade wirksam war, wird sich der Thebaische Kalender weniger eignen. Die Berechnung des entsprechenden Horoskops geht genauso schnell und ist genauer. **Wenn man jedoch im Voraus die beste Zeit für eine Arbeit mit der Qualität einer bestimmten Intelligenz bestimmen will, ist der Thebaische Kalender eine unersetzliche Hilfe.**

TABELLE 1

DIE GRADE UND NAMEN DER 360 VORSTEHER DER ERDGÜRTELZONE NACH BARDON, ABRAHAM VON WORMS (in der Ausgabe von Johann Scheible), MATHERS, QUINTSCHER UND STEJNAR

Thebaischer Kalender – Widder

	Bardon	*A.v.Worms*	*Mathers*	*Quintscher*	*Stejnar*
1	Morech	Morech	Morel	Norech	
2	Malacha	Malach	Mulach	Nalacha	
3	Ecdulon	Ekdulon	Ekdulon	Eodukon	
4	Lurchi	Euschi	Chuschi	Luschi	Cuschi
5	Aspadit	Afpadit	Patid	Aspadil	Aspadit
6	Nascela	Nascelon	Nuthon	Nascela	
7	Opollogon	Ogologon	Ogilen	Opollogon	
8	Ramara	Ramarath	Ramaratz	Ramara	
9	Anamil	Amamil	Amaniel	Amamil	
10	Tabori	Taborix	Laboux	Tabori	
11	Igigi	Jgigi	Isigi	Jaigi	
12	Bialode	Bialod	Bialot	Bialode	Bialoth
13	Opilon	Opilon	Opilm	Opilom	
14	Jrachro	Yriatron	Elaton	Jrastra	
15	Golog*	Golog**	Golen	Golag	
16	Argilo	Argilon	Argilon	Argila	
17	Barnel	Barnel	Baruel	Baruel	
18	Sernpolo	Serupolon	Sorriolenen	Sorupola	
19	Hyris	Hyris	Irix	Jeyris	
20	Hahadu	Mahadul	Maisadul	Hahadu	
21	Oromonas	Oromonas	Horminos	Cromonas	
22	Bekaro	Bakaron	Bacraon	Bekaru	
23	Belifares	Belifares	Bilifares	Belifaras	
24	Nadele	Natales	Natalis	Nadale	
25	Yromus	Jromes	Tromes	Jronus	
26	Hadcu	Haokub	--	Hadcu	
27	Balachman	Balachman	Balaken	Balachucan	Balachman
28	Jugula	Zugula	Ugola	Jugula	Jugola
29	Secabmi	Secabmi	Sekabin	Secabeni	
30	Calacha	Calach	Galak	Lalacha	

* Siehe auch 11°♐, ** Siehe auch 11°♐, 24°♌

Thebaischer Kalender – Stier

	Bardon	*A.v.Worms*	*Mathers*	*Quintscher*	*Stejnar*
1	Serap	Serap	Saraph	Serap	
2	Molabeda	Molabed	Malutens	Nolabeda	
3	Manmes	Mannes	Mantiens	Namues	
4	Faluna	Fahma	Tasma	Faluna	
5	Nasi	Nasi	Najin	Nasi	Nasi
6	Conioli	Lomiol	Lomiol	Conioli	
7	Carubot	Larubos	Tarados	Larubot	
8	Jajaregi	Jgavog	Igarak	Jajaregi	
9	Orienell	Orienell	Orinel	Orinell	Orienell
10	Concario	Concavion	Corcaron	Concaria	Concarion
11	Dosom	Dosom	Tioron	Dosom	Dosom
12	Galago	Galagos	Gagalas	Galaga	Galagos
13	Paguldez	Paguldez	Daguler	Pagulduz	
14	Pafessa	Pafessa	Pafesla	Pafessa	Pafessa
15	Jromoni	Jromonis	Gromenis	Jromon	Jromonis
16	Tardoe	Taraoe	Araex	Tardoe	
17	Ubarim	Ubarim	Ubarin	Ubarim	
18	Magelucha	Maglech	Megalak	Nageluche	
19	Chadail	Chadayil	Madail	Chadail	
20	Charagi	Charag	Scharak	Charagi	
21	Hagos	Hagos	Hagog	Hagos	
22	Hyla	Hylar	Holba	Hyla	Hylara
23	Camarion	Camarion	Lamarion	Lamarion	
24	Camalo	Lamalon	Lamalon	Lamala	
25	Baalto	Baalhori	Balfori	Baaltori	
26	Amalomi	Amolom	Ambolon	Amalomi	
27	Gagison	Gagison	Gagison	Gagison	
28	Carahami	Caraham	Came	Larahani	
29	Calamos	Calamosy	Caromos	--	
30	Sapasani	Saposon	Sapason	Sapasani	

Thebaischer Kalender – Zwilling

	Bardon	*A.v.Worms*	*Mathers*	*Quintscher*	*Stejnar*
1	Proxones	Proxones	Proxosos	Proxenes	
2	Yparcha	Yparchos	Iparkas	Jparchi	
3	Obedomah	Obedomah	Obedama	Obedomah	
4	Padidi	Pakid	Pachid	Padidi	
5	Peralit	Peralit	Pareht	Peralit	
6	Isnirki	Ysmirk	Imink	Jsnirki	
7	Morilon	Morilon	Morilen	Norilon	
8	Golema	Goloma	Geloma	Golema	
9	Timiran	Tinira	Timira	Timiron	
10	Golemi	Oholem	Ethan	Goleni	
11	Darachin	Darachim	Darokin	Darachin	
12	Bagoloni	Vagalon	Ragalim	Bagoloni	
13	Paschy	Paschy	Pachel	Pzschy	
14	Amami	Amam	Aman	Amansi	
15	Pigios	Kigios	Rigios	Kigros	
16	Cepacha	Lepacha	Lepaca	Cpacha	
17	Urgivoh	Urgido	Urigo	Urgivoh	
18	Amagestol	Anagestos	Anagotos	Amageota	
19	Debam	Debam	Debam	Debam	
20	Kolani	Kolan	Kolam	Kolani	
21	Mimosah	Mimosa	Mimosa	Nimoseh	
22	Eneki	Eney	Onei	Eneki	
23	Corilon	Corilon	Corilon	Corilon	Corilon
24	Ygarimi	Ygarim	Igurim	Jgarme	
25	Jamaih	Jamai	Iamai	Jamaih	
26	Bilifo	Bilifot	Bilifor	Bilifoh	
27	Mafalach	Mafalach	Mafalac	Mafalack	Mafalach
28	Kaflesi	Kafles	Roffles	Kaflesi	
29	Sibolas	Sibolas	Sibolas	Sibolas	
30	Seneol	Semeol	Sermeot	Seneol	Semeol

Thebaischer Kalender – Krebs

	Bardon	*A.v.Worms*	*Mathers*	*Quintscher*	*Stejnar*
1	Nablum	Nabhi	Habhi	Nablum	
2	Nudatoni	Nudaton	Nuditon	Nudatoni	
3	Jachil	Jachiel	Sachiel	Jachiel	
4	Helali	Helel	Kelen	Heleli	
5	Emfalion	Emfatison	Emphastison	Emfalison	
6	Pliroki	Pliroki	Plirok	Pliroki	
7	Losimon	Losimon	Losimon	Lotimon	
8	Kiliki	Kilik	Kilik	Kiliki	
9	Oramos	Dramos	Dramas	Oramos	
10	Tarato	Tarato	Taret	Tarato	
11	Horomor	Horomar	Horanar	Horomor	Horomar
12	Tmako	Tmakos	Finaxos	Tmako	
13	Nimalon	Nimalon	Nimalon	Nimalon	
14	Camalo	Camal	Camal	Camalo	
15	Nimtrix	Nimirix	Nimerix	Nimitrix	
16	Kalote	Kalotes	Kolofe	Kalote	
17	Ysquiron	Ysquiron	Ischiron	Jsquiron	
18	Sikesti	Sigastir	Sikastin	Sikesti	
19	Abagrion	Obagrion	Abagiron	Abagrion	
20	Kibigili	Kiligil	Kiligil	Kibigili	
21	Arakuson	Arakuson	Amchison	Arakuson	
22	Maggio	Maggias	Maggid	Neggio	
23	Dirilisin	Diralisin	Diralisen	Dirilisin	
24	Akahimo	Akahim	Akium	Akahimo	
25	Aragor	Arogor	Arogor	Aragor	
26	Granona	Granon	Gramon	Granoma	
27	Zagol	Zagol	Zagalo	Zagol	
28	Mennolika	Memnolik	Menolik	Nemolika	
29	Forfasan	Forfason	--	Torfasan	Forfason
30	Charonthona	Charonton	Maranton	Charamthona	

Thebaischer Kalender – Löwe

	Bardon	*A.v.Worms*	*Mathers*	*Quintscher*	*Stejnar*
1	Kosem	Kosem	Hosen	Kosem	
2	Methaera	Methaer	Melhaer	Nethaera	
3	Jvar	Jvar	Acuar	Ivar	Ivar
4	Mahra	Marah	Parek	Nahra	
5	Paruch	Paruch	Paraseh	Paruch	
6	Aslotama	Afloton	Atloton	Aslotane	
7	Kagaros	Kagaras	Ragaras	Kagaros	
8	Romasara	Romosaf	Remoron	Romosara	
9	Anemalon	Anemalon	Amalin	Anemalon	
10	Tabbata	Tabbat	Dablat	Tabbata	
11	Ahahbon	Ahahbon	Abahin	Ahahbon	
12	Akanejonaho	Akanefomayos	Akanef (Omages)	Akanejonah	
13	Horog	Horog	Hauges	Horog	
14	Texai	Texai	Toxai	Texai	
15	Herich	Herich	Herg	Hevich	
16	Ychniag	Ychiagos	--	Jchniag	
17	Odac	Odac	Odax	Odac	
18	Mechebbera	Mechebber	Meklboc	Nechebbara	
19	Paschan	Paschen	--	Paschan	Paschan
20	Corocona	Corocon	Corodon	Gorocona	
21	Rimog	Rimog	Rimog	Rimog	
22	Abbetira	Abbedir	Abadir	Abbekira	
23	Eralicarison	Eralicarison	Licanen	Eralicarison	
24	Golopa	Golog	Dorak	Golopa	Golopa
25	Jgakys	Jpakys	Kipokis	Jgakys	Spakys
26	Pagalusta	Pagalust	Magalast	Pagalusta	
27	Ichdison	Jchdisem	Dison	Jchdisom	
28	Takarosa	Takaros	Tagaros	Takarosa	
29	Andrachor	Andrachor	Androcos	Andrachor	
30	Carona	Caron	Caron	Carona	Carona

Thebaischer Kalender – Jungfrau

	Bardon	*A.v.Worms*	*Mathers*	*Quintscher*	*Stejnar*
1	Peresch	Peresch	Pereuch	Peresch	Peresch
2	Bruhahi	Bruah	Ruach	Bonahi	
3	Moschel	Moschel	Moschel	Moschel	
4	Rascheä	Rascheär	Rachiar	Raschea	
5	Girmil	Girmil	Gerevil	Girmel	
6	Zagriona	Zagrion	Tagnon	Zagriona	Zagrion
7	Ygilon	Jgilon	Igilon	Jgilon	
8	Alpaso	Alpas	Alpas	Alpaso	Alpason
9	Kirek	Kirik	Kirik	Kirek	
10	Buriuh	Buriub	Buriul	Buriu	
11	Yraganon	Yragamon	Guagamon	Jraganon	Yrgamon
12	Argaro	Argax	Agrax	Argaro	Argaron
13	Algebol	Algebol	Agibol	Algebol	
14	Karasa	Kararon	Kataron	Karasa	Karasa
15	Akirgi	Akirgi	Okiri	Akirgi	
16	Basanola	Basamal	Bafamal	Basanpla	
17	Rotor	Retor	Roler	Rotor	
18	Tigrapho	Tigraphon	Tigrafon	Tigrapho	
19	Cobel	Lobel	Cobel	Cobel	
20	Hipogo	Hipogon	Hepogon	Hipoga	
21	Iserag	Iserag	Ilarax	Jserag	Iserag
22	Breffeo	Breffes	Preches	Beffea	Breffeos
23	Elipinon	Elipinon	Elponen	Elipinon	
24	Naniroa	Namiros	Namiros	Nanira	Namiros
25	Olaski	Olascky	Holastri	Olaski	
26	Hyrmiua	Xyrmis	--	Nyrmiu	Hyrmius
27	Sumuram	Sumuran	Sudoron	Sumuram	
28	Astolitu	Astolit	Astolit	Astolitu	
29	Notiser	Notiser	Notiser	Notiser	Notiser
30	Regerio	Regerion	Reginon	Regeria	

Thebaischer Kalender – Waage

	Bardon	*A.v.Worms*	*Mathers*	*Quintscher*	*Stejnar*
1	Thirana	Thirama	Tirana	Thirana*	
2	Apollyon	Apollyon	Apolhun	Apollyon*	
3	Peekah	Pechah	Deccal	Peeha	
4	Nogah	Nogah	Nogar	Noga	
5	Tolet	Tolet	Tulot	To-ich	
6	Parmasa	Parmasas	Parmatus	Parmasa	
7	Gesegos	Gesegas	Gosegas	Gesegos	
8	Soteri	Soterion	Soterion	Soteria	
9	Batamabub	Bubamabub	Bubana-Buk	Batamabub	Butama
10	Omana	Oman	Oman	Omah	
11	Lagiros	Lagiros	Laginx	Lagiros	
12	Afrei	Afrey	Afray	Afrli	
13	Rigolon	Rigolon	Rigolen	Rigolon	Rigolon
14	Riqita	Rah	Rax	Rigila	
15	Tapum	Fagum	Fagani	Tapam	
16	Nachero	Nacheron	Nacheran	Nachero	Nacheron
17	Arator	Arator	Arotor	Arator	
18	Malata	Molata	Mantan	Nalata	
19	Arioth	Arioth	Arioth	Ariotte	Arioth
20	Agikus	Agilus	Agilas	Agiku	
21	Cheikaseph	Cheikaseph	--	Cheikaseph	
22	Ornion	Ormion	Ormion	Ornio	
23	Gariniranus	Gariniraus	--	Carinirana	
24	Istaroth	Jstaroth	--	Istaroth	Istaroth
25	Haiamon	Hayaman	--	Haiamon	
26	Canali	Lemalon	Lamalon	Lanali	Lamali
27	Aglasis	Aglafys	Aglafos	Aglasis	
28	Merki	Marky	--	Nerki	
29	Filakon	Filakon	Flaxon	Filakon	
30	Megalogi	Megalogim	Megalosim	Negalogi	

* Bei Quintscher ist die Reihenfolge dieser beiden Namen verdreht.

Thebaischer Kalender – Skorpion

	Bardon	*A.v.Worms*	*Mathers*	*Quintscher*	*Stejnar*
1	Aluph	Aluph	Alluph	Aluph	
2	Schaluah	Schaluah	Schabuach	Schalua	
3	Hasperim	Hasperim	Asperim	Hasperim	
4	Adae	Adon	Adon	Adno	Adon
5	Helmis	Helmis	Elmis	Helmis	
6	Sarasi	Sarasim	Iaresim	Sarasi	
7	Ugefor	Ugefor	--	Ugefor	
8	Armilee	Amilles	--	Awille	Amilles
9	Ranar	Ranar	Raner	Ranar	
10	Caraschi	Carasch	Carasch	Caraschi	Caraschi
11	Eralier	Eralix	Etaliz	Eralir	
12	Sagara	Sagarez	Sagares	Sagara	
13	Trasorim	Trasonim	Grasemin	Trasorim	
14	Schulego	Schelegon	Schelagon	Schmlego	
15	Hipolopos	Hipolopos	Hipolos	Hipolopos	
16	Natolisa	Natolico	Katolin	Natolisa	Natolisa
17	Butharusch	Butharuth	Butarab	Butharusch	Butharusch
18	Tagora	Tagora	Tagora	Tagora	
19	Panari	Pandori	Pandoli	Panari	
20	Nagar	Nagar	--	Nagar	
21	Kofan	Kofon	Colvam	Kolan	Kofan
22	Schaluach	Schalnach	Sclavac	Schalna	Schalnach
23	Sipillipis	Sipillipis	Pellipis	Sipillipis	
24	Tedea	Tedeam	--	Tedea	
25	Semechle	Samechlo	Samalo	Semechlch	
26	Radina	Raduca	--	Radina	
27	Hachamel	Hachamel	Achamiel	Nachamel	
28	Anadi	Anadir	Anader	Anadi	Anadia
29	Horasul	Horasul	--	Horasul	
30	Irmano	Jrmenos	Irmenos	Irmano	

Thebaischer Kalender – Schütze

	Bardon	*A.v.Worms*	*Mathers*	*Quintscher*	*Stejnar*
1	Neschamah	Neschamach	Nercamay	Neschamah	
2	Myrmo	Myrmo	Mermo	Nyrmo	
3	Kathim	Katsin	Katini	Kathum	
4	Erimites	Erimites	Erenutes	Erinühes	Erimites
5	Asinel	Asinel	Asmiel	Asinel	Asinel
6	Geriola	Goriolon	Gorilon	Geriola	
7	Asoreg	Asorega	Astrega	Asoreg	
8	Ramage	Ramages	Romages	Ramage	
9	Namalon	Namalon	Semlin	Namalon	
10	Dimurga	Dimurgos	Dimurgos	Dimurga	Dimurga
11	Golog	Golog	Goleg	Golog	
12	Ugali	Ugalis	Ugales	Ugali	
13	Elason	Elason	Elafon	Elason	
14	Giria	Giria	Ginar	Giria	
15	Hosun	Jloson	Ileson	Hosun	
16	Mesah	Mesaf	Luesaf	Nesah	
17	Harkinon	Harpinon	Arpiron	Harkinon	
18	Petuno	Petumos	Petunof	Petuno	
19	Caboneton	Laboneton	Laboneton	Labonaton	
20	Echagi	Echagir	Egakireh	Echagi	
21	Batirumos	Batirmus	Batternis	Babrimunos	
22	Hillaro	Gillaron	Gilarion	Hillaro	
23	Ergomion	Ergonion	Ergamen	Ergomion	
24	Ikon	Jkon	Ikonok	Ikon	
25	Alosom	Aloson	Plison	Alosom	Alosom
26	Gezero	Gezeron	Gasarons	Gezero	
27	Agasoly	Agasaly	Agafali	Agasaly	
28	Ekore	Ekorok	Ekorok	Ekore	
29	Saris	Saris	Saris	Saris	
30	Elami	Elamyr	--	Elami	

Thebaischer Kalender – Steinbock

	Bardon	*A.v.Worms*	*Mathers*	*Quintscher*	*Stejnar*
1	Milon	Milon	Nilen	Nilon	
2	Melamo	Melamod	Melamud	Nelamor	Melamoth
3	Porphora	Posphora	Torfora	Porphor	
4	Trapi	Trapis	Trapis	Trapi	Trapis
5	Jonion	Jrminon	Irminon	Jonrion	Jonion
6	Afolono	Afolop	Afarorp	Afolore	
7	Paruchu	Paruchu	Parusur	Paruchi	
8	Pormatho	Promathos	Promakos	Promathi	Pormathos
9	Ampholion	Ampholion	Ambolin	Amphalion	
10	Kogid	Kogiel	Roggiol	Kogia	
11	Cermiel*	Leniel	Lemel	Laniel	Lemiel
12	Erimihala	Erimihala	Hermiala	Eirmihala	
13	Trisacha	Trisacha	Trisaga	Trisacha	
14	Afimo	Afianon	Isiamon	Afiamo	
15	Garses	Garsas	--	Garses	
16	Masadu	Masadul	Masaub	Nasadu	Masadul
17	Arabim	Arrabim	Arrabin	Arabim	
18	Amia	Duellid	Dulid	Amia	
19	Kamual	Kamusel	Kamusil	Kamuel	
20	Parachmo	Parachmon	Paramor	Parachma	Parachmon
21	Cochaly	Lochaty	Locater	Lochaty	Lochaty
22	Ybario	Ybarion	Hifarion	Ibaria	
23	Lotifar	Lotifar	Gotifan	Lotifar	Lotifar
24	Kama	Kemal	Kemal	Kama	
25	Segosel	Segosel	--	Segosel	
26	Sarsiee	Sarsiel	Sar Isel	Sarail	
27	Kiliosa	Kaliosa	Kabersa	Kiliosa	Kiliosa
28	Rosora	Rosoran	Rosaran	Rosora	
29	Ekorim	Elorim	Elerion	Ekorim	
30	Ramgisa	Ramgison	Ramison	Ramgisa	

* Bei den Siegeln Cemiel

Thebaischer Kalender – Wassermann

	Bardon	*A.v.Worms*	*Mathers*	*Quintscher*	*Stejnar*
1	Frasis	Frasis	Traci	Frasis	
2	Pother	Pother	Poter	Pothera	
3	Badet	Badad	Badad	Badet	
4	Naga	Nagid	Nagid	Naga	
5	Asturel	Asturel	Asturel	Asturel	Asturel
6	Liriell	Liriell	Lirion	Liriell	
7	Siges	Siges	Igis	Siges	
8	Metosee	Metoseph	Metafel	Netose	
9	Abusis	Abusis	Abutes	Abusis	Abusis
10	Panfodra	Pemfodran	--	Panfodre	
11	Hagus	Hadcys	Agei	Hagus	
12	Hatuny	Habüaz	Haligax	Hatuny	
13	Gagolchon	Gagolchon	Gagalin	Gagolchon	
14	Bafa	Bahal	Bahal	Bafa	
15	Ugirpon	Ugirpon	Ugirpen	Ugirpon	
16	Capipa	Lappipas	Supipas	Capipa	
17	Koreh	Kore	--	Korch	
18	Somi	Somis	--	Somi	
19	Erytar	Coytar	Kaitar	Erytar	
20	Kosirma	Olosirmon	Olisermon	Kosirma	
21	Jenuri	Jemuri	Eniuri	Januri	Jenuri
22	Altono	Altanor	Alcanor	Altanor	Altanor
23	Chimirgu	Chymingmorug	Nimorup	Chimirg	
24	Arisaka	Adisak	--	Arisa	
25	Boreb	Barob	Borol	Sorob	
26	Soesma	Soresma	Sorosma	Soesna	
27	Ebaron	Eharon	Ebaron	Ebaron	Ebaron
28	Negani	Negani	--	Negani	
29	Nelion	Nelion	Milion	Nelion	
30	Sirigilis	Sirgilis	Scrilis	Sirigilis	

Thebaischer Kalender – Fische

	Bardon	*A.v.Worms*	*Mathers*	*Quintscher*	*Stejnar*
1	Haja	Haya	Enaia	Haja	
2	Schad	Schad	Sched	Schad	
3	Kohen	Kohen	Coelen	Kohon	
4	Echami	Ethamin	Ethanim	Echami	Ethamin
5	Flabison	Flabison	--	Flatison	Flabison
6	Alagill	Alogill	--	Alagill	
7	Atherom	Atherom	Aherom	Atherom	
8	Porascho	Paraschon	Darascon	Porascha	Paraschon
9	Egention	Exention	Exteron	Egention	Egention
10	Siria	Siriol	Loriol	Liria	
11	Vollman	Voleman	Udaman	Vollman	
12	Hagomi	Gagonix	Gugonix	Hagomi	
13	Klorecha	Klorecha	Cleraca	Klorecha	
14	Baroa	Barook	Darek	Baroa	
15	Gomognu	Gomognu	--	Gomognu	
16	Fermetu	Fernebus	Fersebus	Fermebu	Fermebus
17	Forsteton	Forteston	Forteson	Forteston	Forteston
18	Lotogi	Lotagin		Lotagi	Lotogin
19	Nearah	Neärah	--	Nearah	
20	Dagio	Daglos	Daglas	Dagio	
21	Nephasser	Mephasser	Mebbesser	Nephasser	
22	Armefia	Armasia	Amatia	Armefia	Armefia
23	Kaerlesa	Korelesa	Carelena	Karelesa	
24	Bileka	Bilek	Bilico	Bileka	
25	Ugolog	Ugobog	--	Ugolag	
26	Tmiti	Turitil	Turitel	Tnita	
27	Zalones	Zalanes	Zalanes	Zalones	
28	Cigila	Ligilos	--	Cigila	
29	Ylemis	Ylemlys	Ilemlis	Ylenus	
30	Boria	Bariol	Buriol	Borie	

TABELLE 2

EIGENSCHAFTEN EINIGER VORSTEHER FÜR DIE WICHTIGSTEN LEBENSBEREICHE NACH DEN ANGABEN VON FRANZ BARDON

Akasha-Prinzip 24°♊, 30°♋, 24°♐, 1°♑
Akustik 28°♑
Alkohol 17°♎
Amulette 28°♈, 24°♉, 17°♉, 19°♌, 29°♐, 21°♒
Architektur 18°♍
Ärzte 14°♍, 29°♎, 24°♏, 20°♐
Askese 23°♉
Astralkörper 12°♑
Astralreisen 27°♒, 12°♓, 9°♏
Astrologie 27°♈, 19°♐, 22°♊
Astronomie 27°♏, 19°♐
Autotransport 25° ♍
Bakteriologe 29°♎
Barmherzigkeit 5°♒
Baumeister 18°♍
Bergbau 25°♉, 19°♑
Bergsteiger 21°♑
Berufserfolg 14°♉
Bettler 8°♍
Bewässerungen 29°♏
Bienen 16°♏
Bierbrauer 17°♎
Biologie 3°♊
Blumen 4°♍
Börsenspekulation 21°♍
Bruderschaften 26°♊
Bücher 14°♊, 27°♊, 13°♓
Bühnenkünstler 23°♊
Bühnenzauberer 27°♐
Chemiker 3°♊, 14°♑, 25°♑
Chirurgen 14°♍
Diagnostiker 24°♏
Diät 23°♉, 5°♎
Dichter 15°♊, 17°♍, 4°♒, 14°♓
Diebe 24°♍
Dienstgeister 9°♋, 2°♈
Diplomaten 13°♊
Dompteur 16°♎
Drechsler 7°♎
Edelsteinsucher 18°♑
Ehefrieden 18°♏
Einweihung 11°♋
Elektriker 2°♊, 2°♏
Elektrochemie 20°♎
Elektrophysik 19°♒
Elektrotechnik 1°♊
Elemente 4pol. Magnet 5°♌
Erdelement 25°♈, 18°♑, 25°♑
Erdstrahlen 8°♑
Erfinder 2°♍, 2°♓
Erzieher 15°♐
Familie 4°♏
Farbenkunde 23°♐
Fernsehen 7°♐, 13°♑
Feuerelement 1°♌, 1°♏, 2°♈
Fischer 28°♎, 30°♏
Fischhändler 30°♑
Fischkonserven 30°♑
Fleischhauer 3°♎

Fleiß 3°♏
Flugzeuge 28°♍
Forstwirtschaft 20°♉, 16°♍, 19°♉
Foto, Film 7°♐
Frieden 4°♐, 16°♓, 5°♍
Friseur 10°♎
Fruchtbarkeit 4°♎, 19°♎, 17°♓
Fruchtverwertung 3°♐
Gedächtnis 8°♊, 1°♈, 7°♏, 20°♓
Gedankenübertragung 12°♊
Gefangene 22°♓
Geisteskrankheit 9°♏, 9°♐, 26°♍
Geld 4°♈, 14°♉, 15°♉, 22°♌, 14°♐, 16°♒, 10°♓, 21°♓, 6°♓, 21°♍, 24°♍
Gericht 22°♈, 21°♊, 22°♍, 22°♒, 25°♒, 22°♓, 22°♑, 22°♐
Gerüche 29°♈, 19°♍
Gewissen 26°♐
Gewitter, Stürme 30°♌
Glück 5°♉, 21°♏, 22°♏, 5°♐, 21°♐, 17°♐, 4°♑, 28°♐, 27°♑, 5°♓, 10°♓, 21°♓, 22°♒
Glücksspiel 5°♈, 15°♉, 21°♍
Goldschmied 26°♎
Gunst hoher Persönlichkeiten 17°♊, 22°♌, 11°♎, 22°♓
Gynäkologe 19°♎
Haare 10°♎
Handwerker 5°♈, 8°♒
Heiligtümer 12°♍
Heilkräuter 20°♑
Heilmagnetismus 10°♏, 11°♉
Hellseher 12°♊, 22°♊, 21°♌, 9°♋, 29°♋, 23°♍
Hilfe für andere 5°♒
Holzarbeiter 7°♎
Hypnose 11°♉
Imaginationskraft 3°♒
Imker 16°♏
Impotenz 4°♎
Inkarnationen 11°♑, 5°♑
Intellekt 20°♓
Introspektion 6°♐
Jäger 18°♐, 21°♑
Journalisten 6°♍, 14°♓
Jugendfrische 5°♋
Kanalbau 29°♏
Koch 3°♎, 17°♏
Komiker 6°♎, 5°♓
Komponist 17°♈, 8°♎, 24°♒
Kosmetik 16°♊, 5°♋
Kriegskunst 2°♒
Kunstgewerbe 6°♓
Künstler 5°♈, 16°♉, 3°♍, 14°♓
Kunstmaler 4°♊, 7°♐
Landwirtschaft 19°♉, 20°♉, 16°♍
Leder 15°♍
Lehrer 6°♍, 15°♐
Leidenschaften 3°♌
Liebe 3°♈, 4°♈, 1°♉, 12°♉, 17°♉, 18°♊, 17°♊, 3°♋, 17°♋, 17°♌, 5°♍, 12°♎, 13°♎, 24°♎, 18°♏, 18°♒, 18°♓
Literatur 6°♈
Logen 26°♊, 13°♍, 26°♒, 12°♍

Luftelement 7°♌, 6°♋ (viele 6°und 7°Grade)
Macht 11°♈, 22°♌, 1°♍, 2°♑
Machtworte 27°♑
Magier 25°♐, 29°♐, 21°♋, 8°♈, 9°♉, 12°♏, 11°♐, 10°♒, 11°♋
Maler 7°♐, 4°♊
Mathematik 6°♉, 21°♎
Mechaniker 2°♎
Medium 26°♌
Meersalz 30°♉
Metallarbeiter 7°♍, 2°♎
Milch 27°♎, 5°♏
Militär 2°♒
Mode 9°♎
Musik 17°♈, 8°♉
Naturforscher 23°♓
Naturheilkunde 25°♏
Okkulte Berater 8°♊, 9°♒
Okkulte Schriftsteller 8°♊, 10°♒
Okkulte Tänze 20°♊
Okkulte Botanik 17°♑
Okkulte Studien 13°♓,10°♑
Optiker 13°♑
Papier 15°♍
Parfüm 29°♈, 19°♍
Pendler 25°♉, 15°♑
Persönlichkeit 2°♑
Pflanzenmagie 3°♉, 12°♋
Pflanzenwuchs 19°♉, 29°♉, 4°♍
Phantasie 3°♒
Pharmazie 14°♍, 20°♏, 19°♓
Philosoph 27°♉, 15°♈
Physik 23°♎, 14°♑, 25°♑
Politik 1°♍
Prophet 25°♓, 21°♌
Prüfungen 22°♉, 15°♐
Psychiater 26°♍, 9°♐
Pyrotechnik 2°♋
Quabbalah 26°♉, 28°♋, 12°♌, 10°♒, 12°♒, 17°♒, 28°♓, 6°♉
Radio 28°♑
Rauschgift 8°♍, 17°♎
Rechtsanwalt 21°♊, 22°♐, 22°♒
Redner 14°♈, 20°♓, 22°♉
Reiseschutz 9°♓
Religion 27°♉, 25°♊, 7°♋, 14°♌, 23°♌, 12°♍, 13°♍
Religionshistoriker 25°♊
Richter 22°♈, 21°♊, 22°♍, 22°♐, 22°♑, 22°♒, 22°♓, 25°♒
Rituale-Formeln. 8°♈, 9°♉, 26°♉, 19°♊, 26°♊, 29°♊, 19°♋, 12°♍, 13°♍, 12°♏, 11°♐, 26°♒
Roboter 2°♓
Rutengänger 30°♐, 8°♑, 15°♑, 25°♉
Sänger 14°♎
Schatzsucher 16°♒
Schaufenstergestaltung 15°♎
Schauspieler 23°♊, 7°♑
Schiffsbau 20°♍
Schlagfertigkeit 14°♈
Schleifer 1°♒
Schlosser 11°♍, 2°♎
Schmiede 11°♍, 2°♎
Schnapsbrenner 17°♎
Schneider 9°♎, 8°♒
Schönheitspflege 16°♊

Schriftsteller 6°♈, 7°♉, 8°♉, 16°♉, 8°♊, 15°♊, 6°♍, 7°♑, 17°♍, 14°♒, 14°♓, 6°♎, 4°♒
Schule 15°♐
Schutzamulette 21°♒
Schutz bei Gericht 22°♒
Schwangerschaft 19°♎, 17°♓
Schweigen 25°♐
Seelenspiegel 24°♐, 6°♐
Seereisen 29°♉, 10°♐
Sekten 26°♊
Selbstmord 23°♑, 26°♍
Sex 17°♓ sowie
3°-4°Grad ♈ ♋ ♑ ♎
Sonnenebene 12°♈
Sonnenkraft 13°♏,
Spagyrik 4°♉, 25°♈
Sparsamkeit 16°♑
Spiele 15°♏
Sport 21°♑
Sprachlehrer 18°♈, 7°♍
Symbole 12°♍
Synthetische Erzeugnisse 14°♏

- - - - -

Schutz:

Alkohol, Drogen 17°♎
Ansteckung Infektion 29°♎, 8°♏
Autobahn 25°♍
Eigentum 24°♍
Entbindungen 19°♎
Ertrinken 30°♊
Evokation 20°♋
Feuer 9°♌
Fischfang 28°♎
Geisteskrankheit 9°♏, 9°♐
Gewitter Stürme 30°♌
Gift, Feuer, Wasser 7°♒
Hitze- und Schnittwunden 9°JU
Lebensgefahr 27°♑
Not 16°♑
Seereisen 29°♉
Selbstmord 26°♍

- - - - -

Sticken, Stricken 8°♒
Studium – Prüfungen – Vorstand – Gedächtnis: 11°♊, 29°♍, 7°♏, 6°♑, 8°♊, 7°♓, 8°♓, 22°♉, 20°♓, 15°♐
Talismanologie – siehe Amulette
Traumdeutung 7°♊
Tanz 20°♊
Taucher 20°♍
Telepathie 12°♊
Textil 15°♍
Tierarzt 16°♎
Tiere 6°♊
Tischler 7°♎
Töpfer 29°♑
Toxikologie 29°♎
Trance 2°♈, 26°♋, 11°♌, 26°♌, 25°♌
Unsichtbar machen 14°♋
Unterhaltung 5°♓
Untreue 24°♎
Verfolgung 8°♍
Verlassen, verstoßen 17°♐
Viehzucht 3°♎
Vierpoliger Magnet 5°♌
Wahrsager 22°♊, 9°♋, 26°♋, 11°♌, 21°♌, 23°♍, 25°♓, 27°♈, 19°♐
Waisenkinder 17°♐
Wandern, astral 7°♈, 11°♉,

Wichtige Genien für den Weg:

TABELLE 3
ZEITKORREKTUR FÜR EINIGE EUROPÄISCHE STÄDTE

Aachen – 36
Amsterdam – 40
Athen + 36
Augsburg – 16
Basel – 30
Berlin – 6
Bern – 30
Bielefeld – 26
Bochum – 30
Bonn – 32
Bozen – 15
Braunschweig – 18
Bregenz – 20
Bremen – 24
Breslau + 8
Brünn + 6
Brüssel – 43
Budapest + 15
Danzig + 14
Dortmundt – 30
Dresden – 5
Düsseldorf – 33
Emden – 31
Erfurt – 16
Essen – 31
Frankfurt / Main – 25
Frankfurt / Oder – 2
Freiburg – 29
Fulda – 21
Genf – 35
Gießen – 25

Görlitz + – 0

Göttingen – 22
Graz + 1
Hamburg – 20
Hannover – 19
Heidelberg – 25
Helgoland – 28
Helsinki + 40
Hildesheim – 20
Hof – 12
Husum – 28
Ingolstadt – 14
Innsbruck – 14
Istanbul + 56
Karlsruhe – 26
Kassel – 22
Kiel – 19
Klagenfurt – 3
Köln – 33
Königsberg + 22
Konstanz – 24
Kopenhagen – 10
Leipzig – 11
Linz – 3
Lissabon – 94
London WEZ – 60
Luxemburg – 34
Madrid – 76
Mailand – 24
Mainz – 27
Moskau + 90
München – 14
Münster – 29
Nürnberg – 16

Oldenburg – 27
Oslo – 16
Osnabrück – 28
Paris – 51
Passau – 6
Prag – 2
Regensburg – 12
Rostock – 11
Saarbrücken – 33
Salzburg – 8
Stockholm + 12
Straßbourg – 29
Stuttgart – 23
Trier – 33
Triest – 5
Ulm – 20
Warschau + 24
Wien + 5
Wiesbaden – 27
Würzburg – 20
Zagreb + 4
Zürich – 26

TABELLE 4

ORIGINALDATEN AUS DEM THEBAISCHEN KALENDER

2. Januar

0 bis 1 Uhr: 12° Waage bis 26° Waage
1 bis 2 Uhr: 27° Waage bis 11° Skorpion
2 bis 3 Uhr: 12° Skorpion bis 26° Skorpion
3 bis 4 Uhr: 27° Skorpion bis 10° Schütze
4 bis 5 Uhr: 12° Schütze bis 26° Schütze
5 bis 6 Uhr: 27° Schütze bis 10° Steinbock

16. April

0 bis 1 Uhr: 27° Steinbock bis 11° Wassermann
1 bis 2 Uhr: 12° Wassermann bis 26° Wassermann
2 bis 3 Uhr: 27° Wassermann bis 11° Fische

22. Mai

18 bis 19 Uhr: 3° Schütze bis 17° Schütze
19 bis 20 Uhr: 18° Schütze bis 2° Steinbock

13. Juli

18 bis 19 Uhr: 23° Steinbock bis 7° Wassermann
19 bis 20 Uhr: 8° Wassermann bis 22° Wassermann
20 bis 21 Uhr: 23° Wassermann bis 7° Fische

1. Oktober

0 bis 1 Uhr: 9° Krebs bis 23° Krebs
1 bis 2 Uhr: 24° Krebs bis 8° Löwe
2 bis 3 Uhr: 9° Löwe bis 23° Löwe

21. Dezember

0 bis 1 Uhr: 30° Jungfrau bis 14° Waage
1 bis 2 Uhr: 15° Waage bis 29° Waage
2 bis 3 Uhr: 30° Waage bis 14° Skorpion
3 bis 4 Uhr: 15° Skorpion bis 29° Skorpion

Abschrift von Daten aus dem Thebaischen Kalender, den Wilhelm Quintscher seinen Schülern als Lehrbrief zur Verfügung stellte. (Siehe Seite 127)

TABELLE 5

DER THEBAISCHE KALENDER

DIE ZEITEN DER 360 VORSTEHER
DER ERDGÜRTELZONE

Der thebaische Kalender weist in seinem Original einige Fehler auf. Ich habe daher den gesamten Kalender neu berechnet. Trotzdem können sich an manchen Tagen zu bestimmten Stunden Ungenauigkeiten von ein bis drei Grad ergeben. Das liegt an den astronomischen Gegebenheiten, die jedes Jahr etwas anders sind, und ist nicht zu vermeiden. Für die magische Arbeit ist es nicht von Bedeutung. Der mittlere Orbis, den ich jeweils wählte, passt für alle Jahre. Ich beginne auch, wenn nicht gerade eine „Begradigung" notwendig war, jeden neuen Tag, also 0 Uhr. Mit dem vorangehenden Grad von 24 Uhr, und jede neue Stunde mit dem Grad, mit dem die vorangegangene Stunde endete, was im Original nicht der Fall ist.

♈ : Widder
♉ : Stier
♊ : Zwilling
♋ : Krebs
♌ : Löwe
♍ : Jungfrau
♎ : Waage
♏ : Skorpion
♐ : Schütze
♑ : Steinbock
♒ : Wassermann
♓ : Fische

Uhrzeit	1. Januar	2. Januar	3. Januar
0 – 1	11°♎ – 27°♎	12°♎ – 28°♎	13°♎ – 29°♎
1 – 2	27°♎ – 13°♏	28°♎ – 14°♏	29°♎ – 15°♏
2 – 3	13°♏ – 28°♏	14°♏ – 29°♏	15°♏ – 30°♏
3 – 4	28°♏ – 12°♐	29°♏ – 13°♐	30°♏ – 14°♐
4 – 5	12°♐ – 26°♐	13°♐ – 27°♐	14°♐ – 28°♐
5 – 6	26°♐ – 10°♑	27°♐ – 11°♑	28°♐ – 12°♑
6 – 7	10°♑ – 24°♑	11°♑ – 25°♑	12°♑ – 26°♑
7 – 8	24°♑ – 8°♒	25°♑ – 9°♒	26°♑ – 10°♒
8 – 9	8°♒ – 23°♒	9°♒ – 24°♒	10°♒ – 25°♒
9 – 10	23°♒ – 9°♓	24°♒ – 10°♓	25°♒ – 11°♓
10 – 11	9°♓ – 25°♓	10°♓ – 26°♓	11°Fi – 27°♓
11 – 12	25°♓ – 11°♈	26°♓ – 12°♈	27°♓ – 13°♈
12 – 13	11°♈ – 27°♈	12°♈ – 28°♈	13°♈ – 29°♈
13 – 14	27°♈ – 13°♉	28°♈ – 14°♉	29°♈ – 15°♉
14 – 15	13°♉ – 28°♉	14°♉ – 29°♉	15°♉ – 30°♉
15 – 16	28°♉ – 12°♊	29°♉ – 13°♊	30°♉ – 14°♊
16 – 17	12°♊ – 26°♊	13°♊ – 27°♊	14°♊ – 28°♊
17 – 18	26°♊ – 10°♋	27°♊ – 11°♋	28°♊ – 12°♋
18 – 19	10°♋ – 24°♋	11°♋ – 25°♋	12°♋ – 26°♋
19 – 20	24°♋ – 8°♌	25°♋ – 9°♌	26°♋ – 10°♌
20 – 21	8°♌ – 23°♌	9°♌ – 24°♌	10°♌ – 25°♌
21 – 22	23°♌ – 9°♍	24°♌ – 10°♍	25°♌ – 11°♍
22 – 23	9°♍ – 25°♍	10°♍ – 26°♍	11°♍ – 27°♍
23 – 24	25°♍ – 12°♎	26°♍ – 13°♎	27°♍ – 14°♎

Uhrzeit	4. Januar	5. Januar	6. Januar
0 – 1	14°♎ – 1°♏	15°♎ – 2°♏	16°♎ – 3°♏
1 – 2	1°♏ – 16°♏	2°♏ – 17°♏	3°♏ – 18°♏
2 – 3	16°♏ – 1°♐	17°♏ – 2°♐	18°♏ – 3°♐
3 – 4	1°♐ – 15°♐	2°♐ – 16°♐	3°♐ – 17°♐
4 – 5	15°♐ – 29°♐	16°♐ – 30°♐	17°♐ – 1°♑
5 – 6	29°♐ – 12°♑	30°♐ – 13°♑	1°♑ – 14°♑
6 – 7	12°♑ – 26°♑	13°♑ – 27°♑	14°♑ – 28°♑
7 – 8	20°♑ – 11°♒	27°♑ – 12°♒	28°♑ – 13°♒
8 – 9	11°♒ – 26°♒	12°♒ – 27°♒	13°♒ – 28°♒
9 – 10	26°♒ – 12°♓	27°♒ – 13°♓	28°♒ – 14°♓
10 – 11	12°♓ – 28°♓	13°♓ – 29°♓	14°♓ – 30°♓
11 – 12	28°♓ – 15°♈	29°♓ – 16°♈	30°♓ – 17°♈
12 – 13	15°♈ – 1°♉	16°♈ – 2°♉	17°♈ – 3°♉
13 – 14	1°♉ – 16°♉	2°♉ – 17°♉	3°♉ – 18°♉
14 – 15	16°♉ – 1°♊	17°♉ – 2°♊	18°♉ – 3°♊
15 – 16	1°♊ – 15°♊	2°♊ – 16°♊	3°♊ – 17°♊
16 – 17	15°♊ – 29°♊	16°♊ – 30°♊	17°♊ – 1°♋
17 – 18	29°♊ – 12°♋	30°♊ – 13°♋	1°♋ – 14°♋
18 – 19	12°♋ – 26°♋	13°♋ – 27°♋	14°♋ – 28°♋
19 – 20	26°♋ – 11°♌	27°♋ – 12°♌	28°♋ – 13°♌
20 – 21	11°♌ – 26°♌	12°♌ – 27°♌	13°♌ – 28°♌
21 – 22	26°♌ – 12°♍	27°♌ – 13°♍	28°♌ – 14°♍
22 – 23	12°♍ – 28°♍	13°♍ – 29°♍	14°♍ – 30°♍
23 – 24	28°♍ – 15°♎	29°♍ – 16°♎	30°♍ – 17°♎

Uhrzeit	7. Januar	8. Januar	9. Januar
0 – 1	17°♎ – 4°♏	18°♎ – 5°♏	19°♎ – 6°♏
1 – 2	4°♏ – 19°♏	5°♏ – 20°♏	6°♏ – 21°♏
2 – 3	19°♏ – 4°♐	20°♏ – 5°♐	21°♏ – 6°♐
3 – 4	4°♐ – 18°♐	5°♐ – 19°♐	6°♐ – 20°♐
4 – 5	18°♐ – 1°♑	19°♐ – 2°♑	20°♐ – 3°♑
5 – 6	1°♑ – 15°♑	2°♑ – 16°♑	3°♑ – 17°♑
6 – 7	15°♑ – 29°♑	16°♑ – 30°♑	17°♑ – 1°♒
7 – 8	29°♑ – 14°♒	30°♑ – 15°♒	1°♒ – 16°♒
8 – 9	14°♒ – 29°♒	15°♒ – 30°♒	16°♒ – 1°♓
9 – 10	29°♒ – 15°♓	30°♒ – 16°♓	1°♓ – 17°♓
10 – 11	15°♓ – 2°♈	16°♓ – 3°♈	17°♓ – 4°♈
11 – 12	2°♈ – 18°♈	3°♈ – 19°♈	4°♈ – 20°♈
12 – 13	18°♈ – 4°♉	19°♈ – 5°♉	20°♈ – 6°♉
13 – 14	4°♉ – 19°♉	5°♉ – 20°♉	6°♉ – 21°♉
14 – 15	19°♉ – 4°♊	20°♉ – 5°♊	21°♉ – 6°♊
15 16	4°♊ 18°♊	5°♊ 19°♊	6°♊ – 20°♊
16 – 17	18°♊ – 1°♋	19°♊ – 2°♋	20°♊ – 3°♋
17 – 18	1°♋ – 15°♋	2°♋ – 16°♋	3°♋ – 17°♋
18 – 19	15°♋ – 29°♋	16°♋ – 30°♋	17°♋ – 1°♌
19 – 20	29°♋ – 14°♌	30°♋ – 15°♌	1°♌ – 16°♌
20 – 21	14°♌ – 29°♌	15°♌ – 30°♌	16°♌ – 1°♍
21 – 22	29°♌ – 15°♍	30°♌ – 16°♍	1°♍ – 17°♍
22 – 23	15°♍ – 2°♎	16°♍ – 3°♎	17°♍ – 4°♎
23 – 24	2°♎ – 18°♎	3°♎ – 19°♎	4°♎ – 20°♎

Uhrzeit	10. Januar	11. Januar	12. Januar
0 – 1	20°♎ – 7°♏	21°♎ – 8°♏	22°♎ – 9°♏
1 – 2	7°♏ – 22°♏	8°♏ – 23°♏	9°♏ – 24°♏
2 – 3	22°♏ – 4°♐	23°♏ – 5°♐	24°♏ – 6°♐
3 – 4	4°♐ – 20°♐	5°♐ – 21°♐	6°♐ – 22°♐
4 – 5	20°♐ – 4°♑	21°♐ – 5°♑	22°♐ – 6°♑
5 – 6	4°♑ – 18°♑	5°♑ – 19°♑	6°♑ – 20°♑
6 – 7	18°♑ – 2°♒	19°♑ – 3°♒	20°♑ – 4°♒
7 – 8	2°♒ – 17°♒	3°♒ – 18°♒	4°♒ – 19°♒
8 – 9	17°♒ – 2°♓	18°♒ – 3°♓	19°♒ – 4°♓
9 – 10	2°♓ – 19°♓	3°♓ – 20°♓	4°♓ – 21°♓
10 – 11	19°♓ – 5°♈	20°♓ – 6°♈	21°♓ – 7°♈
11 – 12	5°♈ – 21°♈	6°♈ – 22°♈	7°♈ – 23°♈
12 – 13	21°♈ – 7°♉	22°♈ – 8°♉	23°♈ – 9°♉
13 – 14	7°♉ – 22°♉	8°♉ – 23°♉	9°♉ – 24°♉
14 – 15	22°♉ – 6°♊	23°♉ – 7°♊	24°♉ – 8°♊
15 – 16	6°♊ – 20°♊	7°♊ – 21°♊	8°♊ – 22°♊
16 – 17	20°♊ – 4°♋	21°♊ – 5°♋	22°♊ – 6°♋
17 – 18	4°♋ – 18°♋	5°♋ – 19°♋	6°♋ – 20°♋
18 – 19	18°♋ – 2°♌	19°♋ – 3°♌	20°♋ – 4°♌
19 – 20	2°♌ – 17°♌	3°♌ – 18°♌	4°♌ – 19°♌
20 – 21	17°♌ – 3°♍	18°♌ – 4°♍	19°♌ – 5°♍
21 – 22	3°♍ – 19°♍	4°♍ – 20°♍	5°♍ – 21°♍
22 – 23	19°♍ – 5°♎	20°♍ – 6°♎	21°♍ – 7°♎
23 – 24	5°♎ – 21°♎	6°♎ – 22°♎	7°♎ – 23°♎

Uhrzeit	13. Januar	14. Januar	15. Januar
0 – 1	23°♎ – 10°♏	24°♎ – 11°♏	25°♎ – 12°♏
1 – 2	10°♏ – 25°♏	11°♏ – 26°♏	12°♏ – 27°♏
2 – 3	25°♏ – 9°♏	26°♏ – 10°♐	27°♏ – 11°♐
3 – 4	9°♐ – 23°♐	10°♐ – 24°♐	11°♐ – 25°♐
4 – 5	23°♐ – 7°♑	24°♐ – 8°♑	25°♐ – 9°♑
5 – 6	7°♑ – 21°♑	8°♑ – 22°♑	9°♑ – 23°♑
6 – 7	21°♑ – 5°♒	22°♑ – 6°♒	23°♑ – 7°♒
7 – 8	5°♒ – 20°♒	6°♒ – 21°♒	7°♒ – 22°♒
8 – 9	20°♒ – 6°♓	21°♒ – 7°♓	22°♒ – 8°♓
9 – 10	6°♓ – 22°♓	7°♓ – 23°♓	8°♓ – 24°♓
10 – 11	22°♓ – 8°♈	23°♓ – 9°♈	24°♓ – 10°♈
11 – 12	8°♈ – 24°♈	9°♈ – 25°♈	10°♈ – 26°♈
12 – 13	24°♈ – 10°♉	25°♈ – 11°♉	26°♈ – 12°♉
13 – 14	10°♉ – 25°♉	11°♉ – 26°♉	12°♉ – 27°♉
14 – 15	25°♉ – 9°♊	26°♉ – 10°♊	27°♉ – 11°♊
15 – 16	9°♊ – 23°♊	10°♊ – 24°♊	11°♊ – 25°♊
16 – 17	23°♊ – 7°♋	24°♊ – 8°♋	25°♊ – 9°♋
17 – 18	7°♋ – 21°♋	8°♋ – 22°♋	9°♋ – 23°♋
18 – 19	21°♋ – 5°♌	22°♋ – 6°♌	23°♋ – 7°♌
19 – 20	5°♌ – 20°♌	6°♌ – 21°♌	7°♌ – 22°♌
20 – 21	20°♌ – 6°♍	21°♌ – 7°♍	22°♌ – 8°♍
21 – 22	6°♍ – 22°♍	7°♍ – 23°♍	8°♍ – 24°♍
22 – 23	22°♍ – 8°♎	23°♍ – 9°♎	24°♍ – 10°♎
23 – 24	8°♎ – 24°♎	9°♎ – 25°♎	10°♎ – 26°♎

Uhrzeit	16. Januar	17. Januar	18. Januar
0 – 1	27°♎ – 13°♏	28°♎ – 14°♏	29°♎ – 15°♏
1 – 2	13°♏ – 28°♏	14°♏ – 29°♏	15°♏ – 30°♏
2 – 3	28°♏ – 12°♐	29°♏ – 13°♐	30°♏ – 14°♐
3 – 4	12°♐ – 26°♐	13°♐ – 27°♐	14°♐ – 28°♐
4 – 5	26°♐ – 10°♑	27°♐ – 11°♑	28°♐ – 12°♑
5 – 6	10°♑ – 24°♑	11°♑ – 25°♑	12°♑ – 26°♑
6 – 7	24°♑ – 8°♒	25°♑ – 9°♒	26°♑ – 10°♒
7 – 8	8°♒ – 22°♒	9°♒ – 23°♒	10°♒ – 24°♒
8 – 9	22°♒ – 9°♓	23°♒ – 10°♓	24°♒ – 11°♓
9 – 10	9°♓ – 25°♓	10°♓ – 26°♓	11°♓ – 27°♓
10 – 11	25°♓ – 11°♈	26°♓ – 12°♈	27°♓ – 13°♈
11 – 12	11°♈ – 27°♈	12°♈ – 28°♈	13°♈ – 29°♈
12 – 13	27°♈ – 13°♉	28°♈ – 14°♉	29°♈ – 15°♉
13 – 14	13°♉ – 28°♉	14°♉ – 29°♉	15°♉ – 30°♉
14 – 15	28°♉ – 12°♊	29°♉ – 13°♊	30°♉ – 14°♊
15 – 16	12°♊ – 26°♊	13°♊ – 27°♊	14°♊ – 28°♊
16 – 17	26°♊ – 10°♋	27°♊ – 11°♋	28°♊ – 12°♋
17 – 18	10°♋ – 24°♋	11°♋ – 25°♋	12°♋ – 26°♋
18 – 19	24°♋ – 8°♌	25°♋ – 9°♌	26°♋ – 10°♌
19 – 20	8°♌ – 23°♌	9°♌ – 24°♌	10°♌ – 25°♌
20 – 21	23°♌ – 9°♍	24°♌ – 10°♍	25°♌ – 11°♍
21 – 22	9°♍ – 25°♍	10°♍ – 26°♍	11°♍ – 27°♍
22 – 23	25°♍ – 11°♎	26°♍ – 12°♎	27°♍ – 13°♎
23 – 24	11°♎ – 28°♎	12°♎ – 29°♎	13°♎ – 30°♎

Uhrzeit	19. Januar	20. Januar	21. Januar
0 – 1	30°♎ – 16°♏	1°♏ – 17°♏	2°♏ – 18°♏
1 – 2	16°♏ 30°♏	17°♏ – 1°♐	18°♏ – 2°♐
2 – 3	30°♏ – 15°♐	1°♐ – 16°♐	2°♐ – 17°♐
3 – 4	15°♐ – 29°♐	16°♐ – 30°♐	17°♐ – 1°♑
4 – 5	29°♐ – 13°♑	30°♐ – 14°♑	1°♑ – 15°♑
5 – 6	13°♑ – 27°♑	14°♑ – 28°♑	15°♑ – 29°♑
6 – 7	27°♑ – 11°♒	28°♑ – 12°♒	29°♑ – 13°♒
7 – 8	11°♒ – 26°♒	12°♒ – 27°♒	13°♒ -28°♒
8 – 9	26°♒ – 12°♓	27°♒ – 13°♓	28°♒ – 14°♓
9 – 10	12°♓ – 28°♓	13°♓ – 29°♓	14°♓ – 30°♓
10 – 11	28°♓ – 15°♈	29°♓ – 16°♈	30°♓ – 17°♈
11 – 12	15°♈ – 30°♈	16°♈ – 1°♉	17°♈ – 2°♉
12 – 13	30°♈ – 16°♉	1°♉ – 17°♉	2°♉ – 18°♉
13 – 14	16°♉ – 30°♉	17°♉ – 1°♊	18°♉ – 2°♊
14 – 15	30°♉ – 15°♊	1°♊ – 16°♊	2°♊ – 17°♊
15 – 16	15°♊ – 29°♊	16°♊ – 30°♊	17°♊ – 1°♋
16 – 17	29°♊ – 13°♋	30°♊ – 14°♋	1°♋ – 15°♋
17 – 18	13°♋ – 27°♋	14°♋ – 28°♋	15°♋ – 29°♋
18 – 19	27°♋ – 11°♌	28°♋ – 12°♌	29°♋ – 13°♌
19 – 20	11°♌ – 26°♌	12°♌ – 27°♌	13°♌ – 28°♌
20 – 21	26°♌ – 12°♍	27°♌ – 13°♍	28°♌ – 14°♍
21 – 22	12°♍ – 28°♍	13°♍ – 29°♍	14°♍ – 30°♍
22 – 23	28°♍ – 15°♎	29°♍ – 16°♎	30°♍ – 17°♎
23 – 24	15°♎ – 1°♏	16°♎ – 2°♏	17°♎ – 3°♏

Uhrzeit	22. Januar	23. Januar	24. Januar
0 – 1	3°♏ – 19°♏	4°♏ – 20°♏	5°♏ – 21°♏
1 – 2	19°♏ – 4°♐	20°♏ – 5°♐	21°♏ – 6°♐
2 – 3	4°♐ – 18°♐	5°♐ – 19°♐	6°♐ – 20°♐
3 – 4	18°♐ – 1°♑	19°♐ – 2°♑	20°♐ – 3°♑
4 – 5	1°♑ – 15°♑	2°♑ – 16°♑	3°♑ – 17°♑
5 – 6	15°♑ – 29°♑	16°♑ – 30°♑	17°♑ – 1°♒
6 – 7	29°♑ – 14°♒	30°♑ – 15°♒	1°♒ – 16°♒
7 – 8	14°♒ – 29°♒	15°♒ – 30°♒	16°♒ – 1°♓
8 – 9	29°♒ – 15°♓	30°♒ – 16°♓	1°♓ – 17°♓
9 – 10	15°♓ – 2°♈	16°♓ – 3°♈	17°♓ – 4°♈
10 – 11	2°♈ – 18°♈	3°♈ – 19°♈	4°♈ – 20°♈
11 – 12	18°♈ – 4°♉	19°♈ – 5°♉	20°♈ – 6°♉
12 – 13	4°♉ – 19°♉	5°♉ – 20°♉	6°♉ – 21°♉
13 – 14	19°♉ – 4°♊	20°♉ – 5°♊	21°♉ – 6°♊
14 – 15	4°♊ – 18°♊	5°♊ – 19°♊	6°♊ – 20°♊
15 – 16	18°♊ – 1°♋	19°♊ – 2°♋	20°♊ – 3°♋
16 – 17	1°♋ – 15°♋	2°♋ – 16°♋	3°♋ – 17°♋
17 – 18	15°♋ – 29°♋	16°♋ – 30°♋	17°♋ – 1°♌
18 – 19	29°♋ – 14°♌	30°♋ – 15°♌	1°♌ – 16°♌
19 – 20	14°♌ – 29°♌	15°♌ – 30°♌	16°♌ – 1°♍
20 – 21	29°♌ – 15°♍	30°♌ – 16°♍	1°♍ – 17°♍
21 – 22	15°♍ – 2°♎	16°♍ – 3°♎	17°♍ – 4°♎
22 – 23	2°♎ – 18°♎	3°♎ – 19°♎	4°♎ – 20°♎
23 – 24	18°♎ – 4°♏	19°♎ – 5°♏	20°♎ – 6°♏

Uhrzeit	25. Januar	26. Januar	27. Januar
0 – 1	6°♏ – 22°♏	7°♏ – 23°♏	8°♏ – 24°♏
1 – 2	22°♏ – 6°♐	23°♏ – 7°♐	24°♏ – 8°♐
2 – 3	6°♐ – 20°♐	7°♐ – 21°♐	8°♐ – 22°♐
3 – 4	20°♐ – 4°♑	21°♐ -5°♑	22°♐ – 6°♑
4 – 5	4°♑ – 18°♑	5°♑ – 19°♑	6°♑ – 20°♑
5 – 6	18°♑ – 2°♒	19°♑ – 3°♒	20°♑ – 4°♒
6 – 7	2°♒ – 17°♒	3°♒ – 18°♒	4°♒ – 19°♒
7 – 8	17°♒ – 3°♓	18°♒ – 4°♓	19°♒ – 5°♓
8 – 9	3°♓ – 19°♓	4°♓ – 20°♓	5°♓ – 21°♓
9 – 10	19°♓ – 5°♈	20°♓ – 6°♈	21°♓ – 7°♈
10 – 11	5°♈ – 21°♈	6°♈ – 22°♈	7°♈ – 23°♈
11 – 12	21°♈ – 7°♉	22°♈ – 8°♉	23°♈ – 9°♉
12 – 13	7°♉ – 22°♉	8°♉ – 23°♉	9°♉ – 24°♉
13 – 14	22°♉ – 6°♊	23°♉ – 7°♊	24°♉ – 8°♊
14 – 15	6°♊ – 20°♊	7°♊ – 21°♊	8°♊ – 22°♊
15 – 16	20°♊ – 4°♋	21°♊ – 5°♋	22°♊ – 6°♋
16 – 17	4°♋ – 18°♋	5°♋ – 19°♋	6°♋ – 20°♋
17 – 18	18°♋ – 2°♌	19°♋ – 3°♌	20°♋ – 4°♌
18 – 19	2°♌ – 17°♌	3°♌ – 18°♌	4°♌ – 19°♌
19 – 20	17°♌- 3°♍	18°♌ – 4°♍	19°♌ – 5°♍
20 – 21	3°♍ – 19°♍	4°♍ – 20°♍	5°♍ – 21°♍
21 – 22	19°♍ – 5°♎	20°♍ – 6°♎	21°♍ – 7°♎
22 – 23	5°♎ – 21°♎	6°♎ – 22°♎	7°♎ – 23°♎
23 – 24	21°♎ – 7°♏	22°♎ – 8°♏	23°♎ – 9°♏

Uhrzeit	28. Januar	29. Januar	30. Januar
0 – 1	10°♏ – 24°♏	11°♏ – 25°♏	12°♏ – 26°♏
1 – 2	24°♏ – 8°♐	25°♏ – 9°♐	26°♏ – 10°♐
2 – 3	8°♐ – 23°♐	9°♐ – 24°♐	10°♐ – 25°♐
3 – 4	23°♐ – 6°♑	24°♐ – 7°♑	25°♐ – 8°♑
4 – 5	6°♑ – 20°♑	7°♑ – 21°♑	8°♑ – 22°♑
5 – 6	20°♑ – 5°♒	21°♑ – 6°♒	22°♑ – 7°♒
6 – 7	6°♒ – 20°♒	7°♒ – 21°♒	7°♒ – 22°♒
7 – 8	20°♒ – 5°♓	21°♒ – 6°♓	22°♒ – 7°♓
8 – 9	5°♓ – 22°♓	6°♓ – 23°♓	7°♓ – 24°♓
9 – 10	22°♓ – 8°♈	23°♓ – 9°♈	24°♓ – 10°♈
10 – 11	9°♈ – 24°♈	9°♈ – 25°♈	10°♈ – 26°♈
11 – 12	24°♈ – 9°♉	25°♈ – 10°♉	26°♈ – 11°♉
12 – 13	9°♉ – 24°♉	10°♉ – 25°♉	11°♉ – 26°♉
13 – 14	24°♉ – 8°♊	25°♉ – 9°♊	26°♉ – 10°♊
14 – 15	8°♊ – 22°♊	9°♊ – 23°♊	10°♊ – 24°♊
15 – 16	22°♊ – 7°♋	23°♊ – 8°♋	24°♊ – 9°♋
16 – 17	7°♋ – 20°♋	8°♋ – 21°♋	9°♋ – 22°♋
17 – 18	20°♋ – 4°♌	21°♋ – 5°♌	22°♋ – 6°♌
18 – 19	4°♌ – 19°♌	5°♌ – 20°♌	6°♌ – 21°♌
19 – 20	19°♌ – 5°♍	20°♌ – 6°♍	21°♌ – 7°♍
20 – 21	5°♍ – 22°♍	6°♍ – 23°♍	7°♍ – 24°♍
21 – 22	22°♍ – 8°♎	23°♍ – 9°♎	24°♍ – 10°♎
22 – 23	8°♎ – 24°♎	9°♎ – 25°♎	10°♎ – 26°♎
23 – 24	24°♎ – 11°♏	25°♎ – 12°♏	26°♎ – 13°♏

Uhrzeit	31. Januar	1. Februar	2. Februar
0 – 1	13°♏ – 27°♏	14°♏ – 28°♏	15°♏ – 29°♏
1 – 2	27°♏ – 11°♐	28°♏ – 11°♐	29°♐ – 12°♐
2 – 3	11°♐ – 24°♐	11°♐ – 25°♐	12°♐ – 26°♐
3 – 4	24°♐ – 9°♑	25°♐ – 10°♑	26°♐ – 11°♑
4 – 5	9°♑ – 22°♑	10°♑ – 23°♑	11°♑ – 24°♑
5 – 6	22°♑ – 7°♒	23°♑ – 8°♒	24°♑ – 9°♒
6 – 7	7°♒ – 23°♒	8°♒ – 24°♒	9°♒ – 25°♒
7 – 8	23°♒ – 8°♓	24°♒ – 9°♓	25°♒ – 10°♓
8 – 9	8°♓ – 24°♓	9°♓ – 25°♓	10°♓ – 26°♓
9 – 10	24°♓ – 11°♈	25°♓ – 12°♈	26°♓ – 13°♈
10 – 11	11°♈ – 27°♈	12°♈ – 27°♈	13°♈ – 28°♈
11 – 12	27°♈ – 13°♉	27°♈ – 13°♉	28°♈ – 14°♉
12 – 13	13°♉ – 27°♉	13°♉ – 28°♉	14°♉ – 29°♉
13 – 14	27°♉ – 12°♊	28°♉ – 12°♊	29°♉ – 13°♊
14 – 15	12°♊ – 26°♊	12°♊ – 26°♊	13°♊ – 27°♊
15 – 16	26°♊ – 9°♑	26°♊ – 10°♋	27°♊ – 11°♋
16 – 17	9°♋ – 23°♋	10°♋ – 24°♋	11°♋ – 25°♋
17 – 18	23°♋ – 8°♌	24°♋ – 9°♌	25°♋ – 10°♌
18 – 19	8°♌ – 23°♌	9°♌ – 24°♌	10°♌ – 25°♌
19 – 20	23°♌ – 9°♍	24°♌ – 10°♍	25°♌ – 11°♍
20 – 21	9°♍ – 25°♍	10°♍ – 26°♍	11°♍ – 27°♍
21 – 22	25°♍ – 11°♎	26°♍ – 12°♎	27°♍ – 13°♎
22 – 23	11°♎ – 27°♎	12°♎ – 28°♎	13°♎ – 29°♎
23 – 24	27°♎ – 14°♏	28°♎ – 15°♏	29°♎ – 16°♏

Uhrzeit	3. Februar	4. Februar	5. Februar
0 – 1	16°♏ – 30°♏	17°♏ – 1°♐	18°♏ – 2°♐
1 – 2	30°♏ – 13°♐	1°♐ – 14°♐	2°♐ – 15°♐
2 – 3	13°♐ – 27°♐	14°♐ – 28°♐	15°♐ – 29°♐
3 – 4	27°♐ – 12°♑	28°♐ – 13°♑	29°♐ – 14°♑
4 – 5	12°♑ – 25°♑	13°♑ – 26°♑	14°♑ – 27°♑
5 – 6	25°♑ – 10°♒	26°♑ – 11°♒	27°♑ – 12°♒
6 – 7	10°♒ – 26°♒	11°♒ – 27°♒	12°♒ – 28°♒
7 – 8	26°♒ – 11°♓	27°♒ – 12°♓	28°♒ – 13°♓
8 – 9	11°♓ – 27°♓	12°♓ – 28°♓	13°♓ – 29°♓
9 – 10	27°♓ – 14°♈	28°♓ – 15°♈	29°♓ – 16°♈
10 – 11	14°♈ – 29°♈	15°♈ – 30°♈	16°♈ – 1°♉
11 – 12	29°♈ – 15°♉	30°♈ – 16°♉	1°♉ – 17°♉
12 – 13	15°♉ – 30°♉	16°♉ – 1°♊	17°♉ – 2°♊
13 – 14	30°♉ – 14°♊	1°♊ – 15°♊	2°♊ – 16°♊
14 – 15	14°♊ – 28°♊	15°♊ – 29°♊	16°♊ – 30°♊
15 – 16	28°♊ – 12°♋	29°♊ – 13°♋	30°♊ – 14°♋
16 – 17	12°♋ – 26°♋	13°♋ – 27°♋	14°♋ – 27°♋
17 – 18	26°♋ – 11°♌	27°♋ – 12°♌	28°♋ – 13°♌
18 – 19	11°♌ – 26°♌	12°♌ – 27°♌	13°♌ – 28°♌
19 – 20	26°♌ – 12°♍	27°♌ – 13°♍	28°♌ – 14°♍
20 – 21	12°♍ – 28°♍	13°♍ – 29°♍	14°♍ – 30°♍
21 – 22	28°♍ – 14°♎	29°♍ – 15°♎	30°♍ – 16°♎
22 – 23	14°♎ – 30°♎	15°♎ – 1°♏	16°♎ – 2°♏
23 – 24	30°♎ – 17°♏	1°♏ – 18°♏	2°♏ – 19°♏

Uhrzeit	6. Februar	7. Februar	8. Februar
0 – 1	19°♏ – 3°♐	20°♏ – 4°♐	21°♏ – 5°♐
1 – 2	3°♐ – 16°♐	4°♐ – 18°♐	5°♐ – 19°♐
2 – 3	16°♐ – 30°♐	18°♐ – 1°♑	19°♐ – 2°♑
3 – 4	30°♐ – 15°♑	1°♑ – 16°♑	2°♑ – 17°♑
4 – 5	15°♑ – 28°♑	16°♑ – 30°♑	17°♑ – 1°♒
5 – 6	28°♑ – 13°♒	30°♑ – 15°♒	1°♒ – 16°♒
6 – 7	13°♒ – 29°♒	15°♒ – 30°♒	16°♒ – 1°♓
7 – 8	29°♒ – 14°♓	30°♒ – 16°♓	1°♓ – 17°♓
8 – 9	14°♓ – 30°♓	16°♓ – 2°♈	17°♓ – 3°♈
9 – 10	30°♓ – 17°♈	2°♈ – 18°♈	3°♈ – 19°♈
10 – 11	17°♈ – 2°♉	18°♈ – 4°♉	19°♈ – 5°♉
11 – 12	2°♉ – 18°♉	4°♉ – 19°♉	5°♉ – 20°♉
12 – 13	18°♉ – 3°♊	19°♉ – 4°♊	20°♉ – 5°♊
13 – 14	3°♊ – 17°♊	4°♊ – 18°♊	5°♊ – 19°♊
14 – 15	17°♊ – 1°♋	18°♊ – 2°♋	19°♊ – 3°♋
15 – 16	1°♋ – 15°♋	2°♋ – 16°♋	3°♋ – 17°♋
16 – 17	15°♋ – 28°♋	16°♋ – 30°♋	17°♋ – 1°♌
17 – 18	29°♋ – 14°♌	30°♌ – 15°♌	1°♌ – 16°♌
18 – 19	14°♋ – 29°♋	15°♋ – 30°♋	16°♋ – 1°♍
19 – 20	29°♌ – 15°♍	30°♌ – 16°♍	1°♍ – 17°♍
20 – 21	15°♍ – 1°♎	16°♍ – 2°♎	17°♍ – 3°♎
21 – 22	1°♎ – 17°♎	2°♎ – 19°♎	3°♎ – 20°♎
22 – 23	17°♎ – 3°♏	19°♎ – 5°♏	20°♎ – 6°♏
23 – 24	3°♏ – 19°♏	5°♏ – 20°♏	6°♏ – 21°♏

Uhrzeit	9. Februar	10. Februar	11. Februar
0 – 1	21°♏ – 6°♐	22°♏ – 7°♐	23°♏ – 8°♐
1 – 2	6°♐ – 20°♐	7°♐ – 21°♐	8°♐ – 22°♐
2 – 3	20°♐ – 3°♑	21°♐ – 4°♑	22°♐ – 5°♑
3 – 4	3°♑ – 18°♑	4°♑ – 19°♑	5°♑ – 20°♑
4 – 5	18°♑ – 2°♒	19°♑ – 3°♒	20°♑ – 4°♒
5 – 6	2°♒ – 17°♒	3°♒ – 18°♒	4°♒ – 19°♒
6 – 7	17°♒ – 2°♓	18°♒ – 3°♓	19°♒ – 4°♓
7 – 8	2°♓ – 18°♓	3°♓ – 19°♓	4°♓ – 20°♓
8 – 9	18°♓ – 4°♈	19°♓ – 5°♈	20°♓ – 6°♈
9 – 10	4°♈ – 20°♈	5°♈ – 21°♈	6°♈ – 22°♈
10 – 11	20°♈ – 6°♉	21°♈ – 7°♉	22°♈ – 8°♉
11 – 12	6°♉ – 21°♉	7°♉ – 22°♉	8°♉ – 23°♉
12 – 13	21°♉ – 6°♊	22°♉ – 7°♊	23°♉ – 8°♊
13 – 14	6°♊ – 20°♊	7°♊ – 21°♊	8°♊ – 22°♊
14 – 15	20°♊ – 4°♋	21°♊ – 5°♋	22°♊ – 6°♋
15 – 16	4°♋ – 18°♋	5°♋ – 19°♋	6°♋ – 20°♋
16 – 17	18°♋ – 2°♌	19°♋ – 3°♌	20°♋ – 4°♌
17 – 18	2°♌ – 17°♌	3°♌ – 18°♌	4°♌ – 19°♌
18 – 19	17°♌ – 2°♍	18°♌ – 3°♍	19°♌ – 4°♍
19 – 20	2°♍ – 18°♍	3°♍ – 19°♍	4°♍ – 20°♍
20 – 21	18°♍ – 4°♎	19°♍ – 5°♎	20°♍ – 6°♎
21 – 22	4°♎ – 21°♎	5°♎ – 22°♎	6°♎ – 23°♎
22 – 23	21°♎ – 7°♏	22°♎ – 8°♏	23°♎ – 9°♏
23 – 24	7°♏ – 22°♏	8°♏ – 23°♏	9°♏ – 24°♏

Uhrzeit	12. Februar	13. Februar	14. Februar
0 – 1	24°♏ – 9°♐	25°♏ – 10°♐	26°♏ – 11°♐
1 – 2	9°♐ – 23°♐	10°♐ – 24°♐	11°♐ – 25°♐
2 – 3	23°♐ – 6°♑	24°♐ – 7°♑	25°♐ – 8°♑
3 – 4	6°♑ – 21°♑	7°♑ – 22°♑	8°♑ – 23°♑
4 – 5	21°♑ – 5°♒	22°♑ – 6°♒	23°♑ – 7°♒
5 – 6	5°♒ – 20°♒	6°♒ – 21°♒	7°♒ – 22°♒
6 – 7	20°♒ – 5°♓	21°♒ – 6°♓	22°♒ – 7°♓
7 – 8	5°♓ – 21°♓	6°♓ – 22°♓	7°♓ – 23°♓
8 – 9	21°♓ – 7°♈	22°♓ – 8°♈	23°♓ – 9°♈
9 – 10	7°♈ – 23°♈	8°♈ – 24°♈	9°♈ – 25°♈
10 – 11	23°♈ – 9°♉	24°♈ – 10°♉	25°♈ – 11°♉
11 – 12	9°♉ – 24°♉	10°♉ – 25°♉	11°♉ – 26°♉
12 – 13	24°♉ – 9°♊	25°♉ – 10°♊	26°♉ – 11°♊
13 – 14	9°♊ – 23°♊	10°♊ – 24°♊	11°♊ – 25°♊
14 – 15	23°♊ – 7°♋	24°♊ – 8°♋	25°♊ – 9°♋
15 – 16	7°♋ – 21°♋	8°♋ – 22°♋	9°♋ – 23°♋
16 – 17	21°♋ – 5°♌	22°♋ – 6°♌	23°♋ – 7°♌
17 – 18	5°♌ – 20°♌	6°♌ – 21°♌	7°♌ – 22°♌
18 – 19	20°♌ – 5°♍	21°♌ – 6°♍	22°♌ – 7°♍
19 – 20	5°♍ – 21°♍	6°♍ – 22°♍	7°♍ – 23°♍
20 – 21	21°♍ – 7°♎	22°♍ – 8°♎	23°♍ – 9°♎
21 – 22	7°♎ – 24°♎	8°♎ – 25°♎	9°♎ – 26°♎
22 – 23	24°♎ – 10°♏	25°♎ – 11°♏	26°♎ – 12°♏
23 – 24	10°♏ – 25°♏	11°♏ – 26°♏	12°♏ – 27°♏

Uhrzeit	15. Februar	16. Februar	17. Februar
0 – 1	27°♏ – 12°♐	28°♏ – 13°♐	29°♏ – 14°♐
1 – 2	12°♐ – 26°♐	13°♐ – 27°♐	14°♐ – 28°♐
2 – 3	26°♐ – 9°♑	27°♐ – 10°♑	28°♐ – 11°♑
3 – 4	9°♑ – 24°♑	10°♑ – 25°♑	11°♑ – 26°♑
4 – 5	24°♑ – 8°♒	25°♑ – 9°♒	26°♑ – 10°♒
5 – 6	8°♒ – 23°♒	9°♒ – 24°♒	10°♒ – 25°♒
6 – 7	23°♒ – 8°♓	24°♒ – 9°♓	25°♒ – 10°♓
7 – 8	8°♓ – 24°♓	9°♓ – 25°♓	10°♓ – 26°♓
8 – 9	24°♓ – 10°♈	25°♓ – 11°♈	26°♓ – 12°♈
9 – 10	10°♈ – 26°♈	11°♈ – 27°♈	12°♈ – 28°♈
10 – 11	26°♈ – 13°♉	27°♈ – 14°♉	28°♈ – 15°♉
11 – 12	13°♉ – 28°♉	14°♉ – 29°♉	15°♉ – 30°♉
12 – 13	28°♉ – 12°♊	29°♉ – 13°♊	30°♉ – 14°♊
13 – 14	12°♊ – 26°♊	13°♊ – 27°♊	14°♊ – 28°♊
14 – 15	26°♊ – 10°♋	27°♊ – 11°♋	28°♊ – 12°♋
15 – 16	10°♋ – 24°♋	11°♋ – 25°♋	12°♋ – 26°♋
16 – 17	24°♋ – 8°♌	25°♋ – 9°♌	26°♋ – 10°♌
17 – 18	8°♌ – 23°♌	9°♌ – 24°♌	10°♌ – 25°♌
18 – 19	23°♌ – 9°♍	24°♌ – 10°♍	25°♌ – 11°♍
19 – 20	9°♍ – 25°♍	10°♍ – 26°♍	11°♍ – 27°♍
20 – 21	25°♍ – 11°♎	26°♍ – 12°♎	27°♍ – 13°♎
21 – 22	11°♎ – 27°♎	12°♎ – 28°♎	13°♎ – 29°♎
22 – 23	27°♎ – 13°♏	28°♎ – 14°♏	29°♎ – 15°♏
23 – 24	13°♏ – 28°♏	14°♏ – 29°♏	15°♏ – 30°♏

Uhrzeit	18. Februar	19. Februar	20. Februar
0 – 1	30°♏ – 15°♐	1°♐ – 16°♐	2°♐ – 17°♐
1 – 2	15°♐ – 29°♐	16°♐ – 30°♐	17°♐ – 1°♑
2 – 3	29°♐ – 12°♑	30°♐ – 13°♑	1°♑ – 14°♑
3 – 4	12°♑ – 27°♑	13°♑ – 28°♑	14°♑ – 29°♑
4 – 5	27°♑ – 11°♒	28°♑ – 12°♒	29°♑ – 13°♒
5 – 6	11°♒ – 26°♒	12°♒ – 27°♒	13°♒ – 28°♒
6 – 7	26°♒ – 11°♓	27°♒ – 12°♓	28°♒ – 13°♓
7 – 8	11°♓ – 27°♓	12°♓ – 28°♓	13°♓ – 29°♓
8 – 9	27°♓ – 13°♈	28°♓ – 14°♈	29°♓ – 15°♈
9 – 10	13°♈ – 29°♈	14°♈ – 30°♈	15°♈ – 1°♉
10 – 11	29°♈ – 16°♉	30°♈ – 17°♉	1°♉ – 18°♉
11 – 12	16°♉ – 1°♊	17°♉ – 2°♊	18°♉ – 3°♊
12 – 13	1°♊ – 15°♊	2°♊ – 16°♊	3°♊ – 17°♊
13 – 14	15°♊ – 29°♊	16°♊ – 30°♊	17°♊ – 1°♋
14 – 15	29°♊ – 13°♋	30°♊ – 14°♋	1°♋ – 15°♋
15 – 16	13°♋ – 27°♋	14°♋ – 28°♋	15°♋ – 29°♋
16 – 17	27°♋ – 11°♌	28°♋ – 12°♌	29°♋ – 13°♌
17 – 18	11°♌ – 26°♌	12°♌ – 27°♌	13°♌ – 28°♌
18 – 19	26°♌ – 12°♍	27°♌ – 13°♍	28°♌ – 14°♍
19 – 20	12°♍ – 28°♍	13°♍ – 29°♍	14°♍ – 30°♍
20 – 21	28°♍ – 14°♎	29°♍ – 15°♎	30°♍ – 16°♎
21 – 22	14°♎ – 30°♎	15°♎ – 1°♏	16°♎ – 2°♏
22 – 23	30°♎ – 16°♏	1°♏ – 17°♏	2°♏ – 18°♏
23 – 24	16°♏ – 1°♐	17°♏ – 2°♐	18°♏ – 3°♐

Uhrzeit	21. Februar	22. Februar	23. Februar
0 – 1	3°♐ – 18°♐	4°♐ – 19°♐	5°♐ –20°♐
1 – 2	18°♐ – 2°♑	19°♐ – 3°♑	20°♐ – 4°♑
2 – 3	2°♑ – 15°♑	3°♑ – 16°♑	4°♑ – 17°♑
3 – 4	15°♑ – 30°♑	16°♑ – 1°♒	17°♑ – 2°♒
4 – 5	30°♑ – 14°♒	1°♒ – 15°♒	2°♒ – 16°♒
5 – 6	14°♒ – 29°♒	15°♒ – 30°♒	16°♒ – 1°♓
6 – 7	29°♒ – 14°♓	30°♒ – 15°♓	1°♓ – 16°♓
7 – 8	14°♓ – 30°♓	15°♓ – 1°♈	16°♓ – 2°♈
8 – 9	30°♓ – 16°♈	1°♈ – 17°♈	2°♈ – 18°♈
9 – 10	16°♓ – 2°♉	17°♓ – 3°♉	18°♓ – 4°♉
10 – 11	2°♉ – 19°♉	3°♉ – 20°♉	4°♉ – 21°♉
11 – 12	19°♉ – 4°♊	20°♉ – 5°♊	21°♉ – 6°♊
12 – 13	4°♊ – 18°♊	5°♊ – 19°♊	6°♊ – 20°♊
13 – 14	18°♊ – 2°♋	19°♊ – 3°♋	20°♊ – 4°♋
14 – 15	2°♋ – 16°♋	3°♋ – 17°♋	4°♋ – 18°♋
15 – 16	16°♋ – 30°♋	17°♋ – 1°♌	18°♋ – 2°♌
16 – 17	30°♋ – 14°♌	1°♌ – 15°♌	2°♌ – 16°♌
17 – 18	14°♌ – 29°♌	15°♌ – 30°♌	16°♌ – 1°♍
18 – 19	29°♌ – 15°♍	30°♌ – 16°♌	1°♍ – 17°♍
19 – 20	15°♍ – 1°♎	16°♍ – 2°♎	17°♍ – 3°♎
20 – 21	1°♎ – 17°♎	2°♎ – 18°♎	3°♎ – 19°♎
21 – 22	17°♎ – 3°♏	18°♎ – 4°♏	19°♎ – 5°♏
22 – 23	3°♏ – 19°♏	4°♏ – 20°♏	5°♏ – 21°♏
23 – 24	19°♏ – 4°♐	20°♏ – 5°♐	21°♏ – 6°♐

Uhrzeit	24. Februar	25. Februar	26. Februar
0 – 1	6°♐ – 21°♐	7°♐ – 22°♐	8°♐ – 23°♐
1 – 2	21°♐ – 5°♑	22°♐ -6°♑	23°♐ – 7°♑
2 – 3	5°♑ – 18°♑	6°♑ – 19°♑	7°♑ – 20°♑
3 – 4	18°♑ – 3°♒	19°♑ – 4°♒	20°♑ – 5°♒
4 – 5	3°♒ – 17°♒	4°♒ – 18°♒	5°♒ – 19°♒
5 – 6	17°♒ – 2°♓	18°♒ – 3°♓	19°♒ – 4°♓
6 – 7	2°♓ – 17°♓	3°♓ – 18°♓	4°♓ – 19°♓
7 – 8	17°♓ – 3°♈	18°♓ – 4°♈	19°♓ – 5°♈
8 – 9	3°♈ – 19°♈	4°♈ – 20°♈	5°♈ – 21°♈
9 – 10	19°♈ – 5°♉	20°♈ – 6°♉	21°♈ – 7°♉
10 – 11	5°♉ – 22°♉	6°♉ – 23°♉	7°♉ – 24°♉
11 – 12	22°♉ – 7°♊	23°♉ – 8°♊	24°♉ – 9°♊
12 – 13	7°♊ – 21°♊	8°♊ – 22°♊	9°♊ – 23°♊
13 – 14	21°♊ – 5°♋	22°♊ – 6°♋	23°♊ – 7°♋
14 – 15	5°♋ – 19°♋	6°♋ – 20°♋	7°♋ – 21°♋
15 16	19°♋ 3°♌	20°♋ 4°♌	21°♋ 5°♌
16 – 17	3°♌ – 17°♌	4°♌ – 18°♌	5°♌ – 19°♌
17 – 18	17°♌ – 2°♍	18°♌ – 3°♍	19°♌ – 4°♍
18 – 19	2°♍ – 18°♍	3°♍ – 19°♍	4°♍ – 20°♍
19 – 20	18°♍ – 4°♎	19°♍ – 5°♎	20°♍ – 6°♎
20 – 21	4°♎ – 20°♎	5°♎ – 21°♎	6°♎ – 22°♎
21 – 22	20°♎ – 6°♏	21°♎ – 7°♏	22°♎ – 8°♏
22 – 23	6°♏ – 22°♏	7°♏ – 23°♏	8°♏ – 24°♏
23 – 24	22°♏ – 7°♐	23°♏ – 8°♐	24°♏ – 9°♐

Uhrzeit	27. Februar	28. Februar	29. Februar
0 – 1	9°♐ – 23°♐	10°♐ – 24°♐	10°♐ – 24°♐
1 – 2	23°♐ – 9°♑	24°♐ – 10°♑	24°♐ – 10°♑
2 – 3	9°♑ – 22°♑	10°♑ – 23°♑	10°♑ – 23°♑
3 – 4	22°♑ – 7°♒	23°♑ – 8°♒	23°♑ – 8°♒
4 – 5	7°♒ – 21°♒	8°♒ – 22°♒	8°♒ – 22°♒
5 – 6	21°♒ – 6°♓	22°♒ – 7°♓	22°♒ – 7°♓
6 – 7	6°♓ – 21°♓	7°♓ – 22°♓	7°♓ – 22°♓
7 – 8	21°♓ – 7°♈	22°♓ – 8°♈	22°♓ – 8°♈
8 – 9	7°♈ – 23°♈	8°♈ – 24°♈	8°♈ – 24°♈
9 – 10	23°♈ – 9°♉	24°♈ – 10°♉	24°♈ – 10°♉
10 – 11	9°♉ – 25°♉	10°♉ – 26°♉	10°♉ – 27°♉
11 – 12	25°♉ – 11°♊	26°♊ – 12°♊	27°♉ – 12°♊
12 – 13	11°♊ – 25°♊	12°♊ – 26°♊	12°♊ – 26°♊
13 – 14	25°♊ – 9°♋	26°♊ – 10°♋	26°♊ – 10°♋
14 – 15	9°♋ – 23°♋	10°♋ – 24°♋	10°♋ – 24°♋
15 – 16	23°♋ – 7°♌	24°♋ – 8°♌	24°♋ – 8°♌
16 – 17	7°♌ – 21°♌	8°♌ – 22°♌	8°♌ – 22°♌
17 – 18	21°♌ – 6°♍	22°♌ – 7°♍	22°♌ – 7°♍
18 – 19	6°♍ – 22°♍	7°♍ – 23°♍	7°♍ – 23°♍
19 – 20	22°♍ – 8°♎	23°♍ – 9°♎	23°♍ – 9°♎
20 – 21	8°♎ – 24°♎	9°♎ – 25°♎	9°♎ – 25°♎
21 – 22	24°♎ – 10°♏	25°♎ – 11°♏	25°♎ – 11°♏
22 – 23	10°♏ – 26°♏	11°♏ – 27°♏	11°♏ – 27°♏
23 – 24	26°♏ – 10°♐	27°♏ – 11°♐	27°♏ – 11°♐

Uhrzeit	1. März	2. März	3. März
0 – 1	11°♐ – 25°♐	12°♐ – 26°♐	13°♐ – 27°♐
1 – 2	25°♐ – 11°♑	26°♐ – 12°♑	27°♐ – 13°♑
2 – 3	11°♑ – 24°♑	12°♑ – 25°♑	13°♑ – 26°♑
3 – 4	24°♑ – 9°♒	25°♉ – 10°♒	26°♑ – 11°♒
4 – 5	9°♒ – 23°♒	10°♒ – 24°♒	11°♒ – 25°♒
5 – 6	23°♒ – 8°♓	24°♒ – 9°♓	25°♒ – 10°♓
6 – 7	8°♓ – 23°♓	9°♓ – 24°♓	10°♓ – 25°♓
7 – 8	23°♓ – 9°♈	24°♓ – 10°♈	25°♓ – 11°♈
8 – 9	9°♈ – 25°♈	10°♈ – 26°♈	11°♈ – 27°♈
9 – 10	25°♈ – 11°♉	26°♈ – 12°♉	27°♈ – 13°♉
10 – 11	11°♉ – 28°♉	12°♉ – 29°♉	13°♉ – 30°♉
11 – 12	28°♉ – 13°♊	29°♉ – 14°♊	30°♉ – 15°♊
12 – 13	13°♊ – 27°♊	14°♊ – 28°♊	15°♊ – 29°♊
13 – 14	27°♊ – 11°♋	28°♊ – 12°♋	29°♊ – 13°♋
14 – 15	11°♋ – 25°♋	12°♋ – 26°♋	13°♋ – 27°♋
15 – 16	25°♋ – 9°♋	26°♋ – 10°♌	27°♋ – 11°♌
16 – 17	9°♌ – 23°♌	10°♌ – 24°♌	11°♌ – 25°♌
17 – 18	23°♌ – 8°♍	24°♌ – 9°♍	25°♌ – 10°♍
18 – 19	8°♍ – 24°♍	9°♍ – 25°♍	10°♍ – 26°♍
19 – 20	24°♍ – 10°♎	25°♍ – 11°♎	26°♍ – 12°♎
20 – 21	10°♎ – 26°♎	11°♎ – 27°♎	12°♎ – 28°♎
21 – 22	26°♎ – 12°♏	27°♎ – 13°♏	28°♎ – 14°♏
22 – 23	12°♏ – 28°♏	13°♏ – 29°♏	14°♏ – 30°♏
23 – 24	28°♏ – 12°♐	29°♏ – 13°♐	30°♏ – 14°♐

Uhrzeit	4. März	5. März	6. März
0 – 1	14°♐ – 28°♐	15°♐ – 29°♐	16°♐ – 30°♐
1 – 2	28°♐ – 12°♑	29°♐ – 13°♑	30°♐ – 14°♑
2 – 3	12°♑ – 25°♑	13°♑ – 26°♑	14°♑ – 27°♑
3 – 4	25°♑ – 10°♒	26°♑ – 11°♒	27°♑ – 12°♒
4 – 5	10°♒ – 25°♒	11°♒ – 26°♒	12°♒ – 27°♒
5 – 6	25°♒ – 11°♓	26°♒ – 12°♓	27°♒ – 13°♓
6 – 7	11°♓ – 27°♓	12°♓ – 28°♓	13°♓ – 29°♓
7 – 8	27°♓ – 13°♈	28°♓ – 14°♈	29°♓ – 15°♈
8 – 9	13°♈ – 29°♈	14°♈ – 30°♈	15°♈ – 1°♉
9 – 10	29°♈ – 15°♉	30°♈ – 16°♉	1°♉ – 17°♉
10 – 11	15°♉ – 30°♉	16°♉ – 1°♊	17°♉ – 2°♊
11 – 12	30°♉ – 14°♊	1°♊ – 15°♊	2°♊ – 16°♊
12 – 13	14°♊ – 28°♊	15°♊ – 29°♊	16°♊ – 30°♊
13 – 14	28°♊ – 11°♋	29°♊ – 12°♋	30°♊ – 13°♋
14 – 15	11°♋ – 25°♋	12°♋ – 26°♋	13°♋ – 27°♋
15 – 16	25°♋ – 10°♌	26°♋ – 11°♌	27°♋ – 12°♌
16 – 17	10°♌ – 25°♌	11°♌ – 26°♌	12°♌ – 27°♌
17 – 18	25°♌ – 11°♍	26°♌ – 12°♍	27°♌ – 13°♍
18 – 19	11°♍ – 27°♍	12°♍ – 28°♍	13°♍ – 29°♍
19 – 20	27°♍ – 13°♎	28°♍ – 14°♎	29°♍ – 15°♎
20 – 21	13°♎ – 29°♎	14°♎ – 30°♎	15°♎ – 1°♏
21 – 22	29°♎ – 15°♏	30°♎ – 16°♏	1°♏ – 17°♏
22 – 23	15°♏ – 30°♏	16°♏ – 1°♐	17°♏ – 2°♐
23 – 24	30°♏ – 15°♐	1°♐ – 16°♐	2°♐ – 17°♐

Uhrzeit	7. März	8. März	9. März
0 – 1	17°♐ – 1°♑	18°♐ – 2°♑	19°♐ – 3°♑
1 – 2	1°♑ – 15°♑	2°♑ – 16°♑	3°♑ – 17°♑
2 – 3	15°♑ – 28°♑	16°♑ – 29°♑	17°♑ – 30°♑
3 – 4	28°♑ – 13°♒	29°♑ – 14°♒	30°♑ – 15°♒
4 – 5	13°♒ – 28°♒	14°♒ – 29°♒	15°♒ – 30°♒
5 – 6	28°♒ – 14°♓	29°♒ – 15°♓	30°♒ – 16°♓
6 – 7	14°♒ – 30°♓	15°♒ – 1°♈	16°♓ – 2°♈
7 – 8	30°♓ – 16°♈	1°♈ – 17°♈	2°♈ – 18°♈
8 – 9	16°♈ – 2°♉	17°♈ – 3°♉	18°♈ – 4°♉
9 – 10	2°♉ – 18°♉	3°♉ – 19°♉	4°♉ – 20°♉
10 – 11	18°♉ – 3°♊	19°♉ – 4°♊	20°♉ – 5°♊
11 – 12	3°♊ – 17°♊	4°♊ – 18°♊	5°♊ – 19°♊
12 – 13	17°♊ – 1°♋	18°♊ – 2°♋	19°♊ – 3°♋
13 – 14	1°♋ – 14°♋	2°♋ – 15°♋	3°♋ – 16°♋
14 – 15	14°♋ – 28°♋	15°♋ – 29°♋	16°♋ – 30°♋
15 – 16	28°♋ – 13°♌	29°♋ – 14°♌	30°♋ – 15°♌
16 – 17	13°♌ – 28°♌	14°♌ – 29°♌	15°♌ – 30°♌
17 – 18	28°♌ – 14°♍	29°♌ – 15°♍	30°♌ – 16°♍
18 – 19	14°♍ – 30°♍	15°♍ – 1°♎	16°♍ – 2°♎
19 – 20	30°♍ – 16°♎	1°♎ – 17°♎	2°♎ – 18°♎
20 – 21	16°♎ – 2°♏	17°♎ – 3°♏	18°♎ – 4°♏
21 – 22	2°♏ – 18°♏	3°♏ – 19°♏	4°♏ – 20°♏
22 – 23	18°♏ – 3°♐	19°♏ – 4°♐	20°♏ – 5°♐
23 – 24	3°♐ – 18°♐	4°♐ – 19°♐	5°♐ – 20°♐

Uhrzeit	10. März	11. März	12. März
0 – 1	20°♐ – 3°♑	21°♐ – 4°♑	22°♐ – 5°♑
1 – 2	3°♑ – 17°♑	4°♑ – 18°♑	5°♑ – 19°♑
2 – 3	17°♑ – 1°♒	18°♑ – 2°♒	19°♑ – 3°♒
3 – 4	1°♒ – 16°♒	2°♒ – 17°♒	3°♒ – 18°♒
4 – 5	16°♒ – 1°♓	17°♒ – 2°♓	18°♒ – 3°♓
5 – 6	1°♓ – 17°♓	2°♓ – 18°♓	3°♓ – 19°♓
6 – 7	17°♓ – 3°♈	18°♓ – 4°♈	19°♓ – 5°♈
7 – 8	3°♈ – 19°♈	4°♈ – 20°♈	5°♈ – 21°♈
8 – 9	19°♈ – 5°♉	20°♈ – 6°♉	21°♈ – 7°♉
9 – 10	5°♉ – 21°♉	6°♉ – 22°♉	7°♉ – 23°♉
10 – 11	21°♉ – 6°♊	22°♉ – 7°♊	23°♉ – 8°♊
11– 12	6°♊ – 20°♊	7°♊ – 21°♊	8°♊ – 22°♊
12 – 13	20°♊ – 4°♋	21°♊ – 5°♋	22°♊ – 6°♋
13 – 14	4°♋ – 17°♋	5°♋ – 18°♋	6°♋ – 19°♋
14 – 15	17°♋ – 1°♌	18°♋ – 2°♌	19°♋ – 3°♌
15 – 16	1°♌ – 16°♌	2°♌ – 17°♌	3°♌ – 18°♌
16 – 17	16°♌ – 1°♍	17°♌ – 2°♍	18°♌ – 3°♍
17 – 18	1°♍ – 17°♍	2°♍ – 18°♍	3°♍ – 19°♍
18 – 19	17°♍ – 3°♎	18°♍ – 4°♎	19°♍ – 5°♎
19 – 20	3°♎ – 19°♎	4°♎ – 20°♎	5°♎ – 21°♎
20 – 21	19°♎ – 5°♏	20°♎ – 6°♏	21°♎ – 7°♏
21 – 22	5°♏ – 21°♏	6°♏ – 22°♏	7°♏ – 23°♏
22 – 23	21°♏ – 6°♐	22°♏ – 7°♐	23°♏ – 8°♐
23 – 24	6°♐ – 21°♐	7°♐ – 22°♐	8°♐ – 22°♐

Uhrzeit	13. März	14. März	15. März
0 – 1	22°♐ – 6°♑	23°♐ – 7°♑	24°♐ – 8°♑
1 – 2	6°♑ – 20°♑	7°♑ – 21°♑	8°♑ – 22°♑
2 – 3	20°♑ – 4°♒	21°♑ – 5°♒	22°♑ – 6°♒
3 – 4	4°♒ – 19°♒	5°♒ – 20°♒	6°♒ – 21°♒
4 – 5	19°♒ – 4°♓	20°♒ – 5°♓	2°♒ – 6°♓
5 – 6	4°♓ – 20°♓	5°♓ – 21°♓	6°♓ – 22°♓
6 – 7	20°♓ – 6°♈	21°♓ – 7°♈	22°♓ – 8°♈
7 – 8	6°♈ – 22°♈	7°♈ – 23°♈	8°♈ – 24°♈
8 – 9	22°♈ – 8°♉	23°♈ – 9°♉	24°♈ – 10°♉
9 – 10	8°♉ – 24°♉	9°♉ – 25°♉	10°♉ – 26°♉
10 – 11	24°♉ – 9°♊	25°♉ – 10°♊	26°♉ – 11°♊
11 – 12	9°♊ – 23°♊	10°♊ – 24°♊	11°♊ – 25°♊
12 – 13	23°♊ – 7°♋	24°♊ – 8°♋	25°♊ – 9°♋
13 – 14	7°♋ – 20°♋	8°♋ – 21°♋	9°♋ – 22°♋
14 – 15	20°♋ – 4°♌	21°♋ – 5°♌	22°♋ – 6°♌
15 – 16	4°♌ – 19°♌	5°♌ – 20°♌	6°♌ – 21°♌
16 – 17	19°♌ – 4°♍	20°♌ – 5°♍	21°♌ – 6°♍
17 – 18	4°♍ – 20°♍	5°♍ – 21°♍	6°♍ – 22°♍
18 – 19	20°♍ – 6°♎	21°♍ – 7°♎	22°♍ – 8°♎
19 – 20	6°♎ – 22°♎	7°♎ – 23°♎	8°♎ – 24°♎
20 – 21	22°♎ – 8°♏	23°♎ – 9°♏	24°♎ – 10°♏
21 – 22	8°♏ – 24°♏	9°♏ – 25°♏	10°♏ – 26°♏
22 – 23	24°♏ – 9°♐	25°♏ – 10°♐	26°♐ – 11°♐
23 – 24	9°♐ – 23°♐	10°♐ – 24°♐	11°♐ – 25°♐

Uhrzeit	16. März	17. März	18. März
0 – 1	25°♐ – 9°♑	26°♐ – 10°♑	27°♐ – 11°♑
1 – 2	9°♑ – 23°♑	10°♑ – 24°♑	11°♑ – 25°♑
2 – 3	23°♑ – 7°♒	24°♑ – 8°♒	25°♑ – 9°♒
3 – 4	7°♒ – 22°♒	8°♒ – 23°♒	9°♒ – 24°♒
4 – 5	22°♒ – 7°♓	23°♒ – 8°♓	24°♒ – 9°♓
5 – 6	7°♓ – 23°♓	8°♓ – 24°♓	9°♓ – 25°♓
6 – 7	23°♓ – 9°♈	24°♓ – 10°♈	25°♓ – 11°♈
7 – 8	9°♈ – 25°♈	10°♈ – 26°♈	11°♈ – 27°♈
8 – 9	25°♈ – 11°♉	26°♈ – 12°♉	27°♈ – 13°♉
9 – 10	11°♉ – 27°♉	12°♉ – 28°♉	13°♉ – 29°♉
10 – 11	27°♉ – 12°♊	28°♉ – 13°♊	29°♉ – 14°♊
11 – 12	12°♊ – 25°♊	13°♊ – 26°♊	14°♊ – 27°♊
12 – 13	25°♊ – 10°♋	26°♊ – 11°♋	27°♊ – 12°♋
13 – 14	10°♋ – 23°♋	11°♋ – 24°♋	12°♋ – 25°♋
14 – 15	23°♋ – 7°♌	24°♋ – 8°♌	25°♋ – 9°♌
15 – 16	7°♌ – 22°♌	8°♌ – 23°♌	9°♌ – 24°♌
16 – 17	22°♌ – 7°♍	23°♌ – 8°♍	24°♌ – 9°♍
17 – 18	7°♍ – 23°♍	8°♍ – 24°♍	9°♍ – 25°♍
18 – 19	23°♍ – 9°♎	24°♍ – 10°♎	25°♍ – 11°♎
19 – 20	9°♎ – 25°♎	10°♎ – 26°♎	11°♎ – 27°♎
20 – 21	25°♎ – 11°♏	26°♎ – 12°♏	27°♎ – 13°♏
21 – 22	11°♏ – 27°♏	12°♏ – 28°♏	13°♏ – 29°♏
22 – 23	27°♏ – 12°♐	28°♏ – 13°♐	29°♏ – 14°♐
23 – 24	12°♐ – 26°♐	13°♐ – 27°♐	14°♐ – 28°♐

Uhrzeit	19. März	20. März	21. März
0 – 1	28°♐ – 11°♑	29°♐ – 12°♑	30°♐ – 13°♑
1 – 2	11°♑ – 25°♑	12°♑ – 26°♑	13°♑ – 27°♑
2 – 3	25°♑ – 10°♒	26°♑ – 11°♒	27°♑ – 12°♒
3 – 4	10°♒ – 25°♒	11°♒ – 26°M	12°♒ – 27°♒
4 – 5	25°♒ – 10°♓	26°♒ – 11°♓	27°♒ – 12°♓
5 – 6	10°♒ – 26°♓	11°♒ – 27°♓	12°♒ – 28°♓
6 – 7	26°♓ – 12°♈	27°♓ – 13°♈	28°♓ – 14°♈
7 – 8	12°♈ – 28°♈	13°♈ – 29°♈	14°♈ – 30°♈
8 – 9	28°♈ – 14°♉	29°♈ – 15°♉	30°♈ – 16°♉
9 – 10	14°♈ – 30°♉	15°♈ – 1°♊	16°♉ – 2°♊
10 – 11	30°♉ – 15°♊	1°♊ – 16°♊	2°♊ – 17°♊
11 – 12	15°♊ – 28°♊	16°♊ – 29°♊	17°♊ – 30°♊
12 – 13	28°♊ – 13°♋	29°♊ – 14°♋	30°♊ – 15°♋
13 – 14	13°♋ – 26°♋	14°♋ – 27°♋	15°♋ – 28°♋
14 – 15	26°♋ – 10°♌	27°♋ – 11°♌	28°♋ – 12°♌
15 – 16	10°♌ – 25°♌	11°♌ – 26°♌	12°♌ – 27°♌
16 – 17	25°♌ – 10°♍	26°♌ – 11°♍	27°♌ – 12°♍
17 – 18	10°♍ – 26°♍	11°♍ – 27°♍	12°♍ – 28°♍
18 – 19	26°♍ – 12°♎	27°♍ – 13°♎	28°♍ – 14°♎
19 – 20	12°♎ – 28°♎	13°♎ – 29°♎	14°♎ – 30°♎
20 – 21	28°♎ – 14°♏	29°♎ – 15°♏	30°♎ – 16°♏
21 – 22	14°♏ – 30°♏	15°♏ – 1°♐	16°♏ – 2°♐
22 – 23	30°♏ – 15°♐	1°♐ – 16°♐	2°♐ – 17°♐
23 – 24	15°♐ – 29°♏	16°♐ – 30°♏	17°♐ – 1°♑

Uhrzeit	22. März	23. März	24. März
0 – 1	1°♑ – 14°♑	2°♑ – 15°♑	3°♑ – 16°♑
1 – 2	14°♑ – 28°♑	15°♑ – 29°♑	16°♑ – 30°♑
2 – 3	28°♑ – 13°♒	29°♑ – 14°♒	30°♑ – 15°♒
3 – 4	13°♒ – 28°♒	14°♒ – 29°♒	15°♒ – 30°♒
4 – 5	28°♒ – 14°♓	29°♒ – 15°♓	30°♒ – 16°♓
5 – 6	14°♓ – 1°♈	15°♓ – 2°♈	16°♓ – 3°♈
6 – 7	1°♈ – 16°♈	2°♈ – 17°♈	3°♈ – 18°♈
7 – 8	16°♈ – 2°♉	17°♈ – 3°♉	18°♈ – 4°♉
8 – 9	2°♉ – 18°♉	3°♉ – 19°♉	4°♉ – 20°♉
9 – 10	18°♉ – 2°♊	19°♉ – 3°♊	20°♉ – 4°♊
10 – 11	2°♊ – 17°♊	3°♊ – 18°♊	4°♊ – 19°♊
11 – 12	17°♊ – 1°♋	18°♊ – 2°♋	19°♊ – 3°♋
12 – 13	1°♋ – 14°♋	2°♋ – 15°♋	3°♋ – 16°♋
13 – 14	14°♋ – 28°♋	15°♋ – 29°♋	16°♋ – 30°♋
14 – 15	28°♋ – 13°♌	29°♋ – 14°♌	30°♋ – 15°♌
15 – 16	13°♌ – 28°♌	14°♌ – 29°♍	15°♌ – 30°♌
16 – 17	28°♌ – 14°♍	29°♌ – 15°♍	30°♌ – 16°♍
17 – 18	14°♍ – 1°♎	15°♍ – 2°♎	16°♍ – 3°♎
18 – 19	1°♎ – 16°♎	2°♎ – 17°♎	3°♎ – 18°♎
19 – 20	16°♎ – 2°♏	17°♎ – 3°♏	18°♎ – 4°♏
20 – 21	2°♏ – 18°♏	3°♏ – 19°♏	4°♏ – 20°♏
21 – 22	18°♏ – 2°♐	19°♏ – 3°♐	20°♏ – 4°♐
22 – 23	2°♐ – 17°♐	3°♐ – 18°♐	4°♐ – 19°♐
23 – 24	17°♐ – 1°♑	18°♐ – 2°♑	19°♐ – 3°♑

Uhrzeit	25. März	26. März	27. März
0 – 1	3°♑ – 17°♑	4°♑ – 18°♑	5°♑ – 19°♑
1 – 2	17°♑ – 1°♒	18°♑ – 2°♒	19°♑ – 3°♒
2 – 3	1°♒ – 16°♒	2°♒ – 17°♒	3°♒ – 18°♒
3 – 4	16°♒ – 1°♓	17°♒ – 2°♓	18°♒ – 3°♓
4 – 5	1°♓ – 17°♓	2°♓ – 18°♓	3°♓ – 19°♓
5 – 6	17°♓ – 4°♈	18°♓ – 5°♈	19°♓ – 6°♈
6 – 7	4°♈ – 19°♈	5°♈ – 20°♈	6°♈ – 21°♈
7 – 8	19°♈ – 5°♉	20°♈ – 6°♉	21°♈ – 7°♉
8 – 9	5°♉ – 21°♉	6°♉ – 22°♉	7°♉ – 23°♉
9 – 10	21°♉ – 5°♊	22°♉ – 6°♊	23°♉ – 7°♊
10 – 11	5°♊ – 20°♊	6°♊ – 21°♊	7°♊ – 22°♊
11 – 12	20°♊ – 4°♋	21°♊ – 5°♋	22°♊ – 6°♋
12 – 13	4°♋ – 17°♋	5°♋ – 18°♋	6°♋ – 19°♋
13 – 14	17°♋ – 1°♌	18°♋ – 2°♌	19°♋ – 3°♌
14 – 15	1°♌ – 16°♌	2°♌ – 17°♌	3°♌ – 18°♌
15 – 16	16°♌ – 1°♍	17°♌ – 2°♍	18°♌ – 3°♍
16 – 17	1°♍ – 17°♍	2°♍ – 18°♍	3°♍ – 19°♍
17 – 18	17°♍ – 4°♎	18°♍ – 5°♎	19°♍ – 6°♎
18 – 19	4°♎ – 19°♎	5°♎ – 20°♎	6°♎ – 21°♎
19 – 20	19°♎ – 5°♏	20°♎ – 6°♏	21°♎ – 7°♏
20 – 21	5°♏ – 21°♏	6°♏ – 22°♏	7°♏ – 23°♏
21 – 22	21°♏ – 5°♐	22°♏ – 6°♐	23°♏ – 7°♐
22 – 23	5°♐ – 20°♐	6°♐ – 21°♐	7°♐ – 22°♐
23 – 24	20°♐ – 4°♑	21°♐ – 5°♑	22°♐ – 6°♑

Uhrzeit	28. März	29. März	30. März
0 – 1	6°♑ – 20°♑	7°♑ – 21°♑	8°♑ – 22°♑
1 – 2	20°♑ – 4°♒	21°♑ – 5°♒	22°♑ – 6°♒
2 – 3	4°♒ – 19°♒	5°♒ – 20°♒	6°♒ – 21°♒
3 – 4	19°♒ – 4°♓	20°♒ – 5°♓	2°♒ – 6°♓
4 – 5	4°♓ – 20°♓	5°♓ – 21°♓	6°♓ – 22°♓
5 – 6	20°♓ – 7°♈	21°♓ – 8°♈	22°♓ – 9°♈
6 – 7	7°♈ – 22°♈	8°♈ – 23°♈	9°♈ – 24°♈
7 – 8	22°♈ – 8°♉	23°♈ – 9°♉	24°♈ – 10°♉
8 – 9	8°♉ – 24°♉	9°♉ – 25°♉	10°♉ – 26°♉
9 – 10	24°♉ – 8°♊	25°♉ – 9°♊	26°♉ – 10°♊
10 – 11	8°♊ – 23°♊	9°♊ – 24°♊	10°♊ – 25°♊
11 – 12	23°♊ – 7°♋	24°♊ – 8°♋	25°♊ – 9°♋
12 – 13	7°♋ – 20°♋	8°♋ – 21°♋	9°♋ – 22°♋
13 – 14	20°♋ – 4°♌	21°♋ – 5°♌	22°♋ – 6°♌
14 – 15	4°♌ – 19°♌	5°♌ – 20°♌	6°♌ – 21°♌
15 – 16	19°♌ – 4°♍	20°♌ – 5°♍	21°♌ – 6°♍
16 – 17	4°♍ – 20°♍	5°♍ – 21°♍	6°♍ – 22°♍
17 – 18	20°♍ – 7°♎	21°♍ – 8°♎	22°♍ – 9°♎
18 – 19	7°♎ – 22°♎	8°♎ – 23°♎	9°♎ – 24°♎
19 – 20	22°♎ – 8°♏	23°♎ – 9°♏	24°♎ – 10°♏
20 – 21	8°♏ – 24°♏	9°♏ – 25°♏	10°♏ – 26°♏
21 – 22	24°♏ – 8°♐	25°♏ – 9°♐	26°♏ – 10°♐
22 – 23	8°♐ – 23°♐	9°♐ – 24°♐	10°♐ – 25°♐
23 – 24	23°♐ – 7°♑	24°♐ – 8°♑	25°♐ – 9°♑

Uhrzeit	31. März	1. April	2. April
0 – 1	9°♑ – 23°♑	10°♑ – 24°♑	11°♑ – 25°♑
1 – 2	23°♑ – 7°♒	24°♑ – 8°♒	25°♑ – 9°♒
2 – 3	7°♒ – 22°♒	8°♒ – 23°♒	9°♒ – 24°♒
3 – 4	22°♒ – 7°♓	23°♒ – 8°♓	24°♒ – 9°♓
4 – 5	7°♓ – 23°♓	8°♓ – 24°♓	9°♓ – 25°♓
5 – 6	23°♓ – 10°♈	24°♓ – 11°♈	25°♓ – 12°♈
6 – 7	10°♈ – 25°♈	11°♈ – 26°♈	12°♈ – 27°♈
7 – 8	25°♈ – 11°♉	26°♈ – 12°♉	27°♈ – 13°♉
8 – 9	11°♉ – 27°♉	12°♉ – 28°♉	13°♉ – 29°♉
9 – 10	27°♉ – 11°♊	28°♉ – 12°♊	29°♉ – 13°♊
10 – 11	11°♊ – 26°♊	12°♊ – 27°♊	13°♊ – 28°♊
11 – 12	26°♊ – 10°♋	27°♊ – 11°♋	28°♊ – 12°♋
12 – 13	10°♋ – 23°♋	11°♋ – 24°♋	12°♋ – 25°♋
13 – 14	23°♋ – 7°♌	24°♋ – 8°♌	25°♋ – 9°♌
14 – 15	7°♌ – 22°♍	8°♌ – 23°♌	9°♌ – 24°♌
15 – 16	22°♌ – 7°♍	23°♌ – 8°♍	24°♌ – 9°♍
16 – 17	7°♍ – 23°♍	8°♍ – 24°♍	9°♍ – 25°♍
17 – 18	23°♍ – 10°♎	24°♍ – 11°♎	25°♍ – 12°♎
18 – 19	10°♎ – 25°♎	11°♎ – 26°♎	12°♎ – 27°♎
19 – 20	25°♎ – 11°♏	26°♎ – 12°♏	27°♎ – 13°♏
20 – 21	11°♏ – 27°♏	12°♏ – 28°♏	13°♏ – 29°♏
21 – 22	27°♏ – 11°♐	28°♏ – 12°♐	29°♏ – 13°♐
22 – 23	11°♐ – 26°♐	12°♐ – 27°♐	13°♐ – 28°♐
23 – 24	26°♐ – 10°♑	27°♐ – 11°♑	28°♐ – 12°♑

Uhrzeit	3. April	4. April	5. April
0 – 1	12°♑ – 26°♑	13°♑ – 27°♑	14°♑ – 28°♑
1 – 2	26°♑ – 10°♒	27°♑ – 11°♒	28°♑ – 12°♒
2 – 3	10°♒ – 25°♒	11°♒ – 26°♒	12°♒ – 27°♒
3 – 4	25°♒ – 10°♓	26°♒ – 11°♓	27°♒ – 12°♓
4 – 5	10°♓ – 26°♓	11°♓ – 27°♓	12°♓ – 28°♓
5 – 6	26°♓ – 13°♈	27°♓ – 14°♈	28°♓ – 15°♈
6 – 7	13°♈ – 28°♈	14°♈ – 29°♈	15°♈ – 30°♈
7 – 8	28°♈ – 14°♉	29°♈ – 15°♉	30°♈ – 16°♉
8 – 9	14°♉ – 30°♉	15°♉ – 1°♊	16°♉ – 2°♊
9 – 10	30°♉ – 14°♊	1°♊ – 15°♊	2°♊ – 16°♊
10 – 11	14°♊ – 29°♊	15°♊ – 30°♊	16°♊ – 1°♋
11 – 12	29°♊ – 13°♋	30°♊ – 14°♋	1°♋ – 15°♋
12 – 13	13°♋ – 26°♋	14°♋ – 27°♋	15°♋ – 28°♋
13 – 14	26°♋ – 10°♌	27°♋ – 11°♌	28°♋ – 12°♌
14 – 15	10°♌ – 25°♌	11°♌ – 26°♌	12°♌ – 27°♌
15 – 16	25°♌ – 10°♍	26°♌ – 11°♍	27°♌ – 12°♍
16 – 17	10°♍ – 26°♍	11°♍ – 27°♍	12°♍ – 28°♍
17 – 18	26°♍ – 13°♎	27°♍ – 14°♎	28°♍ – 15°♎
18 – 19	13°♎ – 28°♎	14°♎ – 29°♎	15°♎ – 30°♎
19 – 20	28°♎ – 14°♏	29°♎ – 15°♏	30°♎ – 16°♏
20 – 21	14°♏ – 30°♏	15°♏ – 1°♐	16°♏ – 2°♐
21 – 22	30°♏ – 14°♐	1°♐ – 15°♐	2°♐ – 16°♐
22 – 23	14°♐ – 29°♐	15°♐ – 30°♐	16°♐ – 1°♑
23 – 24	29°♐ – 13°♑	30°♐ – 14°♑	1°♑ – 14°♑

Uhrzeit	6. April	7. April	8. April
0 – 1	14°♑ – 27°♑	15°♑ – 28°♑	16°♑ – 29°♑
1 – 2	27°♑ – 13°♒	28°♑ – 14°♒	29°♑ – 15°♒
2 – 3	13°♒ – 28°♒	14°♒ – 29°♒	15°♒ – 30°♒
3 – 4	28°♒ – 13°♓	29°♒ – 14°♓	30°♒ – 15°♓
4 – 5	13°♓ – 29°♓	14°♓ – 30°♓	15°♓ – 1°♈
5 – 6	29°♓ – 16°♈	30°♓ – 17°♈	1°♈ – 18°♈
6 – 7	16°♈ – 1°♉	17°♈ – 2°♉	18°♈ – 3°♉
7 – 8	1°♉ – 17°♉	2°♉ – 18°♉	3°♉ – 19°♉
8 – 9	17°♉ – 2°♊	18°♉ – 3°♊	19°♉ – 4°♊
9 – 10	2°♊ – 16°♊	3°♊ – 17°♊	4°♊ – 18°♊
10 – 11	16°♊ – 1°♋	17°♊ – 2°♋	18°♊ – 3°♋
11 – 12	1°♋ – 14°♋	2°♋ – 15°♋	3°♋ – 16°♋
12 – 13	14°♋ – 27°♋	15°♋ – 28°♋	16°♋ – 29°♋
13 – 14	27°♋ – 12°♌	28°♋ – 13°♌	29°♋ – 14°♌
14 – 15	12°♌ – 27°♌	13°♌ – 28°♌	14°♌ – 29°♌
15 – 16	27°♌ – 13°♍	28°♌ – 14°♍	29°♌ – 15°♍
16 – 17	13°♍ – 29°♍	14°♍ – 30°♍	15°♍ – 1°♎
17 – 18	29°♍ – 16°♎	30°♍ – 17°♎	1°♎ – 18°♎
18 – 19	16°♎ – 1°♏	17°♎ – 2°♏	18°♎ – 3°♏
19 – 20	1°♏ – 17°♏	2°♏ – 18°♏	3°♏ – 18°♏
20 – 21	17°♏ – 2°♐	18°♏ – 3°♐	19°♏ – 4°♐
21 – 22	2°♐ – 16°♐	3°♐ – 17°♐	4°♐ – 18°♐
22 – 23	16°♐ – 30°♐	17°♐ – 1°♑	18°♐ – 2°♑
23 – 24	30°♐ – 15°♑	1°♑ – 16°♑	2°♑ – 17°♑

Uhrzeit	9. April	10. April	11. April
0 – 1	16°♑ – 30°♑	17°♑ – 1°♒	18°♑ – 2°♒
1 – 2	30°♑ – 16°♒	1°♒ – 17°♒	2°♒ – 18°♒
2 – 3	16°♒ – 1°♓	17°♒ – 2°♓	18°♒ – 3°♓
3 – 4	1°♓ – 16°♓	2°♓ – 17°♓	3°♓ – 18°♓
4 – 5	16°♓ – 2°♈	17°♓ – 3°♈	18°♓ – 4°♈
5 – 6	2°♈ – 19°♈	3°♈ – 20°♈	4°♈ – 21°♈
6 – 7	19°♈ – 4°♉	20°♈ – 5°♉	21°♈ – 6°♉
7 – 8	4°♉ – 20°♉	5°♉ – 21°♉	6°♉ – 22°♉
8 – 9	20°♉ – 5°♊	21°♉ – 6°♊	22°♉ – 7°♊
9 – 10	5°♊ – 19°♊	6°♊ – 20°♊	7°♊ – 21°♊
10 – 11	19°♊ – 4°♋	20°♊ – 5°♋	21°♊ – 6°♋
11 – 12	4°♋ – 17°♋	5°♋ – 18°♋	6°♋ – 19°♋
12 – 13	17°♋ – 30°♋	18°♋ – 1°♌	19°♋ – 2°♌
13 – 14	30°♋ – 15°♌	1°♌ – 16°♌	2°♌ – 17°♌
14 – 15	15°♌ – 30°♌	16°♌ – 1°♍	17°♌ – 2°♍
15 – 16	30°♌ – 16°♍	1°♍ – 17°♍	2°♍ – 18°♍
16 – 17	16°♍ – 2°♎	17°♍ – 3°♎	18°♍ – 4°♎
17 – 18	2°♎ – 19°♎	3°♎ – 20°♎	4°♎ – 21°♎
18 – 19	19°♎ – 4°♏	20°♎ – 5°♏	21°♎ – 6°♏
19 – 20	4°♏ – 20°♏	5°♏ – 21°♏	6°♏ – 22°♏
20 – 21	20°♏ – 5°♐	21°♏ – 6°♐	22°♏ – 7°♐
21 – 22	5°♐ – 19°♐	6°♐ – 20°♐	7°♐ – 21°♐
22 – 23	19°♐ – 3°♑	20°♐ – 4°♑	21°♐ – 5°♑
23 – 24	3°♑ – 17°♑	4°♑ – 18°♑	5°♑ – 19°♑

Uhrzeit	12. April	13. April	14. April
0 – 1	19°♑ – 3°♒	20°♑ – 4°♒	21°♑ – 5°♒
1 – 2	3°♒ – 19°♒	4°♒ – 20°♒	5°♒ – 21°♒
2 – 3	19°♒ – 4°♓	20°♒ – 5°♓	21°♒ – 6°♓
3 – 4	4°♓ – 19°♓	5°♓ – 20°♓	6°♓ – 21°♓
4 – 5	19°♓ – 5°♈	20°♓ – 6°♈	21°♓ – 7°♈
5 – 6	5°♈ – 22°♈	6°♈ – 23°♈	7°♈ – 24°♈
6 – 7	22°♈ – 7°♉	23°♈ – 8°♉	24°♈ – 9°♉
7 – 8	7°♉ – 23°♉	8°♉ – 24°♉	9°♉ – 25°♉
8 – 9	23°♉ – 8°♊	24°♈ – 9°♊	25°♈ – 10°♊
9 – 10	8°♊ – 22°♊	9°♊ – 23°♊	10°♊ – 24°♊
10 – 11	22°♊ – 7°♋	23°♊ – 8°♋	24°♊ – 9°♋
11 – 12	7°♋ – 20°♋	8°♋ – 21°♋	9°♋ – 22°♋
12 – 13	20°♋ – 3°♌	21°♋ – 4°♌	22°♋ – 5°♌
13 – 14	3°♌ – 18°♌	4°♌ – 19°♌	5°♌ – 20°♌
14 – 15	18°♌ – 3°♍	19°♌ – 4°♍	20°♌ – 5°♍
15 – 16	3°♍ – 19°♍	4°♍ – 20°♍	5°♍ – 21°♍
16 – 17	19°♍ – 5°♎	20°♍ – 6°♎	21°♍ – 7°♎
17 – 18	5°♎ – 22°♎	6°♎ – 23°♎	7°♎ – 24°♎
18 – 19	22°♎ – 7°♏	23°♎ – 8°♏	24°♎ – 9°♏
19 – 20	7°♏ – 23°♏	8°♏ – 24°♏	9°♏ – 25°♏
20 – 21	23°♏ – 8°♐	24°♏ – 9°♐	25°♏ – 10°♐
21 – 22	8°♐ – 22°♐	9°♐ – 23°♐	10°♐ – 24°♐
22 – 23	22°♐ – 6°♑	23°♐ – 7°♑	24°♐ – 8°♑
23 – 24	6°♑ – 20°♑	7°♑ – 21°♑	8°♑ – 22°♑

Uhrzeit	15. April	16. April	17. April
0 – 1	22°♑ – 6°♒	23°♑ – 7°♒	24°♑ – 8°♒
1 – 2	6°♒ – 22°♒	7°♒ – 23°♒	8°♒ – 24°♒
2 – 3	22°♒ – 7°♓	23°♒ – 8°♓	24°♒ – 9°♓
3 – 4	7°♓ – 22°♓	8°♓ – 23°♓	9°♓ – 24°♓
4 – 5	22°♓ – 8°♈	23°♓ – 9°♈	24°♓ – 10°♈
5 – 6	8°♈ – 25°♈	9°♈ – 26°♈	10°♈ – 27°♈
6 – 7	25°♈ – 10°♉	26°♈ – 11°♉	27°♈ – 12°♉
7 – 8	10°♉ – 26°♉	11°♉ – 27°♉	12°♉ – 28°♉
8 – 9	26°♉ – 11°♊	27°♉ – 12°♊	28°♉ – 13°♊
9 – 10	11°♊ – 25°♊	12°♊ – 26°♊	13°♊ – 27°♊
10 – 11	25°♊ – 10°♋	26°♊ – 11°♋	27°♊ – 12°♋
11 – 12	10°♋ – 24°♋	11°♋ – 25°♋	12°♋ – 26°♋
12 – 13	24°♋ – 6°♌	25°♋ – 7°♌	26°♋ – 8°♌
13 – 14	6°♌ – 21°♌	7°♌ – 22°♌	8°♌ – 23°♌
14 – 15	21°♌ – 6°♍	22°♌ – 7°♍	23°♌ – 8°♍
15 – 16	6°♍ – 22°♍	7°♍ – 23°♍	8°♍ – 24°♍
16 – 17	22°♍ – 8°♎	23°♍ – 9°♎	24°♍ – 10°♎
17 – 18	8°♎ – 25°♎	9°♎ – 26°♎	10°♎ – 27°♎
18 – 19	25°♎ – 10°♏	26°♎ – 11°♏	27°♎ – 12°♏
19 – 20	10°♏ – 26°♏	11°♏ – 27°♏	12°♏ – 28°♏
20 – 21	26°♏ – 11°♐	27°♏ – 12°♐	28°♏ – 13°♐
21 – 22	11°♐ – 25°♐	12°♐ – 26°♐	13°♐ – 27°♐
22 – 23	25°♐ – 9°♑	26°♐ – 10°♑	27°♐ – 11°♑
23 – 24	9°♑ – 23°♑	10°♑ – 24°♑	11°♑ – 25°♑

Uhrzeit	18. April	19. April	20. April
0 – 1	25°♑ – 9°♒	26°♑ – 10°♒	27°♑ – 11°♒
1 – 2	9°♒ – 25°♒	10°♒ – 26°♒	11°♒ – 27°♒
2 – 3	25°♒ – 10°♓	26°♒ – 11°♓	27°♒ – 12°♓
3 – 4	10°♓ – 25°♓	11°♓ – 26°♓	12°♓ – 27°♓
4 – 5	25°♓ – 13°♈	26°♓ – 14°♈	27°♓ – 15°♈
5 – 6	13°♈ – 29°♈	14°♈ – 30°♈	15°♈ – 1°♉
6 – 7	29°♈ – 14°♉	30°♈ – 15°♉	1°♉ – 16°♉
7 – 8	14°♉ – 29°♉	15°♉ – 30°♉	16°♉ – 1°♊
8 – 9	29°♉ – 14°♊	30°♉ – 15°♊	1°♊ – 16°♊
9 – 10	14°♊ – 28°♊	15°♊ – 29°♊	16°♊ – 30°♊
10 – 11	28°♊ – 12°♋	29°♊ – 13°♋	30°♊ – 14°♋
11 – 12	12°♋ – 25°♋	13°♋ – 26°♋	14°♋ – 27°♋
12 – 13	25°♋ – 9°♌	26°♋ – 10°♌	27°♋ – 11°♌
13 – 14	9°♌ – 25°♌	10°♌ – 26°♌	11°♌ – 27°♌
14 – 15	25°♌ – 11°♍	26°♌ – 12°♍	27°♌ – 13°♍
15 – 16	11°♍ – 27°♍	12°♍ – 28°♍	13°♍ – 29°♍
16 – 17	27°♍ – 13°♎	28°♍ – 14°♎	29°♍ – 15°♎
17 – 18	13°♎ – 29°♎	14°♎ – 30°♎	15°♎ – 1°♏
18 – 19	29°♎ – 15°♏	30°♎ – 16°♏	1°♏ – 17°♏
19 – 20	15°♏ – 29°♏	16°♏ – 30°♏	17°♏ – 1°♐
20 – 21	29°♏ – 14°♐	30°♏ – 15°♐	1°♐ – 16°♐
21 – 22	14°♐ – 28°♐	15°♐ – 29°♐	16°♐ -30°♐
22 – 23	28°♐ – 12°♑	29°♐ – 13°♑	30°♐ – 14°♑
23 – 24	12°♑ – 26°♑	13°♑ – 27°♑	14°♑ – 28°♑

Uhrzeit	21. April	22. April	23. April
0 – 1	28°♑ – 12°♒	29°♑ – 13°♒	30°♑ – 14°♒
1 – 2	12°♒ – 28°♒	13°♒ – 29°♒	14°♒ – 30°♒
2 – 3	28°♒ – 13°♓	29°♒ – 14°♓	30°♒ – 15°♓
3 – 4	13°♓ – 28°♓	14°♓ – 29°♓	15°♓ – 30°♓
4 – 5	28°♓ – 16°♈	29°♓ – 17°♈	30°♓ – 18°♈
5 – 6	16°♈ – 2°♉	17°♈ – 3°♉	18°♈ – 4°♉
6 – 7	2°♉ – 17°♉	3°♉ – 18°♉	4°♉ – 19°♉
7 – 8	17°♉ – 2°♊	18°♉ – 3°♊	19°♉ – 4°♊
8 – 9	2°♊ – 17°♊	3°♊ – 18°♊	4°♊ – 19°♊
9 – 10	17°♊ – 1°♋	18°♊ – 2°♋	19°♊ – 3°♋
10 – 11	1°♋ – 15°♋	2°♋ – 16°♋	3°♋ – 17°♋
11 – 12	15°♋ – 28°♋	16°♋ – 29°♋	17°♋ – 30°♋
12 – 13	28°♋ – 12°♌	29°♋ – 13°♌	30°♋ – 14°♌
13 – 14	12°♌ – 28°♌	13°♌ – 29°♌	14°♌ – 30°♌
14 – 15	28°♌ – 14°♍	29°♌ – 15°♍	30°♌ – 16°♍
15 – 16	14°♍ – 30°♍	15°♍ – 1°♎	16°♍ – 2°♎
16 – 17	30°♍ – 16°♎	1°♎ – 17°♎	2°♎ – 18°♎
17 – 18	16°♎ – 2°♏	17°♎ – 3°♏	18°♎ – 4°♏
18 – 19	2°♏ – 18°♏	3°♏ – 19°♏	4°♏ – 20°♏
19 – 20	18°♏ – 2°♐	19°♏ – 3°♐	20°♏ – 3°♐
20 – 21	2°♐ – 17°♐	3°♐ – 18°♐	4°♐ – 19°♐
21 – 22	17°♐ – 1°♑	18°♐ – 2°♑	19°♐ – 3°♑
22 – 23	1°♑ – 15°♑	2°♑ – 16°♑	3°♑ – 17°♑
23 – 24	15°♑ – 29°♑	16°♑ – 30°♑	17°♑ – 1°♒

Uhrzeit	24. April	25. April	26. April
0 – 1	1°♒ – 15°♒	2°♒ – 16°♒	3°♒ – 17°♒
1 – 2	15°♒ – 1°♓	16°♒ – 2°♓	17°♒ – 3°♓
2 – 3	1°♓ – 16°♓	2°♓ – 17°♓	3°♓ – 18°♓
3 – 4	16°♓ – 1°♈	17°♓ – 2°♈	18°♓ – 3°♈
4 – 5	1°♈ – 19°♈	2°♈ – 20°♈	3°♈ – 21°♈
5 – 6	19°♈ – 5°♉	20°♈ – 6°♉	21°♈ – 7°♉
6 – 7	5°♉ – 20°♉	6°♉ – 21°♉	7°♉ – 22°♉
7 – 8	20°♉ – 5°♊	21°♉ – 6°♊	22°♉ – 7°♊
8 – 9	5°♊ – 20°♊	6°♊ – 21°♊	7°♊ – 22°♊
9 – 10	20°♊ – 4°♋	21°♊ – 5°♋	22°♊ – 6°♋
10 – 11	4°♋ – 18°♋	5°♋ – 19°♋	6°♋ – 20°♋
11 – 12	18°♋ – 1°♌	19°♋ – 2°♌	20°♋ – 3°♌
12 – 13	1°♌ – 15°♌	2°♌ – 16°♌	3°♌ – 17°♌
13 – 14	15°♌ – 1°♍	16°♌ – 2°♍	17°♌ – 3°♍
14 – 15	1°♍ – 17°♍	2°♍ – 18°♍	3°♍ – 19°♍
15 – 16	17°♍ – 3°♎	18°♍ – 4°♎	19°♍ – 5°♎
16 – 17	3°♎ – 19°♎	4°♎ – 20°♎	5°♎ – 21°♎
17 – 18	19°♎ – 5°♏	20°♎ – 6°♏	21°♎ – 7°♏
18 – 19	5°♏ – 21°♏	6°♏ – 22°♏	7°♏ – 23°♏
19 – 20	21°♏ – 4°♐	22°♏ – 5°♐	23°♏ – 6°♐
20 – 21	4°♐ – 20°♐	5°♐ – 21°♐	6°♐ – 22°♐
21 – 22	20°♐ – 4°♑	21°♐ – 5°♑	22°♐ – 6°♑
22 – 23	4°♑ – 18°♑	5°♑ – 19°♑	6°♑ – 20°♑
23 – 24	18°♑ – 2°♒	19°♑ – 3°♒	20°♑ – 4°♒

Uhrzeit	27. April	28. April	29. April
0 – 1	4°♒ – 18°♒	5°♒ – 19°♒	6°♒ – 20°♒
1 – 2	18°♒ – 4°♓	19°♒ – 5°♓	20°♒ – 6°♓
2 – 3	4°♓ – 19°♓	5°♓ – 20°♓	6°♓ – 21°♓
3 – 4	19°♓ – 4°♈	20°♓ – 5°♈	21°♓ – 6°♈
4 – 5	4°♈ – 22°♈	5°♈ – 23°♈	6°♈ – 24°♈
5 – 6	22°♈ – 8°♉	23°♈ – 9°♉	24°♈ – 10°♉
6 – 7	8°♉ – 23°♉	9°♉ – 24°♉	10°♉ – 25°♉
7 – 8	23°♉ – 8°♊	24°♉ – 9°♊	25°♉ – 10°♊
8 – 9	8°♊ – 23°♊	9°♊ – 24°♊	10°♊ – 25°♊
9 – 10	23°♊ – 7°♋	24°♊ – 8°♋	25°♊ – 9°♋
10 – 11	7°♋ – 21°♋	8°♋ – 22°♋	9°♋ – 23°♋
11 – 12	21°♋ – 4°♌	22°♋ – 5°♌	23°♋ – 6°♌
12 – 13	4°♌ – 18°♌	5°♌ – 19°♌	6°♌ – 20°♌
13 – 14	18°♌ – 4°♍	19°♌ – 5°♍	20°♌ – 6°♍
14 – 15	4°♍ – 20°♍	5°♍ – 21°♍	6°♍ – 22°♍
15 – 16	20°♍ – 6°♎	21°♍ – 7°♎	22°♍ – 8°♎
16 – 17	6°♎ – 22°♎	7°♎ – 23°♎	8°♎ – 24°♎
17 – 18	22°♎ – 8°♏	23°♎ – 9°♏	24°♎ – 10°♏
18 – 19	8°♏ – 24°♏	9°♏ – 25°♏	10°♏ – 26°♏
19 – 20	24°♏ – 7°♐	25°♏ – 8°♐	26°♏ – 9°♐
20 – 21	7°♐ – 23°♐	8°♐ – 24°♐	9°♐ – 25°♐
21 – 22	23°♐ – 7°♑	24°♐ – 8°♑	25°♐ – 9°♑
22 – 23	7°♑ – 21°♑	8°♑ – 22°♑	9°♑ – 23°♑
23 – 24	21°♑ – 5°♒	22°♑ – 6°♒	23°♑ – 7°♒

Uhrzeit	30. April	1. Mai	2. Mai
0 – 1	6°♒ – 21°♒	7°♒ – 22°♒	8°♒ – 23°♒
1 – 2	21°♒ – 7°♓	22°♒ – 8°♓	23°♒ – 9°♓
2 – 3	7°♓ – 23°♓	8°♓ – 24°♓	9°♓ – 25°♓
3 – 4	23°♓ – 9°♈	24°♓ – 10°♈	25°♈ – 11°♈
4 – 5	9°♈ – 25°♈	10°♈ – 26°♈	11°♈ – 27°♈
5 – 6	25°♈ – 11°♉	26°♈- 12°♉	27°♈ – 13°♉
6 – 7	11°♉ – 26°♉	12°♉ – 27°♉	13°♉ – 28°♉
7 – 8	26°♉ – 10°♊	27°♉ – 11°♊	28°♉ – 12°♊
8 – 9	10°♊ – 24°♊	11°♊ – 25°♊	12°♊ – 26°♊
9 – 10	24°♊ – 8°♋	25°♊ – 9°♋	26°♊ – 10°♋
10 – 11	8°♋ – 21°♋	9°♋ – 22°♋	10°♋ – 23°♋
11 – 12	21°♋ – 6°♌	22°♋ – 7°♌	23°♋ – 8°♌
12 – 13	6°♌ – 21°♌	7°♌ – 22°♌	8°♌ – 23°♌
13 – 14	21°♌ – 7°♍	22°♌ – 8°♍	23°♌ – 9°♍
14 – 15	7°♍ – 23°♍	8°♍ – 24°♍	9°♍ – 25°♍
15 – 16	23°♍ – 9°♎	24°♍ – 10°♎	25°♍ – 11°♎
16 – 17	9°♎ – 25°♎	10°♎ – 26°♎	11°♎ – 27°♎
17 – 18	25°♎ – 11°♏	26°♎ – 12°♏	27°♎ – 13°♏
18 – 19	11°♏ – 26°♏	12°♏ – 27°♏	13°♏ – 28°♏
19 – 20	26°♏ – 10°♐	27°♏ – 11°♐	28°♏ – 12°♐
20 – 21	10°♐ – 24°♐	11°♐ – 25°♐	12°♐ – 26°♐
21 – 22	24°♐ – 9°♑	25°♐ – 10°♑	26°♐ – 11°♑
22 – 23	9°♑ – 22°♑	10°♑ – 23°♑	11°♑ – 24°♑
23 – 24	22°♑ – 7°♒	23°♑ – 8°♒	24°♑ – 9°♒

Uhrzeit	3. Mai	4. Mai	5. Mai
0 – 1	9°♒ – 24°♒	10°♒ – 25°♒	11°♒ – 26°♒
1 – 2	24°♒ – 10°♓	25°♒ – 11°♓	26°♒ – 12°♓
2 – 3	10°♓ – 26°♓	11°♓ – 27°♓	12°♓ – 28°♓
3 – 4	26°♓ – 12°♈	27°♓ – 12°♈	28°♓ – 14°♈
4 – 5	12°♈ – 28°♈	13°♈ – 29°♈	14°♈ – 30°♈
5 – 6	28°♈ – 14°♉	29°♈ – 15°♉	30°♈ – 16°♉
6 – 7	14°♉ – 29°♉	15°♉ – 30°♉	16°♉ – 1°♊
7 – 8	29°♉ – 13°♊	30°♉ – 14°♊	1°♊ – 15°♊
8 – 9	13°♊ – 27°♊	14°♊ – 28°♊	15°♊ – 29°♊
9 – 10	27°♊ – 11°♋	28°♊ – 12°♋	29°♊ – 13°♋
10 – 11	11°♋ – 24°♋	12°♋ – 25°♋	13°♋ – 26°♋
11 – 12	24°♋ – 9°♌	25°♋ – 10°♌	26°♋ – 11°♌
12 – 13	9°♌ – 24°♌	10°♌ – 25°♌	11°♌ – 26°♌
13 – 14	24°♌ – 10°♍	25°♌ – 11°♍	26°♌ – 12°♍
14 – 15	10°♍ – 26°♍	11°♍ – 27°♍	12°♍ – 28°♍
15 – 16	26°♍ – 12°♎	27°♍ – 13°♎	28°♍ – 14°♎
16 – 17	12°♎ – 28°♎	13°♎ – 29°♎	14°♎ – 30°♎
17 – 18	28°♎ – 14°♏	29°♎ – 15°♏	30°♎ – 16°♏
18 – 19	14°♏ – 29°♏	15°♏ – 30°♏	16°♏ – 1°♐
19 – 20	29°♏ – 13°♐	30°♏ – 14°♐	1°♐ – 15°♐
20 – 21	13°♐ – 27°♐	14°♐ – 28°♐	15°♐ – 29°♐
21 – 22	27°♐ – 12°♑	28°♐ – 13°♑	29°♐ – 14°♑
22 – 23	12°♑ – 25°♑	13°♑ – 26°♑	14°♑ – 27°♑
23 – 24	25°♑ – 10°♒	26°♑ – 11°♒	27°♑ – 12°♒

Uhrzeit	6. Mai	7. Mai	8. Mai
0 – 1	12°♒ – 27°♒	13°♒ – 28°♒	14°♒ – 29°♒
1 – 2	27°♒ – 13°♓	28°♒ – 14°♓	29°♒ – 15°♓
2 – 3	13°♓ – 29°♓	14°♓ – 30°♓	15°♓ – 1°♈
3 – 4	29°♓ – 15°♈	30°♓ – 16°♈	1°♈ – 17°♈
4 – 5	15°♈ – 1°♉	16°♈ – 2°♉	17°♈ – 3°♉
5 – 6	1°♉ – 17°♉	2°♉ – 18°♉	3°♉ – 19°♉
6 – 7	17°♉ – 2°♊	18°♉ – 3°♊	19°♉ – 4°♊
7 – 8	2°♊ – 16°♊	3°♊ – 17°♊	4°♊ – 18°♊
8 – 9	16°♊ – 30°♊	17°♊ – 1°♋	18°♊ – 2°♋
9 – 10	30°♊ – 14°♋	1°♋ – 15°♋	2°♋ – 16°♋
10 – 11	14°♋ – 27°♋	15°♋ – 28°♋	16°♋ – 29°♋
11 – 12	27°♋ – 12°♌	28°♋ – 13°♌	29°♋ – 14°♌
12 – 13	12°♌ – 27°♌	13°♌ – 28°♌	14°♌ – 29°♌
13 – 14	27°♌ – 13°♍	28°♌ – 14°♍	29°♌ – 15°♍
14 – 15	13°♍ – 29°♍	14°♍ – 30°♍	15°♍ – 1°♎
15 – 16	29°♍ – 15°♎	30°♍ – 16°♎	1°♎ – 17°♎
16 – 17	15°♎ – 1°♏	16°♎ – 2°♏	17°♎ – 3°♏
17 – 18	1°♏ – 17°♏	2°♏ – 18°♏	3°♏ – 19°♏
18 – 19	17°♏ – 2°♐	18°♏ – 3°♐	19°♏ – 4°♐
19 – 20	2°♐ – 16°♐	3°♐ – 17°♐	4°♐ – 18°♐
20 – 21	16°♐ – 30°♐	17°♐ – 1°♑	18°♐ – 2°♑
21 – 22	30°♐ – 15°♑	1°♑ – 16°♑	2°♑ – 17°♑
22 – 23	15°♑ – 28°♑	16°♑ – 29°♑	17°♑ – 30°♑
23 – 24	28°♑ – 13°♒	29°♑ – 14°♒	30°♑ – 15°♒

Uhrzeit	9. Mai	10. Mai	11. Mai
0 – 1	15°♒ – 30°♒	16°♒ – 1°♓	17°♒ – 2°♓
1 – 2	30°♒ – 16°♓	1°♓ – 17°♓	2°♓ – 18°♓
2 – 3	16°♓ – 3°♈	17°♓ – 4°♈	18°♓ – 5°♈
3 – 4	3°♈ – 19°♈	4°♈ – 20°♈	5°♈ – 21°♈
4 – 5	19°♈ – 5°♉	20°♈ – 6°♉	21°♈ – 7°♉
5 – 6	5°♉ – 20°♉	6°♉ – 21°♉	7°♉ – 22°♉
6 – 7	20°♉ – 4°♊	21°♉ – 5°♊	22°♉ – 6°♊
7 – 8	4°♊ – 18°♊	5°♊ – 19°♊	6°♊ – 20°♊
8 – 9	18°♊ – 2°♋	19°♊ – 3°♋	20°♊ – 4°♋
9 – 10	2°♋ – 16°♋	3°♋ – 17°♋	4°♋ – 18°♋
10 – 11	16°♋ – 30°♋	17°♋ – 1°♌	18°♋ – 2°♌
11 – 12	30°♋ – 15°♌	1°♌ – 16°♌	2°♌ – 17°♌
12 – 13	15°♌ – 30°♌	16°♌ – 1°♍	17°♌ – 2°♍
13 – 14	30°♌ – 16°♍	1°♍ – 17°♍	2°♍ – 18°♍
14 – 15	16°♍ – 3°♎	17°♍ – 4°♎	18°♍ – 5°♎
15 – 16	3°♎ – 19°♎	4°♎ – 20°♎	5°♎ – 21°♎
16 – 17	19°♎ – 5°♏	20°♎ – 6°♏	21°♎ – 7°♏
17 – 18	5°♏ – 20°♏	6°♏ – 21°♏	7°♏ – 22°♏
18 – 19	20°♏ – 4°♐	21°♏ – 5°♐	22°♏ – 6°♐
19 – 20	4°♐ – 18°♐	5°♐ – 19°♐	6°♐ – 20°♐
20 – 21	18°♐ – 2°♑	19°♐ – 3°♑	20°♐ – 4°♑
21 – 22	2°♑ – 16°♑	3°♑ – 17°♑	4°♑ – 18°♑
22 – 23	16°♑ – 30°♑	17°♑ – 1°♒	18°♑ – 2°♒
23 – 24	30°♑ – 16°♒	17°♑ – 1°♒	18°♑ – 2°♒

Uhrzeit	12. Mai	13. Mai	14. Mai
0 – 1	18°♒ – 3°♓	19°♒ – 4°♓	20°♒ – 5°♓
1 – 2	3°♓ – 19°♓	4°♓ – 20°♓	5°♓ – 21°♓
2 – 3	19°♓ – 6°♈	20°♓ – 7°♈	21°♓ – 8°♈
3 – 4	6°♈ – 22°♈	7°♈ – 23°♈	8°♈ – 24°♈
4 – 5	22°♈ – 8°♉	23°♈ – 9°♉	24°♈ – 10°♉
5 – 6	8°♉ – 23°♉	9°♉ – 24°♉	10°♉ – 25°♉
6 – 7	23°♉ – 7°♊	24°♉ – 8°♊	25°♉ – 9°♊
7 – 8	7°♊ – 21°♊	8°♊ – 22°♊	9°♊ – 23°♊
8 – 9	21°♊ – 5°♋	22°♊ – 6°♋	23°♊ – 7°♋
9 – 10	5°♋ – 19°♋	6°♋ – 20°♋	7°♋ – 21°♋
10 – 11	19°♋ – 3°♌	20°♋ – 4°♌	21°♋ – 5°♌
11 – 12	3°♌ – 18°♌	4°♌ – 19°♌	5°♌ – 20°♌
12 – 13	18°♌ – 3°♍	19°♌ – 4°♍	20°♌ – 5°♍
13 – 14	3°♍ – 19°♍	4°♍ – 20°♍	5°♍ – 21°♍
14 – 15	19°♍ – 6°♎	20°♍ – 7°♎	21°♍ – 8°♎
15 – 16	6°♎ – 22°♎	7°♎ – 23°♎	8°♎ – 24°♎
16 – 17	22°♎ – 8°♏	23°♎ – 9°♏	24°♎ – 10°♏
17 – 18	8°♏ – 23°♏	9°♏ – 24°♏	10°♏ – 25°♏
18 – 19	23°♏ – 7°♐	24°♏ – 8°♐	25°♏ – 9°♐
19 – 20	7°♐ – 21°♐	8°♐ – 22°♐	9°♐ – 23°♐
20 – 21	21°♐ – 5°♑	22°♐ – 6°♑	23°♐ – 7°♑
21 – 22	5°♑ – 19°♑	6°♑ – 20°♑	7°♑ – 21°♑
22 – 23	19°♑ – 3°♒	20°♑ – 4°♒	21°♑ – 5°♒
23 – 24	3°♒ – 19°♒	4°♒ – 20°♒	5°♒ – 21°♒

Uhrzeit	15. Mai	16. Mai	17. Mai
0 – 1	21°♒ – 7°♓	22°♒ – 8°♓	23°♒ – 9°♓
1 – 2	7°♓ – 23°♓	8°♓ – 24°♓	9°♓ – 25°♓
2 – 3	23°♓ – 9°♈	24°♓ – 10°♈	25°♓ – 11°♈
3 – 4	9°♈ – 25°♈	10°♈ – 26°♈	11°♈ – 27°♈
4 – 5	25°♈ – 11°♉	26°♈ – 12°♉	27°♈ – 13°♉
5 – 6	11°♉ – 26°♉	12°♉ – 27°♉	13°♉ – 28°♉
6 – 7	26°♉ – 10°♊	27°♉ – 11°♊	28°♉ – 12°♊
7 – 8	10°♊ – 24°♊	11°♊ – 25°♊	12°♊ – 26°♊
8 – 9	24°♊ – 8°♋	25°♊ – 9°♋	26°♊ – 10°♋
9 – 10	8°♋ – 22°♋	9°♋ – 23°♋	10°♋ – 24°♋
10 – 11	22°♋ – 6°♌	23°♋ – 7°♌	24°♋ – 8°♌
11 – 12	6°♌ – 21°♌	7°♌ – 22°♌	8°♌ – 23°♌
12 – 13	21°♌ – 6°♍	22°♌ – 7°♍	23°♌ – 8°♍
13 – 14	6°♍ – 23°♍	7°♍ – 24°♍	8°♍ – 25°♍
14 – 15	23°♍ – 9°♎	24°♍ – 10°♎	25°♍ – 11°♎
15 – 16	9°♎ – 25°♎	10°♎ – 26°♎	11°♎ – 27°♎
16 – 17	25°♎ – 11°♏	26°♎ – 12°♏	27°♎ – 13°♏
17 – 18	11°♏ – 26°♏	12°♏ – 27°♏	13°♏ – 28°♏
18 – 19	26°♏ – 10°♐	27°♏ – 11°♐	28°♏ – 12°♐
19 – 20	10°♐ – 24°♐	11°♐ – 25°♐	12°♐ – 26°♐
20 – 21	24°♐ – 8°♑	25°♐ – 9°♑	26°♐ – 10°♑
21 – 22	8°♑ – 22°♑	9°♑ – 23°♑	10°♑ – 24°♑
22 – 23	22°♑ – 6°♒	23°♑ – 7°♒	24°♑ – 8°♒
23 – 24	6°♒ – 22°♒	7°♒ – 23°♒	8°♒ – 24°♒

Uhrzeit	18. Mai	19. Mai	20. Mai
0 – 1	24°♒ – 10°♓	25°♒ – 11°♓	26°♒ – 12°♓
1 – 2	10°♓ – 26°♓	11°♓ – 27°♓	12°♓ – 28°♓
2 – 3	26°♓ – 12°♈	27°♓ – 13°♈	28°♓ – 14°♈
3 – 4	12°♈ – 28°♈	13°♈ – 29°♈	14°♈ – 30°♈
4 – 5	28°♈ – 14°♉	29°♈ – 15°♉	30°♈ – 16°♉
5 – 6	14°♉ – 29°♉	15°♉ – 30°♉	16°♉ – 1°♊
6 – 7	29°♉ – 13°♊	30°♉ – 14°♊	1°♊ – 15°♊
7 – 8	13°♊ – 27°♊	14°♊ – 28°♊	15°♊ – 29°♊
8 – 9	27°♊ – 11°♋	28°♊ – 12°♋	29°♊ – 13°♋
9 – 10	11°♋ – 25°♋	12°♋ – 26°♋	13°♋ – 27°♋
10 – 11	25°♋ – 9°♌	26°♋ – 10°♌	27°♋ – 11°♌
11 – 12	9°♌ – 24°♌	10°♌ – 25°♌	11°♌ – 26°♌
12 – 13	24°♌ – 9°♍	25°♌ – 10°♍	26°♌ – 11°♍
13 – 14	9°♍ – 26°♍	10°♍ – 27°♍	11°♍ – 28°♍
14 – 15	26°♍ – 12°♎	27°♍ – 13°♎	28°♍ – 14°♎
15 – 16	12°♎ – 28°♎	13°♎ – 29°♎	14°♎ – 30°♎
16 – 17	28°♎ – 14°♏	29°♎ – 15°♏	30°♎ – 16°♏
17 – 18	14°♏ – 29°♏	15°♏ – 30°♏	16°♏ – 1°♐
18 – 19	29°♏ – 13°♐	30°♏ – 14°♐	1°♐ – 15°♐
19 – 20	13°♐ – 27°♐	14°♐ – 28°♐	15°♐ – 29°♐
20 – 21	27°♐ – 11°♑	28°♐ – 12°♑	29°♐ – 13°♑
21 – 22	11°♑ – 25°♑	12°♑ – 26°♑	13°♑ – 27°♑
22 – 23	25°♑ – 9°♒	26°♑ – 10°♒	27°♑ – 11°♒
23 – 24	9°♒ – 25°♒	10°♒ – 26°♒	11°♒ – 27°♒

Uhrzeit	21. Mai	22. Mai	23. Mai
0 – 1	27°♒ – 13°♓	28°♒ – 14°♓	29°♒ – 15°♓
1 – 2	13°♓ – 29°♓	14°♓ – 30°♓	15°♓ – 1°♈
2 – 3	29°♓ – 15°♈	30°♓ – 16°♈	1°♈ – 17°♈
3 – 4	15°♈ – 1°♉	16°♈ – 2°♉	17°♈ – 3°♉
4 – 5	1°♉ – 17°♉	2°♉ – 18°♉	3°♉ – 19°♉
5 – 6	17°♉ – 2°♊	18°♉ – 3°♊	19°♉ – 4°♊
6 – 7	2°♊ – 16°♊	3°♊ – 17°♊	4°♊ – 18°♊
7 – 8	16°♊ – 30°♊	17°♊ – 1°♋	18°♊ – 2°♋
8 – 9	30°♊ – 14°♋	1°♋ – 15°♋	2°♋ – 16°♋
9 – 10	14°♋ – 28°♋	15°♋ – 29°♋	16°♋ – 30°♋
10 – 11	28°♋ – 12°♌	29°♋ – 13°♌	30°♋ – 14°♌
11 – 12	12°♌ – 27°♌	13°♌ – 28°♌	14°♌ – 29°♌
12 – 13	27°♌ – 12°♍	28°♌ – 13°♍	29°♌ – 14°♍
13 – 14	12°♍ – 29°♍	13°♍ – 30°♍	14°♍ – 1°♎
14 – 15	29°♍ – 15°♎	30°♍ – 16°♎	1°♎ – 17°♎
15 – 16	15°♎ – 1°♏	16°♎ – 2°♏	17°♎ – 3°♏
16 – 17	1°♏ – 17°♏	2°♏ – 18°♏	3°♏ – 19°♏
17 – 18	17°♏ – 2°♐	18°♏ – 3°♐	19°♏ – 4°♐
18 – 19	2°♐ – 16°♐	3°♐ – 17°♐	4°♐ – 18°♐
19 – 20	16°♐ – 30°♐	17°♐ – 1°♑	18°♐ – 2°♑
20 – 21	30°♐ – 14°♑	1°♑ – 15°♑	2°♑ – 16°♑
21 – 22	14°♑ – 28°♑	15°♑ – 29°♑	16°♑ – 30°♑
22 – 23	28°♑ – 12°♒	29°♑ – 13°♒	30°♑ – 14°♒
23 – 24	12°♒ – 28°♒	13°♒ – 29°♒	14°♒ – 30°♒

Uhrzeit	24. Mai	25. Mai	26. Mai
0 – 1	30°♒ – 16°♓	1°♓ – 17°♓	2°♓ – 18°♓
1 – 2	16°♓ – 2°♈	17°♓ – 3°♈	18°♓ – 4°♈
2 – 3	2°♈ – 18°♈	3°♈ – 19°♈	4°♈ – 20°♈
3 – 4	18°♈ – 4°♉	19°♈ – 5°♉	20°♈ – 6°♉
4 – 5	4°♉ – 20°♉	5°♉ – 21°♉	6°♉ – 22°♉
5 – 6	20°♉ – 5°♊	21°♉ – 6°♊	22°♉ – 7°♊
6 – 7	5°♊ – 18°♊	6°♊ – 19°♊	7°♊ – 20°♊
7 – 8	18°♊ – 2°♋	19°♊ – 3°♋	20°♊ – 4°♋
8 – 9	2°♋ – 16°♋	3°♋ – 17°♋	4°♋ – 18°♋
9 – 10	16°♋ – 30°♋	17°♋ – 1°♌	18°♋ – 2°♌
10 – 11	30°♋ – 15°♌	1°♌ – 16°♌	2°♌ – 17°♌
11 – 12	15°♌ – 30°♌	16°♌ – 1°♍	17°♌ – 2°♍
12 – 13	30°♌ – 16°♍	1°♍ – 17°♍	2°♍ – 18°♍
13 – 14	16°♍ – 3°♎	17°♍ – 4°♎	18°♍ – 5°♎
14 – 15	3°♎ – 19°♎	4°♎ – 20°♎	5°♎ – 21°♎
15 – 16	19°♎ – 5°♏	20°♎ – 6°♏	21°♎ – 7°♏
16 – 17	5°♏ – 20°♏	6°♏ – 21°♏	7°♏ – 22°♏
17 – 18	20°♏ – 4°♐	21°♏ – 5°♐	22°♏ – 6°♐
18 – 19	4°♐ – 18°♐	5°♐ – 19°♐	6°♐ – 20°♐
19 – 20	18°♐ – 2°♑	19°♐ – 3°♑	20°♐ – 4°♑
20 – 21	2°♑ – 16°♑	3°♑ – 17°♑	4°♑ – 18°♑
21 – 22	16°♑ – 30°♑	17°♑ – 1°♒	18°♑ – 2°♒
22 – 23	30°♑ – 15°♒	1°♒ – 16°♒	2°♒ – 17°♒
23 – 24	15°♒ – 1°♓	16°♒ – 2°♓	17°♒ – 3°♓

Uhrzeit	27. Mai	28. Mai	29. Mai
0 – 1	3°♓ – 19°♓	4°♓ – 20°♓	5°♓ – 21°♓
1 – 2	19°♓ – 5°♈	20°♓ – 6°♈	21°♓ – 7°♈
2 – 3	5°♈ – 21°♈	6°♈ – 22°♈	7°♈ – 23°♈
3 – 4	21°♈ – 7°♉	22°♈ – 8°♉	23°♈ – 9°♉
4 – 5	7°♉ – 23°♉	8°♉ – 24°♉	9°♉ – 25°♉
5 – 6	23°♉ – 8°♊	24°♉ – 9°♊	25°♉ – 10°♊
6 – 7	8°♊ – 21°♊	9°♊ – 22°♊	10°♊ – 23°♊
7 – 8	21°♊ – 5°♋	22°♊ – 6°♋	23°♊ – 7°♋
8 – 9	5°♋ – 19°♋	6°♋ – 20°♋	7°♋ – 21°♋
9 – 10	19°♋ – 3°♌	20°♋ – 4°♌	21°♋ – 5°♌
10 – 11	3°♌ – 18°♌	4°♌ – 19°♌	5°♌ – 20°♌
11 – 12	18°♌ – 3°♍	19°♌ – 4°♍	20°♌ – 5°♍
12 – 13	3°♍ – 19°♍	4°♍ – 20°♍	5°♍ – 21°♍
13 – 14	19°♍ – 6°♎	20°♍ – 7°♎	21°♍ – 8°♎
14 – 15	6°♎ – 22°♎	7°♎ – 23°♎	8°♎ – 24°♎
15 – 16	22°♎ – 8°♏	23°♎ – 9°♏	24°♎ – 10°♏
16 – 17	8°♏ – 23°♏	9°♏ – 24°♏	10°♏ – 25°♏
17 – 18	23°♏ – 7°♐	24°♏ – 8°♐	25°♏ – 9°♐
18 – 19	7°♐ – 21°♐	8°♐ – 22°♐	9°♐ – 23°♐
19 – 20	21°♐ – 5°♑	22°♐ – 6°♑	23°♐ – 7°♑
20 – 21	5°♑ – 19°♑	6°♑ – 20°♑	7°♑ – 21°♑
21 – 22	19°♑ – 3°♒	20°♑ – 4°♒	21°♑ – 5°♒
22 – 23	3°♒ – 18°♒	4°♒ – 19°♒	5°♒ – 20°♒
23 – 24	18°♒ – 4°♓	19°♒ – 5°♓	20°♒ – 6°♓

Uhrzeit	30. Mai	31. Mai	1. Juni
0 – 1	6°♓ – 22°♓	7°♓ – 23°♓	8°♓ – 24°♓
1 – 2	22°♓ – 8°♈	23°♓ – 9°♈	24°♓ – 10°♈
2 – 3	8°♈ – 24°♈	9°♈ – 25°♈	10°♈ – 26°♈
3 – 4	24°♈ – 10°♉	25°♈ – 11°♉	26°♈ – 12°♉
4 – 5	10°♉ – 26°♉	11°♉ – 27°♉	12°♉ – 28°♉
5 – 6	26°♉ – 11°♊	27°♉ – 12°♊	28°♉ – 13°♊
6 – 7	11°♊ – 24°♊	12°♊ – 25°♊	13°♊ – 26°♊
7 – 8	24°♊ – 8°♋	25°♊ – 9°♋	26°♊ – 10°♋
8 – 9	8°♋ – 22°♋	9°♋ – 23°♋	10°♋ – 24°♋
9 – 10	22°♋ – 6°♌	23°♋ – 7°♌	24°♋ – 8°♌
10 – 11	6°♌ – 21°♌	7°♌ – 22°♌	8°♌ – 23°♌
11 – 12	21°♌ – 6°♍	22°♌ – 7°♍	23°♌ – 8°♍
12 – 13	6°♍ – 22°♍	7°♍ – 23°♍	8°♍ – 24°♍
13 – 14	22°♍ – 9°♎	23°♍ – 10°♎	24°♍ – 11°♎
14 – 15	9°♎ – 25°♎	10°♎ – 26°♎	11°♎ – 27°♎
15 – 16	25°♎ – 11°♏	26°♎ – 12°♏	27°♎ – 13°♏
16 – 17	11°♏ – 26°♏	12°♏ – 27°♏	13°♏ – 28°♏
17 – 18	26°♏ – 9°♐	27°♏ – 10°♐	28°♏ – 11°♐
18 – 19	9°♐ – 24°♐	10°♐ – 25°♐	11°♐ – 26°♐
19 – 20	24°♐ – 8°♑	25°♐ – 9°♑	26°♐ – 10°♑
20 – 21	8°♑ – 22°♑	9°♑ – 23°♑	10°♑ – 24°♑
21 – 22	22°♑ – 6°♒	23°♑ – 7°♒	24°♑ – 8°♒
22 – 23	6°♒ – 21°♒	7°♒ – 22°♒	8°♒ – 23°♒
23 – 24	21°♒ – 7°♓	22°♒ – 8°♓	23°♒ – 9°♓

Uhrzeit	2. Juni	3. Juni	4. Juni
0 – 1	9°♓ – 25°♓	10°♓ – 26°♓	11°♓ – 27°♓
1 – 2	25°♓ – 11°♈	26°♓ – 12°♈	27°♓ – 13°♈
2 – 3	11°♈ – 27°♈	12°♈ – 28°♈	13°♈ – 29°♈
3 – 4	27°♈ – 13°♉	28°♈ – 14°♉	29°♈ – 15°♉
4 – 5	13°♉ – 29°♉	14°♉ – 30°♉	15°♉ – 1°♊
5 – 6	29°♉ – 14°♊	30°♉ – 15°♊	1°♊ – 16°♊
6 – 7	14°♊ – 27°♊	15°♊ – 28°♊	16°♊ – 29°♊
7 – 8	27°♊ – 11°♋	28°♊ – 12°♋	29°♊ – 13°♋
8 – 9	11°♋ – 25°♋	12°♋ – 26°♋	13°♋ – 27°♋
9 – 10	25°♋ – 9°♌	26°♋ – 10°♌	27°♋ – 11°♌
10 – 11	9°♌ – 24°♌	10°♌ – 25°♌	11°♌ – 26°♌
11 – 12	24°♌ – 9°♍	25°♌ – 10°♍	26°♌ – 11°♍
12 – 13	9°♍ – 25°♍	10°♍ – 26°♍	11°♍ – 27°♍
13 – 14	25°♍ – 12°♎	26°♍ – 13°♎	27°♍ – 14°♎
14 – 15	12°♎ – 28°♎	13°♎ – 29°♎	14°♎ – 30°♎
15 – 16	28°♎ – 14°♏	29°♎ – 15°♏	30°♎ – 16°♏
16 – 17	14°♏ – 29°♏	15°♏ – 30°♏	16°♏ – 1°♐
17 – 18	29°♏ – 12°♐	30°♏ – 13°♐	1°♐ – 14°♐
18 – 19	12°♐ – 27°♐	13°♐ – 28°♐	14°♐ – 29°♐
19 – 20	27°♐ – 11°♑	28°♐ – 12°♑	29°♐ – 13°♑
20 – 21	11°♑ – 25°♑	12°♑ – 26°♑	13°♑ – 27°♑
21 – 22	25°♑ – 9°♒	26°♑ – 10°♒	27°♑ – 11°♒
22 – 23	9°♒ – 24°♒	10°♒ – 25°♒	11°♒ – 26°♒
23 – 24	24°♒ – 10°♓	25°♒ – 11°♓	26°♒ – 12°♓

Uhrzeit	5. Juni	6. Juni	7. Juni
0 – 1	12°♓ – 28°♓	13°♓ – 29°♓	14°♓ – 30°♓
1 – 2	28°♓ – 14°♈	29°♓ – 15°♈	30°♓ – 16°♈
2 – 3	14°♈ – 30°♈	15°♈ – 1°♉	16°♈ – 2°♉
3 – 4	30°♈ – 16°♉	1°♉ – 17°♉	2°♉ – 18°♉
4 – 5	16°♉ – 2°♊	17°♉ – 3°♊	18°♉ – 4°♊
5 – 6	2°♊ – 17°♊	3°♊ – 18°♊	4°♊ – 19°♊
6 – 7	17°♊ – 30°♊	18°♊ – 1°♋	19°♊ – 2°♋
7 – 8	30°♊ – 14°♋	1°♋ – 15°♋	2°♋ – 16°♋
8 – 9	14°♋ – 28°♋	15°♋ – 29°♋	16°♋ – 30°♋
9 – 10	28°♋ – 12°♌	29°♌ – 13°♌	30°♋ – 14°♌
10 – 11	12°♌ – 27°♌	13°♌ – 28°♌	14°♌ – 29°♌
11 – 12	27°♌ – 12°♍	28°♌ – 13°♍	29°♌ – 14°♍
12 – 13	12°♍ – 28°♍	13°♌ – 29°♍	14°♌ – 30°♍
13 – 14	28°♍ – 15°♎	29°♍ – 16°♎	30°♍ – 17°♎
14 – 15	15°♎ – 1°♏	16°♎ – 2°♏	17°♎ – 3°♏
15 – 16	1°♏ – 17°♏	2°♏ – 18°♏	3°♏ – 19°♏
16 – 17	17°♏ – 2°♐	18°♏ – 3°♐	19°♏ – 4°♐
17 – 18	2°♐ – 15°♐	3°♐ – 16°♐	4°♐ – 17°♐
18 – 19	15°♐ – 30°♐	16°♐ – 1°♑	17°♐ – 2°♑
19 – 20	30°♐ – 14°♑	1°♑ – 15°♑	2°♑ – 16°♑
20 – 21	14°♑ – 28°♑	15°♑ – 29°♑	16°♑ – 30°♑
21 – 22	28°♑ – 12°♒	29°♑ – 13°♒	30°♑ – 14°♒
22 – 23	12°♒ – 27°♒	13°♒ – 28°♒	14°♒ – 29°♒
23 – 24	27°♒ – 13°♓	28°♒ – 14°♓	29°♒ – 15°♓

Uhrzeit	8. Juni	9. Juni	10. Juni
0 – 1	16°♓ – 2°♈	17°♓ – 3°♈	18°♓ – 4°♈
1 – 2	2°♈ – 19°♈	3°♈ – 20°♈	4°♈ – 21°♈
2 – 3	19°♈ – 4°♉	20°♈ – 5°♉	21°♈ – 6°♉
3 – 4	4°♉ – 20°♉	5°♉ – 21°♉	6°♉ – 22°♉
4 – 5	20°♉ – 5°♊	21°♉ – 6°♊	22°♉ – 7°♊
5 – 6	5°♊ – 19°♊	6°♊ – 20°♊	7°♊ – 21°♊
6 – 7	19°♊ – 2°♋	20°♊ – 3°♋	21°♊ – 4°♋
7 – 8	2°♋ – 16°♋	3°♋ – 17°♋	4°♋ – 18°♋
8 – 9	16°♋ – 30°♋	17°♋ – 1°♌	18°♋ – 2°♌
9 – 10	30°♋ – 15°♌	1°♌ – 16°♌	2°♌ – 17°♌
10 – 11	15°♌ – 30°♌	16°♌ – 1°♍	17°♌ – 2°♍
11 – 12	30°♌ – 16°♍	1°♍ – 17°♍	2°♍ – 18°♍
12 – 13	16°♍ – 2°♎	17°♍ – 3°♎	18°♍ – 4°♎
13 – 14	2°♎ – 19°♎	3°♎ – 20°♎	4°♎ – 21°♎
14 – 15	19°♎ – 4°♏	20°♎ – 5°♏	21°♎ – 6°♏
15 – 16	4°♏ – 20°♏	5°♏ – 21°♏	6°♏ – 22°♏
16 – 17	20°♏ – 4°♐	21°♏ – 5°♐	22°♐ – 6°♐
17 – 18	4°♐ – 18°♐	5°♐ – 19°♐	6°♐ – 20°♐
18 – 19	18°♐ – 2°♑	19°♐ – 3°♑	20°♐ – 4°♑
19 – 20	2°♑ – 16°♑	3°♑ – 17°♑	4°♑ – 18°♑
20 – 21	16°♑ – 30°♑	17°♑ – 1°♒	18°♑ – 2°♒
21 – 22	30°♑ – 15°♒	1°♒ – 16°♒	2°♒ – 17°♒
22 – 23	15°♒ – 30°♒	16°♒ – 1°♓	17°♒ – 2°♓
23 – 24	30°♒ – 17°♓	1°♓ – 18°♓	2°♓ – 19°♓

Uhrzeit	11. Juni	12. Juni	13. Juni
0 – 1	19°♓ – 5°♈	20°♓ – 6°♈	21°♓ – 7°♈
1 – 2	5°♈ – 22°♈	6°♈ – 23°♈	7°♈ – 24°♈
2 – 3	22°♈ – 7°♉	23°♈ – 8°♉	24°♈ – 9°♉
3 – 4	7°♉ – 23°♉	8°♉ – 24°♉	9°♉ – 25°♉
4 – 5	23°♉ – 8°♊	24°♉ – 9°♊	25°♉ – 10°♊
5 – 6	8°♊ – 22°♊	9°♊ – 23°♊	10°♊ – 24°♊
6 – 7	22°♊ – 5°♋	23°♊ – 6°♋	24°♊ – 7°♋
7 – 8	5°♋ – 19°♋	6°♋ – 20°♋	7°♋ – 21°♋
8 – 9	19°♋ – 3°♌	20°♋ – 4°♌	21°♋ – 5°♌
9 – 10	3°♌ – 18°♌	4°♌ – 19°♌	5°♌ – 20°♌
10 – 11	18°♌ – 3°♍	19°♌ – 4°♍	20°♌ – 5°♍
11 – 12	3°♍ – 19°♍	4°♍ – 20°♍	5°♍ – 21°♍
12 – 13	19°♍ – 5°♎	20°♍ – 6°♎	21°♍ – 7°♎
13 – 14	5°♎ – 22°♎	6°♎ – 23°♎	7°♎ – 24°♎
14 – 15	22°♎ – 7°♏	23°♎ – 8°♏	24°♎ – 9°♏
15 – 16	7°♏ – 23°♏	8°♏ – 24°♏	9°♏ – 25°♏
16 – 17	23°♏ – 7°♐	24°♏ – 8°♐	25°♐ – 9°♐
17 – 18	7°♐ – 21°♐	8°♐ – 22°♐	9°♐ – 23°♐
18 – 19	21°♐ – 5°♑	22°♐ – 6°♑	23°♐ – 7°♑
19 – 20	5°♑ – 19°♑	6°♑ – 20°♑	7°♑ – 21°♑
20 – 21	19°♑ – 3°♒	20°♑ – 4°♒	21°♑ – 5°♒
21 – 22	3°♒ – 18°♒	4°♒ – 19°♒	5°♒ – 20°♒
22 – 23	18°♒ – 3°♓	19°♒ – 4°♓	20°♒ – 5°♓
23 – 24	3°♓ – 20°♓	4°♓ – 21°♓	5°♓ – 22°♓

Uhrzeit	14. Juni	15. Juni	16. Juni
0 – 1	22°♓ – 8°♈	23°♓ – 9°♈	24°♓ – 10°♈
1 – 2	8°♈ – 25°♈	9°♈ – 26°♈	10°♈ – 27°♈
2 – 3	25°♈ – 10°♉	26°♈ – 11°♉	27°♈ – 12°♉
3 – 4	10°♉ – 26°♉	11°♉ – 27°♉	12°♉ – 28°♉
4 – 5	26°♉ – 11°♊	27°♉ – 12°♊	28°♉ – 13°♊
5 – 6	11°♊ – 25°♊	12°♊ – 26°♊	13°♊ – 27°♊
6 – 7	25°♊ – 8°♋	26°♊ – 9°♋	27°♊ – 10°♋
7 – 8	8°♋ – 22°♋	9°♋ – 23°♋	10°♋ – 24°♋
8 – 9	22°♋ – 6°♌	23°♋ – 7°♌	24°♋ – 8°♌
9 – 10	6°♌ – 21°♌	7°♌ – 22°♌	8°♌ – 23°♌
10 – 11	21°♌ – 6°♍	22°♌ – 7°♍	23°♌ – 8°♍
11 – 12	6°♍ – 22°♍	7°♍ – 23°♍	8°♍ – 24°♍
12 – 13	22°♍ – 8°♎	23°♍ – 9°♎	24°♍ – 10°♎
13 – 14	8°♎ – 25°♎	9°♎ – 26°♎	10°♎ – 27°♎
14 – 15	25°♎ – 10°♏	26°♎ – 11°♏	27°♎ – 12°♏
15 – 16	10°♏ – 26°♏	11°♏ – 27°♏	12°♏ – 28°♏
16 – 17	26°♏ – 10°♐	27°♏ – 11°♐	28°♏ – 12°♐
17 – 18	10°♐ – 24°♐	11°♐ – 25°♐	12°♐ – 26°♐
18 – 19	24°♐ – 8°♑	25°♐ – 9°♑	26°♐ – 10°♑
19 – 20	8°♑ – 22°♑	9°♑ – 23°♑	10°♑ – 24°♑
20 – 21	22°♑ – 6°♒	23°♑ – 7°♒	24°♑ – 8°♒
21 – 22	6°♒ – 21°♒	7°♒ – 22°♒	8°♒ – 23°♒
22 – 23	21°♒ – 6°♓	22°♒ – 7°♓	23°♒ – 8°♓
23 – 24	6°♓ – 23°♓	7°♓ – 24°♓	8°♓ – 25°♓

Uhrzeit	17. Juni	18. Juni	19. Juni
0 – 1	25°♓ – 11°♈	26°♓ – 12°♈	27°♓ – 13°♈
1 – 2	11°♈ – 28°♈	12°♈ – 29°♈	13°♈ – 30°♈
2 – 3	28°♈ – 13°♉	29°♈ – 14°♉	30°♈ – 15°♉
3 – 4	13°♉ – 29°♉	14°♉ – 30°♉	15°♉ – 1°♊
4 – 5	29°♉ – 14°♊	30°♉ – 15°♊	1°♊ – 16°♊
5 – 6	14°♊ – 28°♊	15°♊ – 29°♊	16°♊ – 30°♊
6 – 7	28°♊ – 11°♋	29°♊ – 12°♋	30°♊ – 13°♋
7 – 8	11°♋ – 25°♋	12°♋ – 26°♋	13°♋ – 27°♋
8 – 9	25°♋ – 9°♌	26°♋ – 10°♌	27°♋ – 11°♌
9 – 10	9°♌ – 24°♌	10°♌ – 25°♌	11°♌ – 26°♌
10 – 11	24°♌ – 9°♍	25°♌ – 10°♍	26°♌ – 11°♍
11 – 12	9°♍ – 25°♍	10°♍ – 26°♍	11°♍ – 27°♍
12 – 13	25°♍ – 11°♎	26°♍ – 12°♎	27°♍ – 13°♎
13 – 14	11°♎ – 28°♎	12°♎ – 29°♎	13°♎ – 30°♎
14 – 15	28°♎ – 13°♏	29°♎ – 14°♏	30°♎ – 15°♏
15 – 16	13°♏ – 29°♏	14°♏ – 30°♏	15°♏ – 1°♐
16 – 17	29°♏ – 13°♐	30°♏ – 14°♐	1°♐ – 15°♐
17 – 18	13°♐ – 27°♐	14°♐ – 28°♐	15°♐ – 29°♐
18 – 19	27°♐ – 11°♑	28°♐ – 12°♑	29°♐ – 13°♑
19 – 20	11°♑ – 25°♑	12°♑ – 26°♑	13°♑ – 27°♑
20 – 21	25°♑ – 9°♒	26°♑ – 10°♒	27°♑ – 11°♒
21 – 22	9°♒ – 24°♒	10°♒ – 25°♒	11°♒ – 26°♒
22 – 23	24°♒ – 9°♓	25°♒ – 10°♓	26°♒ – 11°♓
23 – 24	9°♓ – 26°♓	10°♓ – 27°♓	11°♓ – 28°♓

Uhrzeit	20. Juni	21. Juni	22. Juni
0 – 1	28°♓ – 14°♈	29°♓ – 15°♈	30°♓ – 16°♈
1 – 2	14°♈ – 1°♉	15°♈ – 2°♉	16°♈ – 3°♉
2 – 3	1°♉ – 16°♉	2°♉ – 17°♉	3°♉ – 18°♉
3 – 4	16°♉ – 2°♊	17°♉ – 3°♊	18°♉ – 4°♊
4 – 5	2°♊ – 17°♊	3°♊ – 18°♊	4°♊ – 19°♊
5 – 6	17°♊ – 1°♋	18°♊ – 2°♋	19°♊ – 3°♋
6 – 7	1°♋ – 14°♋	2°♋ – 15°♋	3°♋ – 16°♋
7 – 8	14°♋ – 28°♋	15°♋ – 29°♋	16°♋ – 30°♋
8 – 9	28°♋ – 12°♌	29°♋ – 13°♌	30°♋ – 14°♌
9 – 10	12°♌ – 27°♌	13°♌ – 28°♌	14°♌ – 29°♌
10 – 11	27°♌ – 12°♍	28°♌ – 13°♍	29°♌ – 14°♍
11 – 12	12°♍ – 28°♍	13°♍ – 29°♍	14°♍ – 30°♍
12 – 13	28°♍ – 14°♎	29°♍ – 15°♎	30°♍ – 16°♎
13 – 14	14°♎ – 1°♏	15°♎ – 2°♏	16°♎ – 3°♏
14 – 15	1°♏ – 16°♏	2°♏ – 17°♏	2°♏ – 18°♏
15 – 16	16°♏ – 2°♐	17°♏ – 3°♐	18°♏ – 4°♐
16 – 17	2°♐ – 16°♐	3°♐ – 17°♐	4°♐ – 18°♐
17 – 18	16°♐ – 30°♐	17°♐ – 1°♑	18°♐ – 2°♑
18 – 19	30°♐ – 14°♑	1°♑ – 15°♑	2°♑ – 16°♑
19 – 20	14°♑ – 28°♑	15°♑ – 29°♑	16°♑ – 30°♑
20 – 21	28°♑ – 12°♒	29°♑ – 13°♒	30°♑ – 14°♒
21 – 22	12°♒ – 27°♒	13°♒ – 28°♒	14°♒ – 29°♒
22 – 23	27°♒ – 12°♓	28°♒ – 13°♓	29°♒ – 14°♓
23 – 24	12°♓ – 29°♓	13°♓ – 30°♓	14°♓ – 1°♈

Uhrzeit	23. Juni	24. Juni	25. Juni
0 – 1	1°♈ – 17°♈	2°♈ – 18°♈	3°♈ – 19°♈
1 – 2	17°♈ – 4°♉	18°♈ – 5°♉	19°♈ – 6°♉
2 – 3	4°♉ – 19°♉	5°♉ – 20°♉	6°♉ – 21°♉
3 – 4	19°♉ – 5°♊	20°♉ – 6°♊	21°♉ – 7°♊
4 – 5	5°♊ – 20°♊	6°♊ – 21°♊	7°♊ – 22°♊
5 – 6	20°♊ – 4°♋	21°♊ – 5°♋	22°♊ – 6°♋
6 – 7	4°♋ – 17°♋	5°♋ – 18°♋	6°♋ – 19°♋
7 – 8	17°♋ – 1°♌	18°♋ – 2°♌	19°♋ – 3°♌
8 – 9	1°♌ – 15°♌	2°♌ – 16°♌	3°♌ – 17°♌
9 – 10	15°♌ – 30°♌	16°♌ – 1°♍	17°♌ – 2°♍
10 – 11	30°♌ – 15°♍	1°♍ – 16°♍	2°♍ – 17°♍
11 – 12	15°♍ – 1°♎	16°♍ – 2°♎	17°♍ – 3°♎
12 – 13	1°♎ – 17°♎	2°♎ – 18°♎	3°♎ – 19°♎
13 – 14	17°♎ – 4°♏	18°♎ – 5°♏	19°♎ – 6°♏
14 – 15	4°♏ – 19°♏	5°♏ – 20°♏	6°♏ – 21°♏
15 – 16	19°♏ – 5°♐	20°♏ – 6°♐	21°♏ – 7°♐
16 – 17	5°♐ – 19°♐	6°♐ – 20°♐	7°♐ – 21°♐
17 – 18	19°♐ – 3°♑	20°♐ – 4°♑	21°♐ – 5°♑
18 – 19	3°♑ – 17°♑	4°♑ – 18°♑	5°♑ – 19°♑
19 – 20	17°♑ – 1°♒	18°♑ – 2°♒	19°♑ – 3°♒
20 – 21	1°♒ – 15°♒	2°♒ – 16°♒	3°♒ – 17°♒
21 – 22	15°♒ – 30°♒	16°♒ – 1°♓	17°♒ – 2°♓
22 – 23	30°♒ – 15°♓	1°♓ – 16°♓	2°♓ – 17°♓
23 – 24	15°♓ – 2°♈	16°♓ – 3°♈	17°♓ – 4°♈

Uhrzeit	26. Juni	27. Juni	28. Juni
0 – 1	4°♈ – 20°♈	5°♈ – 21°♈	6°♈ – 22°♈
1 – 2	20°♈ – 7°♉	21°♈ – 8°♉	22°♈ – 9°♉
2 – 3	7°♉ – 22°♉	8°♉ – 23°♉	9°♉ – 24°♉
3 – 4	22°♉ – 8°♊	23°♉ – 9°♊	24°♉ – 10°♊
4 – 5	8°♊ – 23°♊	9°♊ – 24°♊	10°♊ – 25°♊
5 – 6	23°♊ – 7°♋	24°♊ – 8°♋	25°♊ – 9°♋
6 – 7	7°♋ – 20°♋	8°♋ – 21°♋	9°♋ – 22°♋
7 – 8	20°♋ – 4°♌	21°♋ – 5°♌	22°♋ – 6°♌
8 – 9	4°♌ – 18°♌	5°♌ – 19°♌	6°♌ – 20°♌
9 – 10	18°♌ – 3°♍	19°♌ – 4°♍	20°♌ – 5°♍
10 – 11	3°♍ – 18°♍	4°♍ – 19°♍	5°♍ – 20°♍
11 – 12	18°♍ – 4°♎	19°♍ – 5°♎	20°♍ – 6°♎
12 – 13	4°♎ – 20°♎	5°♎ – 21°♎	6°♎ – 22°♎
13 – 14	20°♎ – 7°♏	21°♎ – 8°♏	22°♎ – 9°♏
14 – 15	7°♏ – 22°♏	8°♏ – 23°♏	9°♎ – 24°♏
15 – 16	22°♏ – 8°♐	23°♏ – 9°♐	24°♏ – 10°♐
16 – 17	8°♐ – 22°♐	9°♐ – 23°♐	10°♐ – 24°♐
17 – 18	22°♐ – 6°♑	23°♐ – 7°♑	24°♐ – 8°♑
18 – 19	6°♑ – 20°♑	7°♑ – 21°♑	8°♑ – 22°♑
19 – 20	20°♑ – 4°♒	21°♑ – 5°♒	22°♑ – 6°♒
20 – 21	4°♒ – 18°♒	5°♒ – 19°♒	6°♒ – 20°♒
21 – 22	18°♒ – 3°♓	19°♒ – 4°♓	20°♒ – 5°♓
22 – 23	3°♓ – 18°♓	4°♓ – 19°♓	5°♓ – 20°♓
23 – 24	18°♓ – 5°♈	19°♓ – 6°♈	20°♓ – 7°♈

Uhrzeit	29. Juni	30. Juni	1. Juli
0 – 1	8°♈ – 24°♈	9°♈ – 25°♈	10°♈ – 26°♈
1 – 2	24°♈ – 10°♉	25°♈ – 11°♉	26°♈ – 12°♉
2 – 3	10°♉ – 25°♉	11°♉ – 26°♉	12°♉ – 27°♉
3 – 4	25°♉ – 10°♊	26°♉ – 11°♊	27°♉ – 12°♊
4 – 5	10°♊ – 23°♊	11°♊ – 24°♊	12°♊ – 25°♊
5 – 6	23°♊ – 7°♋	24°♊ – 8°♋	25°♊ – 9°♋
6 – 7	7°♋ – 21°♋	8°♋ – 22°♋	9°♋ – 23°♋
7 – 8	21°♋ – 5°♌	22°♋ – 6°♌	23°♋ – 7°♌
8 – 9	5°♌ – 20°♌	6°♌ – 21°♌	7°♌ – 22°♌
9 – 10	20°♌ – 6°♍	21°♌ – 7°♍	22°♌ – 8°♍
10 – 11	6°♍ – 22°♍	7°♍ – 23°♍	8°♍ – 24°♍
11 – 12	22°♍ – 9°♎	23°♍ – 10°♎	24°♍ – 11°♎
12 – 13	9°♎ – 25°♎	10°♎ – 26°♎	11°♎ – 27°♎
13 – 14	25°♎ – 11°♏	26°♎ – 12°♏	27°♎ – 13°♏
14 – 15	11°♏ – 26°♏	12°♏ – 27°♏	13°♏ – 28°♏
15 – 16	26°♏ – 10°♐	27°♏ – 11°♐	28°♏ – 12°♐
16 – 17	10°♐ – 24°♐	11°♐ – 25°♐	12°♐ – 26°♐
17 – 18	24°♐ – 9°♑	25°♐ – 10°♑	26°♐ – 11°♑
18 – 19	9°♑ – 22°♑	10°♑ – 23°♑	11°♑ – 24°♑
19 – 20	22°♑ –6°♒	23°♑ – 7°♒	24°♑ – 8°♒
20 – 21	6°♒ – 21°♒	7°♒ – 22°♒	8°♒ – 23°♒
21 – 22	21°♒ – 7°♓	22°♒ – 8°♓	23°♒ – 9°♓
22 – 23	7°♓ – 23°♓	8°♓ – 24°♓	9°♓ – 25°♓
23 – 24	23°♓ – 9°♈	24°♓ – 10°♈	25°♓ – 11°♈

Uhrzeit	2. Juli	3. Juli	4. Juli
0 – 1	11°♈ – 28°♈	12°♈ – 29°♈	13°♈ – 30°♈
1 – 2	28°♈ – 13°♉	29°♈ – 14°♉	30°♈ – 15°♉
2 – 3	13°♉ – 28°♉	14°♉ – 29°♉	15°♉ – 30°♉
3 – 4	28°♉ – 13°♊	29°♉ – 14°♊	30°♉ – 15°♊
4 – 5	13°♊ – 26°♊	14°♊ – 27°♊	15°♊ – 28°♊
5 – 6	26°♊ – 10°♋	27°♊ – 11°♋	28°♊ – 12°♋
6 – 7	10°♋ – 24°♋	11°♋ – 25°♋	12°♋ – 26°♋
7 – 8	24°♋ – 8°♌	25°♋ – 9°♌	26°♋ – 10°♌
8 – 9	8°♌ – 23°♌	9°♌ – 24°♌	10°♌ – 25°♌
9 – 10	23°♌ – 9°♍	24°♌ – 10°♍	25°♌ – 11°♍
10 – 11	9°♍ – 25°♍	10°♍ – 26°♍	11°♍ – 27°♍
11 – 12	25°♍ – 12°♎	26°♍ – 13°♎	27°♍ – 14°♎
12 – 13	12°♎ – 28°♎	13°♎ – 29°♎	14°♎ – 30°♎
13 – 14	28°♎ – 14°♏	29°♎ – 15°♏	30°♎ – 16°♏
14 – 15	14°♏ – 29°♏	15°♏ – 30°♏	16°♏ – 1°♐
15 – 16	29°♏ – 13°♐	30°♏ – 14°♐	1°♐ – 15°♐
16 – 17	13°♐ – 27°♐	14°♐ – 28°♐	15°♐ – 29°♐
17 – 18	27°♐ – 12°♑	28°♐ – 13°♑	29°♐ – 14°♑
18 – 19	12°♑ – 25°♑	13°♑ – 26°♑	14°♑ – 27°♑
19 – 20	25°♑ – 9°♒	26°♑ – 10°♒	27°♑ – 11°♒
20 – 21	9°♒ – 24°♒	10°♒ – 25°♒	11°♒ – 26°♒
21 – 22	24°♒ – 10°♓	25°♒ – 11°♓	26°♒ – 12°♓
22 – 23	10°♓ – 26°♓	11°♓ – 27°♓	12°♓ – 28°♓
23 – 24	26°♓ – 12°♈	27°♓ – 13°♈	28°♓ – 14°♈

Uhrzeit	5. Juli	6. Juli	7. Juli
0 – 1	14°♈ – 1°♉	15°♈ – 2°♉	16°♈ – 3°♉
1 – 2	1°♉ – 16°♉	2°♉ – 17°♉	3°♉ – 18°♉
2 – 3	16°♉ – 1°♊	17°♉ – 2°♊	18°♉ – 3°♊
3 – 4	1°♊ – 16°♊	2°♊ – 17°♊	3°♊ – 18°♊
4 – 5	16°♊ – 29°♊	17°♊ – 30°♊	18°♊ – 1°♋
5 – 6	29°♊ – 13°♋	30°♊ – 14°♋	1°♋ – 15°♋
6 – 7	13°♋ – 27°♋	14°♋ – 28°♋	15°♋ – 29°♋
7 – 8	27°♋ – 11°♌	28°♋ – 12°♌	29°♋ – 13°♌
8 – 9	11°♌ – 26°♌	12°♌ – 27°♌	13°♌ – 28°♌
9 – 10	26°♌ – 12°♍	27°♌ – 13°♍	28°♌ – 14°♍
10 – 11	12°♍ – 28°♍	13°♍ – 29°♍	14°♍ – 30°♍
11 – 12	28°♍ – 15°♎	29°♍ – 16°♎	30°♍ – 17°♎
12 – 13	15°♎ – 1°♏	16°♎ – 2°♏	17°♎ – 3°♏
13 – 14	1°♏ -17°♏	2°♏ – 18°♏	3°♏ – 19°♏
14 – 15	17°♏ – 2°♐	18°♏ – 3°♐	19°♏ – 4°♐
15 – 16	2°♐ – 16°♐	3°♐ – 17°♐	4°♐ – 18°♐
16 – 17	16°♐ – 30°♐	17°♐ – 1°♑	18°♐ – 2°♑
17 – 18	30°♐ – 15°♑	1°♑ – 16°♑	2°♑ – 17°♑
18 – 19	15°♑ – 28°♑	16°♑ – 29°♑	17°♑ – 30°♑
19 – 20	28°♑ – 12°♒	29°♑ – 13°♒	30°♑ – 14°♒
20 – 21	12°♒ – 27°♒	13°♒ – 28°♒	14°♒ – 29°♒
21 – 22	27°♒ – 13°♓	28°♒ – 14°♓	29°♒ – 15°♓
22 – 23	13°♓ – 29°♓	14°♓ – 30°♓	15°♓ – 1°♈
23 – 24	29°♓ – 15°♈	30°♓ – 16°♈	1°♈ – 17°♈

Uhrzeit	8. Juli	9. Juli	10. Juli
0 – 1	18°♈ – 4°♉	19°♈ – 5°♉	20°♈ – 6°♉
1 – 2	4°♉ – 19°♉	5°♉ – 20°♉	6°♉ – 21°♉
2 – 3	19°♉ – 4°♊	20°♉ – 5°♊	21°♉ – 6°♊
3 – 4	4°♊ – 17°♊	5°♊ – 18°♊	6°♊ – 19°♊
4 – 5	17°♊ – 1°♋	18°♊ – 2°♋	19°♊ – 3°♋
5 – 6	1°♋ – 15°♋	2°♋ – 16°♋	3°♋ – 17°♋
6 – 7	15°♋ – 29°♋	16°♋ – 30°♋	17°♋ – 1°♌
7 – 8	29°♋ – 14°♌	30°♋ – 15°♌	1°♌ – 16°♌
8 – 9	14°♌ – 29°♌	15°♌ – 30°♌	16°♌ – 1°♍
9 – 10	29°♌ – 15°♍	30°♌ – 16°♍	1°♍ – 17°♍
10 – 11	15°♍ – 1°♎	16°♍ – 2°♎	17°♍ – 3°♎
11 – 12	1°♎ – 18°♎	2°♎ – 19°♎	3°♎ – 20°♎
12 – 13	18°♎ – 4°♏	19°♎ – 5°♏	20°♎ – 6°♏
13 – 14	4°♏ – 19°♏	5°♏ – 20°♏	6°♏ – 21°♏
14 – 15	19°♏ – 3°♐	20°♏ – 4°♐	21°♏ – 5°♐
15 – 16	3°♐ – 18°♐	4°♐ – 19°♐	5°♐ – 20°♐
16 – 17	18°♐ – 1°♑	19°♐ – 2°♑	20°♐ – 3°♑
17 – 18	1°♑ – 15°♑	2°♑ – 16°♑	3°♑ – 17°♑
18 – 19	15°♑ – 29°♑	16°♑ – 30°♑	17°♑ – 1°♒
19 – 20	29°♑ – 14°♒	30°♑ – 15°♒	1°♒ – 16°♒
20 – 21	14°♒ – 29°♒	15°♒ – 30°♒	16°♒ – 1°♓
21 – 22	29°♒ – 15°♓	30°♒ – 16°♓	1°♓ – 17°♓
22 – 23	15°♓ – 2°♈	16°♓ – 3°♈	17°♓ – 4°♈
23 – 24	2°♈ – 19°♈	3°♈ – 20°♈	4°♈ – 21°♈

Uhrzeit	11. Juli	12. Juli	13. Juli
0 – 1	21°♈ – 7°♉	22°♈ – 8°♉	23°♈ – 9°♉
1 – 2	7°♉ – 22°♉	8°♉ – 23°♉	9°♉ – 24°♉
2 – 3	22°♉ – 7°♊	23°♉ – 8°♊	24°♉ – 9°♊
3 – 4	7°♊ – 20°♊	8°♊ – 21°♊	9°♊ – 22°♊
4 – 5	20°♊ – 4°♋	21°♊ – 5°♋	22°♊ – 6°♋
5 – 6	4°♋ – 18°♋	5°♋ – 19°♋	6°♋ – 20°♋
6 – 7	18°♋ – 2°♌	19°♋ – 3°♌	20°♋ – 4°♌
7 – 8	2°♌ – 17°♌	3°♌ – 18°♌	4°♌ – 19°♌
8 – 9	17°♌ – 2°♍	18°♌ – 3°♍	19°♌ – 4°♍
9 – 10	2°♍ – 18°♍	3°♍ – 19°♍	4°♍ – 20°♍
10 – 11	18°♍ – 4°♎	19°♍ – 5°♎	20°♍ – 6°♎
11 – 12	4°♎ – 21°♎	5°♎ – 22°♎	6°♎ – 23°♎
12 – 13	21°♎ – 7°♏	22°♎ – 8°♏	23°♎ – 9°♏
13 – 14	7°♏ – 22°♏	8°♏ – 23°♏	9°♏ – 24°♏
14 – 15	22°♏ – 6°♐	23°♏ – 7°♐	24°♏ – 8°♐
15 – 16	6°♐ – 21°♐	7°♐ – 22°♐	8°♐ – 23°♐
16 – 17	21°♏ – 4°♑	22°♐ – 5°♑	23°♐ – 6°♑
17 – 18	4°♑ – 18°♑	5°♑ – 19°♑	6°♑ – 20°♑
18 – 19	18°♑ – 2°♒	19°♑ – 3°♒	20°♑ – 4°♒
19 – 20	2°♒ – 17°♒	3°♒ – 18°♒	4°♒ – 19°♒
20 – 21	17°♒ – 2°♓	18°♒ – 3°♓	19°♒ – 4°♓
21 – 22	2°♓ – 18°♓	3°♓ – 19°♓	4°♓ – 20°♓
22 – 23	18°♓ – 5°♈	19°♓ – 6°♈	20°♓ – 7°♈
23 – 24	5°♈ – 22°♈	6°♈ – 23°♈	7°♈ – 24°♈

Uhrzeit	14. Juli	15. Juli	16. Juli
0 – 1	24°♈ – 10°♉	25°♈ – 11°♉	26°♈ – 12°♉
1 – 2	10°♉ – 25°♉	11°♉ – 26°♉	12°♉ – 27°♉
2 – 3	25°♉ – 10°♊	26°♉ – 11°♊	27°♉ – 12°♊
3 – 4	10°♊ – 23°♊	11°♊ – 24°♊	12°♊ – 25°♊
4 – 5	23°♊ – 7°♋	24°♊ – 8°♋	25°♊ – 9°♋
5 – 6	7°♋ – 21°♋	8°♋ – 22°♋	9°♋ – 23°♋
6 – 7	21°♋ – 5°♌	22°♋ – 6°♌	23°♋ – 7°♌
7 – 8	5°♌ – 20°♌	6°♌ – 21°♌	7°♌ – 22°♌
8 – 9	20°♌ – 5°♍	21°♌ – 6°♍	22°♌ – 7°♍
9 – 10	5°♍ – 21°♍	6°♍ – 22°♍	7°♍ – 23°♍
10 – 11	21°♍ – 7°♎	22°♍ – 8°♎	23°♍ – 9°♎
11 – 12	7°♎ – 24°♎	8°♎ – 25°♎	9°♎ – 26°♎
12 – 13	24°♎ – 10°♏	25°♎ – 11°♏	26°♎ – 12°♏
13 – 14	10°♏ – 25°♏	11°♏ – 26°♏	12°♏ – 27°♏
14 – 15	25°♏ – 9°♐	26°♏ – 10°♐	27°♏ – 11°♐
15 – 16	9°♐ – 24°♐	10°♐ – 25°♐	11°♐ – 26°♐
16 – 17	24°♐ – 7°♑	25°♐ – 8°♑	26°♐ – 9°♑
17 – 18	7°♑ – 21°♑	8°♑ – 22°♑	9°♑ – 23°♑
18 – 19	21°♑ – 5°♒	22°♑ – 6°♒	23°♑ – 7°♒
19 – 20	5°♒ – 20°♒	6°♒ – 21°♒	7°♒ – 22°♒
20 – 21	20°♒ – 5°♓	21°♒ – 6°♓	22°♒ – 7°♓
21 – 22	5°♓ – 21°♓	6°♓ – 22°♓	7°♓ – 23°♓
22 – 23	21°♓ – 8°♈	22°♓ – 9°♈	23°♓ – 10°♈
23 – 24	8°♈ – 25°♈	9°♈ – 26°♈	10°♈ – 27°♈

Uhrzeit	17. Juli	18. Juli	19. Juli
0 – 1	27°♈ – 13°♉	28°♈ – 14°♉	29°♈ – 15°♉
1 – 2	13°♉ – 28°♉	14°♉ – 29°♉	15°♉ – 30°♉
2 – 3	28°♉ – 13°♊	29°♉ – 14°♊	30°♉ – 15°♊
3 – 4	13°♊ – 26°♊	14°♊ – 27°♊	15°♊ – 28°♊
4 – 5	26°♊ – 10°♋	27°♊ – 11°♋	28°♊ – 12°♋
5 – 6	10°♋ – 24°♋	11°♋ – 25°♋	12°♋ – 26°♋
6 – 7	24°♋ – 8°♌	25°♋ – 9°♌	26°♋ – 10°♌
7 – 8	8°♌ – 23°♌	9°♌ – 24°♌	10°♌ – 25°♌
8 – 9	23°♌ – 8°♍	24°♌ – 9°♍	25°♌ – 10°♍
9 – 10	8°♍ – 24°♍	9°♍ – 25°♍	10°♍ – 26°♍
10 – 11	24°♍ – 10°♎	25°♍ – 11°♎	26°♍ – 12°♎
11 – 12	10°♎ – 27°♎	11°♎ – 28°♎	12°♎ – 29°♎
12 – 13	27°♎ – 13°♏	28°♎ – 14°♏	29°♎ – 15°♏
13 – 14	13°♏ – 28°♏	14°♏ – 29°♏	15°♏ – 30°♏
14 – 15	28°♏ – 12°♐	29°♏ – 13°♐	30°♏ – 14°♐
15 – 16	12°♐ – 27°♐	13°♐ – 28°♐	14°♐ – 29°♐
16 – 17	27°♐ – 10°♑	28°♐ – 11°♑	29°♐ – 12°♑
17 – 18	10°♑ – 24°♑	11°♑ – 25°♑	12°♑ – 26°♑
18 – 19	24°♑ – 8°♒	25°♑ – 9°♒	26°♑ – 10°♒
19 – 20	8°♒ – 23°♒	9°♒ – 24°♒	10°♒ – 25°♒
20 – 21	23°♒ – 8°♓	24°♒ – 9°♓	25°♒ – 10°♓
21 – 22	8°♓ – 24°♓	9°♓ – 25°♓	10°♓ – 26°♓
22 – 23	24°♓ – 11°♈	25°♓ – 12°♈	26°♓ – 13°♈
23 – 24	11°♈ – 28°♈	12°♈ – 29°♈	13°♈ – 30°♈

Uhrzeit	20. Juli	31. Juli	22. Juli
0 – 1	1°♉ – 16°♉	2°♉ – 17°♉	3°♉ – 18°♉
1 – 2	16°♉ – 1°♊	17°♉ – 2°♊	18°♉ – 3°♊
2 – 3	1°♊ – 16°♊	2°♊ – 17°♊	3°♊ – 18°♊
3 – 4	16°♊ – 29°♊	17°♊ – 30°♊	18°♊ – 1°♋
4 – 5	29°♊ – 13°♋	30°♊ – 14°♋	1°♋ – 15°♋
5 – 6	13°♋ – 27°♋	14°♋ – 28°♋	15°♋ – 29°♋
6 – 7	27°♋ – 11°♌	28°♋ – 12°♌	29°♋ – 13°♌
7 – 8	11°♌ – 26°♌	12°♌ – 27°♌	13°♌ – 28°♌
8 – 9	26°♌ – 11°♍	27°♌ – 12°♍	28°♌ – 13°♍
9 – 10	11°♍ – 27°♍	12°♍ – 28°♍	13°♍ – 29°♍
10 – 11	27°♍ – 13°♎	28°♍ – 14°♎	29°♍ – 15°♎
11 – 12	13°♎ – 30°♎	14°♎ – 1°♏	15°♎ – 2°♏
12 – 13	30°♎ – 16°♏	1°♏ – 17°♏	2°♏ – 18°♏
13 – 14	16°♏ – 1°♐	17°♏ – 2°♐	18°♏ – 3°♐
14 – 15	1°♐ – 15°♐	2°♐ – 16°♐	3°♐ – 17°♐
15 – 16	15°♐ – 30°♐	16°♐ – 1°♑	17°♐ – 2°♑
16 – 17	30°♐ – 13°♑	1°♑ – 14°♑	2°♑ – 15°♑
17 – 18	13°♑ – 27°♑	14°♑ – 28°♑	15°♑ – 29°♑
18 – 19	27°♑ – 11°♒	28°♑ – 12°♒	29°♑ – 13°♒
19 – 20	11°♒ – 26°♒	12°♒ – 27°♒	13°♒ – 28°♒
20 – 21	26°♒ – 11°♓	27°♒ – 12°♓	28°♒ – 13°♓
21 – 22	11°♓ – 27°♓	12°♓ – 28°♓	13°♓ – 29°♓
22 – 23	27°♓ – 14°♈	28°♓ – 15°♈	29°♓ – 16°♈
23 – 24	14°♈ – 2°♉	15°♈ – 3°♉	16°♈ – 4°♉

Uhrzeit	23. Juli	24. Juli	25. Juli
0 – 1	4°♉ – 19°♉	5°♉ – 20°♉	6°♉ – 21°♉
1 – 2	19°♉ – 3°♊	20°♉ – 4°♊	21°♉ – 5°♊
2 – 3	3°♊ – 18°♊	4°♊ – 19°♊	5°♊ – 20°♊
3 – 4	18°♊ – 1°♋	19°♊ – 2°♋	20°♊ – 3°♋
4 – 5	1°♋ – 15°♋	2°♋ – 16°♋	3°♋ – 17°♋
5 – 6	15°♋ – 29°♋	16°♋ – 30°♋	17°♋ – 1°♌
6 – 7	29°♋ – 14°♌	30°♋ – 15°♌	1°♌ – 16°♌
7 – 8	14°♌ – 29°♌	15°♌ – 30°♌	16°♌ – 1°♍
8 – 9	29°♌ – 15°♍	30°♌ – 16°♍	1°♍ – 17°♍
9 – 10	15°♍ – 1°♎	16°♍ – 2°♎	17°♍ – 3°♎
10 – 11	1°♎ – 18°♎	2°♎ – 19°♎	3°♎ – 20°♎
11 – 12	18°♎ – 4°♏	19°♎ – 5°♏	20°♎ – 6°♏
12 – 13	4°♏ – 19°♏	5°♏ – 20°♏	6°♏ – 21°♏
13 – 14	19°♏ – 4°♐	20°♏ – 5°♐	21°♏ – 6°♐
14 – 15	4°♐ – 18°♐	5°♐ – 19°♐	6°♐ – 20°♐
15 – 16	18°♐ – 2°♑	19°♐ – 3°♑	20°♐ – 4°♑
16 – 17	2°♑ – 15°♑	3°♑ – 16°♑	4°♑ – 17°♑
17 – 18	15°♑ – 29°♑	16°♑ – 30°♑	17°♑ – 1°♒
18 – 19	29°♑ – 14°♒	30°♑ – 15°♒	1°♒ – 16°♒
19 – 20	14°♒ – 29°♒	15°♒ – 30°♒	16°♒ – 1°♓
20 – 21	29°♒ – 15°♓	30°♒ – 16°♓	1°♓ – 17°♓
21 – 22	15°♓ – 1°♈	16°♓ – 2°♈	17°♓ – 3°♈
22 – 23	1°♈ – 18°♈	2°♈ – 19°♈	3°♈ – 20°♈
23 – 24	18°♈ – 5°♉	19°♈ – 6°♉	20°♈ – 7°♉

Uhrzeit	26. Juli	27. Juli	28. Juli
0 – 1	7°♉ – 22°♉	8°♉ – 23°♉	9°♉ – 24°♉
1 – 2	22°♉ – 6°♊	23°♉ – 7°♊	24°♉ – 8°♊
2 – 3	6°♊ – 21°♊	7°♊ – 22°♊	8°♊ – 23°♊
3 – 4	21°♊ – 4°♋	22°♊ – 5°♋	23°♊ – 6°♋
4 – 5	4°♋ – 18°♋	5°♋ – 19°♋	6°♋ – 20°♋
5 – 6	18°♋ – 2°♌	19°♋ – 3°♌	20°♋ – 4°♌
6 – 7	2°♌ – 17°♌	3°♌ – 18°♌	4°♌ – 19°♌
7 – 8	17°♌ – 2°♍	18°♌ – 3°♍	19°♌ – 4°♍
8 – 9	2°♍ – 18°♍	3°♍ – 19°♍	4°♍ – 20°♍
9 – 10	18°♍ – 4°♎	19°♍ – 5°♎	20°♍ – 6°♎
10 – 11	4°♎ – 21°♎	5°♎ – 22°♎	6°♎ – 23°♎
11 – 12	21°♎ – 7°♏	22°♎ – 8°♏	23°♎ – 9°♏
12 – 13	7°♏ – 22°♏	8°♏ – 23°♏	9°♏ – 24°♏
13 – 14	22°♏ – 7°♐	23°♏ – 8°♐	24°♏ – 9°♐
14 – 15	7°♐ – 21°♐	8°♐ – 22°♐	9°♐ – 23°♐
15 – 16	21°♐ – 5°♑	22°♐ – 6°♑	23°♐ – 7°♑
16 – 17	5°♑ – 18°♑	6°♑ – 19°♑	7°♑ – 20°♑
17 – 18	18°♑ – 2°♒	19°♑ – 3°♒	20°♑ – 4°♒
18 – 19	2°♒ – 17°♒	3°♒ – 18°♒	4°♒ – 19°♒
19 – 20	17°♒ – 2°♓	18°♒ – 3°♓	19°♒ – 4°♓
20 – 21	2°♓ – 18°♓	3°♓ – 19°♓	4°♓ – 20°♓
21 – 22	18°♓ – 4°♈	19°♓ – 5°♈	20°♓ – 6°♈
22 – 23	4°♈ – 21°♈	5°♈ – 22°♈	6°♈ – 23°♈
23 – 24	21°♈ – 8°♉	22°♈ – 9°♉	23°♈ – 10°♉

Uhrzeit	29. Juli	30. Juli	31. Juli
0 – 1	10°♉ – 25°♉	11°♉ – 26°♉	12°♉ – 27°♉
1 – 2	25°♉ – 9°♊	26°♉ – 10°♊	27°♉ – 11°♊
2 – 3	9°♊ – 24°♊	10°♊ – 25°♊	11°♊ – 26°♊
3 – 4	24°♊ – 7°♋	25°♊ – 8°♋	26°♊ – 9°♋
4 – 5	7°♋ – 21°♋	8°♋ – 22°♋	9°♋ – 23°♋
5 – 6	21°♋ – 5°♌	22°♋ – 6°♌	23°♋ – 7°♌
6 – 7	5°♌ – 20°♌	6°♌ – 21°♌	7°♌ – 22°♌
7 – 8	20°♌ – 5°♍	21°♌ – 6°♍	22°♌ – 7°♍
8 – 9	5°♍ – 21°♍	6°♍ – 22°♍	7°♍ – 23°♍
9 – 10	21°♍ – 7°♎	22°♍ – 8°♎	23°♍ – 9°♎
10 – 11	7°♎ – 24°♎	8°♎ – 25°♎	9°♎ – 26°♎
11 – 12	24°♎ – 10°♏	25°♎ – 11°♏	26°♎ – 12°♏
12 – 13	10°♏ – 25°♏	11°♏ – 26°♏	12°♏ – 27°♏
13 – 14	25°♏ – 10°♐	26°♏ – 11°♐	27°♏ – 12°♐
14 – 15	10°♐ – 24°♐	11°♐ – 25°♐	12°♐ – 26°♐
15 – 16	24°♐ – 8°♑	25°♐ – 9°♑	26°♐ – 10°♑
16 – 17	8°♑ – 21°♑	9°♑ – 22°♑	10°♑ – 23°♑
17 – 18	21°♑ – 5°♒	22°♑ – 6°♒	23°♑ – 7°♒
18 – 19	5°♒ – 20°♒	6°♒ – 21°♒	7°♒ – 22°♒
19 – 20	20°♒ – 5°♓	21°♒ – 6°♓	22°♒ – 7°♓
20 – 21	5°♓ – 21°♓	6°♒ – 22°♓	7°♒ – 23°♓
21 – 22	21°♓ – 7°♈	22°♓ – 8°♈	23°♓ – 9°♈
22 – 23	7°♈ – 24°♈	8°♈ – 25°♈	9°♈ – 26°♈
23 – 24	24°♈ – 11°♉	25°♈ – 12°♉	26°♈ – 13°♉

Uhrzeit	1. August	2. August	3. August
0 – 1	13°♉ – 28°♉	14°♉ – 29°♉	15°♉ – 30°♉
1 – 2	28°♉ – 12°♊	29°♉ – 13°♊	30°♉ – 14°♊
2 – 3	12°♊ – 27°♊	13°♊ – 28°♊	14°♊ – 29°♊
3 – 4	27°♊ – 10°♋	28°♋ – 11°♋	29°♋ – 12°♋
4 – 5	10°♋ – 24°♋	11°♋ – 25°♋	12°♋ – 26°♋
5 – 6	24°♋ – 8°♌	25°♋ – 9°♌	26°♋ – 10°♌
6 – 7	8°♌ – 23°♌	9°♌ – 24°♌	10°♌ – 25°♌
7 – 8	23°♌ – 8°♍	24°♌ – 9°♍	25°♌ – 10°♍
8 – 9	8°♍ – 24°♍	9°♍ – 25°♍	10°♍ – 26°♍
9 – 10	24°♍ – 10°♎	9°♍ – 11°♎	10°♍ – 12°♎
10 – 11	10°♎ – 27°♎	11°♎ – 28°♎	12°♎ – 29°♎
11 – 12	27°♎ – 12°♏	28°♎ – 14°♏	29°♎ – 15°♏
12 – 13	12°♏ – 28°♏	14°♏ – 29°♏	15°♏ – 30°♏
13 – 14	28°♏ – 13°♐	29°♏ – 14°♐	30°♏ – 15°♐
14 – 15	14°♐ – 26°♐	15°♐ – 27°♐	16°♐ – 28°♐
15 – 16	26°♐ – 11°♑	27°♐ – 12°♑	28°♐ – 13°♑
16 – 17	11°♑ – 24°♑	12°♑ – 25°♑	13°♑ – 26°♑
17 – 18	24°♑ – 8°♒	25°♑ – 9°♒	26°♑ – 10°♒
18 – 19	8°♒ – 23°♒	9°♒ – 24°♒	10°♒ – 25°♒
19 – 20	23°♒ – 8°♓	24°♒ – 9°♓	25°♒ – 10°♓
20 – 21	8°♓ – 24°♓	9°♓ – 25°♓	10°♓ – 26°♓
21 – 22	24°♓ – 10°♈	25°♓ – 11°♈	26°♓ – 12°♈
22 – 23	10°♈ – 27°♈	11°♈ – 28°♈	12°♈ – 29°♈
23 – 24	27°♈ – 14°♉	28°♈ – 15°♉	29°♈ – 16°♉

Uhrzeit	4. August	5. August	6. August
0 – 1	16°♉ – 1°♊	17°♉ – 2°♊	18°♉ – 3°♊
1 – 2	1°♊ – 15°♊	2°♊ – 16°♊	3°♊ – 17°♊
2 – 3	15°♊ – 30°♊	16°♊ – 1°♋	17°♊ – 2°♋
3 – 4	30°♊ – 13°♋	1°♋ – 14°♋	2°♋ – 15°♋
4 – 5	13°♋ – 27°♋	14°♋ – 28°♋	15°♋ – 29°♋
5 – 6	27°♋ – 11°♌	28°♋ – 12°♌	29°♋ – 13°♌
6 – 7	11°♌ – 26°♌	12°♌ – 27°♌	13°♌ – 28°♌
7 – 8	26°♌ – 11°♍	27°♌ – 12°♍	28°♌ – 13°♍
8 – 9	11°♍ – 27°♍	12°♍ – 28°♍	13°♍ – 29°♍
9 – 10	27°♍ – 13°♎	28°♍ – 14°♎	29°♍ – 15°♎
10 – 11	13°♎ – 30°♎	14°♎ – 1°♏	15°♎ – 2°♏
11 – 12	30°♎ – 16°♏	1°♏ – 17°♏	2°♏ – 18°♏
12 – 13	16°♏ – 1°♐	17°♏ – 2°♐	18°♏ – 3°♐
13 – 14	1°♐ – 16°♐	2°♐ – 17°♐	3°♐ – 18°♐
14 – 15	16°♐ – 29°♐	17°♐ – 30°♐	18°♐ – 1°♑
15 – 16	29°♐ – 14°♑	30°♐ – 15°♑	1°♑ – 16°♑
16 – 17	14°♑ – 27°♑	15°♑ – 28°♑	16°♑ – 29°♑
17 – 18	27°♑ – 11°♒	28°♑ – 12°♒	29°♑ – 13°♒
18 – 19	11°♒ – 26°♒	12°♒ – 27°♒	13°♒ – 28°♒
19 – 20	26°♒ – 11°♓	27°♒ – 12°♓	28°♒ – 13°♓
20 – 21	11°♓ – 27°♓	12°♓ – 28°♓	13°♓ – 29°♓
21 – 22	27°♓ – 13°♈	28°♓ – 14°♈	29°♓ – 15°♈
22 – 23	13°♈ – 30°♈	14°♈ – 1°♉	15°♈ – 2°♉
23 – 24	30°♈ – 17°♉	1°♉ – 18°♉	2°♉ – 19°♉

Uhrzeit	7. August	8. August	9. August
0 – 1	19°♉ – 4°♊	20°♉ – 5°♊	21°♉ – 6°♊
1 – 2	4°♊ – 18°♊	5°♊ – 19°♊	6°♊ – 20°♊
2 – 3	18°♊ – 3°♋	19°♊- 4°♋	20°♊ – 5°♋
3 – 4	3°♋ – 16°♋	4°♋ – 17°♋	5°♋ – 18°♋
4 – 5	16°♋ – 30°♋	17°♋ – 1°♌	18°♋ – 2°♌
5 – 6	30°♋ – 14°♌	1°♌ – 15°♌	2°♌ – 16°♌
6 – 7	14°♌ – 29°♌	15°♌ – 30°♌	16°♌ – 1°♍
7 – 8	29°♌ – 14°♍	30°♌ – 15°♍	1°♍ – 16°♍
8 – 9	14°♍ – 30°♍	15°♍ – 1°♎	16°♍ – 2°♎
9 – 10	30°♍ – 16°♎	1°♎ – 17°♎	2°♎ – 18°♎
10 – 11	16°♎ – 3°♏	17°♎ – 4°♏	18°♎ – 5°♏
11 – 12	3°♏ – 19°♏	4°♏ – 20°♏	5°♏ – 21°♏
12 – 13	19°♏ – 4°♐	20°♏ – 5°♐	21°♏ – 6°♐
13 – 14	4°♐ – 19°♐	5°♐ – 20°♐	6°♐ – 21°♐
14 – 15	19°♐ – 2°♑	20°♐ – 3°♑	21°♐ – 4°♑
15 – 16	2°♑ – 17°♑	3°♑ – 18°♑	4°♑ – 19°♑
16 – 17	17°♑ – 30°♑	18°♑ – 1°♒	19°♑ – 2°♒
17 – 18	30°♑ – 14°♒	1°♒ – 15°♒	2°♒ – 16°♒
18 – 19	14°♒ – 29°♒	15°♒ – 30°♒	16°♒ – 1°♓
19 – 20	29°♒ – 14°♓	30°♒ – 15°♓	1°♓ – 16°♓
20 – 21	14°♓ – 30°♓	15°♓ – 1°♈	16°♓ – 2°♈
21 – 22	30°♓ – 16°♈	1°♈ – 17°♈	2°♈ – 18°♈
22 – 23	16°♈ – 3°♉	17°♈ – 4°♉	18°♈ – 5°♉
23 – 24	3°♉ – 20°♉	4°♉ – 21°♉	5°♉ – 22°♉

Uhrzeit	10. August	11. August	12. August
0 – 1	22°♉ – 7°♊	23°♉ – 8°♊	24°♉ – 9°♊
1 – 2	7°♊ – 21°♊	8°♊ – 22°♊	9°♊ – 23°♊
2 – 3	21°♊ – 6°♋	22°♊ – 7°♋	23°♊ – 8°♋
3 – 4	6°♋ – 19°♋	7°♋ – 20°♋	8°♋ – 21°♋
4 – 5	19°♋ – 3°♌	20°♋ – 4°♌	21°♋ – 5°♌
5 – 6	3°♌ – 17°♌	4°♌ – 18°♌	5°♌ – 19°♌
6 – 7	17°♌ – 2°♍	18°♌ – 3°♍	19°♌ – 4°♍
7 – 8	2°♍ – 17°♍	3°♍ – 18°♍	4°♍ – 19°♍
8 – 9	17°♍ – 3°♎	18°♍ – 4°♎	19°♍ – 5°♎
9 – 10	3°♎ – 19°♎	4°♎ – 20°♎	5°♎ – 21°♎
10 – 11	19°♎ – 6°♏	20°♎ – 7°♏	21°♎ – 8°♏
11 – 12	6°♏ – 22°♏	7°♏ – 23°♏	8°♏ – 24°♏
12 – 13	22°♏ – 7°♐	23°♏ – 8°♐	24°♏ – 9°♐
13 – 14	7°♐ – 22°♐	8°♐ – 23°♐	9°♐ – 24°♐
14 – 15	22°♐ – 5°♑	23°♐ – 6°♑	24°♐ – 7°♑
15 – 16	5°♑ – 20°♑	6°♑ – 21°♑	7°♑ – 22°♑
16 – 17	20°♑ – 3°♒	21°♑ – 4°♒	22°♑ – 5°♒
17 – 18	3°♒ – 17°♒	4°♒ – 18°♒	5°♒ – 19°♒
18 – 19	17°♒ – 2°♓	18°♒ – 3°♓	19°♒ – 4°♓
19 – 20	2°♓ – 17°♓	3°♓ – 18°♓	4°♓ – 19°♓
20 – 21	17°♓ – 3°♈	18°♓ – 4°♈	19°♓ – 5°♈
21 – 22	3°♈ – 19°♈	4°♈ – 20°♈	5°♈ – 21°♈
22 – 23	19°♈ – 6°♉	20°♈ – 7°♉	21°♈ – 8°♉
23 – 24	6°♉ – 23°♉	7°♉ – 24°♉	8°♉ – 25°♉

Uhrzeit	13. August	14. August	15. August
0 – 1	25°♉ – 9°♊	26°♉ – 10°♊	27°♉ – 11°♊
1 – 2	9°♊ – 23°♊	10°♊ – 24°♊	11°♊ – 25°♊
2 – 3	23°♊ – 7°♋	24°♊ – 8°♋	25°♊ – 9°♋
3 – 4	7°♋ – 21°♋	8°♋ – 22°♋	9°♋ – 23°♋
4 – 5	21°♋ – 5°♌	22°♋ – 6°♌	23°♋ – 7°♌
5 – 6	5°♌ – 20°♌	6°♌ – 21°♌	7°♌ – 22°♌
6 – 7	20°♌ – 5°♍	21°♌ – 6°♍	22°♌ – 7°♍
7 – 8	5°♍ – 21°♍	6°♍ – 22°♍	7°♍ – 23°♍
8 – 9	21°♍ – 8°♎	22°♍ – 9°♎	23°♍ – 10°♎
9 – 10	8°♎ – 24°♎	9°♎ – 25°♎	10°♎ – 26°♎
10 – 11	24°♎ – 10°♏	25°♎ – 11°♏	26°♎ – 12°♏
11 – 12	10°♏ – 25°♏	11°♏ – 26°♏	12°♏ – 27°♏
12 – 13	25°♏ – 9°♐	26°♏ – 10°♐	27°♏ – 11°♐
13 – 14	9°♐ – 23°♐	10°♐ – 24°♐	11°♐ – 25°♐
14 – 15	23°♐ – 7°♑	24°♐ – 8°♑	25°♐ – 9°♑
15 – 16	7°♑ – 21°♑	8°♑ – 22°♑	9°♑ – 23°♑
16 – 17	21°♑ – 5°♒	22°♑ – 6°♒	23°♑ – 7°♒
17 – 18	5°♒ – 20°♒	6°♒ – 21°♒	7°♒ – 22°♒
18 – 19	20°♒ – 6°♓	21°♒ – 7°♓	22°♒ – 8°♓
19 – 20	6°♓ – 22°♓	7°♓ – 23°♓	8°♓ – 24°♓
20 – 21	22°♓ – 8°♈	23°♓ – 9°♈	24°♓ – 10°♈
21 – 22	8°♈ – 24°♈	9°♈ – 25°♈	10°♈ – 26°♈
22 – 23	24°♈ – 10°♉	25°♈ – 11°♉	26°♈ – 12°♉
23 – 24	10°♉ – 26°♉	11°♉ – 27°♉	12°♉ – 28°♉

Uhrzeit	16. August	17. August	18. August
0 – 1	28°♉ – 12°♊	29°♉ – 13°♊	30°♉ – 14°♊
1 – 2	12°♊ – 26°♊	13°♊ – 27°♊	14°♊ – 28°♊
2 – 3	26°♊ – 10°♋	27°♊ – 11°♋	28°♊ – 12°♋
3 – 4	10°♋ – 24°♋	11°♋ – 25°♋	12°♋ – 26°♋
4 – 5	24°♋ – 8°♌	25°♋ – 9°♌	26°♋ – 10°♌
5 – 6	8°♌ – 23°♌	9°♌ – 24°♌	10°♌ – 25°♌
6 – 7	23°♌ – 8°♍	24°♌ – 9°♍	25°♌ – 10°♍
7 – 8	8°♍ – 24°♍	9°♍ – 25°♍	10°♍ – 26°♍
8 – 9	24°♍ – 11°♎	25°♍ – 12°♎	26°♍ – 13°♎
9 – 10	11°♎ – 27°♎	12°♎ – 28°♎	13°♎ – 29°♎
10 – 11	27°♎ – 13°♏	28°♎ – 14°♏	29°♎ – 15°♏
11 – 12	13°♏ – 28°♏	14°♏ – 29°♏	15°♏ – 30°♏
12 – 13	28°♏ – 12°♐	29°♏ – 13°♐	30°♏ – 14°♐
13 – 14	12°♐ – 26°♐	13°♐ – 27°♐	14°♐ – 28°♐
14 – 15	26°♐ -10°♑	27°♐ – 11°♑	28°♐ – 12°♑
15 – 16	10°♑ – 24°♑	11°♑ – 25°♑	12°♑ – 26°♑
16 – 17	24°♑ – 8°♒	25°♑ – 9°♒	26°♑ – 10°♒
17 – 18	8°♒ – 23°♒	9°♒ – 24°♒	10°♒ – 25°♒
18 – 19	23°♒ – 9°♓	24°♒ – 10°♓	25°♒ – 11°♓
19 – 20	9°♓ – 25°♓	10°♓ – 26°♓	11°♓ – 27°♓
20 – 21	25°♓ – 11°♈	26°♓ – 12°♈	27°♓ – 13°♈
21 – 22	11°♈ – 27°♈	12°♈ – 28°♈	13°♈ – 29°♈
22 – 23	27°♈ – 13°♉	28°♈ – 14°♉	29°♈ – 15°♉
23 – 24	13°♉ – 29°♉	14°♉ – 30°♉	15°♉ – 1°♊

Uhrzeit	19. August	20. August	21. August
0 – 1	1°♊ – 15°♊	2°♊ – 16°♊	3°♊ – 17°♊
1 – 2	15°♊ – 29°♊	16°♊ – 30°♊	17°♊ – 1°♋
2 – 3	29°♊ – 13°♋	30°♊ – 14°♋	1°♋ – 15°♋
3 – 4	13°♋ – 27°♋	14°♋ – 28°♋	15°♋ – 29°♋
4 – 5	27°♋ – 11°♌	28°♋ – 12°♌	29°♋ – 13°♌
5 – 6	11°♌ – 26°♌	12°♌ – 27°♌	13°♌ – 28°♌
6 – 7	26°♌ – 11°♍	27°♌ – 12°♍	28°♌ – 13°♍
7 – 8	11°♍ – 27°♍	12°♍ – 28°♍	13°♍ – 29°♍
8 – 9	27°♍ – 14°♎	28°♍ – 15°♎	29°♍ – 16°♎
9 – 10	14°♎ – 30°♎	15°♎ – 1°♏	16°♎ – 2°♏
10 – 11	30°♎ – 16°♏	1°♏ – 17°♏	2°♏ – 18°♏
11 – 12	16°♏ – 1°♐	17°♏ – 2°♐	18°♏ – 3°♐
12 – 13	1°♐ – 15°♐	2°♐ – 16°♐	3°♐ – 17°♐
13 – 14	15°♐ – 29°♐	16°♐ – 30°♐	17°♐ – 1°♑
14 – 15	29°♐ – 13°♑	30°♐ – 14°♑	1°♑ – 15°♑
15 – 16	13°♑ – 27°♑	14°♑ – 28°♑	15°♑ – 29°♑
16 – 17	27°♑ – 11°♒	28°♑ – 12°♒	29°♑ – 13°♒
17 – 18	11°♒ – 26°♒	12°♒ – 27°♒	13°♒ – 28°♒
18 – 19	26°♒ – 12°♓	27°♒ – 13°♓	28°♒ – 14°♓
19 – 20	12°♓ – 28°♓	13°♓ – 29°♓	14°♓ – 30°♓
20 – 21	28°♓ – 14°♈	29°♓ – 15°♈	30°♓ – 16°♈
21 – 22	14°♈ – 30°♈	15°♈ – 1°♉	16°♈ – 2°♉
22 – 23	30°♈ – 16°♉	1°♉ – 17°♉	2°♉ – 18°♉
23 – 24	16°♉ – 2°♊	17°♉ – 3°♊	18°♉ – 3°♊

Uhrzeit	22. August	23. August	24. August
0 – 1	3°♊ – 17°♊	4°♊ – 18°♊	5°♊ – 19°♊
1 – 2	17°♊ – 1°♋	18°♊ – 2°♋	19°♊ – 3°♋
2 – 3	1°♋ – 15°♋	2°♋ – 16°♋	3°♋ – 17°♋
3 – 4	15°♋ – 29°♋	16°♋ – 30°♋	17°♋ – 1°♌
4 – 5	29°♋ – 14°♌	30°♋ – 15°♌	1°♌ – 16°♌
5 – 6	14°♌ – 29°♌	15°♌ – 30°♌	16°♌ – 1°♍
6 – 7	29°♌ – 15°♍	30°♌ – 16°♍	1°♍ – 17°♍
7 – 8	15°♍ – 1°♎	16°♍ – 2°♎	17°♍ – 3°♎
8 – 9	1°♎ – 18°♎	2°♎ – 19°♎	3°♎ – 20°♎
9 – 10	18°♎ – 4°♏	19°♎ – 5°♏	20°♎ – 6°♏
10 – 11	4°♏ – 19°♏	5°♏ – 20°♏	6°♏ – 21°♏
11 – 12	19°♏ – 3°♐	20°♏ – 4°♐	21°♏ – 5°♐
12 – 13	3°♐ – 17°♐	4°♐ – 18°♐	5°♐ – 19°♐
13 – 14	17°♐ – 1°♑	18°♐ – 2°♑	19°♐ – 3°♑
14 – 15	1°♑ – 15°♑	2°♑ – 16°♑	3°♑ – 17°♑
15 – 16	15°♑ – 29°♑	16°♑ – 30°♑	17°♑ – 1°♒
16 – 17	29°♑ – 14°♒	30°♑ – 15°♒	1°♒ – 16°♒
17 – 18	14°♒ – 29°♒	15°♒ – 30°♒	16°♒ – 1°♓
18 – 19	29°♒ – 15°♓	30°♒ – 16°♓	1°♓ – 17°♓
19 – 20	15°♓ – 1°♈	16°♓ – 2°♈	17°♓ – 3°♈
20 – 21	1°♈ – 18°♈	2°♈ – 19°♈	3°♈ – 20°♈
21 – 22	18°♈ – 3°♉	19°♈ – 4°♉	20°♈ – 5°♉
22 – 23	3°♉ – 19°♉	4°♉ – 20°♉	5°♉ – 21°♉
23 – 24	19°♉ – 4°♊	20°♉ – 5°♊	21°♉ – 6°♊

Uhrzeit	25. August	26. August	27. August
0 – 1	6°♊ – 20°♊	7°♊ – 21°♊	8°♊ – 22°♊
1 – 2	20°♊ – 4°♋	21°♊ – 5°♋	22°♊ – 6°♋
2 – 3	4°♋ – 18°♋	5°♋ – 19°♋	6°♋ – 20°♋
3 – 4	18°♋ – 2°♌	19°♋ – 3°♌	20°♋ – 4°♌
4 – 5	2°♌ – 17°♌	3°♌ – 18°♌	4°♌ – 19°♌
5 – 6	17°♌ – 2°♍	18°♌ – 3°♍	19°♌ – 4°♍
6 – 7	2°♍ – 18°♍	3°♍ – 19°♍	4°♍ – 20°♍
7 – 8	18°♍ – 4°♎	19°♍ – 5°♎	20°♍ – 6°♎
8 – 9	4°♎ – 21°♎	5°♎ – 22°♎	6°♎ – 23°♎
9 – 10	21°♎ – 7°♏	22°♎ – 8°♏	23°♎ – 9°♏
10 – 11	7°♏ – 22°♏	8°♏ – 23°♏	9°♏ – 24°♏
11 – 12	22°♏ – 6°♐	23°♏ – 7°♐	24°♏ – 8°♐
12 – 13	6°♐ – 20°♐	7°♐ – 21°♐	8°♐ – 22°♐
13 – 14	20°♐ -4°♑	21°♐ – 5°♑	22°♐ – 6°♑
14 – 15	4°♑ – 18°♑	5°♑ – 19°♑	6°♑ – 20°♑
15 – 16	18°♑ – 2°♒	19°♑ – 3°♒	20°♑ – 4°♒
16 – 17	2°♒ – 17°♒	3°♒ – 18°♒	4°♒ – 19°♒
17 – 18	17°♒ – 2°♓	18°♒ – 3°♓	19°♒ – 4°♓
18 – 19	2°♓ – 18°♓	3°♓ – 19°♓	4°♓ – 20°♓
19 – 20	18°♓ – 4°♈	19°♓ – 5°♈	20°♓ – 6°♈
20 – 21	4°♈ – 21°♈	5°♈ – 22°♈	6°♈ – 23°♈
21 – 22	21°♈ – 6°♉	22°♈ – 7°♉	23°♈ – 8°♉
22 – 23	6°♉ – 22°♉	7°♉ – 23°♉	8°♉ – 24°♉
23 – 24	22°♉ – 7°♊	23°♉ – 8°♊	24°♉ – 9°♊

Uhrzeit	28. August	29. August	30. August
0 – 1	9°♊ – 23°♊	10°♊ – 24°♊	11°♊ – 25°♊
1 – 2	23°♊ – 7°♋	24°♊ – 8°♋	25°♊ – 9°♋
2 – 3	7°♋ – 21°♋	8°♋ – 22°♋	9°♋ – 23°♋
3 – 4	21°♋ – 5°♌	22°♋ – 6°♌	23°♋ – 7°♌
4 – 5	5°♌ – 20°♌	6°♌ – 21°♌	7°♌ – 22°♌
5 – 6	20°♌ – 5°♍	21°♌ – 6°♍	22°♌ – 7°♍
6 – 7	5°♍ – 21°♍	6°♍ – 22°♍	7°♍ – 23°♍
7 – 8	21°♍ – 7°♎	22°♍ – 8°♎	23°♍ – 9°♎
8 – 9	7°♎ – 24°♎	8°♎ – 25°♎	9°♎ – 26°♎
9 – 10	24°♎ – 10°♏	25°♎ – 11°♏	26°♎ – 12°♏
10 – 11	10°♏ – 25°♏	11°♏ – 26°♏	12°♏ – 27°♏
11 – 12	25°♏ – 9°♐	26°♏ – 10°♐	27°♏ – 11°♐
12 – 13	9°♐ – 23°♐	10°♐ – 24°♐	11°♐ – 25°♐
13 – 14	23°♐ – 7°♑	24°♐ – 8°♑	25°♐ – 9°♑
14 – 15	7°♑ – 21°♑	8°♑ – 22°♑	9°♑ – 23°♑
15 – 16	21°♑ – 5°♒	22°♑ – 6°♒	23°♑ – 7°♒
16 – 17	5°♒ – 20°♒	6°♒ – 21°♒	7°♒ – 22°♒
17 – 18	20°♒ – 5°♓	21°♓ – 6°♓	22°♒ – 7°♓
18 – 19	5°♓ – 21°♓	6°♓ – 22°♓	7°♓ – 23°♓
19 – 20	21°♓ – 7°♈	22°♓ – 8°♈	23°♓ – 9°♈
20 – 21	7°♈ – 24°♈	8°♈ – 25°♈	9°♈ – 26°♈
21 – 22	24°♈ – 9°♉	25°♈ – 10°♉	26°♈ – 11°♉
22 – 23	9°♉ – 25°♉	10°♉ – 26°♉	11°♉ – 27°♉
23 – 24	25°♉ – 10°♊	26°♉ – 11°♊	27°♉ – 12°♊

Uhrzeit	31. August	1. September	2. September
0 – 1	12°♊ – 26°♊	13°♊ – 27°♊	14°♊ – 28°♊
1 – 2	26°♊ – 10°♋	27°♊ – 11°♋	28°♊- 12°♋
2 – 3	10°♋ – 24°♋	11°♋ – 25°♋	12°♋ – 26°♋
3 – 4	24°♋ – 8°♌	25°♋ – 9°♌	26°♋ – 10°♌
4 – 5	8°♌ – 23°♌	9°♌ – 24°♌	10°♌ – 25°♌
5 – 6	23°♌ – 8°♍	24°♌ – 9°♍	25°♌ – 10°♍
6 – 7	8°♍ – 24°♍	9°♍ – 25°♍	10°♍ – 26°♍
7 – 8	24°♍ – 10°♎	25°♍ – 11°♎	26°♍ – 12°♎
8 – 9	10°♎ – 27°♎	11°♎ – 28°♎	12°♎ – 29°♎
9 – 10	27°♎ – 13°♏	28°♎ – 14°♏	29°♎ – 15°♏
10 – 11	14°♏ – 28°♏	15°♏ – 29°♏	16°♏ – 30°♏
11 – 12	28°♏ – 12°♐	29°♏ – 13°♐	30°♏ – 14°♐
12 – 13	12°♐ – 26°♐	13°♐ – 27°♐	14°♐ – 28°♐
13 – 14	26°♐ – 10°♑	27°♐ – 11°♑	28°♐ – 12°♑
14 – 15	10°♑ – 24°♑	11°♑ – 25°♑	12°♑ – 26°♑
15 – 16	24°♑ – 8°♒	25°♑ – 9°♒	26°♑ – 10°♒
16 – 17	8°♒ – 23°♒	9°♒ – 24°♒	10°♒ – 25°♒
17 – 18	23°♒ – 8°♓	24°♒ – 9°♓	25°♒ – 10°♓
18 – 19	8°♓ – 24°♓	9°♓ – 25°♓	10°♓ – 26°♓
19 – 20	24°♓ – 10°♈	25°♓ – 11°♈	26°♓ – 12°♈
20 – 21	10°♈ – 27°♈	11°♈ – 28°♈	12°♈ – 29°♈
21 – 22	27°♈ – 12°♉	28°♈ – 13°♉	29°♈ – 14°♉
22 – 23	12°♉ – 28°♉	13°♉ – 29°♉	14°♉ – 30°♉
23 – 24	28°♉ – 13°♊	29°♉ – 14°♊	30°♉ – 15°♊

Uhrzeit	3. September	4. September	5. September
0 – 1	15°♊ – 28°♊	15°♊ – 29°♊	16°♊ – 30°♊
1 – 2	28°♊ – 12°♋	29°♊ – 13°♋	30°♊ – 14°♋
2 – 3	12°♋ – 26°♋	13°♋ – 27°♋	14°♋ – 28°♋
3 – 4	26°♋ – 11°♌	27°♋ – 12°♌	28°♋ – 13°♌
4 – 5	11°♌ – 26°♌	12°♌ – 27°♌	13°♌ – 28°♌
5 – 6	26°♌ – 12°♍	27°♌ – 13°♍	28°♌ – 14°♍
6 – 7	12°♍ – 28°♍	13°♍ – 29°♍	14°♍ – 30°♍
7 – 8	28°♍ – 14°♎	29°♍ – 15°♎	30°♍ – 16°♎
8 – 9	14°♎ – 30°♎	15°♎ – 1°♏	16°♎ – 2°♏
9 – 10	30°♎ – 16°♏	1°♏ – 17°♏	2°♏ – 18°♏
10 – 11	16°♏ – 1°♐	17°♏ – 2°♐	18°♏ – 3°♐
11 – 12	1°♐ – 15°♐	2°♐ – 16°♐	3°♐ – 17°♐
12 – 13	15°♐ – 29°♐	16°♐ – 30°♐	17°♐ – 1°♑
13 – 14	29°♐ – 12°♑	30°♐ – 13°♑	1°♑ – 14°♑
14 – 15	12°♑ – 26°♑	13°♑ – 27°♑	14°♑ – 28°♑
15 – 16	26°♑ – 11°♒	27°♑ – 12°♒	28°♑ – 13°♒
16 – 17	11°♒ – 26°♒	12°♒ – 27°♒	13°♒ – 28°♒
17 – 18	26°♒ – 12°♓	27°♒ – 13°♓	28°♒ – 14°♓
18 – 19	12°♓ – 28°♓	13°♓ – 29°♓	14°♓ – 30°♓
19 – 20	28°♓ – 14°♈	29°♓ – 15°♈	30°♓ – 16°♈
20 – 21	14°♈ – 30°♈	15°♈ – 1°♉	16°♈ – 2°♉
21 – 22	30°♈ – 16°♉	1°♉ – 17°♉	2°♉ – 18°♉
22 – 23	16°♉ – 1°♊	17°♉ – 2°♊	18°♉ – 3°♊
23 – 24	1°♊ – 15°♊	2°♊ – 16°♊	3°♊ – 17°♊

Uhrzeit	6. September	7. September	8. September
0 – 1	17°♊ – 1°♋	18°♊ – 2°♋	19°♊ – 3°♋
1 – 2	1°♋ – 15°♋	2°♋ – 16°♋	3°♋ – 17°♋
2 – 3	15°♋ – 29°♋	16°♋ – 30°♋	17°♋ – 1°♌
3 – 4	29°♋ – 14°♌	30°♋ – 15°♌	1°♌ – 16°♌
4 – 5	14°♌ – 29°♌	15°♌ – 30°♌	16°♌ – 1°♍
5 – 6	29°♌ – 15°♍	30°♌ – 16°♍	1°♍ – 17°♍
6 – 7	15°♍ – 1°♎	16°♍ – 2°♎	17°♍ – 3°♎
7 – 8	1°♎ – 17°♎	2°♎ – 18°♎	3°♎ – 19°♎
8 – 9	17°♎ – 3°♏	18°♎ – 4°♏	19°♎ – 5°♏
9 – 10	3°♏ – 19°♏	4°♏ – 20°♏	5°♏ – 21°♏
10 – 11	19°♏ – 4°♐	20°♏ – 5°♐	21°♏ – 6°♐
11 – 12	4°♐ – 18°♐	5°♐ – 19°♐	6°♐ – 20°♐
12 – 13	18°♐ – 2°♑	19°♐ – 3°♑	20°♐ – 4°♑
13 – 14	2°♑ – 15°♑	3°♑ – 16°♑	4°♑ – 17°♑
14 – 15	15°♑ – 29°♑	16°♑ – 30°♑	17°♑ – 1°♒
15 – 16	29°♑ – 14°♒	30°♑ – 15°♒	1°♒ – 16°♒
16 – 17	14°♒ – 29°♒	15°♒ – 30°♒	16°♒ – 1°♓
17 – 18	29°♒ – 15°♓	30°♒ – 16°♓	1°♓ – 17°♓
18 – 19	15°♓ – 1°♈	16°♓ – 2°♈	17°♓ – 3°♈
19 – 20	1°♈ – 17°♈	2°♈ – 18°♈	3°♈ – 19°♈
20 – 21	17°♈ – 3°♉	18°♈ – 4°♉	19°♈ – 5°♉
21 – 22	3°♉ – 19°♉	4°♉ – 20°♉	5°♉ – 21°♉
22 – 23	19°♉ – 4°♊	20°♉ – 5°♊	21°♉ – 6°♊
23 – 24	4°♊ – 18°♊	5°♊ – 19°♊	6°♊ – 20°♊

Uhrzeit	9. September	10. September	11. September
0 – 1	20°♊ – 4°♋	21°♊ – 5°♋	22°♊ – 6°♋
1 – 2	4°♋ – 18°♋	5°♋ – 19°♋	6°♋ – 20°♋
2 – 3	18°♋ – 2°♌	19°♋ – 3°♌	20°♋ – 4°♌
3 – 4	2°♌ – 17°♌	3°♌ – 18°♌	4°♌ – 19°♌
4 – 5	17°♌ – 2°♍	18°♌ – 3°♍	19°♌ – 4°♍
5 – 6	2°♍ – 18°♍	3°♍ – 19°♍	4°♍ – 20°♍
6 – 7	18°♍ – 4°♎	19°♍ – 5°♎	20°♍ – 6°♎
7 – 8	4°♎ – 20°♎	5°♎ – 21°♎	6°♎ – 22°♎
8 – 9	20°♎ – 6°♏	21°♎ – 7°♏	22°♎ – 8°♏
9 – 10	6°♏ – 22°♏	7°♏ – 23°♏	8°♏ – 24°♏
10 – 11	22°♏ – 7°♐	23°♏ – 8°♐	24°♏ – 9°♐
11 – 12	7°♐ – 21°♐	8°♐ – 22°♐	9°♐ – 22°♐
12 – 13	21°♐ – 5°♑	22°♐ – 6°♑	22°♐ – 7°♑
13 – 14	5°♑ – 18°♑	6°♑ – 19°♑	7°♑ – 20°♑
14 – 15	18°♑ – 2°♒	19°♑ – 3°♒	20°♑ – 4°♒
15 – 16	2°♒ – 17°♒	3°♒ – 18°♒	4°♒ – 19°♒
16 – 17	17°♒ – 2°♓	18°♒ – 3°♓	19°♒ – 4°♓
17 – 18	2°♓ – 18°♓	3°♓ – 19°♓	4°♓ – 20°♓
18 – 19	18°♓ – 4°♈	19°♓ – 5°♈	20°♓ – 6°♈
19 – 20	4°♈ – 20°♈	5°♈ – 21°♈	6°♈ – 22°♈
20 – 21	20°♈ – 6°♉	21°♈ – 7°♉	22°♈ – 8°♉
21 – 22	6°♉ – 22°♉	7°♉ – 23°♉	8°♉ – 24°♉
22 – 23	22°♉ – 7°♊	23°♉ – 8°♊	24°♉ – 9°♊
23 – 24	7°♊ – 21°♊	8°♊ – 22°♊	9°♊ – 23°♊

Uhrzeit	12. September	13. September	14. September
0 – 1	23°♊ – 7°♋	24°♊ – 8°♋	25°♊ – 9°♋
1 – 2	7°♋ – 21°♋	8°♋ – 22°♋	9°♋ – 23°♋
2 – 3	21°♋ – 5°♌	22°♋ – 6°♌	23°♋ – 7°♌
3 – 4	5°♌ – 20°♌	6°♌ – 21°♌	7°♌ – 22°♌
4 – 5	20°♌ – 5°♍	21°♌ – 6°♍	22°♌ – 7°♍
5 – 6	5°♍ – 21°♍	6°♍ – 22°♍	7°♍ – 23°♍
6 – 7	21°♍ – 7°♎	22°♍ – 8°♎	23°♍ – 9°♎
7 – 8	7°♎ – 23°♎	8°♎ – 24°♎	9°♎ – 25°♎
8 – 9	23°♎ – 9°♏	24°♎ – 10°♏	25°♎ – 11°♏
9 – 10	9°♏ – 25°♏	10°♏ – 26°♏	11°♏ – 27°♏
10 – 11	25°♏ – 10°♐	26°♏ – 11°♐	27°♏ – 12°♐
11 – 12	10°♐ – 23°♐	11°♐ – 24°♐	12°♐ – 25°♐
12 – 13	23°♐ – 8°♑	24°♑ – 9°♑	25°♐ – 10°♑
13 – 14	8°♑ – 21°♑	9°♑ – 22°♑	10°♑ – 23°♑
14 – 15	21°♑ – 5°♒	22°♑ – 6°♒	23°♑ – 7°♒
15 – 16	5°♒ – 20°♒	6°♒ – 21°♒	7°♒ – 22°♒
16 – 17	20°♒ – 5°♓	21°♒ – 6°♓	22°♒ – 7°♓
17 – 18	5°♓ – 21°♓	6°♓ – 22°♓	7°♓ – 23°♓
18 – 19	21°♓ – 7°♈	22°♓ – 8°♈	23°♓ – 9°♈
19 – 20	7°♈ – 23°♈	8°♈ – 24°♈	9°♈ – 25°♈
20 – 21	23°♈ – 9°♉	24°♈ – 10°♉	25°♈ – 11°♉
21 – 22	9°♉ – 25°♉	10°♉ – 26°♉	11°♉ – 27°♉
22 – 23	25°♉ – 10°♊	26°♉ – 11°♊	27°♉ – 12°♊
23 – 24	10°♊ – 24°♊	11°♊ – 25°♊	12°♊ – 25°♊

Uhrzeit	15. September	16. September	17. September
0 – 1	25°♊ – 9°♋	26°♊ – 10°♋	27°♊ – 11°♋
1 – 2	9°♋ – 23°♋	10°♋ – 24°♋	11°♋ – 25°♋
2 – 3	23°♋ – 7°♌	24°♋ – 8°♌	25°♋ – 9°♌
3 – 4	7°♌ – 22°♌	8°♌ – 23°♌	9°♌ – 24°♌
4 – 5	22°♌ – 8°♍	23°♌ – 9°♍	24°♌ – 10°♍
5 – 6	8°♍ – 24°♍	9°♍ – 25°♍	10°♍ – 26°♍
6 – 7	24°♍ – 10°♎	25°♍ – 11°♎	26°♍ – 12°♎
7 – 8	10°♎ – 26°♎	11°♎ – 27°♎	12°♎ – 28°♎
8 – 9	26°♎ – 12°♏	27°♎ – 13°♏	28°♎ – 14°♏
9 – 10	12°♏ – 27°♏	13°♏ – 28°♏	14°♏ – 29°♏
10 – 11	27°♏ – 11°♐	28°♏ – 12°♐	29°♏ – 13°♏
11 – 12	11°♐ – 25°♐	12°♐ – 26°♐	13°♐ – 27°♐
12 – 13	25°♐ – 10°♑	26°♐ – 11°♑	27°♐ – 12°♑
13 – 14	10°♑ – 23°♑	11°♑ – 24°♑	12°♑ – 25°♑
14 – 15	23°♑ – 8°♒	24°♑ – 9°♒	25°♑ – 10°♒
15 – 16	8°♒ – 23°♒	9°♒ – 24°♒	10°♒ – 25°♒
16 – 17	23°♒ – 9°♓	24°♒ – 10°♓	25°♒ – 11°♓
17 – 18	9°♓ – 25°♓	10°♓ – 26°♓	11°♓ – 27°♓
18 – 19	25°♓ – 11°♈	26°♓ – 12°♈	27°♓ – 13°♈
19 – 20	11°♈ – 27°♈	12°♈ – 28°♈	13°♈ – 29°♈
20 – 21	27°♈ – 13°♉	28°♈ – 14°♉	29°♈ – 15°♉
21 – 22	13°♉ – 27°♉	14°♉ – 28°♉	15°♉ – 29°♉
22 – 23	27°♉ – 12°♊	28°♉ – 13°♊	29°♉ – 14°♊
23 – 24	12°♊ – 26°♊	13°♊ – 27°♊	14°♊ – 28°♊

Uhrzeit	18. September	19. September	20. September
0 – 1	28°♊ – 12°♋´	29°♊ – 13°♋	30°♊ – 14°♋
1 – 2	12°♋ – 26°♋	13°♋ – 27°♋	14°♋ – 28°♋
2 – 3	26°♋ – 10°♌	27°♋ – 11°♌	28°♋ – 12°♌
3 – 4	10°♌ – 25°♌	11°♌ – 26°♌	12°♌ – 27°♌
4 – 5	25°♌ – 11°♍	26°♌ – 12°♍	27°♌ – 13°♍
5 – 6	11°♍ – 27°♍	12°♍ – 28°♍	13°♍ – 29°♍
6 – 7	27°♍ – 13°♎	28°♍ – 14°♎	29°♍ – 15°♎
7 – 8	13°♎ – 29°♎	14°♎ – 30°♎	15°♎ – 1°♏
8 – 9	29°♎ – 15°♏	30°♎ – 16°♏	1°♏ – 17°♏
9 – 10	15°♏ – 30°♏	16°♏ – 1°♐	17°♏ – 2°♐
10 – 11	30°♏ – 14°♐	1°♐ – 15°♐	2°♐ – 16°♐
11 – 12	14°♐ – 28°♐	15°♐ – 29°♐	16°♐ -30°♐
12 – 13	28°♐ – 13°♑	29°♐ – 14°♑	30°♐ – 15°♑
13 – 14	13°♑ – 26°♑	14°♑ – 27°♑	15°♑ – 28°♑
14 – 15	26°♑ – 11°♒	27°♑ – 12°♒	28°♑ – 13°♒
15 – 16	11°♒ – 26°♒	12°♒ – 27°♒	13°♒ – 28°♒
16 – 17	26°♒ – 12°♓	27°♒ – 13°♓	28°♒ – 14°♓
17 – 18	12°♓ – 28°♓	13°♓ – 29°♓	14°♓ – 30°♓
18 – 19	28°♓ – 14°♈	29°♓ – 15°♈	30°♓ – 16°♈
19 – 20	14°♈ – 30°♈	15°♈ – 1°♉	16°♈ – 2°♉
20 – 21	30°♈ – 16°♉	1°♉ – 17°♉	2°♉ – 18°♉
21 – 22	16°♉ – 30°♉	17°♉ – 1°♊	18°♉ – 2°♊
22 – 23	30°♉ – 15°♊	1°♊ – 16°♊	2°♊ – 17°♊
23 – 24	15°♊ – 29°♊	16°♊ – 30°♊	17°♊ – 1°♋

Uhrzeit	21. September	22. September	23. September
0 – 1	1°♋ – 15°♋	2°♋ – 16°♋	3°♋– 17°♋
1 – 2	15°♋ – 29°♋	16°♋ – 30°♋	17°♋ – 1°♌
2 – 3	29°♋ – 13°♌	30°♋ – 14°♌	1°♌ – 15°♌
3 – 4	13°♌ – 28°♌	14°♌ – 29°♌	15°♌ – 30°♌
4 – 5	28°♌ – 14°♍	29°♌ – 15°♍	30°♌ 16°♍
5 – 6	14°♍ – 30°♍	15°♍ – 1°♎	16°♍ – 2°♎
6 – 7	30°♍ – 16°♎	1°♎ – 17°♎	2°♎ – 18°♎
7 – 8	16°♎ – 2°♏	17°♎ – 3°♏	18°♎ – 4°♏
8 – 9	2°♎ – 18°♏	3°♎ – 19°♏	4°♎ – 20°♏
9 – 10	18°♏ – 3°♐	19°♏ – 4°♐	20°♏ – 5°♐
10 – 11	3°♐ – 17°♐	4°♐ – 18°♐	5°♐ – 19°♐
11 – 12	17°♐ – 1°♑	18°♐ – 2°♑	19°♐ – 3°♑
12 – 13	1°♑ – 16°♑	2°♑ – 17°♑	3°♑ – 18°♑
13 – 14	16°♑ – 29°♑	17°♑ – 30°♑	18°♑ – 1°♒
14 – 15	29°♑ – 14°♒	30°♑ – 15°♒	1°♒ – 16°♒
15 – 16	14°♒ – 29°♒	15°♒ – 30°♒	16°♒ – 1°♓
16 – 17	29°♒ – 15°♓	30°♒ – 16°♓	1°♓ – 17°♓
17 – 18	15°♓ – 1°♈	16°♓ – 2°♈	17°♓ – 3°♈
18 – 19	1°♈ – 17°♈	2°♈ – 18°♈	3°♈ – 19°♈
19 – 20	17°♈ – 3°♉	18°♈ – 4°♉	19°♈ – 5°♉
20 – 21	3°♉ – 19°♉	4°♉ – 20°♉	5°♉ – 21°♉
21 – 22	19°♉ – 3°♊	20°♉ – 4°♊	21°♉ – 5°♊
22 – 23	3°♊ – 18°♊	4°♊ – 19°♊	5°♊ – 20°♊
23 – 24	18°♊ – 2°♋	19°♊ – 3°♋	20°♊ – 4°♋

Uhrzeit	24. September	25. September	26. September
0 – 1	4°♋ – 18°♋	5°♋ – 19°♋	6°♋ – 20°♋
1 – 2	18°♋ – 2°♌	19°♋ – 3°♌	20°♋ – 4°♌
2 – 3	2°♌ – 16°♌	3°♌ – 17°♌	4°♌ – 18°♌
3 – 4	16°♌ – 1°♍	17°♌ – 2°♍	18°♌ – 3°♍
4 – 5	1°♍ – 17°♍	2°♍ – 18°♍	3°♍ – 19°♍
5 – 6	17°♍ – 3°♎	18°♍ – 4°♎	19°♍ – 5°♎
6 – 7	3°♎ – 19°♎	4°♎ – 20°♎	5°♎ – 21°♎
7 – 8	19°♎ – 5°♏	20°♎ – 6°♏	21°♎ – 7°♏
8 – 9	5°♏ – 21°♏	6°♏ – 22°♏	7°♏ – 23°♏
9 – 10	21°♏ – 6°♐	22°♏ – 7°♐	23°♏ – 8°♐
10 – 11	6°♐ – 20°♐	7°♐ – 21°♐	8°♐ – 22°♐
11 – 12	20°♐ – 4°♑	21°♐ – 5°♑	22°♐ – 6°♑
12 – 13	4°♑ – 19°♑	5°♑ – 20°♑	6°♑ – 21°♑
13 – 14	19°♑ – 2°♒	20°♑ – 3°♒	21°♑ – 4°♒
14 – 15	2°♒ – 17°♒	3°♒ – 18°♒	4°♒ – 19°♒
15 – 16	17°♒ – 2°♓	18°♒ – 3°♓	19°♒ – 4°♓
16 – 17	2°♓ – 18°♓	3°♓ – 19°♓	4°♓ – 20°♓
17 – 18	18°♓ – 4°♈	19°♓ – 5°♈	20°♓ – 6°♈
18 – 19	4°♈ – 20°♈	5°♈ – 21°♈	6°♈ – 22°♈
19 – 20	20°♈ – 6°♉	21°♈ – 7°♉	22°♈ – 8°♉
20 – 21	6°♉ – 22°♉	7°♉ – 23°♉	8°♉ – 24°♉
21 – 22	22°♉ – 6°♊	23°♉ – 7°♊	24°♉ – 8°♊
22 – 23	6°♊ – 21°♊	7°♊ – 22°♊	8°♊ – 23°♊
23 – 24	21°♊ – 5°♋	22°♊ – 6°♋	23°♊ – 6°♋

Uhrzeit	27. September	28. September	29. September
0 – 1	6°♋ – 20°♋	7°♋ – 21°♋	8°♋ – 22°♋
1 – 2	20°♋ – 4°♌	21°♋ – 5°♌	22°♋ – 6°♌
2 – 3	4°♌ – 19°♌	5°♌ – 20°♌	6°♌ – 21°♌
3 – 4	19°♌ – 4°♍	20°♌ – 5°♍	21°♌ – 6°♍
4 – 5	4°♍ – 20°♍	5°♍ – 21°♍	6°♍ – 22°♍
5 – 6	20°♍ – 7°♎	21°♍ – 8°♎	22°♍ – 9°♎
6 – 7	7°♎ – 23°♎	8°♎ – 24°♎	9°♎ – 25°♎
7 – 8	23°♎ – 9°♏	24°♎ – 10°♏	25°♎ – 11°♏
8 – 9	9°♏ – 24°♏	10°♏ – 25°♏	11°♏ – 26°♏
9 – 10	24°♏ – 8°♐	25°♏ – 9°♐	26°♏ – 10°♐
10 – 11	8°♐ – 22°♐	9°♐ – 23°♐	10°♐ – 24°♐
11 – 12	22°♐ – 6°♑	23°♐ – 7°♑	24°♐ – 8°♑
12 – 13	6°♑ – 20°♑	7°♑ – 21°♑	8°♑ – 22°♑
13 – 14	20°♑ – 4°♒	21°♑ – 5°♒	22°♑ – 6°♒
14 – 15	4°♒ – 19°♒	5°♒ – 20°♒	6°♒ – 21°♒
15 – 16	19°♒ – 5°♓	20°♒ – 6°♓	21°♒ – 7°♓
16 – 17	5°♓ – 21°♓	6°♓ – 22°♓	7°♓ – 23°♓
17 – 18	21°♓ – 7°♈	22°♓ – 8°♈	23°♓ – 9°♈
18 – 19	7°♈ – 23°♈	8°♈ – 24°♈	9°♈ – 25°♈
19 – 20	23°♈ – 9°♉	24°♈ – 10°♉	25°♈ – 11°♉
20 – 21	9°♉ – 25°♉	10°♉ – 26°♉	11°♉ – 27°♉
21 – 22	25°♉ – 9°♊	26°♉ – 10°♊	27°♉ – 11°♊
22 – 23	9°♊ – 23°♊	10°♊ – 24°♊	11°♊ – 25°♊
23 – 24	23°♊ – 7°♋	24°♊ – 8°♋	25°♊ – 9°♋

Uhrzeit	30. September	1. Oktober	2. Oktober
0 – 1	9°♋ – 23°♋	10°♋ – 24°♋	11°♋ – 25°♋
1 – 2	23°♋ – 7°♌	24°♋ – 8°♌	25°♋ – 9°♌
2 – 3	7°♌ – 22°♌	8°♌ – 23°♌	9°♌ – 24°♌
3 – 4	22°♌ – 7°♍	23°♌ – 8°♍	24°♌ – 9°♍
4 – 5	7°♍ – 23°♍	8°♍ – 24°♍	9°♍ – 25°♍
5 – 6	23°♍ – 10°♎	24°♍ – 11°♎	25°♍ – 12°♎
6 – 7	10°♎ – 26°♎	11°♎ – 27°♎	12°♎ – 28°♎
7 – 8	26°♎ – 12°♏	27°♎ – 13°♏	28°♎ – 14°♏
8 – 9	12°♏ – 27°♏	13°♏ – 28°♏	14°♏ – 29°♏
9 – 10	27°♏ – 11°♐	28°♏ – 12°♐	29°♏ – 13°♐
10 – 11	11°♐ – 25°♐	12°♐ – 26°♐	13°♐ – 27°♐
11 – 12	25°♐ – 9°♑	26°♐ – 10°♑	27°♐ – 11°♑
12 – 13	9°♑ – 23°♑	10°♑ – 24°♑	11°♑ – 25°♑
13 – 14	23°♑ – 7°♒	24°♑ – 8°♒	25°♑ – 9°♒
14 – 15	7°♒ – 22°♒	8°♒ – 23°♒	9°♒ – 24°♒
15 – 16	22°♒ – 8°♓	23°♒ – 9°♓	24°♒ – 10°♓
16 – 17	8°♓ – 24°♓	9°♓ – 25°♓	10°♓ – 26°♓
17 – 18	24°♓ – 10°♈	25°♓ – 11°♈	26°♓ – 12°♈
18 – 19	10°♈ – 26°♈	11°♈ – 27°♈	12°♈ – 28°♈
19 – 20	26°♈ – 12°♉	27°♈ – 13°♉	28°♈ – 14°♉
20 – 21	12°♉ – 28°♉	13°♉ – 29°♉	14°♉ – 30°♉
21 – 22	28°♉ – 12°♊	29°♉ – 13°♊	30°♉ – 14°♊
22 – 23	12°♊ – 26°♊	13°♊ – 27°♊	14°♊ – 28°♊
23 – 24	26°♊ – 10°♋	27°♊ – 11°♋	28°♊ – 11°♋

Uhrzeit	3. Oktober	4. Oktober	5. Oktober
0 – 1	11°♋ – 25°♋	12°♋ – 26°♋	13°♋ – 27°♋
1 – 2	25°♋ – 10°♌	26°♋ – 11°♌	27°♋ – 12°♌
2 – 3	10°♌ – 25°♌	11°♌ – 26°♌	12°♌ – 27°♌
3 – 4	25°♌ – 11°♍	26°♌ – 12°♍	27°♌ – 13°♍
4 – 5	11°♍ – 27°♍	12°♍ – 28°♍	13°♍ – 29°♍
5 – 6	27°♍ – 13°♎	28°♍ – 14°♎	29°♍ – 15°♎
6 – 7	13°♎ – 29°♎	14°♎ – 30°♎	15°♎ – 1°♏
7 – 8	29°♎ – 15°♏	30°♎ – 16°♏	1°♏ – 17°♏
8 – 9	15°♏ – 30°♏	16°♏ – 1°♐	17°♏ – 2°♐
9 – 10	30°♏ – 14°♐	1°♐ – 15°♐	2°♐ – 16°♐
10 – 11	14°♐ – 28°♐	15°♐ – 29°♐	16°♐ – 30°♐
11 – 12	28°♐ – 11°♑	29°♐ – 12°♑	30°♐ – 13°♑
12 – 13	11°♑ – 25°♑	12°♑ – 26°♑	13°♑ – 27°♑
13 – 14	25°♑ – 10°♒	26°♑ – 11°♒	27°♑ – 12°♒
14 – 15	10°♒ – 25°♒	11°♒ – 26°♒	12°♒ – 27°♒
15 – 16	25°♒ – 11°♓	26°♒ – 12°♓	27°♒ – 13°♓
16 – 17	11°♓ – 27°♓	12°♓ – 28°♓	13°♓ – 29°♓
17 – 18	27°♓ – 13°♈	28°♓ – 14°♈	29°♓ – 15°♈
18 – 19	13°♈ – 29°♈	14°♈ – 30°♈	15°♈ – 1°♉
19 – 20	29°♈ – 15°♉	30°♈ – 16°♉	1°♉ – 17°♉
20 – 21	15°♉ – 30°♉	16°♉ – 1°♊	17°♉ – 2°♊
21 – 22	30°♉ – 14°♊	1°♊ – 15°♊	2°♊ – 16°♊
22 – 23	14°♊ – 28°♊	15°♊ – 29°♊	16°♊ – 30°♊
23 – 24	28°♊ – 12°♋	29°♊ – 13°♋	30°♊ – 14°♋

Uhrzeit	6. Oktober	7. Oktober	8. Oktober
0 – 1	14°♋ – 28°♋	15°♋ – 29°♋	16°♋ – 30°♋
1 – 2	28°♋ – 13°♌	29°♋ – 14°♌	30°♋ – 15°♌
2 – 3	13°♌ – 28°♌	14°♌ – 29°♌	15°♌ – 30°♌
3 – 4	28°♌ – 14°♍	29°♌ – 15°♍	30°♌ – 16°♍
4 – 5	14°♍ – 30°♍	15°♍ – 1°♎	16°♍ – 2°♎
5 – 6	30°♍ – 16°♎	1°♎ – 17°♎	2°♎ – 18°♎
6 – 7	16°♎ – 2°♏	17°♎ – 3°♏	18°♎ – 4°♏
7 – 8	2°♏ – 18°♏	3°♏ – 19°♏	4°♏ – 20°♏
8 – 9	18°♏ – 3°♐	19°♏ – 4°♐	20°♏ – 5°♐
9 – 10	3°♐ – 17°♐	4°♐ – 18°♐	5°♐ – 19°♐
10 – 11	17°♐ – 1°♑	18°♐ – 2°♑	19°♐ – 3°♑
11 – 12	1°♑ – 14°♑	2°♑ – 15°♑	3°♑ – 16°♑
12 – 13	14°♑ – 28°♑	15°♑ – 29°♑	16°♑ – 30°♑
13 – 14	28°♑ – 13°♒	29°♑ – 14°♒	30°♑ – 15°♒
14 – 15	13°♒ – 28°♒	14°♒ – 29°♒	15°♒ – 30°♒
15 – 16	28°♒ – 14°♓	29°♒ – 15°♓	30°♒ – 16°♓
16 – 17	14°♓ – 30°♓	15°♓ – 1°♈	16°♓ – 2°♈
17 – 18	30°♓ – 16°♈	1°♈ – 17°♈	2°♈ – 18°♈
18 – 19	16°♈ – 2°♉	17°♈ – 3°♉	18°♈ – 4°♉
19 – 20	2°♉ – 18°♉	3°♉ – 19°♉	4°♉ – 20°♉
20 – 21	18°♉ – 3°♊	19°♉ – 4°♊	20°♉ – 5°♊
21 – 22	3°♊ – 17°♊	4°♊ – 18°♊	5°♊ – 19°♊
22 – 23	17°♊ – 1°♋	18°♊ – 2°♋	19°♊ – 3°♋
23 – 24	1°♋ – 15°♋	2°♋ – 16°♋	3°♋ – 17°♋

Uhrzeit	9. Oktober	10. Oktober	11. Oktober
0 – 1	17°♋ – 1°♌	18°♋ – 2°♌	19°♋ – 3°♌
1 – 2	1°♌ – 16°♌	2°♌ – 17°♌	3°♌ – 18°♌
2 – 3	16°♌ – 1°♍	17°♌ – 2°♍	18°♌ – 3°♍
3 – 4	1°♍ – 17°♍	2°♍ – 18°♍	3°♍ – 19°♍
4 – 5	17°♍ – 3°♎	18°♍ – 4°♎	19°♍ – 5°♎
5 – 6	3°♎ – 19°♎	4°♎ – 20°♎	5°♎ – 21°♎
6 – 7	19°♎ – 5°♏	20°♎ – 6°♏	21°♎ – 7°♏
7 – 8	5°♏ – 21°♏	6°♏ – 22°♏	7°♏ – 23°♏
8 – 9	21°♏ – 6°♐	22°♏ – 7°♐	23°♏ – 8°♐
9 – 10	6°♐ – 20°♐	7°♐ – 21°♐	8°♐ – 22°♐
10 – 11	20°♐ – 4°♑	21°♐ – 5°♑	22°♐ – 6°♑
11 – 12	4°♑ – 17°♑	5°♑ – 18°♑	6°♑ – 19°♑
12 – 13	17°♑ – 1°♒	18°♑ – 2°♒	19°♑ – 3°♒
13 – 14	1°♒ – 16°♒	2°♒ – 17°♒	3°♒ – 18°♒
14 – 15	16°♒ – 1°♓	17°♒ – 2°♓	18°♒ – 3°♓
15 – 16	1°♓ – 17°♓	2°♓ – 18°♓	3°♓ – 19°♓
16 – 17	17°♓ – 3°♈	18°♓ – 4°♈	19°♓ – 5°♈
17 – 18	3°♈ – 19°♈	4°♈ – 20°♈	5°♈ – 21°♈
18 – 19	19°♈ – 5°♉	20°♈ – 6°♉	21°♈ – 7°♉
19 – 20	5°♉ – 21°♉	6°♉ – 22°♉	7°♉ – 23°♉
20 – 21	21°♉ – 6°♊	22°♉ – 7°♊	23°♉ – 8°♊
21 – 22	6°♊ – 20°♊	7°♊ – 21°♊	8°♊ – 22°♊
22 – 23	20°♊ – 4°♋	21°♊ – 5°♋	22°♊ – 6°♋
23 – 24	4°♋ – 18°♋	5°♋ – 19°♋	6°♋ – 20°♋

Uhrzeit	12. Oktober	13. Oktober	14. Oktober
0 – 1	20°♋ – 4°♌	21°♋ – 5°♌	22°♋ – 6°♌
1 – 2	4°♌ – 19°♌	5°♌ – 20°♌	6°♌ – 21°♌
2 – 3	19°♌ – 4°♍	20°♌ – 5°♍	21°♌ – 6°♌
3 – 4	4°♍ – 20°♍	5°♍ – 21°♍	6°♍ – 22°♍
4 – 5	20°♍ – 6°♎	21°♍ – 7°♎	22°♍ – 8°♎
5 – 6	6°♎ – 22°♎	7°♎ – 23°♎	8°♎ – 24°♎
6 – 7	22°♎ – 8°♏	23°♎ – 9°♏	24°♎ – 10°♏
7 – 8	8°♏ – 24°♏	9°♏ – 25°♏	10°♏ – 26°♏
8 – 9	24°♏ – 9°♐	25°♏ – 10°♐	26°♏ – 11°♐
9 – 10	9°♐ – 23°♐	10°♐ – 24°♐	11°♐ – 25°♐
10 – 11	23°♐ – 7°♑	24°♐ – 8°♑	25°♐ – 9°♑
11 – 12	7°♑ – 20°♑	8°♑ – 21°♑	9°♑ – 22°♑
12 – 13	20°♑ – 4°♒	21°♑ – 5°♒	22°♑ – 6°♒
13 – 14	4°♒ – 19°♒	5°♒ – 20°♒	6°♒ – 21°♒
14 – 15	19°♒ – 4°♓	20°♒ – 5°♓	21°♒ – 6°♓
15 – 16	4°♓ – 20°♓	5°♓ – 21°♓	6°♓ – 22°♓
16 – 17	20°♓ – 6°♈	21°♓ – 7°♈	22°♓ – 8°♈
17 – 18	6°♈ – 22°♈	7°♈ – 23°♈	8°♈ – 24°♈
18 – 19	22°♈ – 8°♉	23°♈ – 9°♉	24°♈ – 10°♉
19 – 20	8°♉ – 24°♉	9°♉ – 25°♉	10°♉ – 26°♉
20 – 21	24°♉ – 9°♊	25°♉ – 10°♊	26°♉ – 11°♊
21 – 22	9°♊ – 23°♊	10°♊ – 24°♊	11°♊ – 25°♊
22 – 23	23°♊ – 7°♋	24°♊ – 8°♋	25°♊ – 9°♋
23 – 24	7°♋ – 21°♋	8°♋ – 22°♋	9°♋ – 23°♋

Uhrzeit	15. Oktober	16. Oktober	17. Oktober
0 – 1	23°♋ – 7°♌	24°♋ – 8°♌	25°♋ – 9°♌
1 – 2	7°♌ – 22°♌	8°♌ – 23°♌	9°♌ – 24°♌
2 – 3	22°♌ – 8°♍	23°♌ – 9°♍	24°♌ – 10°♍
3 – 4	8°♍ – 24°♍	9°♍ – 25°♍	10°♍ – 26°♍
4 – 5	24°♍ – 10°♎	25°♍ – 11°♎	26°♍ – 12°♎
5 – 6	10°♎ – 26°♎	11°♎ – 27°♎	12°♎ – 28°♎
6 – 7	26°♎ – 12°♏	27°♎ – 13°♏	28°♎ – 14°♏
7 – 8	12°♏ – 27°♏	13°♏ – 28°♏	14°♏ – 29°♏
8 – 9	27°♏ – 11°♐	28°♏ – 12°♐	29°♏ – 13°♐
9 – 10	11°♐ – 25°♐	12°♐ – 26°♐	13°♐ – 27°♐
10 – 11	25°♐ – 9°♑	26°♐ – 10°♑	27°♐ – 11°♑
11 – 12	9°♑ – 22°♑	10°♑ – 23°♑	11°♑ – 24°♑
12 – 13	22°♑ – 7°♒	23°♑ – 8°♒	24°♑ – 9°♒
13 – 14	7°♒ – 22°♒	8°♒ – 23°♒	9°♒ – 24°♒
14 – 15	22°♒ – 8°♓	23°♒ – 9°♓	24°♒ – 10°♓
15 – 16	8°♓ – 24°♓	9°♓ – 25°♓	10°♓ – 26°♓
16 – 17	24°♓ – 10°♈	25°♓ – 11°♈	26°♓ – 12°♈
17 – 18	10°♈ – 26°♈	11°♈ – 27°♈	12°♈ – 28°♈
18 – 19	26°♈ – 12°♉	27°♈ – 13°♉	28°♈ – 14°♉
19 – 20	12°♉ – 27°♉	13°♉ – 28°♉	14°♉ – 29°♉
20 – 21	27°♉ – 11°♊	28°♉ – 12°♊	29°♉ – 13°♊
21 – 22	11°♊ – 25°♊	12°♊ – 26°♊	13°♊ – 27°♊
22 – 23	25°♊ – 9°♋	26°♊ – 10°♋	27°♊ – 11°♋
23 – 24	9°♋ – 22°♋	10°♋ – 23°♋	11°♋ – 25°♋

Uhrzeit	18. Oktober	19. Oktober	20. Oktober
0 – 1	25°♋ – 10°♌	26°♋ – 11°♌	27°♋ – 12°♌
1 – 2	10°♌ – 25°♌	11°♌ – 26°♌	12°♌ – 27°♌
2 – 3	25°♌ – 11°♍	26°♌ – 12°♍	27°♌ – 13°♍
3 – 4	11°♍ – 27°♍	12°♍ – 28°♍	13°♍ – 29°♍
4 – 5	27°♍ – 13°♎	28°♍ – 14°♎	29°♍ – 15°♎
5 – 6	13°♎ – 29°♎	14°♎ – 30°♎	15°♎ – 1°♏
6 – 7	29°♎ – 15°♏	30°♎ – 16°♏	1°♏ – 17°♏
7 – 8	15°♏ – 30°♏	16°♏ – 1°♐	17°♏ – 2°♐
8 – 9	30°♏ – 14°♐	1°♐ – 15°♐	2°♐ – 16°♐
9 – 10	14°♐ – 28°♐	15°♐ – 29°♐	16°♐ – 30°♐
10 – 11	28°♐ – 12°♑	29°♐ – 13°♑	30°♐ – 14°♑
11 – 12	12°♑ – 25°♑	13°♑ – 26°♑	14°♑ – 27°♑
12 – 13	25°♑ – 10°♒	26°♑ – 11°♒	27°♑ – 12°♒
13 – 14	10°♒ – 25°♒	11°♒ – 26°♒	12°♒ – 27°♒
14 – 15	25°♒ – 11°♓	26°♒ – 12°♓	27°♒ – 13°♓
15 – 16	11°♓ – 27°♓	12°♓ – 28°♓	13°♓ – 29°♓
16 – 17	27°♓ – 13°♈	28°♓ – 14°♈	29°♓ – 15°♈
17 – 18	13°♈ – 29°♈	14°♈ – 30°♈	15°♈ – 1°♉
18 – 19	29°♈ – 15°♉	30°♈ – 16°♉	1°♉ – 17°♉
19 – 20	15°♉ – 30°♉	16°♉ – 1°♊	17°♉ – 2°♊
20 – 21	30°♉ – 14°♊	1°♊ – 15°♊	2°♊ – 16°♊
21 – 22	14°♊ – 28°♊	15°♊ – 29°♊	16°♊ – 30°♊
22 – 23	28°♊ – 12°♋	29°♊ – 13°♋	30°♊ – 14°♋
23 – 24	12°♋ – 26°♋	13°♋ – 27°♋	14°♋ – 28°♋

Uhrzeit	21. Oktober	22. Oktober	23. Oktober
0 – 1	28°♋ – 13°♌	29°♋ – 14°♌	30°♋ – 15°♌
1 – 2	13°♌ – 28°♌	14°♌ – 29°♌	15°♌ – 30°♌
2 – 3	28°♌ – 14°♍	29°♌ – 15°♍	30°♌ – 16°♍
3 – 4	14°♍ – 30°♍	15°♍ – 1°♎	16°♍ – 2°♎
4 – 5	30°♍ – 16°♎	1°♎ – 17°♎	2°♎ – 18°♎
5 – 6	16°♎ – 2°♏	17°♎ – 3°♏	18°♎ – 4°♏
6 – 7	2°♏ – 18°♏	3°♏ – 19°♏	4°♏ – 20°♏
7 – 8	18°♏ – 3°♐	19°♏ – 4°♐	20°♏ – 5°♐
8 – 9	3°♐ – 17°♐	4°♐ – 18°♐	5°♐ – 19°♐
9 – 10	17°♐ – 1°♑	18°♐ – 2°♑	19°♐ – 3°♑
10 – 11	1°♑ – 15°♑	2°♑ – 16°♑	3°♑ – 17°♑
11 – 12	15°♑ – 28°♑	16°♑ – 29°♑	17°♑ – 30°♑
12 – 13	28°♑ – 13°♒	29°♑ – 14°♒	30°♑ – 15°♒
13 – 14	13°♒ – 28°♒	14°♒ – 29°♒	15°♒ – 30°♒
14 – 15	28°♒ – 14°♓	29°♒ – 15°♓	30°♒ – 16°♓
15 – 16	14°♓ – 30°♓	15°♓ – 1°♈	16°♓ – 2°♈
16 – 17	30°♓ – 16°♈	1°♈ – 17°♈	2°♈ – 18°♈
17 – 18	16°♈ – 2°♉	17°♈ – 3°♉	18°♈ – 4°♉
18 – 19	2°♉ – 18°♉	3°♉ – 19°♉	4°♉ – 20°♉
19 – 20	18°♉ – 3°♊	19°♉ – 4°♊	20°♉ – 5°♊
20 – 21	3°♊ – 17°♊	4°♊ – 18°♊	5°♊ – 19°♊
21 – 22	17°♊ – 1°♋	18°♊ – 2°♋	19°♊ – 3°♋
22 – 23	1°♋ – 15°♋	2°♋ – 16°♋	3°♋ – 17°♋
23 – 24	15°♋ – 29°♋	16°♋ – 30°♋	17°♋ – 1°♌

Uhrzeit	24. Oktober	25. Oktober	26. Oktober
0 – 1	1°♌ – 16°♌	2°♌ – 17°♌	3°♌ – 18°♌
1 – 2	17°♌ – 1°♍	18°♌ – 2°♍	19°♌ – 3°♍
2 – 3	1°♍ – 17°♍	2°♍ – 18°♍	3°♍ – 19°♍
3 – 4	17°♍ – 3°♎	18°♍ – 4°♎	19°♍ – 5°♎
4 – 5	3°♎ – 19°♎	4°♎ – 20°♎	5°♎ – 21°♎
5 – 6	19°♎ – 5°♏	20°♎ – 6°♏	21°♎ – 7°♏
6 – 7	5°♏ – 21°♏	6°♏ – 22°♏	7°♏ – 23°♏
7 – 8	21°♏ – 6°♐	22°♏ – 7°♐	23°♏ – 8°♐
8 – 9	6°♐ – 20°♐	7°♐ – 21°♐	8°♐ – 22°♐
9 – 10	20°♐ – 4°♑	21°♐ – 5°♑	22°♐ – 6°♑
10 – 11	4°♑ – 18°♑	5°♑ – 19°♑	6°♑ – 20°♑
11 – 12	18°♑ – 1°♒	19°♑ – 2°♒	20°♑ – 3°♒
12 – 13	1°♒ – 16°♒	2°♒ – 17°♒	3°♒ – 18°♒
13 – 14	16°♒ – 1°♓	17°♒ – 2°♓	18°♒ – 3°♓
14 – 15	1°♓ – 17°♓	2°♓ – 18°♓	3°♓ – 19°♓
15 – 16	17°♓ – 3°♈	18°♓ – 4°♈	19°♓ – 5°♈
16 – 17	3°♈ – 19°♈	4°♈ – 20°♈	5°♈ – 21°♈
17 – 18	19°♈ – 5°♉	20°♈ – 6°♉	21°♈ – 7°♉
18 – 19	5°♉ – 21°♉	6°♉ – 22°♉	7°♉ – 23°♉
19 – 20	21°♉ – 6°♊	22°♉ – 7°♊	23°♉ – 8°♊
20 – 21	6°♊ – 20°♊	7°♊ – 21°♊	8°♊ – 22°♊
21 – 22	20°♊ – 4°♋	21°♊ – 5°♋	22°♊ – 6°♋
22 – 23	4°♋ – 18°♋	5°♋ – 19°♋	6°♋ – 20°♋
23 – 24	18°♋ – 2°♌	19°♋ – 3°♌	20°♋ – 4°♌

Uhrzeit	27. Oktober	28. Oktober	29. Oktober
0 – 1	4°♌ – 18°♌	4°♌ – 19°♌	5°♌ – 20°♌
1 – 2	18°♌ – 3°♍	19°♌ – 4°♍	20°♌ – 5°♍
2 – 3	3°♍ – 19°♍	4°♍ – 20°♍	5°♍ – 21°♍
3 – 4	19°♍ – 6°♎	20°♍ – 7°♎	21°♍ – 8°♎
4 – 5	6°♎ – 22°♎	7°♎ – 23°♎	8°♎ – 24°♎
5 – 6	22°♎ – 8°♏	23°♎ – 9°♏	24°♎ – 10°♏
6 – 7	8°♏ – 23°♏	9°♏ – 24°♏	10°♏ – 25°♏
7 – 8	23°♏ – 7°♐	24°♏- 8°♐	25°♏ – 9°♐
8 – 9	7°♐ – 21°♐	8°♐ – 22°♐	9°♐ – 23°♐
9 – 10	21°♐ – 5°♑	22°♐ – 6°♑	23°♐ – 7°♑
10 – 11	5°♑ – 19°♑	6°♑ – 20°♑	7°♑ – 21°♑
11 – 12	19°♑ – 3°♒	20°♑ – 4°♒	21°♑ – 5°♒
12 – 13	3°♒ – 18°♒	4°♒ – 19°♒	5°♒ – 20°♒
13 – 14	18°♒ – 3°♓	19°♒ – 4°♓	20°♒ – 5°♓
14 – 15	3°♓ – 19°♓	4°♓ – 20°♓	5°♓ – 21°♓
15 – 16	19°♓ – 6°♈	20°♓ – 7°♈	21°♓ – 8°♈
16 – 17	6°♈ – 22°♈	7°♈ – 23°♈	8°♈ – 24°♈
17 – 18	22°♈ – 8°♉	23°♈ – 9°♉	24°♈ – 10°♉
18 – 19	8°♉ – 23°♉	9°♉ – 24°♉	10°♉ – 25°♉
19 – 20	23°♉ – 7°♊	24°♉ – 8°♊	25°♉ – 9°♊
20 – 21	7°♊ – 21°♊	8°♊ – 22°♊	9°♊ – 23°♊
21 – 22	21°♊ – 5°♋	22°♊ – 6°♋	23°♊ – 7°♋
22 – 23	5°♋ – 19°♋	6°♋ – 20°♋	7°♋ – 21°♋
23 – 24	19°♋ – 4°♌	20°♋ – 5°♌	21°♋ – 6°♌

Uhrzeit	30. Oktober	31. Oktober	1. November
0 – 1	6°♌ – 22°♌	7°♌ – 23°♌	8°♌ – 24°♌
1 – 2	22°♌ – 7°♍	23°♌ – 8°♍	24°♌ – 9°♍
2 – 3	7°♍ – 24°♍	8°♍ – 25°♍	9°♍ – 26°♍
3 – 4	24°♍ – 10°♎	25°♍ – 11°♎	26°♍ – 12°♎
4 – 5	10°♎ – 26°♎	11°♎ – 27°♎	12°♎ – 28°♎
5 – 6	26°♎ – 12°♏	27°♎ – 13°♏	28°♎ – 14°♏
6 – 7	12°♏ – 26°♏	13°♏ – 27°♏	14°♏ – 28°♏
7 – 8	26°♏ – 11°♐	27°♏ – 12°♐	28°♏ – 13°♐
8 – 9	11°♐ – 25°♐	12°♐ – 26°♐	13°♐ – 27°♐
9 – 10	25°♐ – 9°♑	26°♐ – 10°♑	27°♐ – 11°♑
10 – 11	9°♑ – 22°♑	10°♑ – 23°♑	11°♑ – 24°♑
11 – 12	22°♑ – 7°♒	23°♑ – 8°♒	24°♑ – 9°♒
12 – 13	7°♒ – 22°♒	8°♒ – 23°♒	9°♒ – 24°♒
13 – 14	22°♒ – 7°♓	23°♒ – 8°♓	24°♒ – 9°♓
14 – 15	7°♓ – 24°♓	8°♓ – 25°♓	9°♓ – 26°♓
15 – 16	24°♓ – 10°♈	25°♓ – 11°♈	26°♓ – 12°♈
16 – 17	10°♈ – 26°♈	11°♈ – 27°♈	12°♈ – 28°♈
17 – 18	26°♈ – 12°♉	27°♈ – 13°♉	28°♈ – 14°♉
18 – 19	12°♉ – 26°♉	13°♉ – 27°♉	14°♉ – 28°♉
19 – 20	26°♉ – 11°♊	27°♉ – 12°♊	28°♉ – 13°♊
20 – 21	11°♊ – 25°♊	12°♊ – 26°♊	13°♊ – 27°♊
21 – 22	25°♊ – 8°♋	26°♊ – 9°♋	27°♊ – 10°♋
22 – 23	8°♋ – 23°♋	9°♋ – 24°♋	10°♋ – 25°♋
23 – 24	23°♋ – 7°♌	24°♋ – 8°♌	25°♋ – 9°♌

Uhrzeit	2. November	3. November	4. November
0 – 1	9°♌ – 25°♌	10°♌ – 26°♌	11°♌ – 27°♌
1 – 2	25°♌ – 10°♍	26°♌ – 11°♍	27°♌ – 12°♍
2 – 3	10°♍ – 27°♍	11°♍ – 28°♍	12°♍ – 29°♍
3 – 4	27°♍ – 13°♎	28°♍ – 14°♎	29°♍ – 15°♎
4 – 5	13°♎ – 29°♎	14°♎ – 30°♎	15°♎ – 1°♏
5 – 6	29°♎ – 15°♏	30°♎ – 16°♏	1°♏ – 17°♏
6 – 7	15°♏ – 29°♏	16°♏ – 30°♏	17°♏ – 1°♐
7 – 8	29°♏ – 14°♐	30°♏ – 15°♐	1°♐ – 16°♐
8 – 9	14°♐ – 28°♐	15°♐ – 29°♐	16°♐ – 30°♐
9 – 10	28°♐ – 12°♑	29°♐ – 13°♑	30°♐ – 14°♑
10 – 11	12°♑ – 25°♑	13°♑ – 26°♑	14°♑ – 27°♑
11 – 12	25°♑ – 10°♒	26°♑ – 11°♒	27°♑ – 12°♒
12 – 13	10°♒ – 25°♒	11°♒ – 26°♒	12°♒ – 27°♒
13 – 14	25°♒ – 10°♓	26°♒ – 11°♓	27°♒ – 12°♓
14 – 15	10°♓ – 27°♓	11°♓ – 28°♓	12°♓ – 29°♓
15 – 16	27°♓ – 13°♈	28°♓ – 14°♈	29°♓ – 15°♈
16 – 17	13°♈ – 29°♈	14°♈ – 30°♈	15°♈ – 1°♉
17 – 18	29°♈ – 15°♉	30°♈ – 16°♉	1°♉ – 17°♉
18 – 19	15°♉ – 29°♉	16°♉ – 30°♉	17°♉ – 1°♊
19 – 20	29°♉ – 14°♊	30°♉ – 15°♊	1°♊ – 16°♊
20 – 21	14°♊ – 28°♊	15°♊ – 29°♊	16°♊ – 30°♊
21 – 22	28°♊ – 11°♋	29°♊ – 12°♋	30°♊ – 13°♋
22 – 23	11°♋ – 26°♋	12°♋ – 27°♋	13°♋ – 28°♋
23 – 24	26°♋ – 10°♌	27°♋ – 11°♌	28°♋ – 12°♌

Uhrzeit	5. November	6. November	7. November
0 – 1	12°♌ – 28°♌	13°♌ – 29°♌	14°♌ – 30°♌
1 – 2	28°♌ – 13°♍	29°♌ – 14°♍	30°♌ – 15°♍
2 – 3	13°♍ – 30°♍	14°♍ – 1°♎	15°♍ – 2°♎
3 – 4	30°♍ – 16°♎	1°♎ – 17°♎	2°♎ – 18°♎
4 – 5	16°♎ – 2°♏	17°♎ – 3°♏	18°♎ – 4°♏
5 – 6	2°♏ – 18°♏	3°♏ – 19°♏	4°♏ – 20°♏
6 – 7	18°♏ – 2°♐	19°♏ – 3°♐	20°♏ – 4°♐
7 – 8	2°♐ – 17°♐	3°♐ – 18°♐	4°♐ – 19°♐
8 – 9	17°♐ – 1°♑	18°♐ – 2°♑	19°♐ – 3°♑
9 – 10	1°♑ – 15°♑	2°♑ – 16°♑	3°♑ – 17°♑
10 – 11	15°♑ – 28°♑	16°♑ – 29°♑	17°♑ – 30°♑
11 – 12	28°♑ – 13°♒	29°♑ – 14°♒	30°♑ – 15°♒
12 – 13	13°♒ – 28°♒	14°♒ – 29°♒	15°♒ – 30°♒
13 – 14	28°♒ – 13°♓	29°♒ – 14°♓	30°♒ – 15°♓
14 – 15	13°♓ – 30°♓	14°♓ – 1°♈	15°♓ – 2°♈
15 – 16	30°♓ – 16°♈	1°♈ – 17°♈	2°♈ – 18°♈
16 – 17	16°♈ – 2°♉	17°♈ – 3°♉	18°♈ – 4°♉
17 – 18	2°♉ – 18°♉	3°♉ – 19°♉	4°♉ – 20°♉
18 – 19	18°♉ – 2°♊	19°♉ – 3°♊	20°♉ – 4°♊
19 – 20	2°♊ – 17°♊	3°♊ – 18°♊	4°♊ – 19°♊
20 – 21	17°♊ – 1°♋	18°♊ – 2°♋	19°♊ – 3°♋
21 – 22	1°♋ – 14°♋	2°♋ – 15°♋	3°♋ – 16°♋
22 – 23	14°♋ – 29°♋	15°♋ – 30°♋	16°♋ – 1°♌
23 – 24	29°♋ – 13°♌	30°♋ – 14°♌	1°♌ – 15°♌

Uhrzeit	8. November	9. November	10. November
0 – 1	16°♌ – 1°♍	17°♌ – 2°♍	18°♌ – 3°♍
1 – 2	1°♍ – 17°♍	2°♍ – 18°♍	3°♍ – 19°♍
2 – 3	17°♍ – 3°♎	18°♍ – 4°♎	19°♍ – 5°♎
3 – 4	3°♎ – 20°♎	4°♎ – 21°♎	5°♎ – 22°♎
4 – 5	20°♎ – 6°♏	21°♎ – 7°♏	22°♎ – 8°♏
5 – 6	6°♏ – 21°♏	7°♏ – 22°♏	8°♏ – 23°♏
6 – 7	21°♏ – 5°♐	22°♏ – 6°♐	23°♏ – 7°♐
7 – 8	5°♐ – 19°♐	6°♐ – 20°♐	7°♐ – 21°♐
8 – 9	19°♐ – 3°♑	20°♐ – 4°♑	21°♐ – 5°♑
9 – 10	3°♑ – 17°♑	4°♑ – 18°♑	5°♑ – 19°♑
10 – 11	17°♑ – 1°♒	18°♑ – 2°♒	19°♑ – 3°♒
11 – 12	1°♒ – 16°♒	2°♒ – 17°♒	3°♒ – 18°♒
12 – 13	16°♒ – 1°♓	17°♒ – 2°♓	18°♒ – 3°♓
13 – 14	1°♓ – 17°♓	2°♓ – 18°♓	3°♓ – 19°♓
14 – 15	17°♓ – 4°♈	18°♓ – 5°♈	19°♓ – 6°♈
15 – 16	4°♈ – 20°♈	5°♈ – 21°♈	6°♈ – 22°♈
16 – 17	20°♈ – 6°♉	21°♈ – 7°♉	22°♈ – 8°♉
17 – 18	6°♉ – 21°♉	7°♉ – 22°♉	8°♉ – 23°♉
18 – 19	21°♉ – 5°♊	22°♉ – 6°♊	23°♉ – 7°♊
19 – 20	5°♊ – 19°♊	6°♊ – 20°♊	7°♊ – 21°♊
20 – 21	19°♊ – 3°♋	20°♊ – 4°♋	21°♊ – 5°♋
21 – 22	3°♋ – 17°♋	4°♋ – 18°♋	5°♋ – 19°♋
22 – 23	17°♋ – 1°♌	18°♋ – 2°♌	19°♋ – 3°♌
23 – 24	1°♌ – 17°♌	2°♌ – 18°♌	3°♌ – 19°♌

Uhrzeit	11. November	12. November	13. November
0 – 1	19°♌ – 4°♍	20°♌ – 5°♍	21°♌ – 6°♍
1 – 2	4°♍ – 20°♍	5°♍ – 21°♍	6°♍ – 22°♍
2 – 3	20°♍ – 6°♎	21°♍ – 7°♎	22°♍ – 8°♎
3 – 4	6°♎ – 23°♎	7°♎ – 24°♎	8°♎ – 25°♎
4 – 5	23°♎ – 9°♏	24°♎ – 10°♏	25°♎ – 11°♏
5 – 6	9°♏ – 24°♏	10°♏ – 25°♏	11°♏ – 26°♏
6 – 7	24°♏ – 8°♐	25°♏ – 9°♐	26°♏ – 10°♐
7 – 8	8°♐ – 22°♐	9°♐ – 23°♐	10°♐ – 24°♐
8 – 9	22°♐ – 6°♑	23°♐ – 7°♑	24°♑ – 8°♑
9 – 10	6°♑ – 20°♑	7°♑ – 21°♑	8°♑ – 22°♑
10 – 11	20°♑ – 4°♒	21°♑ – 5°♒	22°♑ – 6°♒
11 – 12	4°♒ – 19°♒	5°♒ – 20°♒	6°♒ – 21°♒
12 – 13	19°♒ – 4°♓	20°♒ – 5°♓	21°♒ – 6°♓
13 – 14	4°♓ – 20°♓	5°♓ – 21°♓	6°♓ – 22°♓
14 – 15	20°♓ – 7°♈	21°♓ – 8°♈	22°♓ – 9°♈
15 – 16	7°♈ – 23°♈	8°♈ – 24°♈	9°♈ – 25°♈
16 – 17	23°♈ – 9°♉	24°♈ – 10°♉	25°♈ – 11°♉
17 – 18	9°♉ – 24°♉	10°♉ – 25°♉	11°♉ – 26°♉
18 – 19	24°♉ – 8°♊	25°♉ – 9°♊	26°♉ – 10°♊
19 – 20	8°♊ – 22°♊	9°♊ – 23°♊	10°♊ – 24°♊
20 – 21	22°♊ – 6°♋	23°♊ – 7°♋	24°♊ – 8°♋
21 – 22	6°♋ – 20°♋	7°♋ – 21°♋	8°♋ – 22°♋
22 – 23	20°♋ – 4°♌	21°♋ – 5°♌	22°♋ – 6°♌
23 – 24	4°♌ – 20°♌	5°♌ – 21°♌	6°♌ – 22°♌

Uhrzeit	14. November	15. November	16. November
0 – 1	22°♌ – 7°♍	23°♌ – 8°♍	24°♌ – 9°♍
1 – 2	7°♍ – 23°♍	8°♍ – 24°♍	9°♍ – 25°♍
2 – 3	23°♍ – 9°♎	24°♍ – 10°♎	25°♍ – 11°♎
3 – 4	9°♎ – 26°♎	10°♎ – 27°♎	11°♎ – 28°♎
4 – 5	26°♎ – 12°♏	27°♎ – 13°♏	28°♎ – 14°♏
5 – 6	12°♏ – 27°♏	13°♏ – 28°♏	14°♏ – 29°♏
6 – 7	27°♏ – 11°♐	28°♏ – 12°♐	29°♏ – 13°♐
7 – 8	11°♐ – 25°♐	12°♐ – 26°♐	13°♐ – 27°♐
8 – 9	25°♐ – 9°♑	26°♐ – 10°♑	27°♐ – 11°♑
9 – 10	9°♑ – 23°♑	10°♑ – 24°♑	11°♑ – 25°♑
10 – 11	23°♑ – 7°♒	24°♑ – 8°♒	25°♑ – 9°♒
11 – 12	7°♒ – 22°♒	8°♒ – 23°♒	9°♒ – 24°♒
12 – 13	22°♒ – 7°♓	23°♒ – 8°♓	24°♒ – 9°♓
13 – 14	7°♓ – 23°♓	8°♓ – 24°♓	9°♓ – 25°♓
14 – 15	23°♓ – 10°♈	24°♓ – 11°♈	25°♓ – 12°♈
15 – 16	10°♈ – 26°♈	11°♈ – 27°♈	12°♈ – 28°♈
16 – 17	26°♈ – 12°♉	27°♈ – 13°♉	28°♈ – 14°♉
17 – 18	12°♉ – 27°♉	13°♉ – 28°♉	14°♉ – 29°♉
18 – 19	27°♉ – 11°♊	28°♉ – 12°♊	29°♉ – 13°♊
19 – 20	11°♊ – 25°♊	12°♊ – 26°♊	13°♊ – 27°♊
20 – 21	25°♊ – 9°♋	26°♊ – 10°♋	27°♊ – 11°♋
21 – 22	9°♋ – 23°♋	10°♋ – 24°♋	11°♋ – 25°♋
22 – 23	23°♋ – 7°♌	24°♋ – 8°♌	25°♋ – 9°♌
23 – 24	7°♌ – 23°♌	8°♌ – 24°♌	9°♌ – 25°♌

Uhrzeit	17. November	18. November	19. November
0 – 1	25°♌ – 10°♍	26°♌ – 11°♍	27°♌ – 12°♍
1 – 2	10°♍ – 26°♍	11°♍ – 27°♍	12°♍ – 28°♍
2 – 3	26°♍ – 12°♎	27°U – 13°♎	28°♍ – 14°♎
3 – 4	12°♎ – 29°♎	13°♎ – 30°♎	14°♎ – 1°♏
4 – 5	29°♎ – 15°♏	30°♎ – 16°♏	1°♏ – 17°♏
5 – 6	15°♏ – 30°♏	16°♏ – 1°♐	17°♏ – 2°♐
6 – 7	30°♏ – 14°♐	1°♐ – 15°♐	2°♐ – 16°♐
7 – 8	14°♐ – 28°♐	15°♐ – 29°♐	16°♐ – 30°♐
8 – 9	28°♐ – 12°♑	29°♐ – 13°♑	30°♐ – 14°♑
9 – 10	12°♑ – 26°♑	13°♑ – 27°♑	14°♑ – 28°♑
10 – 11	26°♑ – 10°♒	27°♑ – 11°♒	28°♑ – 12°♒
11 – 12	10°♒ – 25°♒	11°♒ – 26°♒	12°♒ – 27°♒
12 – 13	25°♒ – 10°♓	26°♒ – 11°♓	27°♒ – 12°♓
13 – 14	10°♓ – 26°♓	11°♓ – 27°♓	12°♓ – 28°♓
14 – 15	26°♓ – 13°♈	27°♓ – 14°♈	28°♓ – 15°♈
15 – 16	13°♈ – 29°♈	14°♈ – 30°♈	15°♈ – 1°♉
16 – 17	29°♈ – 15°♉	30°♈ – 16°♉	1°♉ – 17°♉
17 – 18	15°♉ – 30°♉	16°♉ – 1°♊	17°♉ – 2°♊
18 – 19	30°♉ – 14°♊	1°♊ – 15°♊	2°♊ – 16°♊
19 – 20	14°♊ – 28°♊	15°♊ – 29°♊	16°♊ – 30°♊
20 – 21	28°♊ – 12°♋	29°♊ – 13°♋	30°♊ – 14°♋
21 – 22	12°♋ – 26°♋	13°♋ – 27°♋	14°♋ – 28°♋
22 – 23	26°♋ – 10°♌	27°♋ – 11°♌	28°♋ – 12°♌
23 – 24	10°♌ – 26°♌	11°♌ – 27°♌	12°♌ – 28°♌

Uhrzeit	20. November	21. November	22. November
0 – 1	28°♌ – 13°♍	29°♌ – 14°♍	30°♌ – 15°♍
1 – 2	13°♍ – 29°♍	14°♍ – 30°♍	15°♍ – 1°♎
2 – 3	29°♍ – 15°♎	30°♍ – 16°♎	1°♎ – 17°♎
3 – 4	15°♎ – 2°♏	16°♎ – 3°♏	17°♎ – 4°♏
4 – 5	2°♏ – 18°♏	3°♏ – 19°♏	4°♏ – 20°♏
5 – 6	18°♏ – 3°♐	19°♏ – 4°♐	20°♏ – 5°♐
6 – 7	3°♐ – 17°♐	4°♐ – 18°♐	5°♐ – 19°♐
7 – 8	17°♐ – 1°♑	18°♐ – 2°♑	19°♐ – 3°♑
8 – 9	1°♑ – 15°♑	2°♑ – 16°♑	3°♑ – 17°♑
9 – 10	15°♑ – 29°♑	16°♑ – 30°♑	17°♑ – 1°♒
10 – 11	29°♑ – 13°♒	30°♑ – 14°♒	1°♒ – 15°♒
11 – 12	13°♒ – 28°♒	14°♒ – 29°♒	15°♒ – 30°♒
12 – 13	28°♒ – 13°♓	29°♒ – 14°♓	30°♒ – 15°♓
13 – 14	13°♓ – 29°♓	14°♓ – 30°♓	15°♓ – 1°♈
14 – 15	29°♓ – 16°♈	30°♓ – 17°♈	1°♈ – 18°♈
15 – 16	16°♈ – 2°♉	17°♈ – 3°♉	18°♈ – 4°♉
16 – 17	2°♉ – 18°♉	3°♉ – 19°♉	4°♉ – 20°♉
17 – 18	18°♉ – 3°♊	19°♉ – 4°♊	20°♉ – 5°♊
18 – 19	3°♊ – 17°♊	4°♊ – 18°♊	5°♊ – 19°♊
19 – 20	17°♊ – 1°♋	18°♊ – 2°♋	19°♊ – 3°♋
20 – 21	1°♋ – 15°♋	2°♋ – 16°♋	3°♋ – 17°♋
21 – 22	15°♋ – 29°♋	16°♋ – 30°♋	17°♋ – 1°♌
22 – 23	29°♋ – 13°♌	30°♋ – 14°♌	1°♌ – 15°♌
23 – 24	13°♌ – 29°♌	14°♌ – 30°♌	15°♌ – 1°♍

Uhrzeit	23. November	24. November	25. November
0 – 1	1°♍ – 16°♍	2°♍ – 17°♍	3°♍ – 18°♍
1 – 2	16°♍ – 3°♎	17°♍ – 4°♎	18°♍ – 5°♎
2 – 3	3°♎ – 20°♎	4°♎ – 21°♎	5°♎ – 22°♎
3 – 4	20°♎ – 5°♏	21°♎ – 6°♏	22°♎ – 7°♏
4 – 5	5°♏ – 21°♏	6°♏ – 22°♏	7°♏ – 23°♏
5 – 6	21°♏ – 5°♐	22°♏ – 6°♐	23°♏ – 7°♐
6 – 7	5°♐ – 19°♐	6°♐ – 20°♐	7°♐ – 21°♐
7 – 8	19°♐ – 3°♑	20°♐ – 4°♑	21°♐ – 5°♑
8 – 9	3°♑ – 17°♑	4°♑ – 18°♑	5°♑ – 19°♑
9 – 10	17°♑ – 1°♒	18°♑ – 2°♒	19°♑ – 3°♒
10 – 11	1°♒ – 16°♒	2°♒ – 17°♒	3°♒ – 18°♒
11 – 12	16°♒ – 1°♓	17°♒ – 2°♓	18°♒ – 3°♓
12 – 13	1°♓ – 17°♓	2°♓ – 18°♓	3°♓ – 19°♓
13 – 14	17°♓ – 3°♈	18°♓ – 4°♈	19°♓ – 5°♈
14 – 15	3°♈ – 20°♈	4°♈ – 21°♈	5°♈ – 22°♈
15 – 16	20°♈ – 5°♉	21°♈ – 6°♉	22°♈ – 7°♉
16 – 17	5°♉ – 21°♉	6°♉ – 22°♉	7°♉ – 23°♉
17 – 18	21°♉ – 5°♊	22°♉ – 6°♊	23°♉ – 7°♊
18 – 19	5°♊ – 19°♊	6°♊ – 20°♊	7°♊ – 21°♊
19 – 20	19°♊ – 3°♋	20°♊ – 4°♋	21°♊ – 5°♋
20 – 21	3°♋ – 17°♋	4°♋ – 18°♋	5°♋ – 19°♋
21 – 22	17°♋ – 1°♌	18°♋ – 2°♌	19°♋ – 3°♌
22 – 23	1°♌ – 16°♌	2°♌ – 17°♌	3°♌ – 18°♌
23 – 24	16°♌ – 2°♍	17°♌ – 3°♍	18°♌ – 4°♍

Uhrzeit	26. November	27. November	28. November
0 – 1	4°♍ – 19°♍	5°♍ – 20°♍	6°♍ – 21°♍
1 – 2	19°♍ – 6°♎	20°♍ – 7°♎	21°♍ – 8°♎
2 – 3	6°♎ – 23°♎	7°♎ – 24°♎	8°♎ – 25°♎
3 – 4	23°♎ – 8°♏	24°♎ – 9°♏	25°♎ – 10°♏
4 – 5	8°♏ – 24°♏	9°♏ – 25°♏	10°♏ – 26°♏
5 – 6	24°♏ – 8°♐	25°♏ – 9°♐	26°♏ – 10°♐
6 – 7	8°♐ – 22°♐	9°♐ – 23°♐	10°♐ – 24°♐
7 – 8	22°♐ – 6°♑	23°♐ – 7°♑	24°♐ – 8°♑
8 – 9	6°♑ – 20°♑	7°♑ – 21°♑	8°♑ – 22°♑
9 – 10	20°♑ – 4°♒	21°♑ – 5°♒	22°♑ – 6°♒
10 – 11	4°♒ – 19°♒	5°♒ – 20°♒	6°♒ – 21°♒
11 – 12	19°♒ – 4°♓	20°♒ – 5°♓	21°♒ – 6°♓
12 – 13	4°♓ – 20°♓	5°♓ – 21°♓	6°♓ – 22°♓
13 – 14	20°♓ – 6°♈	21°♓ – 7°♈	22°♓ – 8°♈
14 – 15	6°♈ – 23°♈	7°♈ – 24°♈	8°♈ – 25°♈
15 – 16	23°♈ – 8°♉	24°♈ – 9°♉	25°♈ – 10°♉
16 – 17	8°♉ – 24°♉	9°♉ – 25°♉	10°♉ – 26°♉
17 – 18	24°♉ – 8°♊	25°♉ – 9°♊	26°♉ – 10°♊
18 – 19	8°♊ – 22°♊	9°♊ – 23°♊	10°♊ – 24°♊
19 – 20	22°♊ – 6°♋	23°♊ – 7°♋	24°♊ – 8°♋
20 – 21	6°♋ – 20°♋	7°♋ – 21°♋	8°♋ – 22°♋
21 – 22	20°♋ – 4°♌	21°♋ – 5°♌	22°♋ – 6°♌
22 – 23	4°♌ – 19°♌	5°♌ – 20°♌	6°♌ – 21°♌
23 – 24	19°♌ – 5°♍	20°♌ – 6°♍	21°♌ – 7°♍

Uhrzeit	29. November	30. November	1. Dezember
0 – 1	7°♍ – 22°♍	8°♍ – 23°♍	9°♍ – 24°♍
1 – 2	22°♍ – 9°♎	23°♍ – 10°♎	24°♍ – 11°♎
2 – 3	9°♎ – 26°♎	10°♎ – 27°♎	11°♎ – 28♎
3 – 4	26°♎ – 11°♏	27°♎ – 12°♏	28°♎ – 13°♏
4 – 5	11°♏ – 26°♏	12°♏ – 27°♏	13°♏ – 28°♏
5 – 6	26°♏ – 11°♐	27°♏ – 12°♐	28°♏ – 13°♐
6 – 7	11°♐ – 25°♐	12°♐ – 26°♐	13°♐ – 27°♐
7 – 8	25°♐ – 8°♑	26°♐ – 9°♑	27°♐ – 10°♑
8 – 9	8°♑ – 23°♑	9°♑ – 24°♑	10°♑ – 25°♑
9 – 10	23°♑ – 7°♒	24°♑ – 8°♒	25°♑ – 9°♒
10 – 11	7°♒ – 22°♒	8°♒ – 23°♒	9°♒ – 24°♒
11 – 12	22°♒ – 7°♓	23°♒ – 8°♓	24°♒ – 9°♓
12 – 13	7°♓ – 23°♓	8°♓ – 24°♓	9°♓ – 25°♓
13 – 14	23°♓ – 10°♈	24°♓ – 11°♈	25°♓ – 12°♈
14 – 15	10°♈ – 26°♈	11°♈ – 27°♈	12°♈ – 28°♈
15 – 16	26°♈ – 11°♉	27°♈ – 12°♉	28°♈ – 13°♉
16 – 17	11°♉ – 27°♉	12°♉ – 28°♉	13°♉ – 29°♉
17 – 18	27°♉ – 11°♊	28°♉ – 12°♊	29°♉ – 13°♊
18 – 19	11°♊ – 25°♊	12°♊ – 26°♊	13°♊ – 27°♊
19 – 20	25°♊ – 9°♋	26°♊ – 10°♋	27°♊ – 11°♋
20 – 21	9°♋ – 22°♋	10°♋ – 23°♋	11°♋ – 24°♋
21 – 22	22°♋ – 7°♌	23°♋ – 8°♌	24°♋ – 9°♌
22 – 23	7°♌ – 22°♌	8°♌ – 23°♌	9°♌ – 24°♌
23 – 24	22°♌ – 8°♍	23°♌ – 9°♍	24°♌ – 10°♍

Uhrzeit	2. Dezember	3. Dezember	4. Dezember
0 – 1	10°♍ – 25°♍	11°♍ – 26°♍	12°♍ – 27°♍
1 – 2	25°♍ – 12°♎	26°♍ – 13°♎	27°♍ – 14°♎
2 – 3	12°♎ – 29°♎	13°♎ – 30°♎	14°♎ – 1°♏
3 – 4	29°♎ – 14°♏	30°♎ – 15°♏	1°♏ – 16°♏
4 – 5	14°♏ – 29°♏	15°♏ – 30°♏	16°♏ – 1°♐
5 – 6	29°♏ – 14°♏	30°♏ – 15°♐	1°♐ – 16°♐
6 – 7	14°♐ – 28°♐	15°♐ – 29°♐	16°♐ – 30°♐
7 – 8	28°♐ – 11°♑	29°♐ – 12°♑	30°♐ – 13°♑
8 – 9	11°♑ – 26°♑	12°♑ – 27°♑	13°♑ – 28°♑
9 – 10	26°♑ – 10°♒	27°♑ – 11°♒	28°♑ – 12°♒
10 – 11	10°♒ – 25°♒	11°♒ – 26°♒	12°♒ – 27°♒
11 – 12	25°♒ – 10°♓	26°♒ – 11°♓	27°♒ – 12°♓
12 – 13	10°♓ – 26°♓	11°♓ – 27°♓	12°♓ – 28°♓
13 – 14	26°♓ – 13°♈	27°♓ – 14°♈	28°♓ – 15°♈
14 – 15	13°♈ – 29°♈	14°♈ – 30°♈	15°♈ – 1°♉
15 – 16	29°♈ – 14°♉	30°♈ – 15°♉	1°♉ – 16°♉
16 – 17	14°♉ – 30°♉	15°♉ – 1°♊	16°♉ – 2°♊
17 – 18	30°♉ – 14°♊	1°♊ – 15°♊	2°♊ – 16°♊
18 – 19	14°♊ – 28°♊	15°♊ – 29°♊	16°♊ – 30°♊
19 – 20	28°♊ – 12°♋	29°♊ – 13°♋	30°♊ – 14°♋
20 – 21	12°♋ – 25°♋	13°♋ – 26°♋	14°♋ – 27°♋
21 – 22	25°♋ – 10°♌	26°♋ – 11°♌	27°♋ – 12°♌
22 – 23	10°♌ – 25°♌	11°♌ – 26°♌	12°♌ – 27°♌
23 – 24	25°♌ – 11°♍	26°♌ – 12°♍	27°♌ – 13°♍

Uhrzeit	5. Dezember	6. Dezember	7. Dezember
0 – 1	13°♍ – 28°♍	14°♍ – 29°♍	15°♍ – 30°♍
1 – 2	28°♍ – 15°♎	29°♍ – 16°♎	30°♍ – 17°♎
2 – 3	15°♎ – 1°♏	16°♎ – 2°♏	17°♎ – 3°♏
3 – 4	1°♏ – 17°♏	2°♏ – 18°♏	3°♏ – 19°♏
4 – 5	17°♏ – 1°♐	18°♏ – 2°♐	19°♏ – 3°♐
5 – 6	1°♐ – 16°♐	2°♐ – 17°♐	3°♐ – 18°♐
6 – 7	16°♐ – 29°♐	17°♐ – 30°♐	18°♐ – 1°♑
7 – 8	29°♐ – 13°♑	30°♐ – 14°♑	1°♑ – 15°♑
8 – 9	13°♑ – 28°♑	14°♑ – 29°♑	15°♑ – 30°♑
9 – 10	28°♑ – 12°♒	29°♑ – 13°♒	30°♑ – 14°♒
10 – 11	12°♒ – 27°♒	13°♒ – 28°♒	14°♒ – 29°♒
11 – 12	27°♒ – 13°♓	28°♒ – 14°♓	29°♒ – 15°♓
12 – 13	13°♓ – 29°♓	14°♓ – 30°♓	15°♓ – 1°♈
13 – 14	29°♓ – 16°♈	30°♓ – 17°♈	1°♈ – 18°♈
14 – 15	16°♈ – 1°♉	17°♈ – 2°♉	18°♈ – 3°♉
15 – 16	1°♉ – 17°♉	2°♉ – 18°♉	3°♉ – 19°♉
16 – 17	17°♉ – 2°♊	18°♉ – 3°♊	19°♉ – 4°♊
17 – 18	2°♊ – 16°♊	3°♊ – 17°♊	4°♊ – 18°♊
18 – 19	16°♊ – 30°♊	17°♊ – 1°♋	18°♊ – 2°♋
19 – 20	30°♊ – 14°♋	1°♋ – 15°♋	2°♋ – 16°♋
20 – 21	14°♋ – 27°♋	15°♋ – 28°♋	16°♋ – 29°♋
21 – 22	27°♋ – 12°♌	28°♋ – 13°♌	29°♋ – 14°♌
22 – 23	12°♌ – 27°♌	13°♌ – 28°♌	14°♌ – 29°♌
23 – 24	27°♌ – 14°♍	28°♌ – 15°♍	29°♌ – 16°♍

Uhrzeit	8. Dezember	9. Dezember	10. Dezember
0 – 1	16°♍ – 1°♎	17°♍ – 2°♎	18°♍ – 3°♎
1 – 2	1°♎ – 19°♎	2°♎ – 20°♎	3°♎ – 21°♎
2 – 3	19°♎ – 4°♏	20°♎ – 5°♏	21°♎ – 6°♏
3 – 4	4°♏ – 20°♏	5°♏ – 21°♏	6°♏ – 22°♏
4 – 5	20°♏ – 4°♐	21°♏ – 5°♐	22°♏ – 6°♐
5 – 6	4°♐ – 19°♐	5°♐ – 20°♐	6°♐ – 21°♐
6 – 7	19°♐ – 2°♑	20°♐ – 3°♑	21°♐ – 4°♑
7 – 8	2°♑ – 16°♑	3°♑ – 17°♑	4°♑ – 18°♑
8 – 9	16°♑ – 1°♒	17°♑ – 2°♒	18°♑ – 3°♒
9 – 10	1°♒ – 15°♒	2°♒ – 16°♒	3°♒ – 17°♒
10 – 11	15°♒ – 30°♒	16°♒ – 1°♓	17°♒ – 2°♓
11 – 12	30°♒ – 16°♓	1°♓ – 17°♓	2°♓ – 18°♓
12 – 13	16°♓ – 2°♈	17°♓ – 3°♈	18°♓ – 4°♈
13 – 14	2°♈ – 19°♈	3°♈ – 20°♈	4°♈ – 21°♈
14 – 15	19°♈ – 4°♉	20°♈ – 5°♉	21°♈ – 6°♉
15 – 16	4°♉ – 20°♉	5°♉ – 21°♉	6°♉ – 22°♉
16 – 17	20°♉ – 5°♊	21°♉ – 6°♊	22°♉ – 7°♊
17 – 18	5°♊ – 19°♊	6°♊ – 20°♊	7°♊ – 21°♊
18 – 19	19°♊ – 3°♋	20°♊ – 4°♋	21°♊ – 5°♋
19 – 20	3°♋ – 17°♋	4°♋ – 18°♋	5°♋ – 19°♋
20 – 21	17°♋ – 30°♋	18°♋ – 1°♌	19°♋ – 2°♌
21 – 22	30°♋ – 15°♌	1°♌ – 16°♌	2°♌ – 17°♌
22 – 23	15°♌ – 30°♌	16°♌ – 1°♍	17°♌ – 2°♍
23 – 24	30°♌ – 17°♍	1°♍ – 18°♍	2°♍ – 19°♍

Uhrzeit	11. Dezember	12. Dezember	13. Dezember
0 – 1	20°♍ – 6°♎	21°♍ – 7°♎	22°♍ – 8°♎
1 – 2	6°♎ – 22°♎	7°♎ – 23°♎	8°♎ – 24°♎
2 – 3	22°♎ – 8°♏	23°♎ – 9°♏	24°♎ – 10°♏
3 – 4	8°♏ – 25°♏	9°♏ – 26°♏	10°♏ – 27°♏
4 – 5	25°♏ – 7°♐	26°♏ – 8°♐	27°♏ – 9°♐
5 – 6	7°♐ – 21°♐	8°♐ – 22°♐	9°♐ – 23°♐
6 – 7	21°♐ – 5°♑	22°♐ – 6°♑	23°♐ – 7°♑
7 – 8	5°♑ – 19°♑	6°♑ – 20°♑	7°♑ – 21°♑
8 – 9	19°♑ – 3°♒	20°♑ – 4°♒	21°♑ – 5°♒
9 – 10	3°♒ – 18°♒	4°♒ – 19°♒	5°♒ – 20°♒
10 – 11	18°♒ – 4°♓	19°♒ – 5°♓	20°♒ – 6°♓
11 – 12	4°♓ – 20°♓	5°♓ – 21°♓	6°♓ – 22°♓
12 – 13	20°♓ – 6°♈	21°♓ – 7°♈	22°♓ – 8°♈
13 – 14	6°♈ – 22°♈	7°♈ – 23°♈	8°♈ – 24°♈
14 – 15	22°♈ – 8°♉	23°♈ – 9°♉	24°♈ – 10°♉
15 – 16	8°♉ – 23°♉	9°♉ – 24°♉	10°♉ – 25°♉
16 – 17	23°♉ – 7°♊	24°♉ – 8°♊	25°♉ – 9°♊
17 – 18	7°♊ – 21°♊	8°♊ – 22°♊	9°♊ – 23°♊
18 – 19	21°♊ – 6°♋	22°♊ – 7°♋	23°♊ – 8°♋
19 – 20	6°♋ – 19°♋	7°♋ – 20°♋	8°♋ – 21°♋
20 – 21	19°♋ – 3°♌	20°♋ – 4°♌	21°♋ – 5°♌
21 – 22	3°♌ – 16°♌	4°♌ – 17°♌	5°♌ – 18°♌
22 – 23	16°♌ – 4°♍	17°♌ – 5°♍	18°♌ – 6°♍
23 – 24	4°♍ – 21°♍	5°♍ – 22°♍	6°♍ – 23°♍

Uhrzeit	14. Dezember	15. Dezember	16. Dezember
0 – 1	23°♍ – 9°♎	24°♍ – 10°♎	25°♍ – 11°♎
1 – 2	9°♎ – 25°♎	10°♎ – 26°♎	11°♎ – 27°♎
2 – 3	25°♎ – 11°♏	26°♎ – 12°♏	27°♎ – 13°♏
3 – 4	11°♏ – 28°♏	12°♏ – 29°♏	13°♏ – 30°♏
4 – 5	28°♏ – 10°♐	29°♏ – 11°♐	30°♏ – 12°♐
5 – 6	10°♐ – 24°♐	11°♐ – 25°♐	12°♐ – 26°♐
6 – 7	24°♐ – 8°♑	25°♐ – 9°♑	26°♐ – 10°♑
7 – 8	8°♑ – 22°♑	9°♑ – 23°♑	10°♑ – 24°♑
8 – 9	22°♑ – 6°♒	23°♑ – 7°♒	24°♑ – 8°♒
9 – 10	6°♒ – 21°♒	7°♒ – 22°♒	8°♒ – 23°♒
10 – 11	21°♒ – 7°♓	22°♒ – 8°♓	23°♒ – 9°♓
11 – 12	7°♓ – 23°♓	8°♓ – 24°♓	9°♓ – 25°♓
12 – 13	23°♓ – 9°♈	24°♓ – 10°♈	25°♓ – 11°♈
13 – 14	9°♈ – 25°♈	10°♈ – 26°♈	11°♈ – 27°♈
14 – 15	25°♈ – 11°♉	26°♈ – 12°♉	27°♈ – 13°♉
15 – 16	11°♉ – 26°♉	12°♉ – 27°♉	13°♉ – 28°♉
16 – 17	26°♉ – 10°♊	27°♉ – 11°♊	28°♉ – 12°♊
17 – 18	10°♊ – 24°♊	11°♊ – 25°♊	12°♊ – 26°♊
18 – 19	24°♊ – 9°♋	25°♊ – 10°♋	26°♊ – 11°♋
19 – 20	9°♋ – 22°♋	10°♋ – 23°♋	11°♋ – 24°♋
20 – 21	22°♋ – 6°♌	23°♋ – 7°♌	24°♋ – 8°♌
21 – 22	6°♌ – 19°♌	7°♌ – 20°♌	8°♌ – 21°♌
22 – 23	19°♌ – 7°♍	20°♌ – 8°♍	21°♌ – 9°♍
23 – 24	7°♍ – 24°♍	8°♍ – 25°♍	9°♍ – 26°♍

Uhrzeit	17. Dezember	18. Dezember	19. Dezember
0 – 1	26°♍ – 12°♎	27°♍ – 13°♎	28°♍ – 14°♎
1 – 2	12°♎ – 28°♎	13°♎ – 29°♎	14°♎ – 30°♎
2 – 3	28°♎ – 14°♏	29°♎ – 15°♏	30°♎ – 16°♏
3 – 4	14°♏ – 1°♐	15°♏ – 2°♐	16°♏ – 3°♐
4 – 5	1°♐ – 13°♐	2°♐ – 14°♐	3°♐ – 15°♐
5 – 6	13°♐ – 27°♐	14°♐ – 28°♐	15°♐ – 29°♐
6 – 7	27°♐ – 11°♑	28°♐ – 12°♑	29°♐ – 13°♑
7 – 8	11°♑ – 25°♑	12°♑ – 26°♑	13°♑ – 27°♑
8 – 9	25°♑ – 9°♒	26°♑ – 10°♒	27°♑ – 11°♒
9 – 10	9°♒ – 24°♒	10°♒ – 25°♒	11°♒ – 26°♒
10 – 11	24°♒ – 10°♓	25°♒ – 11°♓	26°♒ – 12°♓
11 – 12	10°♓ – 26°♓	11°♓ – 27°♓	12°♓ – 28°♓
12 – 13	26°♓ – 12°♈	27°♓ – 13°♈	28°♓ – 14°♈
13 – 14	12°♈ – 28°♈	13°♈ – 29°♈	14°♈ – 30°♈
14 – 15	28°♈ – 14°♉	29°♈ – 15°♉	30°♈ – 16°♉
15 – 16	14°♉ – 29°♉	15°♉ – 30°♉	16°♉ – 1°♊
16 – 17	29°♉ – 13°♊	30°♉ – 14°♊	1°♊ – 15°♊
17 – 18	13°♊ – 27°♊	14°♊ – 28°♊	15°♊ – 29°♊
18 – 19	27°♊ – 12°♋	28°♊ – 13°♋	29°♊ – 14°♋
19 – 20	12°♋ – 25°♋	13°♋ – 26°♋	14°♋ – 27°♋
20 – 21	25°♋ – 9°♌	26°♋ – 10°♌	27°♋ – 11°♌
21 – 22	9°♌ – 22°♌	10°♌ – 23°♌	11°♌ – 24°♌
22 – 23	22°♌ – 10°♍	23°♌ – 11°♍	24°♌ – 12°♍
23 – 24	10°♍ – 27°♍	11°♍ – 28°♍	12°♍ – 29°♍

Uhrzeit	20. Dezember	21. Dezember	22. Dezember
0 – 1	29°♍ – 15°♎	30°♍ – 16°♎	1°♎ – 17°♎
1 – 2	15°♎ – 1°♏	16°♎ – 2°♏	17°♎ – 3°♏
2 – 3	1°♏ – 17°♏	2°♏ – 18°♏	3°♏ – 19°♏
3 – 4	17°♏ – 2°♐	18°♏ – 3°♐	19°♏ – 4°♐
4 – 5	2°♐ – 16°♐	3°♐ – 17°♐	4°♐ – 18°♐
5 – 6	16°♐ – 1°♑	17°♐ – 2°♑	18°♐ – 3°♑
6 – 7	1°♑ – 13°♑	2°♑ – 14°♑	3°♑ – 15°♑
7 – 8	13°♑ – 27°♑	14°♑ – 28°♑	15°♑ – 29°♑
8 – 9	27°♑ – 12°♒	28°♑ – 13°♒	29°♑ – 14°♒
9 – 10	12°♒ – 27°♒	13°♒ – 28°♒	14°♒ – 29°♒
10 – 11	27°♒ – 13°♓	28°♒ – 14°♓	29°♒ – 15°♓
11 – 12	13°♓ – 29°♓	14°♓ – 30°♓	15°♓ – 1°♈
12 – 13	29°♓ – 16°♈	30°♓ – 17°♈	1°♈ – 18°♈
13 – 14	16°♈ – 2°♉	17°♈ – 3°♉	18°♈ – 4°♉
14 – 15	2°♉ – 17°♉	3°♉ – 18°♉	4°♉ – 19°♉
15 – 16	17°♉ – 2°♊	18°♉ – 3°♊	19°♉ – 4°♊
16 – 17	2°♊ – 16°♊	3°♊ – 17°♊	4°♊ – 18°♊
17 – 18	16°♊ – 30°♊	17°♊ – 1°♋	18°♊ – 2°♋
18 – 19	30°♊ – 14°♋	1°♋ – 15°♋	2°♋ – 16°♋
19 – 20	14°♋ – 27°♋	15°♋ – 28°♋	16°♋ – 29°♋
20 – 21	27°♋ – 12°♌	28°♋ – 13°♌	29°♋ – 14°♌
21 – 22	12°♌ – 27°♌	13°♌ – 28°♌	14°♌ – 29°♌
22 – 23	27°♌ – 13°♍	28°♌ – 14°♍	29°♌ – 15°♍
23 – 24	13°♍ – 30°♍	14°♍ – 1°♎	15°♍ – 2°♎

Uhrzeit	23. Dezember	24. Dezember	25. Dezember
0 – 1	2°♎ – 18°♎	3°♎ – 19°♎	4°♎ – 20°♎
1 – 2	18°♎ – 4°♏	19°♎ – 5°♏	20°♎ – 6°♏
2 – 3	4°♏ – 20°♏	5°♏ – 21°♏	6°♏ – 22°♏
3 – 4	20°♏ – 5°♐	21°♏ – 6°♐	22°♏ – 7°♐
4 – 5	5°♐ – 19°♐	6°♐ – 20°♐	7°♐ – 21°♐
5 – 6	19°♐ – 4°♑	20°♐ – 5°♑	21°♐ – 6°♑
6 – 7	4°♑ – 16°♑	5°♑ – 17°♑	6°♑ – 18°♑
7 – 8	16°♑ – 30°♑	17°♑ – 1°♒	18°♑ – 2°♒
8 – 9	30°♑ – 15°♒	1°♒ – 16°♒	2°♒ – 17°♒
9 – 10	15°♒ – 30°♒	16°♒ – 1°♓	17°♒ – 2°♓
10 – 11	30°♒ – 16°♓	1°♓ – 17°♓	2°♓ – 18°♓
11 – 12	16°♓ – 2°♈	17°♓ – 3°♈	18°♓ – 4°♈
12 – 13	2°♈ – 19°♈	3°♈ – 20°♈	4°♈ – 21°♈
13 – 14	19°♈ – 5°♉	20°♈ – 6°♉	21°♈ – 7°♉
14 – 15	5°♉ – 20°♉	6°♉ – 21°♉	7°♉ – 22°♉
15 – 16	20°♉ – 5°♊	21°♉ – 6°♊	22°♉ – 7°♊
16 – 17	5°♊ – 19°♊	6°♊ – 20°♊	7°♊ – 21°♊
17 – 18	19°♊ – 3°♋	20°♊ – 4°♋	21°♊ – 5°♋
18 – 19	3°♋ – 17°♋	4°♋ – 18°♋	5°♋ – 19°♋
19 – 20	17°♋ – 30°♋	18°♋ – 1°♌	19°♋ – 2°♌
20 – 21	30°♋ – 15°♌	1°♌ – 16°♌	2°♌ – 17°♌
21 – 22	15°♌ – 30°♌	16°♌ – 1°♍	17°♌ – 2°♍
22 – 23	30°♌ – 16°♍	1°♍ – 17°♍	2°♍ – 18°♍
23 – 24	16°♍ – 3°♎	17°♍ – 4°♎	18°♍ – 5°♎

Uhrzeit	26. Dezember	27. Dezember	28. Dezember
0 – 1	5°♎ – 21°♎	6°♎ – 22°♎	7°♎ – 23°♎
1 – 2	21♎ – 7°♏	22°♎ – 8°♏	23°♎ – 9°♏
2 – 3	7°♏ – 22°♏	8°♏ – 23°♏	9°♏ – 24°♏
3 – 4	22°♏ – 7°♐	23°♏ – 8°♐	24°♏ – 9°♐
4 – 5	7°♐ – 20°♐	8°♐ – 21°♐	9°♐ – 22°♐
5 – 6	20°♐ – 5°♑	21°♐ – 6°♑	22°♐ – 7°♑
6 – 7	5°♑ – 18°♑	6°♑ – 19°♑	7°♑ – 20°♑
7 – 8	18°♑ – 2°♒	19°♑ – 3°♒	20°♑ – 4°♒
8 – 9	2°♒ – 17°♒	3°♒ – 18°♒	4°♒ – 19°♒
9 – 10	17°♒ – 3°♓	18°♒ – 4°♓	19°♒ – 5°♓
10 – 11	3°♓ – 19°♓	4°♓ – 20°♓	5°♓ – 21°♓
11 – 12	19°♓ – 5°♈	20°♓ – 6°♈	21°♓ – 7°♈
12 – 13	5°♈ – 21°♈	6°♈ – 22°♈	7°♈ – 23°♈
13 – 14	21°♈ – 7°♉	22°♈ – 8°♉	23°♈ – 9°♉
14 – 15	7°♉ – 22°♉	8°♉ – 23°♉	9°♉ – 24°♉
15 – 16	22°♉ – 6°♊	23°♉ – 7°♊	24°♉ – 8°♊
16 – 17	6°♊ – 21°♊	7°♊ – 22°♊	8°♊ – 22°♊
17 – 18	21°♊ – 5°♋	22°♊ – 6°♋	22°♊ – 7°♋
18 – 19	5°♋ – 19°♋	6°♋ – 20°♋	7°♋ – 21°♋
19 – 20	19°♋ – 2°♌	20°♋ – 3°♌	21°♋ – 4°♌
20 – 21	2°♌ – 17°♌	3°♌ – 18°♌	4°♌ – 19°♌
21 – 22	17°♌ – 3°♍	18°♌ – 4°♍	19°♌ – 5°♍
22 – 23	3°♍ – 19°♍	4°♍ – 20°♍	5°♍ – 21°♍
23 – 24	19°♍ – 6°♎	20°♍ – 7°♎	21°♍ – 8°♎

Uhrzeit	29. Dezember	30. Dezember	31. Dezember
0 – 1	8°♎ – 24°♎	9°♎ – 25°♎	10°♎ – 26°♎
1 – 2	24°♎ – 10°♏	25°♎ – 11°♏	26°♎ – 12°♏
2 – 3	10°♏ – 25°♏	11°♏ – 26°♏	12°♏ – 27°♏
3 – 4	25°♏ – 9°♐	26°♏ – 10°♐	27°♏ – 11°♐
4 – 5	9°♐ – 23°♐	10°♐ – 24°♐	11°♐ – 25°♐
5 – 6	23°♐ – 7°♑	24°♐ – 8°♑	25°♐ – 9°♑
6 – 7	7°♑ – 21°♑	8°♑ – 22°♑	9°♑ – 23°♑
7 – 8	21°♑ – 5°♒	22°♑ – 6°♒	23°♑ – 7°♒
8 – 9	5°♒ – 20°♒	6°♒ – 21°♒	7°♒ – 22°♒
9 – 10	20°♒ – 6°♓	21°♒ – 7°♓	22°♒ – 8°♓
10 – 11	6°♓ – 22°♓	7°♓ – 23°♓	8°♓ – 24°♓
11 – 12	22°♓ – 8°♈	23°♓ – 9°♈	24°♓ – 10°♈
12 – 13	8°♈ – 24°♈	9°♈ – 25°♈	10°♈ – 26°♈
13 – 14	24°♈ – 10°♉	25°♈ – 11°♉	26°♈ – 12°♉
14 – 15	10°♉ – 25°♉	11°♉ – 26°♉	12°♉ – 27°♉
15 – 16	25°♉ – 9°♊	26°♉ – 10°♊	27°♉ – 11°♊
16 – 17	9°♊ – 23°♊	10°♊ – 24°♊	11°♊ – 25°♊
17 – 18	23°♊ – 7°♋	24°♊ – 8°♋	25°♊ – 9°♋
18 – 19	7°♋ – 21°♋	8°♋ – 22°♋	9°♋ – 23°♋
19 – 20	21°♋ – 5°♌	22°♋ – 6°♌	23°♋ – 7°♌
20 – 21	5°♌ – 20°♌	6°♌ – 21°♌	7°♌ – 22°♌
21 – 22	20°♌ – 6°♍	21°♌ – 7°♍	22°♌ – 8°♍
22 – 23	6°♍ – 22°♍	7°♍ – 23°♍	8°♍ – 24°♍
23 – 24	22°♍ – 9°♎	23°♍ – 10°♎	24°♍ – 11°♎

ANHANG 1

Einleitung zur „Heiligen Magie des Abra-Melim“ Von S.L. Mac Gregor Mathers

Manuskript aus dem Archiv der pansophischen Loge „Zur Aufgehenden Sonne“

Weil der unentbehrliche „Baedeker“ der „Bibliothèque de l'Arsenal“ nur eine Anmerkung von drei oder vier Zeilen widmet, wissen vielleicht nur wenige Engländer und Amerikaner, die nach Paris kommen, davon, wie sie heißt, wo sie sich befindet und was sie enthält, obgleich die meisten die „Bibliothèque Nationale“ und die „Bibliothèque Mazarin“ wenigstens vom Sehen kennen.

Die heutige Arsenalbibliothek wurde als Privatsammlung von Antoine René Voyer d'Argenson, Marquis de Paulny, begründet und wurde der Öffentlichkeit zuerst am 9. Floréal im 5. Jahr der französischen Republik (nämlich am 28. April 1797, also gerade vor einem Jahrhundert) zugänglich gemacht. Dieser Marquis de Paulny wurde im Jahr 1722 geboren und starb 1787. Er war nacheinander Kriegsminister, Gesandter in der Schweiz, in Polen und in der Republik Venedig. Seine reiferen Jahre widmete er der Ausgestaltung dieser Bücherei, von der man behauptet, dass sie eine der reichhaltigsten Privatbibliotheken sei. Im Jahr 1785 erwarb sie der Comte d'Artois, und heute gehört sie dem Staat. Sie befindet sich auf dem rechten Seine-Ufer in der Rue de Sully, nahe dem Fluss, und nicht weit von der Place de la Bastille. Man kennt sie unter dem Namen „Bibliothèque de l'Arsenal“. Sie besitzt ungefähr 700.000 gedruckte Bücher und ungefähr 8000 Manuskripte, viele davon sind sehr wertvoll.

Eines dieser Manuskripte ist das Buch der heiligen Magie von Abra-Melin. Der Jude Abraham hinterließ es seinem Sohn Lamech. Ich veröffentliche es hiermit zum ersten Mal als gedrucktes Buch.

Vor vielen Jahren hörte ich von dem Vorhandensein dieses Manuskriptes durch einen berühmten Okkultisten, der nun schon gestorben ist. Mein Freund, der bekannte französische Schriftsteller, Dozent und Dichter Jules Bois, der sich schon längere Zeit mit okkulten Fragen beschäftigt hatte, machte mich später auf dieses Manuskript aufmerksam. Jener berühmte Okkultist hatte mir erzählt, dass Bulwer-Lytton und Eliphas Lévi Kenntnis von dem Manuskript hatten. Bulwers Darstellung des weisen Rosenkreuzers Mejnour stützt sich zum Teil auf das Werk von Abra-Melin. Die Quellen der Beschreibung des sogenannten Observatoriums des Sir Philip Derval in „Margrave“ (The Strange Story) sind als magisches Oratorium und als Terrasse im 11. Kapitel des zweiten Buches der vorliegenden Arbeit zu finden. Die Art der Belehrung, die Mejnour in „Zanoni“ dem Neophyten Glyndon zuteil werden lässt, und die Art, wie er ihn prüft, indem er ihn in seinem Haus allein lässt, auf eine kurze Reise geht und dann unerwartet zurückkehrt, gleicht sehr dem Verhalten Abra-Melins Abraham gegenüber, mit dem Unterschied, dass Abraham die Prüfung besteht, während Glyndon versagt. Wahrscheinlich dachte der Autor der „Strange Story“ an solche Experimente, wie sie im dritten Buch beschrieben sind, wenn er Sir Philip Derval in der handgeschriebenen Geschichte seines Lebens von gewissen Büchern sprechen lässt, die okkulte Experimente beschrieben, welche er versucht hatte und die ihm zu seiner Überraschung gelungen waren.

Dieses seltene und einzigartige Manuskript der heiligen Magie von Abra-Melin, nach dem das vorliegende Werk übersetzt wurde, ist eine französische Übersetzung von Abraham dem Juden. Stil und Schrift lassen auf das Ende des 17. und auf den Beginn des 18. Jahrhunderts schließen, und das Manuskript stammte wahrscheinlich von derselben Hand wie ein anderes über Magie von Picatrix, das sich ebenfalls in der „Bibliothèque l'Arsenal“ befindet. Ich kenne keine andere Abschrift dieser heiligen Magie von Abra-Melin, nicht einmal im Britischen Museum, wo ich die ungeheure Sammlung okkulter Manuskripte genau studiert habe. Auch auf dem Wege der Tradition ist mir nie etwas von dem Vorhandensein eines anderen Manuskriptes mitgeteilt worden (inzwischen hörte ich, dass zumindest ein Fragment oder vielleicht eine vollständige Abschrift in Holland vorhanden sein soll). Wenn ich es jetzt der Öffentlichkeit übergebe, fühle ich, dass es ernsten Schülern der okkulten Wissenschaft zum Nutzen sein wird, wenn ich ihnen ein magisches Werk, das vom okkulten Standpunkt aus von solcher Wichtigkeit ist, zum ersten Male zugänglich mache.

Das Manuskript ist in drei Bücher eingeteilt, jedes hat ein eigenes Titelblatt, das mit einer einfachen Randzeichnung in roter und schwarzer Tinte verziert ist, die keinerlei symbolische Bedeutung hat.

Sie ist einfach das Werk eines gewissenhaften Schreibers, der dem Titelblatt ein nettes und vollkommenes Aussehen geben wollte. Der Text ist auf jedem Titelblatt derselbe.

„Livre Premier (Second or Troisième, je nachdem) de la Sacrée Magie que Dieu donna à Moyse, Aaron, David, Salomon, et à d'autres Saints Patriarches et Prophètes qui enseigne la vraye Sapience Divine laissée par Abraham à Lamech son fils, traduite de l'hebreu 1458."

Ich gebe die Übersetzung des Titels am Beginn eines jeden der drei Bücher.

Auf dem Vorsatzblatt des Originalmanuskriptes befindet sich folgende Anmerkung in der Schreibweise des 18. Jahrhunderts: „Dieser Band enthält drei Bücher, und dieses ist das erste."

Abraham und Lamech, von denen hier die Rede ist, waren Juden, die im 15. Jahrhundert lebten, und es ist eine bekannte Tatsache, dass die Juden, die dieser Zeit angehörten und in die Quabbalah Salomons eingeweiht waren, als die besten Magier und Astrologen galten.

Dann folgt in einer späteren Schreibweise:
Werk in drei Teilen:

1. Teil 102 Seiten.
2. Teil 194 Seiten.
3. Teil 117 Seiten.
----
413 Seiten Juni 1883.

Der Text des Manuskriptes ist in einem ziemlich ungenauen und unklaren Französisch abgefasst, das durch fast völlige Vernachlässigung der Interpunktion und den Mangel an Gliederung nach Absätzen noch schwieriger verständlich wird. Sogar der Punkt am Ende eines Satzes wird häufig weggelassen, auch vermisst man oft den Großbuchstaben am Anfang eines Satzes. Das folgende Beispiel steht im dritten Band ziemlich am Ende.

„C'est pourquoy la premiére chose que tu dois faire principalement ates esprits familiers sera de lour commander de ne tedire jamais aucune chose deuxmemes que lorsque tu les interrogeras amoins queles fur pour tavertir des choses qui concerne ton utilite outon prejudice parceque situ ne leur limite pas leparler ils tediront tant et desi grandes choses quels tefusquiront letendement et tu ne scaurois aquoy tentenier desorte que dans la confusion des choses ils puorroient te faire prevariquer ettefaire tomber dans les erreurs irreparables ne te fais jamais prier en aucune chose tu pourrais aider et seccourir tonprochain et nattends pas quil tele demande mais tache descavoir afond …"

Dieser Auszug dürfte genügen, um eine beiläufige Idee von der Beschaffenheit des Französisch zu geben. Allerdings ist der Stil des ersten Buches fließender als der des zweiten und dritten. Da sich Abraham in dem Buch an seinen Sohn Lamech wendet, wird durchwegs die zweite Person Einzahl gebraucht. Dieses erste Buch enthält Ratschläge, welche die Magie betreffen, sowie eine Beschreibung von Abrahams Reisen und Erlebnissen, und erwähnt die vielen wunderbaren Werke, die er mit Hilfe dieses Systems der heiligen Magie vollführen konnte. Das zweite und dritte Buch, die die eigentliche Magie des Abra-Melin enthalten und auf den beiden Manuskripten aufgebaut sind, die er

Abraham dem Juden anvertraute, die aber Abraham noch mit einem Kommentar versah, unterscheiden sich im Stil von dem ersten, die Ausdrucksweise ist wunderlich, stellenweise unklar, und „vous“ ist oft anstatt „tu“ gebraucht*.

Man kann das Werk in großen Zügen auf folgende Weise einteilen:
Erstes Buch: Ratschläge und Selbstbiographie; beide richtet der Autor an seinen Sohn Lamech.
Zweites Buch: Allgemeine und genaue Beschreibung der Mittel, um die gewünschten magischen Kräfte zu erlangen.
Drittes Buch: Die Anwendung dieser Kräfte, um eine ungeheure Anzahl magischer Wirkungen zu erzielen.

Die Kapitel des zweiten und dritten Buches sind in dem Text durch Überschriften gekennzeichnet, in dem ersten Buch ist dies aber nicht der Fall. Um diesem Mangel abzuhelfen, habe ich in dem Inhaltsverzeichnis eine genaue Analyse des Inhalts des ersten Buches gegeben.

Dieses System der heiligen Magie empfing Abraham, wie er behauptet, von dem Magier Abra-Melin, und es gelang ihm, persönlich und tatsächlich die meisten der wunderbaren Ergebnisse, die in dem dritten Buche beschrieben werden, und noch andere zu erzielen.

Wer war denn Abraham, der Jude? Obgleich dies in dem Manuskript nicht ausdrücklich erwähnt wird, war er möglicherweise ein Nachkomme jenes Abraham, der das berühmte alchemistische Werk von 21 Seiten auf Rinde oder Papyrus schrieb, das in die Hände von Nicholas Flamel kam, und mit dessen Hilfe Flamel den Stein der Weisen erlangt haben soll. Von der einstigen Kirche St. Jacques de la Boucherie ist heute nur noch der Turm erhalten, der nicht weit von der Place du Châtelet und ungefähr 10 Minuten von der Bibliothèque de l'Arsenal entfernt

* Es folgt hier in der englischen Übertragung eine Erklärung von „tu“ und „vous“, die aber in der deutschen Übertragung unnötig ist.

ist. Nicht weit von diesem Turm ist eine Straße, die Rue Nicolas Flamel. Diese Straße und die Kirche, in deren Nähe er wohnte und die er und seine Frau Pernelle, nachdem er den Lapis Philosophorum gefunden hatte, mit einem schönen Säulengang versehen ließen, erinnern bis heute an ihn.

Nach seinem eigenen Bericht dürfte der Autor des vorliegenden Werkes im Jahr 1362 n. Chr. geboren sein und hat im Jahr 1458 in seinem 96. Lebensjahr dieses Manuskript für seinen Sohn Lamech geschrieben. Daraus geht hervor, dass er Zeitgenosse von Nicholas Flamel und Pernelle und von dem geheimnisvollen Christian Rosenkreuz, dem Begründer der berühmten Fraternität oder des Ordens derer von Rosenkreuz in Europa, war. Er scheint gleich Christian Rosenkreuz sehr früh den Wunsch gehabt zu haben, magisches Wissen zu erlangen. Wie seine beiden großen Zeitgenossen verließ er sein Heim, zog aus auf der Suche nach geheimem Wissen und kehrte wie sie als Wundertäter zurück. Damals glaubte man fast allgemein, dass nur jener geheimes Wissen erlangen könne, der um der Weisheit willen bereit sei, seine Heimat zu verlassen und den Kampf mit allerlei Gefahren aufzunehmen. Der Lebenslauf der verstorbenen Madame Blavatsky ist in dieser Hinsicht ein anschauliches Beispiel der neueren Zeit.

In der Zeit, in der Abraham der Jude lebte, glaubten fast alle Menschen an Magie, und die Lehrer der Magie wurden allgemein geehrt. Faust, wahrscheinlich auch ein Zeitgenosse Abrahams, Cornelius Agrippa, Sir Michael Scott und viele andere, die hier angeführt werden könnten, sind Beweise hiefür. Hier ist auch noch der berühmte Dr. Dee, der einem späteren Zeitalter angehört, erwähnenswert. Die Geschichte dieses Weisen, seine Beziehungen zu Sir Edward Kelly, und die Rolle, die er seinerzeit in der europäischen Politik spielte, sind allgemein bekannt und brauchen hier nicht näher ausgeführt zu werden. Dass Abraham der Jude einen ebenso großen politischen Einfluss wie diese Magier ausübte, geht aus der vorliegenden Arbeit eindeutig hervor. Seine Gestalt steht undeutlich und schattenhaft hinter der gewaltigen Erhebung von Mitteleuropa in jener schrecklichen, lehrreichen Zeitepoche; Adepten seiner Art erscheinen ja immer auf dem historischen Schauplatz zu Zeiten großer Völkerkrisen. Dieses Zeitalter, in dem drei Nebenbuhler um die großen bestimmenden Faktoren der damaligen Gesellschaft, um die Papstwürde und um das germanische Reich stritten, das Zeitalter, in dem die Bistümer sich gegenseitig befehdeten, Dynastien gestürzt wurden, die römische Kirche in ihren Grundfesten bebte, läutete in Europa die Sturmglocke zu jenem fürchterlichen Kampf, der stets einer Neuordnung der Gesellschaft vorangeht, zu jenem nationalen Wirbelsturm, der die Zivilisation von gestern vernichtet, aber die Reorganisation von morgen vorbereitet. Die ungeheure historische Bedeutung solcher Männer, wie unser Autor einer ist, wird immer unterschätzt, oft angezweifelt. Trotzdem gleicht ihr Auftreten in der politischen und historischen Arena der Schrift an der Mauer bei Belsazars Gastmahl, sie rufen der törichten und unwissenden Masse ein Mene, Mene, Tekel, Upharsin zu. Nur der Adept selbst kann ein vollständiges und wahrhaftes Bild seines Lebens geben, und selbst dann würde die Welt, falls sie es zur Kenntnis nähme, vielfach an seiner Glaubwürdigkeit zweifeln. So werden auch wenige Leser die unvollständigen Berichte seiner sonderbaren Erlebnisse glauben. Eines aber muss alle erschüttern, nämlich der Glaube, der ihn bei seinen zahlreichen Reisen durch unwirtliche Gegenden, die auch in unseren Tagen trotz moderner Verkehrsmittel schwer zugänglich sind, niemals verließ. Dieses Vertrauen wurde auch schließlich belohnt, allerdings erst in dem Augenblick, als selbst er in dem Gefühl getäuschter Hoffnung zusammenzubrechen drohte. Gleich seinem großen Namensvetter, dem Vater der hebräischen Rasse, hatte er seine Heimat, sein „Ur der Chaldäer", nicht vergeblich verlassen, denn er entdeckte schließlich das Licht der Weisheit der Initiierten, nach dem seine Seele so viele Jahre gerufen hatte. Die Erreichung des Zieles seiner Wanderungen war seine Begegnung mit Abra-Melin, dem ägyptischen Magier. Von ihm empfing er theoretische und praktische Unterweisungen in der Magie, die den Inhalt des zweiten und dritten Buches dieses Werkes ausmachen.

Der Name des ägyptischen Magiers ist in dem Originalmanuskript auf die verschiedenste Weise geschrieben: Abra-Melin, Abramelin, Abra-melin und Abraha-Melin. Ich bediene mich der Schreibweise Abra-Melin.

Soviel ich aus dem Text entnehmen konnte, hielt sich Abraham der Jude nach seinen Reisen hauptsächlich in Würzburg auf, in „Herbipolis“, wie es im Mittelalter genannt wurde. Er scheint seine Base geheiratet zu haben, die ihm zwei Söhne schenkte, den Älteren, Josef, den er in die Mysterien der heiligen Quabbalah einweihte, und Lamech, den Jüngeren, dem er das folgende System der heiligen Magie als Erbteil hinterließ und an den sich das erste Buch wendet. Er spricht ferner von drei Töchtern, von denen jede 100.000 Goldflorine als Mitgift erhielt. Er erwähnt ausdrücklich, dass er und seine Frau einen Schatz von 3 Millionen Goldflorinen mit Hilfe einiger magischer Operationen erlangten, die in dem dritten Buch beschrieben sind. Er schreibt ferner, dass seine erste Neigung für quabbalistische und magische Studien aus seiner Jugend stammte, in der er von seinem Vater Simon gewisse Belehrungen über die Geheimnisse der Quabbalah empfing. Nach seines Vaters Tod war sein sehnlichster Wunsch, auf die Suche nach einem initiierten Lehrer auszuziehen.

Für den ernstlich Suchenden kann das vorliegende Werk von großem Wert sein. Es ist ein Ansporn, nie im festen Glauben wankend zu werden, und eine Hilfe dazu, um zwischen echter und falscher Magie unterscheiden zu lernen. Außerdem ist es eine Anleitung zur praktischen Magie, in welcher der Verfasser, wie er versichert, Erfolg gehabt hat.

„Besonders beachtenswert sind die Hinweise Abrahams des Juden auf verschiedene Meister dieser Kunst, die niemand bei Namen nennen darf, und mit denen er auf seinen Wanderungen zusammenkam, der Bericht über die vielen Wunder, die er wirkte, und vor allem die sorgfältige Anordnung der magischen

Experimente mit Erklärungen und Ratschlägen in dem dritten Buch.

Ebenfalls sehr interessant sind die vielen Persönlichkeiten dieses Zeitalters, für die oder gegen die er Wunder wirkte: der deutsche Kaiser Sigismund, Friedrich der Streitbare, ein Bischof (wahrscheinlich Johann, der im Jahre 1403 mit Bewilligung des Papstes Bonifacius IX. die Würzburger Universität begründete, oder Echter von Mespelbrunn, der dieses edle Werk zu Ende führte), der Graf von Warwick, Heinrich VI. von England, die Gegenpäpste Johannes XXIII., Martin V., Gregor XII. und Benedikt XIII., das Konzil von Konstanz, der Herzog von Bayern, Herzog Leopold von Sachsen, der griechische Kaiser Konstantin Paleologos, und wahrscheinlich der Erzbischof Albert von Magdeburg, auch einige der Hussitenführer, kurz, eine lange Liste von Namen, die in jenen bewegten Zeiten berühmt waren.

In Anbetracht der Zeit, in der unser Autor lebte, und des Volkes, dem er angehörte, war er verhältnismäßig großzügig in seinen religiösen Ansichten. Er ist der festen Überzeugung, dass dieses System der heiligen Magie jedem zugänglich ist, ob er Jude, Christ, Mohammedaner oder Heide ist, und außerdem ermahnt er seinen Sohn Lamech, an seiner Religion festzuhalten, da man den Glauben, in dem man erzogen sei, nicht wechseln solle. Er schreibt die gelegentlichen Misserfolge des Magiers Josef von Paris dem Umstande zu, dass dieser seinen christlichen Glauben aufgegeben und Jude geworden war. Josef von Paris und Abra-Melin sind nach den Aufzeichnungen des Verfassers die einzigen Personen, die mit dem folgenden System der Magie vertraut waren.

Zuerst ist es einem nicht ganz klar, wieso ein Religionswechsel derart okkulte Nachteile mit sich bringen könne. Man muss aber bedenken, dass ein Religionsübertritt ein feierliches und vollständiges Abschwören jener Religion bedeutete, zu der man sich bisher bekannt hatte. Hierin liegt die eigentliche Gefahr, denn was auch immer für Irrtümer einem Glaubensbekenntnis anhaften mögen, die Bekenntnisse beruhen doch alle auf der Anerkennung erhabener göttlicher Kräfte. Daher ist das Leugnen einer Religion, abgesehen von den Irrtümern eines Bekenntnisses, gleichbedeutend mit dem förmlichen und feierlichen Leugnen der Wahrheiten, auf denen sie ursprünglich begründet war. Wenn jemand dies getan hat und später mit der praktischen Magie beginnt, so muss er die Formeln, die er magisch und feierlich, wenn auch unbewusst verneint hat, mit Aufbietung aller seiner Willenskraft bejahen. Nach dem okkulten Gesetz der Reaktion würde sonst die Erinnerung an diese Verleugnung, mit der er seiner Atmosphäre ein Siegel aufdrückte, den gewünschten Effekt der Operation verhindern. Die Kraft muss an Intensität jener Kraft entsprechen, mit der er seinem früheren Glauben abgeschworen hat. Das größte Hindernis bei einer magischen Operation ist Unglaube, denn er hindert und schwächt die Willenskraft, Das kann man selbst an den einfachsten natürlichen Operationen beobachten. Kein Kind könnte gehen lernen, kein Student sich irgend ein Wissen einprägen, wenn sie nicht den Glauben an das Gelingen hätten, Deshalb haben alle Adepten und große Lehrer der Religion und Magie Glauben gefordert.

Trotz der Großzügigkeit, mit der er die Vortrefflichkeit jeder Religion anerkennt, ist er gleich den Männern so vieler Jahrhunderte nicht frei von Ungerechtigkeit und Neid den Frauen gegenüber. Das männliche Unterbewusstsein scheint es nicht vergessen zu haben, dass die Frau, solange man sie nicht hinderte, dem Manne durch Jahrhunderte hindurch in jeder Hinsicht ebenbürtig war, und er fürchtete ihre Überlegenheit; denn die Amazonen (dies gibt ein griechischer Schriftsteller, wenn auch widerwillig, zu) konnten nur durch männliche Übermacht, nie aber durch männliche Tapferkeit allein besiegt werden. So gibt Abraham der Jude widerwillig zu, dass die heilige Magie durch eine Jungfrau ausgeübt werden kann, zu gleicher Zeit rät er aber ab, sie darin zu unterweisen. Die zahlreichen Frauen der Gegenwart, die bereits tief in das okkulte Wissen eingedrungen sind, geben die beste Antwort darauf. Abgesehen von diesen Entgleisungen sind seine Ratschläge hinsichtlich des Gebrauches der erlangten magischen Kräfte zur Ehre Gottes, zum Wohle des Nächsten und der ganzen lebendigen Schöpfung der größten Ehrfurcht wert. Wenn man sie liest, hat man den deutlichen Eindruck, dass es sein heiligster Wille war, nach dieser Überzeugung zu handeln.

Er befolgte seinen eigenen Rat nicht, dass man nicht nur während der sechs Monate (Monde) der Vorbereitung ein zurückgezogenes Leben führen solle, sondern auch dann, wenn man nach seinem System magische Kraft erlangt hat; denn nach seiner Selbstbiographie war er ständig in die Zwistigkeiten und Wirren seiner Zeit verwickelt. Scheinbar wurde damals das Einsiedlerleben sehr empfohlen. Jene Adepten aber, die als Eingeweihte und Wundertäter sozusagen die Mittler zwischen den großen verborgenen Adepten und der äußeren Welt waren, richteten sich selten danach. Unser Autor ist ein solcher Mittler und Abra-Melin einer der großen verborgenen Adepten.

Das besondere System der Magie, von dem das vorliegende Werk handelt, ist bis zu einem gewissen Grad „sui generis", aber nur bis zu einem gewissen Grad. In der Art der Anwendung liegt das Einzigartige. Die Magie, die Wissenschaft von der Beherrschung der geheimen Naturkräfte, hat sich immer in zwei Richtungen gespalten, in das Wirken des Guten oder die Magie des Lichtes und in das Wirken des Bösen oder die Magie des Dunkels.

Die Lichtmagie oder weiße Magie beruht auf der Kenntnis und Beschwörung engelhafter Kräfte, die Magie des Dunkels oder schwarze Magie auf der Beschwörung von Dämonen.

Die Beschwörung engelhafter Kräfte, das Schließen eines Paktes mit den bösen Geistern und die Unterwerfung unter die bösen Geister gehören zu den allgemeinen Zeremonien der Magie. Das magische System aber, das in der vorliegenden Arbeit gelehrt wird, beruht auf den folgenden Ideen:

a.) die guten Geister und die engelhaften Lichtkräfte haben mehr Gewalt als die gefallenen Geister der Dunkelheit, b.) die Geister der Dunkelheit müssen zur Strafe den Initiierten der weißen Magie dienen. (Diese Idee ist auch im Koran, richtiger Quran, ausgedrückt.)

c.) Nach dieser Lehre werden alle gewöhnlichen materiellen Effekte und Phänomene von bösen Geistern im Dienste des Guten gewirkt.

d.) Wenn sich aber die bösen Dämonen der Herrschaft des Guten entziehen können, werden sie natürlich die schrecklichsten Dinge tun, um sich zu rächen.

e.) Anstatt den Menschen zu dienen, werden sie versuchen, ihn durch Schließung von Pakten zu unterjochen.

f.) Um dies zu erreichen, werden sie ihn mit allen möglichen Mitteln quälen und heimsuchen.

g.) Um ein Adept zu werden, der sie beherrschen kann, ist die höchste Willenskonzentration, Reinheit des Herzens, Reinheit der Beweggründe und Kraft der Selbstbeherrschung nötig.

h.) Dies kann nur durch Selbstverleugnung auf jeder Ebene erlangt werden.

i.) Der Mensch steht seiner Natur nach zwischen den Engeln und Dämonen und ist auch der natürliche Beherrscher seiner Natur. Jedem Menschen sind naturgemäß ein Schutzengel und ein böser Dämon, sowie einige besondere Geister (Hausgeister), zugesellt, von den Menschen aber hängt der Sieg des Engels oder des Teufels ab. Um das Niedere und das Böse zu unterwerfen, ist die Kenntnis des Guten und des Erhabenen (in der theosophischen Sprache unserer Zeit das Wissen um das Höhere Selbst) nötig. Daraus folgt, dass das Magnum Opus, welches das vorliegende Werk vorbereiten soll, auf folgende Weise gewirkt werden kann: Durch Reinheit und Selbstverleugnung kann der Umgang mit dem Heiligen Schutzengel erlangt werden, und durch diesen Umgang wird uns das Recht, uns der bösen Geister in allen materiellen Angelegenheiten zu bedienen.

Darin besteht das Wesen der geheimen Magie des Magiers Abra-Melin, wie es sein Schüler Abraham der Jude bis in die kleinsten Einzelheiten lehrt und ausgearbeitet hat. Mit Ausnahme der schwarzen Magie Grimoires lehren und fordern alle mittelalterlichen Manuskripte und alle einschlägigen Werke bei den magischen Operationen die Anrufung göttlicher und engelhafter Kräfte, um die Dämonen zu überwachen. Diese Tatsache ist also nichts Neues, neu ist aber die Forderung einer sechsmonatigen Vorbereitung und die Einordnung der Dämonen nach ihren Funktionen und den Resultaten ihres Wirkens, die nirgends anders aufscheint.

Besonders erwähnenswert sind die Schilderungen Abrahams, die er von seinen zahlreichen Wanderfahrten macht, und die genaue Beschreibung der Personen, die behaupteten, dass sie magische Kräfte hätten, die genauen Angaben dessen, was sie vermochten, und was sie nicht vermochten, und der Gründe ihres Erfolgs oder Misserfolges.

Ein Kind bei der Beschwörung des Schutzengels als Helfer zu verwenden, ist nichts Ungewöhnliches. Bei der „Mendal", einer Art östlicher Hellseherei, die den Lesern von Wilkie Collins' „Der Mondstein" her bekannt ist, wird Tinte in eines Kindes Hand gegossen und nach bestimmten mystischen Worten des Beschwörers sieht es darin Erscheinungen. Die berühmte Beschwörung, welcher der große Bildhauer des Mittelalters, Benvenuto Cellini, beigewohnt haben soll, wurde auch mit Hilfe eines Kindes, das die Rolle des Sehers hatte, durchgeführt. Cagliostro (siehe Anhang B) soll ebenfalls für diese Zwecke Kinder verwendet haben. Ich kann es allerdings nicht verstehen, warum man bei der Beschwörung des Engels durchaus eines Kindes bedarf, wenn der Beschwörer reinen Herzens ist und die Fähigkeit des Hellsehens, die in jedem Menschen latent ist und die auf der praktischen Anwendung der Gedankenvision beruht, ausgebildet hat. Diese Gedankenvision übt jeder unbewusst aus, der an einen Ort, eine Person oder ein Ding denkt, die er gut kennt, zu gleicher Zeit erscheint das Bild des Gedachten vor seinem geistigen Auge. Die Vervollkommnung und die Bewusstmachung dieser Tätigkeit sind die Grundlage des sogenannten

Hellsehens. Unter den Bewohnern des schottischen Hochlandes ist diese Fähigkeit allgemein verbreitet und wird von den Engländern „zweites Gesicht“ genannt.

Leider zeigt Abraham der Jude gleich vielen modernen Okkultisten eine starke Intoleranz anderen magischen Systemen gegenüber, die von seinem eigenen System abweichen. Nicht einmal der berühmte Name Petrus von Abano (geboren um 1250) schützt das „Heptameron oder die magischen Elemente“ vor dem vernichtenden Urteile des Abraham (siehe drittes Buch, Ende). Werke über Magie, schriftliche Beschwörungen, Pentakel, Siegel und Symbole, magische Zirkel, den Gebrauch einer anderen Sprache als der Muttersprache scheint er zu verdammen. Wenn ich aber sein Werk genauer betrachte, glaube ich, herauszufinden, dass er nur den Missbrauch der erwähnten Dinge durch Unwissenheit meint, aber nicht ihre vernünftige und richtige Anwendung.

Es wird gut sein, wenn wir diese Fragen hier vom okkulten Standpunkt eines Eingeweihten zum Wohle wahrhaft Suchender prüfen. Abraham weist an mehreren Stellen darauf hin, dass das System der Heiligen Magie auf der Quabbalah beruht. Er stellt ausdrücklich fest, dass er seinen ältesten Sohn Joseph, den Erstgeborenen, in der Quabbalah unterwiesen habe, wie er selbst von seinem Vater Simon darin belehrt worden sei. Aber dieses System der Magie hinterlasse er seinem jüngeren Sohn Lamech als eine Art Ersatz, da er als der Jüngere in der Quabbalah nicht unterwiesen werden konnte. Dies scheint die Ursache zu sein, warum er Lamech vor dem Gebrauch gewisser Siegel, Pentakel und unverständlicher Worte etc. warnt, da die meisten von ihnen auf den Geheimnissen der Quabbalah beruhen und einem Unwissenden durch unrichtigen Gebrauch oder Verstümmelung der in ihnen enthaltenen geheimen Formeln sehr gefährlich werden können. Jeder Suchende, der mit mittelalterlichen magischen Werken (gedruckt oder in Manuskriptform) vertraut ist, weiß, dass in den Siegeln, Pentakeln, hebräischen und chaldäischen Namen zahlreiche Irrtümer vorkommen, die durch fehlerhafte Transkription und Reproduktion, die von Unwissenden vorgenommen wurden, entstanden sind. Dies geht manchmal so weit, dass der Gebrauch der verstümmelten Formeln gerade das Gegenteil von dem erwarteten Ergebnis zeitigen müsste. (Ich habe diesen Gegenstand ausführlich in meinen Anmerkungen zu „Key of Salomon", Schlüssel Salomonis, den ich vor einigen Jahren veröffentlichte, behandelt). Es scheint, dass Abraham der Jude seinen Sohn vor verhängnisvollen Irrtümern bewahren wollte und ihm aus diesem Grunde Abscheu vor allen anderen Systemen und Operationen einflößte. Außer diesen unfreiwilligen Veränderungen der magischen Symbole war außerdem noch die Möglichkeit gegeben, dass eines der zahlreichen Exemplare der schwarzen Magie in seine Hände fallen könnte, wie es wahrscheinlich auch Abraham ergangen war. In diesem Werk sind die Symbole absichtliche Verdrehungen göttlicher Namen und Siegel, um die bösen Geister anzulocken und das Gute zu verhüten.

Das dritte Buch des vorliegenden Werkes enthält zahlreiche quabbalistische Buchstabenquadrate, die einfach Pentakel darstellen. Die in ihnen enthaltenen Namen machen ihren besonderen Wert aus. Unter ihnen findet man eine Form des berühmten Sator, Arepo, Tenet, Opera, Rotas, eines der Pentakel im Schlüssel Salomonis. Abrahams Formel weicht etwas ab:

S	A	L	O	M
A	R	E	P	O
L	E	M	E	L
O	P	E	R	A
M	O	L	A	S

Es wird angewendet, um die Liebe eines Mädchens zu erlangen.

Das Pentakel in meinem „Key of Solomon the king“ ist dem Saturn zugeordnet, das obenstehende aber der Natur der Venus.

Ich gebe die hebräische Form (siehe Anhang A) Tafel des hebräischen und chaldäischen Alphabetes) in den entsprechenden Lateinbuchstaben.

Sh	A	Th	V	R
A	R	H	P	V
Th	H	N	H	Th
V	P	H	R	A
R	V	Th	H	Sh

oder in Lateinbuchstaben:

S	A	T	O	R
A	R	E	P	O
T	E	N	E	T
O	P	E	R	A
R	O	T	A	S

In dem „Schlüssel Salomonis“ befindet sich ein Pentakel in einem doppelten Kreis, in den die folgende Bibelstelle aus Psalm 72, Vers 8, hineingeschrieben ist: „Er wird herrschen von einem Meer zum anderen und von dem Strom an bis zu der Welt Enden.“ Im Hebräischen besteht diese Stelle aus genau 25 Buchstaben, also genau so viele Buchstaben, wie das Quadrat enthält. Man bemerkt sofort, dass beide Quadrate doppelte Akrostichons sind; die darin enthaltenen Wörter lauten nämlich immer gleich, ob sie nun senkrecht, waagrecht, von oben, von unten, von rechts nach links, vor oder zurück gelesen werden. Die als Pentakel im Schlüssel Salomonis gegebene Form hilft im Unglück und dämpft den Hochmut der Geister.

Dieses Beispiel zeigt deutlich, dass Abraham nicht gegen die Anwendung von Pentakeln ist, sondern nur gegen Missbrauch und Verstümmelung derselben aus Unwissenheit.

Außer den Akrostichons finden wir im dritten Buch auch Quadrate mit freien Feldern, bei denen die Buchstaben in Form eines Gnomon (Schattenzeiger) angeordnet sind. Bei anderen Quadraten wieder ist das Mittelfeld des Quadrates freigelassen.

Im Anhang C (siehe Anhang C, Beispiel für die Anrufung von Engeln) zu der Einleitung werde ich wegen der Vergleichsmöglichkeit einige Anrufungen von Engeln geben, die anderen Quellen entnommen sind.

Abraham sagt an mehreren Stellen, dass Abra-Melins besonderes System der Magie in der Quabbalah begründet sei. Dies kann hier leicht überprüft werden. Die Quabbalah selbst ist in viele Teile geteilt; der Hauptteil ist mystisch lehrhaft und behandelt die innere okkulte Bedeutung der heiligen jüdischen Schriften. Nach dem Zahlenwert der hebräischen Buchstaben werden zwischen den einzelnen Wörtern Analogien hergestellt, denn die Zahlenwerte sämtlicher Buchstaben der einzelnen Wörter müssen miteinander übereinstimmen. Das allein ist schon ein ziemlich kompliziertes Studium, und es würde für unseren Zweck zu weit führen, wenn wir darauf näher eingingen. Übrigens wird dieser Gegenstand in meinem Werk „Die enthüllte Kabbalah" (The Kabbalah Unveiled) gründlich behandelt. Die sogenannte praktische Quabbalah ist die Anwendung mystischer Lehren, um magische Resultate zu erzielen. Die Quabbalah bringt bis in die kleinsten Einzelheiten die Einordnung der Namen Gottes und der Engel, der himmlischen Heerscharen und der Ordnungen der Engel, die, besonderen Namen der Erzengel, Engel, Intelligenzen, Dämonen. Die Kenntnis dieser Dinge erweckt das kritische Verständnis für Korrespondenzen, Sympathien und Antipathien in der unsichtbaren Welt. Abraham versichert, dass dieses System der geheimen Magie durchaus verlässlich ist; da alle seine Teile richtig sind, kann der Magier bei Anwendung der hier gegebenen Namen und Formeln weder Irrtümer begehen, noch sie bei unpassenden Gelegenheiten anwenden.

Es ist auch bemerkenswert, dass Abraham (wahrscheinlich um seinen Sohn Lamech so wenig als möglich zu verwirren) nur von zwei Arten von Geistern spricht: von den Engelen und von den Teufeln. Die Engel sollen herrschen, die Teufel sollen beherrscht werden. Er erwähnt aber die Elementargeister nicht, von denen es zahllose Arten gibt. Manche von ihnen sind gut, manche böse, und viele weder gut noch böse. Vieles, was mit den Beschwörungen des dritten Buches erreicht werden soll, könnte besser durch Elementargeister als durch Dämonen erreicht werden. Jeder vorgeschrittene Adept – und Abraham war zweifellos ein solcher – muss von ihrem Dasein, ihrer Kraft und ihrer Bedeutung wissen. Entweder wollte er Lamech dieses Wissen nicht offenbaren, oder, was noch wahrscheinlicher ist, er fürchtete, ihn durch die vielen Belehrungen, die zum Verständnis der richtigen Einordnungen, ihrer Natur und ihrer Funktionen nötig gewesen wären, zu verwirren. Abraham wollte aber seinen Sohn in praktischer Magie unterweisen und nicht in den Geheimnissen der Quabbalah. Für diesen Zweck ist die Richtigkeit der Symbole, wie sie im dritten Buch gegeben sind, wichtiger als die Lehren von den Elementargeistern.

Eine Abhandlung über die guten und bösen Naturen der Geister ginge weit über den Rahmen dieser Einleitung hinaus. Ich will daher nur ganz kurz den Unterschied zwischen Engeln, Elementargeistern und Teufeln geben.

Wenn die Engel auch in zahlreiche Ordnungen und Hierarchien eingeteilt sind, haben sie doch eine Grundeigenschaft: Sie sind durchaus gut in Wesen und Werk, sie sind die bewussten Vollstrecker des göttlichen Willens auf der materiellen Ebene. Sie sind verantwortliche Kräfte und können daher zu Fall kommen. Sie sind von den Strömungen der unendlichen geheimen Naturkräfte unabhängig und wirken über ihnen, aber sie sympathisieren mit diesen Kräften in dem Maße, als sie ihren Eigenschaften und ihrer Ordnung entsprechen. Deshalb sind sie mächtiger als der Mensch, als die Geister, die Elementale und der Teufel.

Es gibt viele Arten von Elementalen, sie sind die Kräfte der Naturelemente und wirken in den verschiedenen natürlichen Kraftquellen. Sie können nur in diesen Strömungen wirken und können sich nicht über sie erheben, daher sind sie abhängige Geister. Sie sind daher nicht für den Kraftstrom als Ganzes verantwortlich, sondern nur für den Teil, in dem sie gerade wirken. Sie sind auch von dem großen Kraftstrom abhängig, in dem sie leben, sich bewegen und in dem ihr Sein begründet ist. Aber sie beherrschen jenen besonderen Teil dieses Stromes, den sie lenken. Solche Wesen sind den Menschen an Intuition und magischer Kraft in ihrem eigenen Elemente überlegen. Da sie aber an die Natur ihres Elementes gebunden sind, ist ihnen der Mensch überlegen. Sie kommen in allen Mythologien des Altertums vor; als Zwerge und Elfen bei den Skandinaviern, als Nymphen, Hamadryaden und Naturgeister bei den Griechen; als gute und böse Feen sind sie uns von unseren Kindertagen her vertraut; als Scharen von Nixen, Satyrn, Faunen, Sylphen, als Kräfte, die von den Fetischen der schwarzen Rasse angezogen und günstig gestimmt werden sollen. Sie sind meist nichts anderes als unrichtig gesehene Manifestationen der Elemente. Zu den guten gehören die Salamander, Undinen, Sylphen und Gnomen, die in der Lehre der Rosenkreuzer vorkommen. Andere wieder sind schrecklich boshaft, spielen allerlei Schabernack, und Uneingeweihte können sie leicht für Teufel halten, aber Teufel sind mächtiger als sie. Viele sind halt weder gut noch böse, sie wirken ohne Vernunft wie Affen und Papageien. Sie haben Tiernatur, eigentlich die verzerrte, vermengte Natur verschiedener Tiere, und die Symbolik ihrer Manifestation ist von der gleichen Art. Eine sehr große Gruppe handelt nicht gerade unvernünftig, ist aber immer bedacht, die vorherrschende Kraft ihrer Umgebung zu verstärken, Wird ein Geist dieser Art von einer Vereinigung guter Menschen angezogen, so wird er ihre Ideen zu guten Taten lenken; von bösen Menschen angezogen, wird er sie zum Verbrechen treiben. Wie viele Verbrecher versuchen sich damit zu rechtfertigen, dass „ihnen ständig etwas zuredete, das Verbrechen zu begehen“. Aber diese Art von Suggestion kommt nicht von Elementalen allein, sondern sehr oft von den astralen Überbleibseln böser verstorbener Menschen, die im Leben schlimme Taten begangen haben. Teufel hingegen sind mächtiger als Elementargeister, aber das Böse, das sie wirken, steht in gleichem Verhältnis zu dem Guten, das die guten Engel im Dienste Gottes tun. Ihre Bösartigkeit ist viel schrecklicher als die der Elementargeister, denn ihre Macht ist nicht durch einen bestimmten, natürlichen Kraftstrom begrenzt. Ihr Wirkungsfeld ist weit größer. Sie handeln niemals unbewusst, sie handeln bewusst und mit Absicht böse.

Ich kann Abrahams Benehmen gegen die Geister nicht billigen. Wahre Eingeweihte sind immer dafür eingetreten, dass sich der Beschwörer der größten Höflichkeit befleißigen möge, und das nur im Falle der Widerspenstigkeit größere Strenge walten dürfe; man dürfe sogar die Teufel für ihre Schlechtigkeit nicht verantwortlich machen, sonst würde der Magier in Irrtum verfallen. Aber vielleicht wollte Abraham nur verhüten, dass sein Sohn sich durch Nachgiebigkeit den Geistern gegenüber in Gefahr begebe.

Dämon wird in der vorliegenden Arbeit statt Teufel gebraucht. Dämon kommt von dem griechischen „Daimon“, das weder einen guten noch einen bösen Geist, sondern allgemein einen „Geist“ bedeutet.

„1000 und eine Nacht“ (Arabische Nächte) enthält viel magisches Gut, vor allem direkte Anleitungen für Eingeweihte, um ähnliche Resultate zu erzielen.

Zum Beispiel gibt das 9. Kapitel, Band 3, die Symbole, die nötig sind, um Menschen in Tiere zu verwandeln, ein ziemlich häufiges Motiv in diesem Buche, wie in der „Geschichte von dem ersten alten Mann und der Hirschkuh“, in dem Märchen, „Die drei Kalendarier und die fünf Damen von Bagdad“, „Beder und Gianhare“. Ein anderes Motiv ist die freiwillige Verwandlung des Magiers in eine andere Gestalt, wie in der „Geschichte des 2. Kalendariers". Die hierzu nötigen Symbole finden wir in dem 21. Kapitel unseres 3. Buches.

Bei diesen Kapiteln werden sich auch viele Leser an die wunderbaren magischen Wirkungen erinnern, die Faust angeblich hervorbrachte, der, wie ich bereits erwähnte, ein Zeitgenosse Abrahams gewesen sein dürfte. Sie werden aber nach vorliegendem Werke nicht durch schwarzmagische Methoden (Pakt, Teufelsanbetung) hervorgebracht – diese verdammt der Autor gründlich –, sondern durch ein System der quabbalistischen Magie, wie es auch im „Schlüssel des Königs Salomon" (Key of Solomon the King) und in den „Clavicles of Rabbi Solomon" (Die Schlüssel des Rabbi Salomon) zu finden ist. Es besteht nur der Unterschied, dass Abra-Melin zu Beginn des gesamten Werkes ein für alle Mal den Schutzengel anruft, während in den erwähnten Schriften die Engel bei jeder einzelnen Beschwörung mit Hilfe des magischen Kreises angerufen werden. Ich glaube nicht, dass Abraham diese und ähnliche Werke abgelehnt hat, da er doch erkennen musste, dass sie gleich seinem System auf dem geheimen Wissen der Quabbalah aufgebaut sind, und diese beruht auf dem gewaltigen Plan uralter Weisheit der initiierten ägyptischen Magier. Bei jedem ernsten Studium der Quabbalah und der modernen Ägyptologie muss die Grundlage in jenem Lande der Mysterien gesucht werden, in der Heimat der Götter, deren Symbole und deren Hierarchie einen so wesentlichen Teil der heiligen Riten ausmachen, und von wo uns bis in die heutige Zeit so viele magische Anweisungen überkommen sind.

Wir müssen genau zwischen der wirklichen alten ägyptischen Magie und den arabischen Ideen und Überlieferungen, wie sie in der Jetztzeit in Ägypten vorherrschen, unterscheiden lernen. Ich glaube, der berühmte Lernormant spricht in seinem Werke über chaldäische Magie von dem Unterschied zwischen der ägyptischen und der chaldäischen Magie. Der chaldäische Magier schwört wohl die Geister, aber der ägyptische nimmt selbst die Zeichen und die Namen Gottes an, und so gebietet er selbst den Geistern in seiner Beschwörung. Dies fordert aber eine klare, kritische Erkenntnis des Wesens der Götter und ihrer Kräfte. Er muss auch Vertrauen zu ihnen haben und wissen, dass sie ihm helfen werden, die beschworenen Kräfte zu beherrschen. Es ist dies das erhabenste System der „Weißen Magie“, das der Mensch fassen kann.

Sehr beachtenswert ist auch, dass sich Abraham für den Gebrauch der Muttersprache bei den Gebeten und Anrufungen einsetzt. Was die Lippen formen, soll aus ganzer Seele und aus ganzem Herzen verstanden werden. Wenn mir das auch einleuchtet, möchte ich doch Gründe für den Gebrauch einer fremden Sprache anführen. Vor allem werden Sätze, die nicht dem Alltagsleben angehören, in einer Sprache, die als heilig gilt, den Bewusstseinszustand erhöhen. Hebräisch, Chaldäisch, Ägyptisch, Griechisch, Lateinisch sind klangvoller und rhythmischer als die meisten modernen Sprachen und wirken feierlicher. Dadurch wird die magische Operation auf eine höhere Ebene gehoben, was sehr wichtig ist. Aber vor allem muss der Magier sein Gebet oder seine Beschwörung genau verstehen; darin hat Abraham recht. Außerdem eignen sich diese alten Sprachen besser zum Ausdruck von Beschwörungsformeln („formulas of correspondences“) als die modernen.

Pentakel und Symbole dienen als geeignete ausgeglichene Grundlagen, um magische Kräfte zu empfangen. Wenn aber der Magier nicht Kräfte auf sie herabziehen kann, sind sie für ihn tote und wertlose Zeichen.

Wenn sie aber von einem Eingeweihten wissend gebraucht werden, können sie ihm machtvoller Schutz und Hilfe werden, denn sie unterstützen und sammeln seine Willenskraft.

Auf die Gefahr hin, mich zu wiederholen, muss ich den Suchenden sagen, dass sie Abrahams Ausführungen über den Gebrauch magischer Zirkel und die Entlassung der Geister nicht falsch auffassen sollen. Bei seinen Geisterbeschwörungen ist es tatsächlich nicht nötig, einen magischen Zirkel zum Schutz und zur Verteidigung zu ziehen. Denn Schlafkammer, Oratorium und Terrasse werden durch die vorbereitenden Zeremonien der vorhergehenden „Sechs Monde“ geweiht. So ist der ganze Ort geschützt und der Magier sozusagen ständig in einem magischen Kreis. So erübrigt sich auch die Entlassung der Geister bis zu einem gewissen Grade, weil die Geister nicht durch die geweihte Grenze der Peripherie, die durch die Mauern des Hauses gebildet werden, eindringen können. Dem Magier sei aber zur Warnung gesagt: Wenn er bei gewöhnlichen Beschwörungen so furchtbare Kräfte wie Amaymon, Egyn, Beelzebub an einem ungeweihten Ort ohne magischen Kreis anruft, muss die Beschwörung mit dem sofortigen Tod des Beschwörers enden. An dem Körper wird je nach den besonderen Umständen Tod durch Epilepsie, Schlagfluss oder durch Erwürgen festzustellen sein. Wenn der Kreis gezogen ist, hüte sich der Beschwörer sorgsam, ihn zu überschreiten oder sich darüber zu beugen, so lange die Beschwörung dauert und bevor er die Geister entlassen hat. Denn abgesehen von anderen Gründen entstehen innerhalb des Kreises besondere atmosphärische Zustände durch Erregung eines Kraftfeldes, das von dem außerhalb des Kreises befindlichen vollständig verschieden ist. Selbst ohne bösartige okkulte Tätigkeit der Geister würde der plötzliche und unvorbereitete Übergang von einer Atmosphäre in die andere dem Beschwörer bei der Nervenanspannung, in der er sich befindet, ernstlich schaden. Man vergesse auch niemals, die Geister zu entlassen, denn die bösen Kräfte warten nur auf die Gelegenheit, sich an dem Beschwörer dafür zu rächen, dass er sie gestört hat. Diese Gelegenheit wäre ihnen gegeben, wenn er unvorsichtigerweise den Kreis verließe, ohne sie vorher, nötigenfalls durch entgegengesetzte Beschwörungen, entlassen zu haben.

Ich teile Abrahams Meinung nicht, dass man allen Mächtigen der Erde den Vorgang der heiligen Magie vorenthalten solle. Jedes große okkulte System hat seine eigenen okkulten Wächter, die Unbefugten den Eintritt verwehren werden.

Ich warne jeden Strebenden sehr ernstlich vor der gefährlichen selbstwirkenden Natur gewisser magischer Quadrate des dritten Buches. Wenn man sie nicht sorgsam aufbewahrt, können sie Kindern, sensitiven Erwachsenen und auch Tieren Schaden bringen. Abrahams Ablehnung der gewöhnlichen Astrologie und der Anwendung der Planetenstunden ist sehr beachtenswert. Ich habe allerdings die Planetenstunden mit Erfolg angewendet.

Alle schwierigen oder unklaren Stellen habe ich genügend mit Erklärungen versehen. Es sind ihrer so viele, dass sie fast einen Kommentar für sich bilden. Die Erläuterungen zu den Namen der Geister sind sehr mühevoll gewesen, da es oft sehr schwierig war, die Wurzelwörter zu finden. Dasselbe gilt von den Symbolen des dritten Buches.

Eingeklammerte Sätze oder Wörter dienen dem besseren Verständnis einzelner Textstellen.

Zum Schlusse will ich nur sagen, dass ich diese erklärende Einleitung nur für ernstlich Strebende geschrieben habe. Mit der gewöhnlichen literarischen Kritik, die alles Okkulte ablehnt, habe ich nichts zu schaffen.

87, Rue Mozart, Auteuil, Paris.

ANHANG 2

BARDONS GENIEN UND DIE ABRAMELIN-MAGIE

Aus „**Anubis**“ Nr. 10, Dezember 1988

Vor kurzem erschien im Verlag Diederichs eine viel beachtete Neuauflage des „*Buchs der wahren Praktik in der göttlichen Magie*“ des Abraham von Worms. Die kritische Textausgabe samt Kommentar und Fallbeispielen lenkt nun wieder verstärktes Interesse auf diesen Klassiker der Magie. Die eigentliche Sensation fand jedoch schon einige Monate zuvor statt: In geringer Auflage vervielfältigt, erschien eine unauffällige Schrift unter dem etwas irreführenden Titel „Schutzengelbuch“. Der Autor, Emil Stejnar, schildert dabei jedoch eine Entdeckung von großer Bedeutung für die Geschichte des Okkultismus: Franz Bardon, dessen Bücher den deutschsprachigen Okkultismus in den ersten Nachkriegsjahrzehnten stark beeinflusst haben, schöpfte aus der Abramelin-Magie!

Der Autor des vorliegenden Artikels setzt sich mit Stejnar und seiner Schule auseinander. Der Zugang zu dieser Disziplin wird manchem pragmatischen Magier nicht ganz leicht fallen: Stejnar fühlt sich der traditionellen Magie mit ihrem Geister-Modell verbunden, und viele seiner Formulierungen (Reizwort „Engel“) stoßen selbstverständlich auf inneren Widerstand bei der Generation des ausgehenden 20. Jahrhunderts. Man sollte jedoch nicht den Fehler begehen, über Weltanschaulichkeiten zu debattieren und dabei die Praxis zu vergessen. Jede magische Theorie – ob man nun „Geister beschwört“, „Energien ausstrahlt“, „das Unbewusste parapsychisch programmiert“ oder „Informationsfelder gestaltet“ – ist nur ein Gleichnis, ein Symbol, die Beschreibung ein und desselben Vorgangs. Das magische Geschehen wird immer nur in den Schablonen des jeweiligen Weltbildes wahrgenommen; spricht immer die Sprache des Empfängers. Kein Modell ist „richtiger“ als die anderen. Vom praktischen Gesichtspunkt gesehen zeigt Stejnars Methode, wenn man der wachsenden Anhängerschaft Glauben schenkt, große Wirksamkeit.

Frater Erec

Für einiges Aufsehen in der deutschsprachigen Okkultszene sorgt seit einigen Monaten das „Schutzengelbuch“ des Wiener Okkultisten Stejnar; denn was da auf den ersten Blick als Buch voll Moral und Frömmigkeit erscheint, ist in Wirklichkeit eine neue, hochwirksame Anleitung zur Kontaktherstellung mit den Geistern der Magie Abramelins. Der Autor ist ein Bardon-Schüler und legte schon mit seinen „Exerzitien für Freimaurer“ einen Schlüssel vor, nämlich den zur Magie der Freimaurer. Im „Schutzengelbuch“ beschreibt er, wie man die Tür zur Welt der Genien öffnet. Durch die Methode der mystischen Evokation ist es auch magisch Ungeschulten möglich, mit bestimmten Wesenheiten Kontakt aufzunehmen.

Erstmals wurden diese Genien von dem Juden Abraham von Worms beschrieben. 1387 hat er in seinem „Buch der wahren Praktik der göttlicher Magie“ einige hundert Namen bekannt gegeben und auch die Methode, wie deren Siegel (die zur Anrufung nötig sind) zu erhalten sind. Von diesem Buch sind im Lauf der Jahrhunderte verschiedene Auflagen mit unterschiedlichem Titel erschienen.

Jeder, der sich ernsthaft mit Magie beschäftigte, hat sich früher oder später mit dem System des Abramelin auseinander gesetzt. Das Buch wurde wie kein anderes geschätzt, und es scheint, als hätten viele Forscher der Hermetik den Einstieg überhaupt erst mit Hilfe dieses Werkes geschafft. Crowley, Papus, Levi und Mussalam haben mit ihm angeblich erfolgreich die Beschwörung ihres Engels vorgenommen. Dion Fortune bezeichnet es sogar als das mächtigste und vollständigste uns bekannte System der Magie.

Leider ist das Buch in seiner heutigen Form der deutschen und englischen Übersetzung so verstümmelt, dass es für die Praxis völlig wertlos wurde. Obwohl es nach wie vor zu den meistverkauften Büchern der Magie zählt, ist Stejnar nach Crowley einer der wenigen, der wieder Kontakt zu diesen Genien herstellen konnte – und er entwickelte ein für jedermann nachvollziehbares System, mit dem auch andere erfolgreich arbeiten können.

Stejnar verdankt seinen Erfolg einem seltenen Nachdruck von 1725. Obwohl er den eigentlichen Inhalt schon kannte, war er von dem alten Band so fasziniert, dass er beschloss, die eineinhalb Jahre lang dauernden Exerzitien tatsächlich durchzuführen.

Was das Ritual verlangt, ist einfach und leicht zu erfüllen. Jeder Schamane muss weitaus schwierigere Proben durchlaufen, als Abramelin sie von seinen Lesern fordert. Die magischen Utensilien sind einfach zu beschaffen: Abgesehen von einem eigenen Gebetsraum sind Altar, Stirnbinde, Stab, Öl und Räuchermittel das ganze Zubehör. Außerdem muss der Adept ein ehrliches und zurückgezogenes Leben führen. Er soll während der Zeit der Exerzitien nur Sozialberufe oder künstlerische und handwerkliche Tätigkeiten ausüben, jedoch keine Geschäfte führen. Einsamkeit, Fasten, Gebet und Meditation bewirken, dass der Neophyt nach Ablauf der 18 Monate seine Medialität so weit gesteigert hat, dass er die Mitteilungen seines persönlichen Genius erfasst und versteht.

In einer besonderen Zeremonie (ein Kind ist als Medium vorgesehen) werden dann die Siegel der Genien auf einer ölbeschichteten Silberplatte sichtbar. Mit diesen Sigillen sind die Wesen nun jederzeit ansprechbar und zu Diensten.

Lassen wir Stejnar selbst erzählen:

„Ich hielt mich ganz genau an die Anleitungen des alten Buches. Ich wohnte damals noch in einem großen Mietshaus. Als die Nebenwohnung in meiner Etage frei wurde, richtete ich mich dort ein, getrennt von meiner Familie, aber doch nah genug, um versorgt zu sein: Schlafraum, Gebetskammer und die Räume für meine astrologische Beratungstätigkeit. Mein Juweliergeschäft verkaufte ich, um mich ganz dem Werk widmen zu können. Es bereitete mir keine Schwierigkeiten, die vorgeschriebene Lebensweise zu erfüllen. Ich war schon seit 20 Jahren auf dem WEG und mit den verschiedensten Praktiken wohl vertraut.

Im Laufe eines Jahres konnte ich jedoch – außer einer verstärkten Hellsichtigkeit, die mich bei meinen astrologischen

Lebensberatungen mehr störte, als dass sie mir half – nichts Wesentliches feststellen. Erst gegen Ende des letzten halben Jahres traten Ereignisse auf, die zusammen mit Erlebnissen, über die ich jetzt nicht berichten will, deutliche innere Veränderungen bewirkten. Das zeigte sich vor allem in immer häufiger auftretenden luziden Träumen und der Fähigkeit, nach der zweiten oder dritten Traumphase bewusst den physischen Körper zu verlassen. Kurz vor Ende der Exerzitien geschah dann folgendes:

Bei einer Meditation eingeschlafen, träumte ich, dass es nun so weit wäre und ich das Ritual zur Sichtbarmachung der Sigillen vollzöge. Ich erlebte dabei, wie ich in rascher Folge auf der Silberplatte Siegel sah und diese abzeichnete. Dabei hatte ich das bestimmte Gefühl, diese Siegel schon zu kennen. Beim zehnten Siegel hörte ich mich deutlich sagen: „Das ist doch Bardons Milon von der Erdgürtelzone“ – und erwachte.

Dies war mit Sicherheit kein außerkörperliches Erlebnis, sondern eine sehr lebhafte Vision, wie ich sie später noch oft erleben konnte, wenn mir ein Wesen etwas mitteilen wollte. Vermutlich ist der Kontakt für beide Seiten leichter, wenn man sich „in der Mitte“ trifft, ohne dass einer seine eigene Ebene zu verlassen braucht. Es braucht also kein Bewusstseinsträger für die andere Ebene geschaffen zu werden (z.B. „Astralkörper“), sondern es reicht, wenn für die Verständigung die Gedankenbilder verstärkt werden.

Ich holte sofort beide Bücher und verglich, wie schon so oft zuvor, die Namen der Geister Abramelins mit den Genien Bardons. Und diesmal merkte ich es sofort: Der Unterschied ist lediglich in der Reihenfolge zu finden, in der die 360 Namen angeführt sind. Bardon hat die Genien in der Gradfolge der zwölf Tierkreisabschnitte gebracht, jeweils mit dem ersten Grad eines Zeichens beginnend und mit dem dreißigsten endend. Abraham von Worms dagegen beschreibt die 360 Vorsteher in einer anderen Reihenfolge. So fasst er zuerst alle zwölf ersten Grade eines jeden Tierkreisabschnittes zusammen und bringt dann die zwölf zweiten Grade und so fort. Dies nicht ganz grundlos, denn wie ich später erkannte, besteht auch zwischen den einzelnen Gradvorstehern eines jeden Zeichens ein bestimmter Zusammenhang. So sind z.B. alle ersten und zweiten Grade positiv elektrisch, arbeiten mit dem elektrischen Fluid des Feuerelements und sind zuständig für alles was mit Schaffenskraft, Persönlichkeit und Stärke zu tun hat. Die neunten, zehnten Grade sowie die neunzehnten, zwanzigsten, neunundzwanzigsten und dreißigsten Grade dagegen haben in irgendeiner Form mit dem Wasserelement oder dem magnetischen Fluid zu tun.

Durch das Gesetz der Polarität sind auch die Einflüsse aus der Erdgürtelzone den Elementen analog geordnet, und die Vorsteher bedienen sich der zuständigen Wesen zur Ausführung der Arbeit im grobmateriellen Bereich. Das hat dann zu der falschen Annahme geführt, die von der katholischen Kirche verteufelten Fürsten der Elemente, wie Luzifer, Belial, Santania usw. stünden über den Vorstehern des Erdgürtels, also der Ekliptik. In Wirklichkeit aber ist es so, dass z.B. der Genius Malacha, die zweite Intelligenz im Abschnitt Widder, sich der Untergebenen des Fürsten Luzifer bedient, wobei auch das nicht Malacha selbst, sondern eine ihm untergeordnete Wesenheit bewirkt.

Aber nicht nur die Quantität – die fünf Elemente – verbinden die Vorsteher untereinander, sondern auch deren Auswirkung, also die Qualität. So haben z.B. die jeweils sechsundzwanzigsten und siebenundzwanzigsten Grade eines jeden Zeichens in irgendeiner Weise mit Transformation, also Magie, zu tun. Den einundzwanzigsten und zweiundzwanzigsten Gradvorstehern untersteht die Obrigkeit und Gerechtigkeit. Im Umräum der dritten und vierten Grade befinden sich die Vorsteher für Liebe, Sex und Sexualmagie. Für die Praxis ist es natürlich von großem Wert, wenn man für einen bestimmten Wunsch mehr als nur einen Vorsteher beauftragt und dabei gleich das richtige Team zusammenstellt. Paschan, der hundertneunundsechzigste Vorsteher, hat mir dieses Wissen vermittelt und mich so inspiriert, meine hochwirksamen Amulette richtig zu gestalten und diese zum besten Zeitpunkt aufzuladen. Denn die einzelnen Vorsteher arbeiten nicht nur gemeinsam, sondern sind auch zu bestimmten Zeiten leichter zu erreichen. Das alles wurde mir erst später, nach und nach, bei meinen Kontakten mit verschiedenen Intelligenzen, bewusst Vorerst erkannte ich nur, dass ich die zu den Namen zugehörigen Siegel bereits hatte, und konnte das 18 Monate dauernde Experiment sieben Tage früher als vorgeschrieben beenden." Auch wenn die Geschichte abenteuerlich klingt, ist nicht daran zu zweifeln, dass Stejnar die Wahrheit sagt und Kontakt mit den Genien aufnehmen konnte. Obwohl Zigtausende Leser der Bardon-Bücher auch das Abramelin-Buch studierten, ist keinem von ihnen aufgefallen, dass die Geister und Genien miteinander ident sind. Es ist mehr als nur Zufall, dass ihm die Siegel gerade dann geoffenbart wurden, als die 18 Monate um waren. Statt sie auf der Silberplatte zu sehen, fand er sie in Bardons Buch. Der Erfolg zählt. Crowley z.B. beschreibt die Beschwörung eines Geistes zur Hebung eines Schatzes, wobei er dann, statt einen Schatz zu finden, eine Erbschaft machte. Stejnar konnte jedoch noch weitere Beweise für seine Verbindung zu den Genien erbringen. So nahm er Kontakt mit dem zwölften und vierzigsten Vorsteher der Erdzone auf, um mehr über die Genien der Sonnen- und Mondebene zu erfahren. Zu seiner Überraschung stellte sich heraus, dass die Namen dieser Genien, die in Bardons „Praxis der magischen Evokation" angeführt sind, dort völlig falsch sind. Wir zitieren dazu aus Stejnars „Das Schutzengelbuch": „Die Namen der Genien aus der Sonnen- und Mondhierarchie sind außerdem durch einen bedauerlichen Fehler des Verlages in der Geheimschrift belassen, welche Franz Bardon und seine Freunde für ihre Aufzeichnungen verwendeten. Zwei Engel, Concarion für die Mondsphäre und Bialoth für die Sonnensphäre, haben mich auf diesen Fehler aufmerksam gemacht, als ich mich bei meinen okkulten Forschungen mit der Mond- und Sonnenebene beschäftigte. Die entschlüsselten Namen der Mondebene decken sich in Wirklichkeit exakt mit den alten Überlieferungen der 28 Mondstationen, wie sie in verschiedenen okkulten Werken, z.B. von Agrippa von

Nettesheim, aufscheinen. Die 45 Sonnenengel dagegen ergeben entschlüsselt bekannte Namen von Fixsternen. Es handelt sich aber dabei nicht um die eigentlichen Namen der Wesen; die Fixsterne bzw. die Mondstationen erleichtern nur das Auffinden des besten Zeitpunktes für eine Kontaktaufnahme mit diesen Wesen, welche diesem Umraum vorstehen. Ich gebe nachstehend den Schlüssel dieser Geheimschrift weiter, um endlich diese Fehler, für die Franz Bardon keine Schuld trifft, aus der Welt zu schaffen. Er starb kurz nach Drucklegung seiner Werke in der Tschechoslowakei. Das Manuskript musste damals in den Westen gebracht werden, und er hatte keine Möglichkeit mehr zu einer Berichtigung.

Der erste Genius der Sonnenengel lautet bei Bardon Emnasut, entschlüsselt ergibt sich Algenib, das ist ein Fixstern im Sternbild Widder. Der zweite Sonnenengel Lubech wird entschlüsselt zum Fixstern Sirah, der dritte heißt nach Bardon Teras, das ergibt den Fixsternnamen Baten, ebenfalls im Sternbild Widder usf. Das gleiche gilt für die 28 Mondstationen.

Ein A bei Bardon ist als E zu schreiben, ein B bei Bardon gilt für R, CH ist H, D ist M, E ist A, F ist V, G ist W, I ist O, K ist Z, L ist S, LH ist SCH, M ist L, N ist G, O ist U, R ist T, S ist N, P ist F, T ist B, TZ ist K, U ist I, V ist D, W ist P, Y ist J, ZH ist CH, Z ist C. Nach diesem Schlüssel sind alle übrigen Namen der Sonnen- und Mondorte richtig übertragbar. Die Engel, die sich so auffinden lassen, sind aber nur hohen Eingeweihten zugänglich und den Pilgern dieses Bundes nicht verpflichtet. Die Namen der Engel, die hinter diesen Mondstationen und Fixsternorten stehen, sowie die Zeitberechnung für deren Anrufung werde ich vielleicht im zweiten Band, dem Buch für die Priester und Meister, noch beschreiben. Auch die einzelnen Engel unseres Bundes sind zu bestimmten Zeiten leichter anzurufen als die anderen. Jeder nimmt einen bestimmten Grad in der Ekliptik ein und hat vier Minuten, wo er an jedem Tag am leichtesten erreichbar ist. Für die Pilger ist das jedoch nicht von Bedeutung, da vorerst nur ein passiver

Kontakt mit den Engeln angestrebt wird, und der ist jederzeit möglich. Ich werde daher darüber erst die Meister aufklären. Die geistige Einstellung auf die Eigenschaften des angerufenen Engels ist viel wichtiger als sein Name und Siegel. Franz Bardon hat sich persönlich auf die jeweilige Ebene jedes Engels versetzt und 360 Orte der Erdgürtelzone qualitativ beschrieben. Die Namen der diesen Orten vorstehenden Engel stammen aus älteren Aufzeichnungen und sind im Buch „Die Praxis der magischen Evokation" leider ebenfalls teilweise unrichtig angeführt. Zum Unterschied zu den Namen der Engel der Sonnen- und Mondsphärenwesen aber können die Namen der Engel der Erdgürtelzone trotzdem so, wie sie in Bardons Buch angegeben wurden, erfolgreich verwendet werden. Allerdings sind die Namen so, wie ich sie angebe, vorzuziehen, weil sie den Engel eher ansprechen.

Der Pilger wendet sich am besten überhaupt vorerst nur an jene Engel, die ich in diesem Buch angebe. Sie stehen den Menschen besonders nahe, weil ich ihnen über meine Amulette den Weg ins Irdische erleichtert habe. Die von mir strahlend gemachten Siegel bilden Berührungspunkte zwischen den Welten, und je mehr solcher Kontakte geschaffen werden, umso leichter ist es, neue Verbindungen herzustellen. Je mehr Siegel eines Engels in Verwendung sind, umso besser kann dieser seinen Einfluss geltend machen."

Erst durch Stejnars Forschungsergebnisse ist „Die Praxis der magischen Evokation", ein Standardwerk der Magie, für die Praxis brauchbar geworden. Es bleibt zu hoffen, dass die Verlage Bauer und Rüggeberg endlich die Fehler richtig stellen, die offensichtlich nur mit der totalen Unfähigkeit der Verlagsleiter, das Wesen der Magie zu erfassen, erklärbar sind. Stejnar hat von den Genien nicht nur den Auftrag erhalten, die Fehler in Bardons „Praxis der magischen Evokation" richtig zu stellen, sondern er sollte dieses Werk auch für die Praxis leichter zugänglich machen. Er wurde deshalb inspiriert, das „Schutzengelbuch" zu schreiben.

Durch die erstmals offen gelegte „Praxis der mystischen Evokation“ gelingt es jetzt auch magisch Ungeschulten, den Kontakt zu den Genien herzustellen. Möglich wird das durch den indirekten Pakt, den der Leser mit den Genien eingeht, sobald er sich dem Bund der Wanderer anschließt. Diese weltweite Bruderschaft zwischen den Menschen und den Genien der Erdgürtelzone tritt durch das „Schutzengelbuch“ wieder an die Öffentlichkeit. Ohne Eid, Beitragszahlung oder sonstige Verpflichtung weist sich jeder Leser des „Schutzengelbuches“ als Pilger aus, aufgenommen in den Bund, sobald er sich dazu bekennt. Nachdem er in einer Vollmondnacht sein Gelöbnis unterzeichnet hat, genügt es, am Hausaltar die täglichen Meditationen durchzuführen. Solange er sich zum Wahren, Gerechten und Guten bekennt, wird ihm jener Vorsteher, den er mit seinem Siegel und einem einfachen Kontaktritual anruft, hilfreich zur Seite stehen.

Dass dies keine leeren Versprechungen der Genien sind, zeigen tausende Erfolgsmeldungen. Deutsche und österreichische Illustrierte bringen Serien über die Wunder, von denen glückliche Pilger berichten. Aber nicht nur Hausfrauen, Großmütter und Jugendliche haben sich einen Genienaltar aufgestellt oder treffen sich zu gemeinsamen Andachten. Auch namhafte Esoteriker, Schamanen und Magier gehen bereits diesen Weg und schwören auf die Genien des Bundes. Wer je versucht hat, die Evokation eines Wesens zu bewirken, weiß, dass auch mit den geheimsten mittelalterlichen Beschwörungsformeln nur selten ein Gnom hinter dem Ofen hervorzulocken ist. Man bedient sich da gerne der einfachen Methode Stejnars, auch wenn es dabei stark nach Weihrauch duftet.

DIE BÜCHER DER MAGIE UND MYSTIK IM 3. JAHRTAUSEND

Die Bücher der Magie und Mystik sind Wegweiser zu Bardons Weg. Sie erhellen den Weg zum wahren Adepten und geben Stärke auf diesem Weg zu einem wachbewussten ICH. Aber sie führen auch darüber hinaus. Sie geben Einblicke in die vierte Tarotkarte und bieten damit Erkenntnisse, die den Suchenden bisher nicht zugänglich waren.

Jeder Band ist in sich abgeschlossen und behandelt ein wichtiges Thema. Gemeinsam ergeben die Instruktionen einen einzigartigen Lehrkurs der Magie. Die Erkenntnisse bieten aber auch im Alltag eine wertvolle Lebenshilfe. Denn wer dieser Wegleitung folgt, wird auch ohne Experimentalmagie sehr bald mit der Macht und Kraft des Geistes arbeiten können und die Thesen der Hermetik bestätigt finden.

Die Magie des 3. Jahrtausends beruht nicht nur auf magischen Formeln, geheimen Zeremonien und der Beschwörung von Geistern, sondern nützt direkt die Macht des Geistes und setzt die feinstofflichen Glieder und Wesenszellen des eigenen Geistes ein. Nur wenigen Hermetikern ist bekannt, dass es diese Möglichkeit gibt. Dieses Wissen war ursprünglich nur für Meister der Hermetik zur Ausbildung der Priester in den Tempelschulen vorgesehen. Das Werk, das Franz Bardon darüber angeblich verfasste und zu früh herausbringen wollte, ist verschollen und bis auf wenige Fragmente nicht mehr aufgetaucht. Allerdings meint sein Sohn Lumir in einem Brief an Walter Ogris, dass sein Vater nur diese aufgefundenen Kapitel über die 4. Tarotkarte geschrieben hat.

Inzwischen sind fünfzig Jahre vergangen. Die Zeit der Logen und Priester ist endgültig vorbei. Heute muss jeder seinen Weg allein finden. Leider gehen dabei immer mehr Menschen in die Irre oder folgen dem bequemen Weg, den die Mächte des Schattens vorgeben. Die Folgen sind katastrophal. Noch nie war die Welt so korrupt, so verlogen, so rücksichtslos wie heute. Der Geist, der das

Bewusstsein der Menschen trägt, droht völlig zu entarten. Die weitere Entwicklung der Menschheit ist ernsthaft in Frage gestellt.

Aufgrund dieser dramatischen Entwicklung im Weltgeschehen werden nun auch jene Werke, die bisher ausschließlich eingeweihten Kreisen vorbehalten waren, der Allgemeinheit zugänglich gemacht. Mit den Büchern der Magie und Mystik des 3. Jahrtausends werden auch die letzten noch verborgenen Zusammenhänge über die lebendigen Mechanismen, die zwischen dem Geist der Menschen und dem Geist der Götter und Genien bestehen, enthüllt und erklärt:

Magie ist die Wissenschaft von der Arbeit mit dem Geist.

DIE VIER ELEMENTE
DER GEHEIME SCHLÜSSEL ZUR GEISTIGEN MACHT

Der Weg zum wahren Adepten ist nicht in wenigen Jahren zu meistern. Viele Bardon-Schüler resignieren und geben vorzeitig auf. Das ist schade und muss nicht sein. Denn wer die Fähigkeiten, die Franz Bardon in Aussicht stellt, noch nicht erlangt hat, kann sich trotzdem, dank der Thesen und Praktiken, die Emil Stejnar beschreibt, von der Macht und Kraft des Geistes überzeugen. Stejnar zeigt, wie man die Arbeit mit dem Geist erfolgreich in den Alltag integriert und wie sich dabei das ganze Leben auf wunderbare Weise zum Besseren verändert. Immer wieder bestätigen begeisterte Leser, dass sie erst durch Stejnars Bücher den Weg, den Franz Bardon gewiesen hat, richtig verstehen.

Geist und Seele sind kein nebuloses Lichtgespinst, sondern bestehen, so wie der grobstoffliche Körper, aus Gliedern, Organen und geistigen Wesenszellen. Diese Wesenszellen des Geistes sind selber kleine Geister, die man beherrschen muss, wenn man die Welt des Geistes und die Geister beherrschen will. Nur wer seinen eigenen Geist, seine Gedanken Gefühle und Emotionen – also die Wesensgeister, aus denen er besteht – beherrscht, beherrscht auch den Geist der Götter, Genien und Dämonen und kann sein Schicksal selbst gestalten. Und nur wer sein Bewusstsein in der Vorstellung „Ich bin“ fixieren kann, ist imstande, magisch zu wirken.

Das wahre Ziel ist aber nicht, mit magischer Macht die Welt oder die Geister zu beherrschen, sondern sich zu wandeln, dass einen umgekehrt die Welt und die Geister nicht mehr beherrschen können. Das wird dank der besonderen Geist- und Seelenschulung auch erreicht. Mit Stejnars Transformationstechnik kann man seine Schwächen in Stärken verwandeln und sein Bewusstsein so weit festigen, dass man es über alle sichtbaren und unsichtbaren Schranken erhebt und auch im Tode nicht verliert. Man zieht sich dazu nicht stundenlang zurück, um sich zu versenken oder zu meditieren, sondern nützt ganz bewusst den Alltag als Schulung für seinen Geist. Nicht Trance, sondern Wachsein wird angestrebt.

Stejnar beschreibt:

- **Wie man seinen unsterblichen Lichtleib gestaltet**
- **Wie man die geistigen Mächte beherrscht**
- **Magie im Alltag:** Die Magie des Denkens, des Wünschens und Verwünschens und die „schwarze“ Magie der Angst.
- **Der Alltag als Geistesschulung:** Wie man aus Frust und Widerstand Geisteskraft gewinnt. Die Urqualitäten als Grundlage für den Seelenspiegel.
- **Die Magie der Hilfsgeister:** Der Kyilkhor und der Geist in der Flasche.
- **Alchemie:** Die geheime Praxis der alchemistischen Transformation. Wie man im Diesseits das Gold für das Jenseits schürft.
- **Die Magie der Bücher und der Wortmagie:** Die Sprache magisch verwenden. Jedes Wort ist ein wirkendes Wesen.
- **Quabbalah:** Die Formelmagie nach Franz Bardon in der Praxis. Imaginationen von Buchstabe, Farbe, Ton und Empfindung als magisches Werkzeug. Statt mit „Zeichen, Wort und Griff“, statt mit Formel, Schwert und Stab wird direkt mit den elementaren Mächten und Kräften gearbeitet.
- **Logenmagie: DAS RITUAL DER HERMETISCHEN VIER.** Dieses Ritual gibt Zugang zur Macht und Kraft der vier Elemente. Damit haben auch Suchende, die sich nicht durch Eide binden lassen wollen, Zugang zu einer Ritualmagie, die bisher nur Mitgliedern von Logen und Orden vorbehalten war. Das Ritual ist nicht nur für Tempelarbeiten in einer Loge vorgesehen. Man kann damit auch allein arbeiten, um sein inneres elementares Gleichgewicht zu erlangen.
- **Mystik:** Das „Ritual der Klosterpforte“ öffnet jedem das Tor zu einem inneren Kloster, das er jederzeit betreten und verlassen

kann und das ihn in den Geist der weltweiten Gemeinschaft aller in klösterlicher Zurückgezogenheit lebenden Brüder und Schwestern einbindet, ohne dass er der Welt entsagen muss.

- **Nach dem Tod:** erwacht man nicht in einem „Jenseits“, sondern zuerst in seinem ganz persönlichen „Seelengarten“, in dem das Innere – die Gedanken und Gefühle – zur Umwelt wird. Nur wer darauf vorbereitet ist, kann sein Bewusstsein bewahren.
- **Das Geheimnis des ewigen Lebens.** Die Übung Wachsein und die Selbstfindung und Selbstbewahrung in der Vorstellung „Ich bin“.
- **Priesterschule und Lebenshilfe:** Das Buch versetzt den Leser in die Lage, auch anderen mit der Kraft des Geistes zu helfen. Die Erkenntnisse waren ursprünglich nur für Priester und Eingeweihte zur Ausbildung ihrer Nachfolger vorgesehen. Wer dem Weg folgt, ist befähigt, Suchenden den Weg zum Licht und zu sich selbst zu weisen.

MAGIE MIT ASTROLOGIE – DER GENETISCHE CODE VON GEIST UND SEELE

Es ist historisch belegt, dass alle bekannten Magier (und viele bedeutenden Philosophen und Mystiker) sich auch mit der Wissenschaft der Astrologie beschäftigt haben. Wer die Gesetze des Geistes kennt, beachtet auch die Mächte und Kräfte, die aus den Sphären der Tierkreiszeichen und Planeten auf das Bewusstsein der Menschen einwirken. Kein Hermetiker wird darauf verzichten, die astrologischen Strömungen bei seinen okkulten Arbeiten und in seinem profanen Leben einzuplanen. Auch Franz Bardon hat, wie Zeitzeugen berichten, bei seinen Heilungen und Beratungen die astrologischen Einflüsse berücksichtigt.

Emil Stejnar, der sich seit seiner Kindheit mit Astrologie beschäftigte und vier Jahrzehnte lang als Astrologe tätig war, beschreibt in diesem Buch nicht nur den Zugang zur klassischen Astrologie, sondern eröffnet auch völlig neue Erkenntnisse. Verborgene, bisher unbekannte Zusammenhänge, die zwischen den geistigen Ebenen und der Menschwelt bestehen, werden erstmals offengelegt:

- Ein Horoskop ist ein magischer Spiegel.
- Die Planetenpositionen markieren die geistigen Glieder und Sinnesorgane und bestimmen deren Funktionstüchtigkeit und Qualität.
- Die täglichen Transite zeigen an, wann welcher „Geist“ eine Menschenseele berührt und welche Seelenorgane er aktiviert, reizt oder blockiert.
- Jede astrologische Konstellation ist eine konkrete Berührung und

Begegnung mit einer geistigen Macht in Form einer wesenhaften Planetenintelligenz.
Aber nicht nur die Planetengeister, auch die anderen „Engel und Dämonen“ können bei bestimmten astrologischen Konstellationen auf die Menschen einwirken. Wer diese Zeiten der Nähe und Befruchtung bewusst in sein Leben integriert, dem bieten sich ungeahnte Möglichkeiten, mit denen er sich und seinen Lebensweg besser gestalten kann. Diese Erkenntnis rückt die Astrologie in ein ganz neues Licht und gibt ihr einen neuen Stellenwert.

- Die astrologischen Einflüsse sind nämlich keine Einbahnstraße. Wer die kosmischen Gezeiten kennt, weiß auch, wann er selbst Zugang zu bestimmten Mächten hat. Er kann sich vor unerwünschten Einflüssen schützen und die positiven Kräfte für seine Vorhaben nützen. Und er kann damit auch auf andere Menschen einwirken.
- Denn so wie die Schicksalsmächte immer nur zu astrologisch möglichen Zeiten entsprechende Eingriffe im Leben eines Menschen vornehmen können, kann man selbst, wenn man die kosmischen Qualitäten und die Einfallstore eines Menschen kennt, diese persönlichen Gezeiten nützen. Mit Hilfe der Astrologie vermag man auch selbst Eingriffe im Schicksalsverlauf vorzunehmen. Diese „Magie“ wurde bisher noch nie beschrieben.
- Die „Magie mit Astrologie“ bietet weitaus einfachere Möglichkeiten, sich kosmischer Mächte zu bedienen, als die aufwendige Zeremonial- oder Evokationsmagie.
- Die neue Astrologie entschlüsselt sowohl den genetische Code von Geist und Seele als auch den Schaltplan der Schicksalsgenien.
- Kennt man die Gezeiten der Macht, kann man das Gewebe des Schicksals durchschauen und die Schicksalsmächte überwinden.

Die Magie mit Astrologie ist keine Magie im klassischen Sinn, und doch erscheint es manchmal wie ein Wunder, wenn sich Wünsche erfüllen und Schicksalsfragen lösen lassen, weil man bestimmte geistige Mechanismen beachtet. Es werden keine Geister beschworen, sondern der eigene Geist wird gestärkt und aktiviert. Wer seine Zeit und die Gezeiten der Genien kennt, kann die Qualitäten der Intelligenzen direkt nützen.

Dank einer besonderen Technik lernt auch der Laie sehr rasch die Grundregeln der Astrologie zu verstehen. Der Anfänger wird erstaunt sein, wie einfach es ist, ein Horoskop zu begreifen. Und der erfahrene Astrologe wird mit den neuen Erkenntnissen, zu denen er durch dieses Buch gelangt, neue Möglichkeiten für seine astrologischen Analysen finden. Selbst Skeptiker werden mit diesen Erklärungen verstehen, worum es in der Astrologie wirklich geht, und ihre Vorurteile überdenken.

Die Astrologie dient nicht dazu, dass man fragt, was das Schicksal bringt, sondern dass man weiß, wann man handeln soll, damit das, was man plant, gelingt und sich das, was man befürchtet, nicht ereignet.

FRANZ BARDON
WER WAR ER? WAS LEHRT ER? WOHIN FÜHRT SEIN WEG? TATSACHEN UND ANEKDOTEN UM EINEN EINGEWEIHTEN

Franz Bardon war sicher die bedeutendste Persönlichkeit auf dem Gebiet der Hermetik. Er hat mit seinen Werken die Geisteswissenschaften für die nächsten Jahrhunderte geprägt und die Grundlage für die Magie und Mystik des 3. Jahrtausends geschaffen.

Aber auch wer sich nicht mit Magie beschäftigt, kann nach den Anleitungen von Franz Bardon erfolgreich sein Leben, seinen Geist und seine Seele zum Besseren gestalten. Wenn man, wie in diesem Buch noch erklärt wird, seine Ausführungen in den Alltag integriert, wird der Weg, den Bardon beschreibt, zu einer praktischen Lebenshilfe. Das eigentliche Ziel ist nämlich nicht, magische Macht zu erlangen, sondern die Geist- und Seelenschulung. Es geht um Geisteskraft, damit man das Leben, sowohl im Diesseits als auch im Jenseits, besser meistern kann.

Was ist Magie? Kann man mit seiner Vorstellungs- und Willenskraft tatsächlich Wunder wirken? Franz Bardon beschreibt einen Weg, wie das jeder erlernen kann, und Emil Stejnar ist diesem Weg in der Praxis gefolgt. Die persönlichen Erfahrung Stejnars erhellen Bardons Weg und bieten neue Erkenntnisse, die das Fortkommen erleichtern.

Es werden Fragen, die immer wieder auftauchen, beantwortet, Gefahren aufgezeigt und Unklarheiten über Franz Bardons Leben und Wirken von seiner Witwe und anderen Zeitzeugen richtiggestellt.

Stejnar beschäftigt sich seit über fünfzig Jahren mit dem Werk von Franz Bardon und gilt in Eingeweihten-Kreisen als dessen Nachfolger. Sein Buch ist ein Wegweiser auf dem Weg zum wahren Adepten und ein Lichtquell, der diesen Weg erhellt.

Dieses Buch führt aber noch weiter. Stejnar beschreibt auch das Mysterium der vierten Tarotkarte und der Karte 0.
- **Das Geheimnis der Geist- und Seelenorgane und der geistigen Ernährung**
- **Wie man im Diesseits das Gold für das Jenseits schürft**
- **Magie im Alltag ohne Zauber**

- **Wie man sich aus dem Machtbereich der Götter und Dämonen befreit**
- **Das war Franz Bardon; Zeitzeugen erzählen.**
- **Auszüge aus Briefen von Franz Bardons Witwe**
- **Wer war er, was lehrt er und wohin führt sein Weg?**
- **Gab es die Loge des FOGC und wer ist Baphomet?**
- **Wie schafft man den Weg, den Franz Bardon beschreibt?**
- **Bardon und die Dämonen, die Freimaurer und die Alchemie**
- **Persönliche Briefe an Freunde über Bardons Magie und Mystik**
- **Sättler, Quintscher, Bardon, Stejnar**
- **Erlebnisse aus der eigenen Praxis und Ratschläge für den Weg**

Mit diesem Buch erhält der Leser noch etwas ganz Besonderes. Eine einzigartige Ikone: DIE SONNE DES FRABATO. Es ist ein Bild, das Franz Bardon seinen Schülern und Patienten als ganz persönliches Amulett schenkte und sie auf diese Weise in seine Kraft mit einbezog. Dieses Bild stellt Bardons Leitgedanke als vierfarbiges Mandala dar: DAS GÖTTLICHE OFFENBART SICH WIE EINE EWIGE SONNE. DIE SONNE DURCHBRICHT DIE WOLKEN. DAS LICHT SIEGT ÜBER DIE FINSTERNIS

Bardon machte dieses Mysterium zu seinem persönlichen Logo und verwendete das Symbol der Sonne in Verbindung mit dem Schriftzug FRABATO auch für magische Zwecke. Er hat dieses Bild, das im Original cirka dreieinhalb mal sechs Zentimeter misst, an seine Freunde und Patienten als Amulett verschenkt. Dieses von positiven Kräften durchdrungene Mandala, das bisher noch nie veröffentlicht wurde und nach Bardons Ableben nur ganz wenigen Freunden zugänglich war, wurde mit Einwilligung von Franz Bardons Tochter an den Beginn des Buches gestellt. Es wird wie ein Fenster in seine Sphären wirken und seinen Lesern den Weg zum wahren Adepten erhellen, und es wird Stärke geben auf diesem Weg zu einem wachbewussten ICH.

DAS BUCH DER MEISTER UND SEINE ERBEN

So wie der Roman FRABATO Einblicke in das Leben des Franz Bardon gibt und den Leser auf seine Lehrbücher vorbereitet, führt „Das Buch der Meister und seine Erben“ den Leser in das Umfeld des Emil Stejnar und weiht ihn auf geheimnisvolle Weise in die Magie und Mystik des 3. Jahrtausends ein.

Der Autor schildert in ungemein spannender Form die zum Teil auf Tatsachen beruhenden Abenteuer aus zwei Inkarnationen eines

Eingeweihten und den Weg, den jeder, der wie dieser Meister den geheimen Anleitungen folgt, zu gehen hat:

In einer Wiener Freimaurerloge wird der Arzt Dr. Michael Stein in den Meistergrad erhoben. Während des geheimnisvollen Rituals erlebt er eine sogenannte Seelenreise und wird dabei in die Zeit des 13. Jahrhunderts versetzt: Er ist Mönch und eingeweiht in die Mysterien der Templer. Und er ist dem Geheimnis von Baphomet auf der Spur. Wegen seiner spektakulären Heilerfolge wird er der Hexerei beschuldigt und auf dem Scheiterhaufen hingerichtet. Aber statt in den Flammen zu sterben, erwacht der Mönch im Logentempel, im Körper des Michael Stein. Erschüttert wird ihm bewusst, dass ihn seine Vergangenheit eingeholt hat. Er erinnert sich an seine Mission: An ihm liegt es, ob die Menschen noch zu retten sind oder ob Baphomet und seine irdischen Handlanger siegen. Er muss die Truhe mit den Gegenständen der Macht und dem Buch der Meister, die er damals vor seinem Tode in einer Höhle versteckte, wieder finden. Maria, die fünfzehnjährige Tochter seines zwielichtigen Logenbruders Brandström, wird ihn auf seiner abenteuerlichen Suche begleiten. Dabei wird er sie, und mit ihr den Leser, in die Geheimnisse der Magie und Mystik einführen. Eine zarte jahrtausendalte Liebe verbindet die beiden, und sie ahnen nichts von der Gefahr, die sie bedroht. Denn auch die irdischen Vertreter des Bösen, die Brüder des Schattens, sind hinter der Truhe her und werden die beiden gnadenlos verfolgen.

Wie begeisterte Leser des bisher nur einem kleinen Kreis zugänglichen Manuskripts versichern, ist es der bedeutendste und aufregendste „Fantasy"-Roman unserer Zeit. Höchste Erkenntnisse werden auf leicht verständliche Art erklärt und offengelegt. Allein die durch die Wortmagie übertragenen Bilder der geheimnisvollen, phantastischen Szenen hinterließen bei vielen Lesern einen solch nachhaltigen Eindruck, dass sich ihr ganzes Leben wandelte. Was sonst nur durch besondere Initiationsrituale bewirkt wird, bewirkt das Mysterium der Geschichte und bezieht den Leser in sein Mysterium ein. Der Leser erlebt tatsächlich hautnah eine Initiation, also eine bewusstseinsverändernde Weihe, welche die Persönlichkeit verwandelt und das ganze weitere Leben in neue Bahnen lenkt. Man kann daher ohne zu übertreiben sagen, dass es sich bei diesem Buch um ein echtes magisches Buch handelt, das eine geistige Kraft in sich birgt, die Außergewöhnliches bewirkt. Der Leser wird beim Lesen selbst zum „Erben" vom BUCH DER MEISTER und zu einem Eingeweihten der geheimnisvollen gnostisch-hermetischen Tradition:

- Das Mysterium von Geist und Seele

- Der persönliche Seelengarten, in dem man nach dem Tod erwacht
- In den Sphären der Genien
- Im Tempel der Brüder des Schattens
- Wer sind die wahren Lenker des Geschehens auf diesem Planeten?
- Baphomet, der Herr der Welt, und die Fürsten der Macht
- Die geheimen Oberen im Diesseits und im Jenseits
- Wie man sich aus ihrem Machtbereich befreit

AUSSERKÖRPERLICHE ERFAHRUNGEN WIE MAN LERNT, OHNE SEINEN KÖRPER ZU LEBEN

Es gehört zu den beeindruckendsten Erfahrungen und ist einer der Höhepunkte auf dem hermetischen Weg, sich außerhalb seines Körpers zu erleben. Selbst erhabenste geistige Erkenntnisse bleiben Theorie, so lange man seine eigene geistige Beschaffenheit noch nicht hautnah empfunden hat.

In den alten Tempelschulen gehörte daher dieses Erlebnis zur ersten Lektion, die dem Neophyten bei seiner Initiation erteilt wurde. „Magie und Mystik im 3. Jahrtausend" folgt wieder dieser alten Tradition und weiht interessierte Schüler in das Geheimnis des Mentalwanderns ein. Es wird dazu eine ganz neue Technik verwendet, die es jedem sehr rasch ermöglicht, seinen Körper zu verlassen. Bereits die Vorübungen und ersten Versuche zum Wandern geben Einblicke in ein völlig neues Dasein und bilden feinstoffliche Wesenszellen aus, die nicht nur für das Bewusstsein im außerkörperlichen Zustand, sondern auch für das bewusste Leben nach dem Tode unentbehrlich sind.
Die zwölf Schritte, die das Bewusstsein erheben und vom Körper befreien:

- **Wachsein im Alltag, Wachsein im Traum**
- **Der Traumkörper als Bewusstseinsträger**
- **Wie man das Traumbewusstsein schult**
- **Richtig einschlafen**
- **Wie man lernt, im Traum zu erwachen**
- **Der luzide Traum als Startrampe für Mentalreisen**
- **Flugträume als Starthilfe**
- **Das Geheimnis vom fliegenden Teppich**
- **Im Grenzland der Träume – In fremden Seelengärten**
- **So kann jeder seinen Körper verlassen**
- **Die Traumwelt als Ort für Begegnungen mit dem Tod**

Bisher versenkte man sich in seinen Körper, versetzte sich in Trance und erwartete, dass man sich bewusst aus diesem erhebt. In der Regel funktioniert das aber nicht. Das ist, als wollte ein Astronaut gleich vor seinem Haus mit seinem Auto zum Mond starten.

Zukünftige Raumflüge werden aus einer Umlaufbahn um die Erde beginnen, und die beste Startrampe für Astralreisen findet man auf der Traumebene. Sobald man auf dieser erwacht, also luzid träumt, kann man sich von seinem Körper lösen.

Gezielte Geistesforschung hat gezeigt, nicht Trance, sondern Wachsein ist die Voraussetzung für Mentalreisen. Die besten Bedingungen dazu findet man in der Welt der Träume, da ist das Feinstoffliche schon etwas vom Grobstofflichen gelöst und man kann seinen Körper leichter verlassen. Aus einem Wachtraum heraus ist das viel einfacher als aus dem reduzierten Bewusstseinszustand in Trance. Luzides Träumen kann man lernen. Es gibt eine einfache Technik, mit der man diese Fähigkeit entwickelt.

Die Traumwelt ist auch ein Ort für Begegnungen mit den Toten. Aber heraus aus dem Körper bedeutet nicht zugleich hinein in eine andere Welt. Der Bewusstseinszustand, in dem man sich dabei befindet, lässt einem zwar das, was man erlebt, als absolute Realität erscheinen, aber nicht alles entspricht tatsächlich der Wirklichkeit. In die geschaute Landschaft können sich Phantasien, eigene und die von anderen Lebenden und Verstorbenen, drängen. Auch dafür gibt es eine Wegleitung, sich in diesen verworrenen Welten besser zu orientieren und die besondere Symbolik, die der Geist zwischen den Ebenen verwendet, richtig zu begreifen. Ganz wichtig ist, dass man sich trotz seines Zustandes Raum und Zeit in Erinnerung ruft und sich fragt, wie man dorthin kam, wo man sich befindet. Wer seine Situation erfasst und die Symbolsprache versteht, gewinnt im Traum bessere Einblicke in andere Ebenen als durch Beschwörungen, mediale Botschaften oder Experimente in Trance.

DAS SCHUTZENGELBUCH
WIE ERLANGT MAN KONTAKT MIT DEN HÖHEREN WESEN

„Was auf den ersten Blick als ein Buch voll Moral und Frömmigkeit erscheint, ist in Wirklichkeit eine neue, hochwirksame Anleitung zur Kontaktherstellung mit den Genien des Franz Bardon und den Geistern des Abra-Melin. Im ‚Schutzengelbuch' beschreibt der Autor, wie man das Tor zur Welt der Genien öffnet. Durch die Methode der mystischen Evokation ist es auch magisch Ungeschulten möglich,

mit bestimmten Wesenheiten Kontakt aufzunehmen.“ So schreibt Frater Erec 1988 in der Zeitschrift für praktische Magie, „Anubis“, nachdem er das „Schutzengelbuch“ studiert hatte.

Seither sind 20 Jahre vergangen, aber der Text hat nichts von seiner Aktualität eingebüßt. Inzwischen ist Stejnars Methode genauso bekannt wie Bardons Praxis der magischen Evokation. Weltweit arbeiten sowohl erfahrene Magier als auch Anfänger erfolgreich mit dem „Schutzengelbuch“. Wer die nötige Konzentrationskraft für eine magische Evokation noch nicht entwickelt hat, gelangt mit der Technik der mystischen Invokation an sein Ziel. Mit einer einfachen Methode lässt sich der Kontakt zu den Genien herstellen. Was früher nur wenigen Priestern und Eingeweihten möglich war, gelingt jetzt jedem, der den gezeigten Weg beschreitet.

Stejnars persönliche Erfahrungen im Verkehr mit den unsichtbaren Intelligenzen beschreibt er in Form von Fallbeispielen, wo er durch ein Amulett mit dem Siegel eines „Engels“ helfen konnte. Zitate aus Dankschreiben sind der Beweis für das segensreiche Wirken der Genien. Aus seiner jahrzehntelangen Praxis als astrologischer Lebensberater weiß er um die häufigsten Sorgen der Menschen Bescheid und beschreibt, wie man diese Probleme mit Hilfe der Genien lösen kann.

Persönliche Belehrungen der jeweiligen Genien ergänzen die Beschreibung ihrer Tätigkeit. So lernt der Leser, wie er auch selbst sein Leben richtig mitgestalten kann. Durch diese bewusste Zusammenarbeit zwischen den feinstofflichen Intelligenzen und den Menschen ist eine optimale Hilfe möglich. Die angeführten Belehrungen und Ratschläge der Genien kann jeder sofort befolgen. Für alle anstehenden Lebensprobleme wird eine Lösung aus der Sicht der Genien, die ja bekanntlich einen größeren Überblick als die Menschen haben, gezeigt. Von den 360 Vorstehern der Erdgürtelzone, die Bardon beschrieb, wählte Stejnar 77 Genien aus, die nach seiner Erfahrung den Menschen besonders nahe stehen und immer gerne geholfen haben.

Für folgende Lebensprobleme werden die zuständigen Genien, deren Namen Siegel und speziellen Belehrungen beschrieben: **Gesundheit, Liebesglück und Liebesleid, Einsamkeit, Ehe, Familie, Gerechtigkeit, Unfall, Schutz, mediale Fähigkeiten, Magie, magische Verfolgung, Selbstvertrauen, Geld, Beruf, Erfolg, Studium, Prüfungen, Treue, Glück, Nervenkrisen, Schicksalsschlag, Trost, Schwarze Magie, Jenseits und Tod, Religion, Astrologie, Erdstrahlen, Scheidung, Sex, Unfruchtbarkeit, Alkohol-, Drogen- und Diätprobleme.**

Damit wurde ein völlig neues Lebenshilfebuch geschaffen. Die Gesetze des Erfolges und irdischen Glücks, aus der Sicht der dafür zuständigen Genien beschrieben, lassen vieles in einem neuen Licht erscheinen. Ein Weg wird gewiesen, der in geistige Bereiche führt. Ohne religiöse Dogmen und ohne magische Beschwörungsrituale wird in der Gemeinschaft mit den „Schutzengeln" Trost und Hilfe gefunden.

Das SCHUTZENGELBUCH schließt die Kluft zwischen Wissenschaft und Religion, zwischen Magie und Mystik, zwischen Diesseits und Jenseits. Wer sich an die einfachen Anleitungen hält, dem wird eine neue Welt erschlossen. Tausende Menschen konnten sich bereits von der Existenz der geistigen Mächte und ihrer wunderbaren Hilfe überzeugen, oft geschieht schon beim Lesen das erste Wunder.

ANDY MO – EIN ERDGEIST VERZAUBERT DIE WELT

Wer Franz Bardon folgt, wird auch dieses spannende Buch von Emil Stejnar mit Vergnügen lesen. Es war ursprünglich als Einführung in die Welt der Magie und Mystik für Kinder und Jugendliche gedacht. Doch sehr bald hat sich herausgestellt, dass auch erfahrene Esoteriker und fortgeschrittene Bardon-Schüler eine ganze Menge von Andy Mo lernen können.

Andy Mo ist der Sohn des Gnomenkönigs Andimo, mit dem Franz Bardon nach eigenen Angaben in Kontakt gestanden hat. Auch Emil Stejnar erwähnt Andimo als Inspirationsquelle, sowohl seiner Erkenntnisse über Alchemie und die magische Transformation, die er in seinen Büchern beschreibt, als auch für die profanen Entscheidungen, denen er seinen Erfolg im Leben verdankt.

Es lohnt sich also, auf den Erdgeist zu hören und seinen Ratschlägen zu folgen. Er erklärt nicht nur, wie Magie in der Praxis funktioniert, sondern auch, wie man ohne Magie, nur durch die Macht der Gedanken, sein Leben auf wunderbare Weise „magisch" verändern kann. Mit Andy Mo wird die Arbeit mit dem Geist und mit Geistern auch in der Praxis möglich. Das ganze ist in eine spannende Geschichte verpackt:

Andy Mo hat sich die Menschenwelt gewagt, um dort seinen verschollenen Vater, den Gnomenkönig Andimo, zu suchen. Baphomet, der Herr der Welt, hält ihn irgendwo gefangen. Der Fürst des Schattens will verhindern, dass der alte König das Dokument der „Formel des Nichts" findet und den Menschen das letzte große Geheimnis verrät, nämlich, wie man sich endgültig aus dem Machtbereich des Bösen und der herrschenden Mächte befreit.

Andy Mo bleibt nicht viel Zeit, seine Mission zu erfüllen, denn wenn ein Geist zu lange auf der Oberfläche der Erde verweilt, kann er nicht mehr in seine geistige Heimat zurück. Zum Glück findet er unter den Menschen gleichaltrige Freude, die an Geister glauben und ihn daher sehen können. Sie sind ihm bei der Suche nach seinem Vater behilflich. Dafür hilft er ihnen mit seinen magischen Fähigkeiten und weiht sie nach und nach in die Geheimnisse der Magie und Mystik ein. Dabei stoßen sie auf die Spuren von Dr. Stein und finden auch die alten Bände vom „***Buch der Meister***“. Damit tritt eine neue Generation das magische Erbe an. Der gescheite Rabe Yks ist natürlich auch mit dabei.

Andy Mo erkennt sehr bald: Die Menschen brauchen keine Magie und keine Geister zu beschwören. Wer die Macht seiner Gedanken richtig nützt, ist bereits ein Magier, der seine Zukunft auf geheimnisvolle Weise nach seinen Vorstellungen gestalten kann.

Jeder Gedanke kann als Hilfsgeist dienen. Gedanken können aber auch zu Dämonen entarten. Deshalb ist es wichtig, dass man seine Gedanken beherrscht, und genau das ist auch Ziel und Zweck jeder magischen Schulung.

Da Andy Mo für die meisten Menschen unsichtbar ist, gibt es immer wieder Überraschungen und lustige Situationen, wenn er mit seinen magischen Fähigkeiten den Schwächeren zur Seite steht. Aber nicht immer hilft der Zauber. Die irdischen Handlanger Baphomets, scheinbar seriöse Persönlichkeiten, in Wahrheit aber kriminelle Individuen, verschonen auch seine Freunde und ihre Familien nicht. Es wird ein Wettlauf mit der Zeit und ein Kampf gegen die Mächte der Finsternis. Wird es Andy Mo und den Freunden gelingen, den Gnomenkönig zu finden und zu befreien? Kann er seine Mission, die Menschen aufzuklären, erfüllen, oder wird am Ende doch das Böse siegen? Der Druck des Schattens auf die Kinder wird immer größer. Als sich Andy Mo in Miri Li, ein Mädchen aus der Gruppe, verliebt und gerne wie die Menschen sein möchte, sieht es aus, als habe Baphomet gesiegt. Probleme tauchen auf, die ganze Welt scheint sich gegen den sympathischen Erdgeist und seine Freunde zu verschwören. Die Spannung ist bis zur letzten Seite garantiert. Gleichzeitig wird alles, was man über den Geist und über die geistigen Mechanismen, die das Leben und Sterben der Menschen bestimmen, wissen muss, auf leicht verständliche Weise erklärt.

EXERZITIEN FÜR FREIMAURER

Viele Menschen fragen sich: Wer bestimmt wirklich die Geschicke der Welt? Woher beziehen die Mächtigen ihre Macht? Wer schützt sie, wer stützt sie, wer gibt ihnen Kraft? Wieso haben manche Menschen immer Erfolg, während andere sich mühen und plagen und trotzdem nicht weiterkommen? Geht das mit rechten Dingen zu?

Die Antwort ist ja. Es gibt nämlich Mechanismen der Macht, die wertfrei sind und geistigen Gesetzen folgen. Wer diese Gesetze kennt, kann die dahinter wirkenden Mächte zum Wohle der Menschheit, aber auch zu seinem eigenen Vorteil nutzen. Seit Jahrtausenden pflegen Eingeweihte in ihren Traditionen dieses Wissen und geben es an geeignete Persönlichkeiten weiter. Nicht nur die Freimaurer, auch die katholische Kirche hat, wie in diesem Buch nachgewiesen wird, ihre Esoterik und den Schlüssel zu den Mysterien und der magischen Macht.

Stejnar beschreibt erstmals die geheimen Übungen, durch die der Freimaurer – und jeder, der diesen Instruktionen folgt – magische Kräfte erlangt. Und er erklärt die Symbole, mit deren Energien man sich selbst und die Mächte des Schicksals beherrschen kann.

Die Zeit der Geheimnisse ist vorbei. Mit Hilfe dieser Exerzitien kann jeder Leser auch ohne Weihe oder Initiation die Macht und Kraft des Geistes in sich erwecken und benützen. Der Zugang zu den Mysterien, welche die Handhabung der vier Elemente und den Umgang mit den Mächten der Götter lehren, steht damit jedem offen.

Aus dem Inhalt:
- Exerzitien für Freimaurer
- Ritualmagie im Logentempel
- Die Reisen durch die Elemente Feuer, Wasser, Luft und Erde
- Wie man die Macht und Kraft der Elemente in sich erweckt
- Das Mysterium der vier Elemente
- Die Kybernetik des Bewusstseins
- Denken, Fühlen, Wollen und Bewusstsein
- Die geheime Macht der christlichen Mystik
- Die magische Schulung der Jesuiten
- Wie man sich selbst und andere beherrscht
- Wie sich überdurchschnittliche Begabungen entwickeln
- Wie sich übernatürliche Fähigkeiten entfalten
- Wie man sein inneres Gleichgewicht erlangt
- Das Geheimnis des Erfolges
- Die Grundlagen der gnostisch-hermetischen Tradition
- Die Arbeit mit dem Geist: 50 Jahre praktische Erfahrung mit Magie

Das, was bisher über die Freimaurer an die Öffentlichkeit drang, sind Verschwörungstheorien und Gerüchte, die der Realität in keiner Weise entsprechen.

Das wahre Geheimnis der Freimaurerei ist nur wenigen bekannt. Es ist die Praxis der Magie und Mystik, die im Ritual und im richtigen Gebrauch der Symbole enthalten ist. Stejnar, der im Rahmen der Quatuor Coronati eine spezielle esoterische Forschungsloge gründete, gewährt mit diesem Buch erstmals auch Außenstehenden Einblicke in diese verborgene Seite der Logen und Ordensgemeinschaften. Er beschreibt unverschlüsselt den Geist, der die Menschen im Tempel bewegt.

Allerdings werden heute die okkulten Möglichkeiten, welche die Freimaurerei dem Praktiker bietet, nur von den wenigsten Brüdern erkannt und genützt. Das ist schade, denn diese Tradition diente seit jeher der Aufklärung und der geistigen Entwicklung der Menschheit und hätte nicht nur den Suchenden, sondern auch den fortgeschrittenen Hermetikern viel zu bieten. Man kann daher allen Bardon-Schülern empfehlen, sich auch mit dem Gedankengut der Freimaurer zu beschäftigen. Auch Franz Bardon war, wie er selbst in Briefen erwähnt, Mitglied verschiedener Orden und Logen und hat die Bruderschaft mit seinem Geist befruchtet und, umgekehrt, die dort gebotenen Erkenntnisse und Praktiken übernommen und benützt.

Doch nicht jeder Hermetiker ist bereit, einer Loge beizutreten und sich mit Eiden einer Gemeinschaft zu verpflichten oder sich in das Kraftfeld eines Gruppengeistes zu begeben. Dank dieses Buches von Emil Stejnar ist das auch nicht mehr nötig. Die „Exerzitien für Freimaurer“ geben Einblicke in die Arkana dieser Tradition und ermöglichen dem interessierten Leser, auch ohne Mitgliedschaft die maurerischen Symbole und Werkzeuge der Macht im Sinne der Hermetik zu verwenden.

DIÄTMAGIE – SCHLANK UND FIT DURCH GEISTESKRAFT

Essen, Trinken, Rauchen, Sex – jeder hat eine Schwäche und kämpft, oft vergeblich, dagegen an. Auch der Hermetiker. Leider glauben viele Bardon-Leser, sie wären aufgrund ihrer Begierden und Leidenschaften nicht reif für den Weg. Dabei sind gerade die Triebregungen des Körpers der beste Quell, aus dem sich Geisteskraft schöpfen lässt. Man kann aus jeder Schwäche Stärke gewinnen. Die Überwindung der Lust auf Alkohol oder Nikotin stärkt den Geist im selben Maße, wie man den Konsum reduziert. Besonders gut eignet sich jedoch der bewusste Umgang mit dem Essen, denn während die Willenskraft zunimmt, verliert der Körper an Gewicht.

Abnehmen ist in der Regel gar nicht so schwierig. Das Problem für die meisten Übergewichtigen ist, das reduzierte Gewicht auch zu halten. Denn bekanntlich nimmt man sehr bald, zumeist sogar mehr, als man vorher hatte, wieder zu. Dabei gibt es eine einfache Technik, mit der man diesem Jo-Jo-Effekt ein Schnippchen schlägt. Man kann dieses Phänomen überlisten, indem man den selbstregulierenden Mechanismus seines Thermostatgewichts nützt. Die DIÄTMAGIE verrät nicht nur die praktischen Tricks der Mentaldiät, mit der man seine überschüssigen Pfunde verliert, sondern auch eine wirksame Technik, die den Jo-Jo-Effekt verhindert, so dass man sein Idealgewicht auch halten kann. Es handelt sich dabei um völlig neue, sensationelle Erkenntnisse und eine ganz einfache Methode, die jeder befolgen kann.

Kostenlos mit dem Buch erhält der Leser auch eine HYPNOSCHEIBE. Mit diesem geheimnisvoll pulsierenden Mandala kann man sich in eine Art Selbsthypnose versetzen. In diesem besonderen Bewusstseinszustand gelingt es Ihnen, Ihr Unterbewusstsein so zu programmieren, dass Ihnen Essen, Naschen Trinken, Rauchen ganz gleichgültig werden und Sie, statt Entzugsprobleme, Freude am Sieg über Ihre Schwächen gewinnen. Mit dieser Technik, die mit den speziellen Psychoformeln auch ohne Trance funktioniert, wird die Gewichtsreduktion für Sie sogar zu einem erfrischenden Geistessport.

Vermutlich haben auch Sie bereits viele verschiedene Diäten hinter sich. Sie sind also bestimmt nicht willensschwach, sondern immer nur falsch vorgegangen. Mit Hilfe der DIÄTMAGIE werden auch Sie es endlich schaffen, Ihr Übergewicht zu reduzieren und Ihr Idealgewicht zu halten. Aber nicht nur das. Sie gewinnen Vitalität und Lebenskraft. Die Energie der Triebe wird sich in reinen Willen wandeln, den Sie für Ihre geistige Entwicklung oder für den Erfolg im Alltag verwenden können.

AUS DEM INHALT:

- **So schlagen Sie dem Jo-Jo-Effekt ein Schnippchen:** Sie müssen nur die drei Gewichtsmechanismen kennen, beachten und nützen: **1. den Spareffekt, 2. den Gewöhnungsfaktor und 3. den Verzögerungsmechanismus.** Wer weiß, wie man diese komplexen psychophysischen Schaltungen mit der **Verwirrtaktik** durcheinanderbringt, kann essen, was er will, und wird nie wieder mit Gewichtsproblemen zu kämpfen haben.
- **Wunschgewicht, Alarmgewicht und Höchstgewicht.** Wie man die drei Hilfsmittel nützt und die drei Fehler vermeidet.

- **Der Trick mit dem selbstregulierenden Thermostatgewicht**. Wer den kennt, hat den Schlüssel zu seinem **Idealgewicht** und damit sein Gewichtsproblem für alle Zeiten gelöst.
- **Vernünftiger essen**. Die Macht der Gewohnheit brechen. Die richtige geistige Einstellung. Freude am Fasten und essen mit Genuss. Es wird nur wenige Stunden gefastet. Weniger essen und mehr verbrennen, wie man das schafft.
- **Unsportlich? Wie man trotzdem mehr Kalorien verbrennen kann.** Wiener Schlenkern statt Nordic Walking, die neue Form der entspannten Bewegung zur Gewichtsreduktion.
- **Wie wird man in der Regel dick?** Wertvolle Tipps und Tricks aus der Praxis der Leser. Ein Rückschlag, was tun? Richtig Schlemmen schadet nicht.
- **Die verborgenen Kraftquellen.** Gedanken als Hilfsgeister. Mit der Genienhilfe fasten. IVAR, die geistige Intelligenz für Willenskraft. Das Geheimnis von Glück, Erfolg und Lebenskraft. Geist- und Seelennahrung.
- **So wandelt man eine Sucht in Willenskraft.** Schluss mit Rauchen. Schluss mit Trinken. Schluss mit jeder Form von Sucht.
- **Diätmagie, das Ziel: mehr Geisteskraft und Menschenwürde.**

WERKE VON EMIL STEJNAR:

Die Bücher der „Magie und Mystik im 3. Jahrtausend“

umfassen 10 Bände (Ibera Verlag, Wien)

- **DAS BUCH DER MEISTER UND SEINE ERBEN.** Ein spannender Einweihungsroman aus der Welt der Magie, Freimaurerei und jenseitigen Mächte. ISBN 978-3-85052-245-8
- **EXERZITIEN FÜR FREIMAURER.** Instruktionen und Logenvorträge über Magie und Mystik. Einblicke in das wahre Wesen der Freimaurer-Tradition und in die geheime Magie der christlichen Mystik. ISBN 978-3-85052-246-5
- **DIE VIER ELEMENTE: Der geheime Schlüssel zur geistigen Macht.** Theorie und Praxis der Gnostisch Hermetischen Geistesschulung: Wie man magische Kräfte erlangt, wie man seinen unsterblichen Lichtleib gestaltet und wie man die geistigen Mächte beherrscht. ISBN 978-3-85052-247-2
- **AUSSERKÖRPERLICHE ERFAHRUNGEN.** Wie man lernt, ohne seinen Körper zu leben. ISBN 978-3-85052-248-9
- **MAGIE MIT ASTROLOGIE. Astrologie – der genetische Code von Geist und Seele und der Schlüssel zur geistigen Welt.** Wie man sich, seinen Nächsten und die kosmischen Gezeiten erkennt und wie man die wirkenden Mächte zur Selbstgestaltung und zum erfolgreichen Handeln nützt. ISBN 978-3-85052-249-6
- **FRANZ BARDON – Tatsachen und Anekdoten um einen Eingeweihten** ISBN 978-3-85052-252-6
- **DAS SCHUTZENGELBUCH.** Wie erlangt man Kontakt mit den höheren Wesen? Die Genien der Erdgürtelzone, wie sie wirken und was man tun muss, damit sie einem helfen, das Schicksal zu erleichtern. ISBN 978-3-85052-251-9
- **DER THEBAISCHE GENIENKALENDER.** Die Gezeiten der Macht: Wann wirken welche geistigen Wesen und wie erreicht man sie. ISBN 978-3-85052-254-0
- **DIÄTMAGIE: Schlank und fit mit Geistesmacht:** Wie man sein Übergewicht, oder eine Sucht, in reine Lebenskraft verwandelt. ISBN 978-3-85052-250-2
- **ANDY MO – Ein Erdgeist verzaubert die Welt.** Ein Fantasy-Roman und trotzdem spannende reale Wirklichkeit. Eine Einführung in die Welt der Magie und Mystik. Für Kinder und Erwachsene. ISBN 978-3-85052-253-3

EMIL STEJNAR
Franz Bardon
Tatsachen und Anekdoten
um einen Eingeweihten
Magie und Mystik im 3. Jahrtausend
ibera

EMIL STEJNAR
Magie mit Astrologie
Der genetische Code von Geist und Seele
Magie und Mystik im 3. Jahrtausend
ibera

EMIL STEJNAR
Das Buch der Meister
und seine Erben
Ein Freimaurer-Einweihungsroman
Magie und Mystik im 3. Jahrtausend
ibera

EMIL STEJNAR
Außerkörperliche
Erfahrungen
Wie man lernt, ohne seinen Körper zu leben
Magie und Mystik im 3. Jahrtausend
ibera

EMIL STEJNAR
Das Schutzengelbuch
Wie erlangt man Kontakt
mit den höheren Wesen
Magie und Mystik im 3. Jahrtausend
ibera

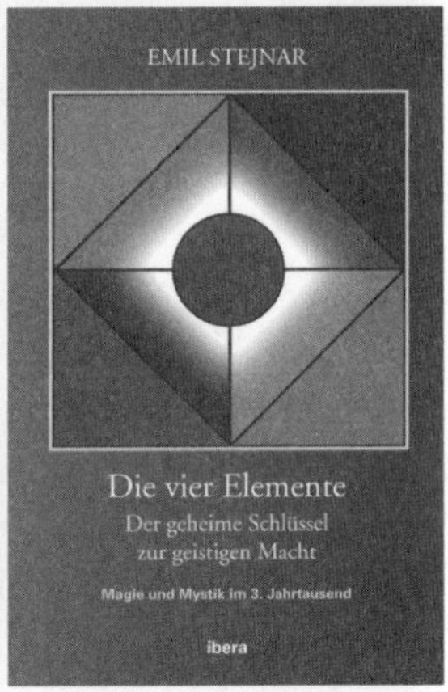
EMIL STEJNAR
Die vier Elemente
Der geheime Schlüssel
zur geistigen Macht
Magie und Mystik im 3. Jahrtausend
ibera

EMIL STEJNAR
Exerzitien
für Freimaurer
Instruktionen und Logenvorträge
Magie und Mystik im 3. Jahrtausend
ibera

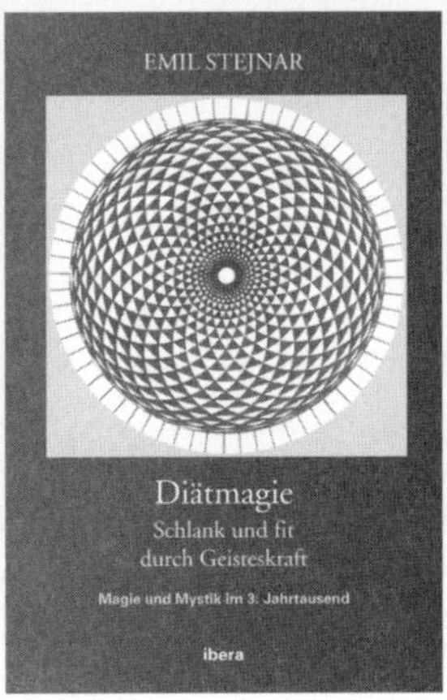
EMIL STEJNAR
Diätmagie
Schlank und fit
durch Geisteskraft
Magie und Mystik im 3. Jahrtausend
ibera

EMIL STEJNAR
Andy Mo
Ein Erdgeist verzaubert die Welt
Roman
Magie und Mystik im 3. Jahrtausend
ibera